中南财经政法大学企业价值研究中

中国创业板上市公司无形资产年度研究报告

（2018—2020）

文豪　魏永长　闫昱彤　编著

吉林大学出版社

长春

图书在版编目（CIP）数据

中国创业板上市公司无形资产年度研究报告 ：2018—
2020 / 文豪，魏永长，闫昱彤编著. -- 长春：吉林
大学出版社，2021.11
　ISBN 978-7-5692-9602-0

　Ⅰ．①中… Ⅱ．①文… ②魏… ③闫… Ⅲ．①创业板
市场－上市公司－无形固定资产－经济管理－研究报告－
中国－2018-2020 Ⅳ．① F279.246

　中国版本图书馆 CIP 数据核字（2021）第 235022 号

书　　名　中国创业板上市公司无形资产年度研究报告（2018—2020）
　　　　　ZHONGGUO CHUANGYEBAN SHANGSHI GONGSI WUXING ZICHAN NIANDU YANJIU BAOGAO（2018—2020）

作　者　文　豪　魏永长　闫昱彤　编著
策划编辑　李承章
责任编辑　李婷婷
责任校对　陶　冉
装帧设计　树上微出版
出版发行　吉林大学出版社
社　　址　长春市人民大街 4059 号
邮政编码　130021
发行电话　0431-89580028/29/21
网　　址　http://www.jlup.com.cn
电子邮箱　jldxcbs@sina.com
印　　刷　武汉市籍缘印刷厂
开　　本　787mm×1092mm　1/16
印　　张　20.25
字　　数　480 千字
版　　次　2021 年 11 月　第 1 版
印　　次　2022 年 6 月　第 1 次
书　　号　ISBN 978-7-5692-9602-0
定　　价　78.00 元

首卷序

　　中南财经政法大学企业价值研究中心对 2009 年 10 月以来在中国创业板上市的 218 家公司披露的无形资产信息进行了深入挖掘和分析，并形成了这本对完善创业板上市制度有重要参考价值的研究报告，值得肯定和祝贺。

　　首先，由高校独立的研究机构对我国创业板公司无形资产信息披露的状况进行系统研究，并定期公开发布，有利于促进上市公司无形资产信息披露质量的提高。我国上市公司的信息披露既有内部人因经营优势形成的主观操控，又有现行制度缺失形成的揭示壁垒，还有市场噪音引发的信息扭曲，以至于招股说明书和年报披露的数据未必能真实反映公司无形资产的数量和质量。该研究报告对特定时间内不同公司在同一类型无形资产信息披露上的比较分析，至少能引起相关公司对差异原因的关注，如有必要，也应作出解释。

　　其次，对创业板上市公司无形资产的研究考虑了无形资产因技术进步和市场变革导致的结构演化。我同意《报告》作者关于当代企业具有消耗有形资产，借以形成无形资产特征的判断。无形资产确实是一个复杂的系统，既涉及受有关法律保护并得到会计制度认可的以专利、商标和版权为代表的常规无形资产，也涉及尚未得到专门法律规范和会计科目反映，但在企业实际生产经营中已发挥重要作用的以资质、客户和劳动力集合为代表的非常规无形资产。后者在实践中已成为公司上市和企业并购的关键资源。正是考虑到无形资产的结构演化，该报告既对无形资产进行了基于细分类的比较研究，还对以研发费用、销售费用和政府补助为代表的无形资产投入要素进行了分析。相信这些研究将有助于人们了解无形资产的影响因素和变化规律。

　　再次，该报告检验了我国创业板市场关于无形资产的发现和甄别功能。中国证监会对创业板公司信息披露报告系统做出了特别规定，要求相关企业通过表外信息披露的方式，为资本市场参与者提供更多有关无形资产的信息。该研究发现这些规定对投资者了解企业无形资产并判断其价值确实发挥了作用，IPO 的高市净率和高市盈率至少表明我国创业板公司通过历史继承、政策扶植和自主创新取得的无形资产部分得到资本市场的承认。同时，该研究还发现常规与非常规无形资产较多和质量较好的企业 IPO 市净率往往低于无形资产较少和质量较差的企业，在资本市场整体走势趋弱的条件下，前者的基准日市净率又往往明显高于后者。这表明在经过资本市场的多次交易和反复甄别后，非市场的泡沫被逐渐挤出，优质资产的贡献得到理性回应。

最后，该报告对改善我国上市公司无形资产信息披露制度提出了一系列有参考价值的建议。报告在揭示目前无形资产信息披露失衡、低效甚至无效的问题之后，就解决这些问题提出建设性意见。例如，认为资质可以按准入类、能力类和荣誉类进行统计分析；独立董事的贡献价值可分解为形象价值、专业价值和制衡价值；应编制按可能性和危害性分析构成的风险测度报告等。所有这些将有利于相关监管部门优化信息披露标准，并提高市场效率，进而维护市场秩序，保护资本市场弱势群体的利益。

人力资本、知识产权等无形资产定价入股是中国自 20 世纪 90 年代初的股份制改制中就提出而迄今未能有效解决的难题。如今的创业板并非 1998 年提出的创业板，它更多的是在 A 股范畴内设置的一个类似于中小企业板的股市板块。有效推进人力资本、知识产权的市场定价，不仅是创业板有别于其他股市板块的一个关键功能，而且对于推动中国高新技术发展也至关重要。从这个意义上说，这本研究报告做出了具有开创性意义的工作。

我希望今后每年都能看到不断完善的创业板无形资产研究报告，同时也希望创业板已上市和拟上市公司持续优化无形资产管理，实现基业长青。

是为序。

中国社会科学院金融研究所所长 王国刚

2012 年 5 月 6 日于北京

目　录

导　论

2009 年 10 月 30 日首批 28 家企业在创业板挂牌上市。创业板致力于服务国家创新驱动发展战略，支持创新型、成长型企业发展，是全球成长最快的服务创业创新的市场。创业板设立十年来，诸多上市企业已发展成为行业龙头企业，如爱尔眼科等、宁德时代、迈瑞医疗等，也有企业因发展受困、转型失败等原因导致发展退市。十年来，创业板正逐步走向成熟，在支持创新型、成长型企业发展中发挥了重要作用，也是中国创新经济的重要支撑。

自 2010 以来，我们开始基于创业板上市公司的招股说明书和年报，收集和分析创业板上市公司无形资产信息，编写《中国创业板上市公司无形资产年度研究报告》，为探索发现中国创业板无形资产价值及其增值潜力，促进创业板上市公司无形资产信息披露质量提升，帮助资本市场投资者更好做出投资决策，引导企业通过无形资产投资增强发展潜力起到积极作用。因受 2020 年年初的新冠肺炎疫情影响，2018—2019 年度的研究报告出版推迟，研究团队仍持续跟踪 2019—2020 年度创业板上市公司无形资产信息披露动态，并将两个年度研究报告合并出版。2018 年 5 月至 2019 年 5 月，新增了 33 家创业板上市公司，上市公司数达到 758 家，共 744 家公司披露了 2018 年年报；2019 年 5 月至 2020 年 5 月，新增了 52 家创业板上市公司，上市公司数达到 810 家，共 797 家公司披露了 2019 年年报。本研究报告保持了以往研究的系统性、可比性和连续性的要求，在内容构成上，简要回顾了创业板市场 2018 年和 2019 年的发展状况；延续了按资产类型和分行业研究无形资产的板块，构建了企业无形资产分析的逻辑框架，编制了创业板上市公司 2018—2019 年度和 2019—2020 年度无形资产信息披露指数、质量指数和价值指数。为了提高研究报告信息质量，我们精减了部分分析项目，以方便报告使用者能够更快速地找到关键的无形资产信息。在报告研究期间，科创板于 2019 年 6 月 13 日开板，2019 年 7 月 22 日首批科创板公司上市。因此，本研究报告首次加入了对科创板上市公司的专题研究。

一、年度发展

我们从创业板市场规模及结构、市场行情和企业经营情况三个维度剖析了创业板市场 2018 和 2019 年的发展概况，得到如下结论：

一是创业板公司上市加速，仍然主要集中在制造业和信息技术行业。截至 2018 年 12 月 31 日，创业板上市公司数量总计 739 家，较 2017 年增加 29 家，制造业和信息技术行业企业 2018 年整体占比为 87.96%，同 2017 年的 88.31% 略有下降；截至 2019 年 12 月 31 日，创业板上市公司数量总计 791 家，较 2017 年增加 52 家，制造业和信息技术行业企业 2018 年整体占比为 86.35%，同 2018 年的 87.96% 进一步下降。2019 年，水煤电气、建筑业、运输仓储、居民服务上市公司数量不变，农林牧渔、采矿业、批发零售、公共环保、卫生和文化传播行业上市公司新增数量均在 3 家以内，制造业、信息技术行业和科研服务业新增上市公司较多。

二是创业板市场主要指标止跌回升。虽然 2018 年创业板主要指标均大幅下跌，相对 2017 年，总市值减少约 1.08 万亿元，指数 P 下降 502.12，首发筹资额减少约 235 亿元，累计筹资额减少约 509 亿元；但 2019 年各项指标明显回升，相对 2018 年，总市值增加约 2.09 万亿元，指数 P 上升 547.59，首发筹资额增加约 301 亿元，累计筹资额增加 917 亿元，平均市盈率从 32 上升到 47。

三是创业板上市公司营业收入持续增长，但利润水平大幅下降。2018 和 2019 年创业板上市公司平均营业收入持续增长，分别达到 18.4 亿元和 19.9 亿元，创历史新高；平均归母净利润从 2017 年的 1.87 亿元，下降到 0.45 亿元和 0.67 亿元。2018 和 2019 年进行利润分配或送转赠的公司占比持续下降，从 2017 年的 95.4% 下降到 2019 年的 72.57%。

四是创业板上市公司区域分化仍然严重。2018 和 2019 年，创业板新增上市公司仍然主要集中在东部地区，该地区上市公司占比分别为 80.78% 和 79.52%。2019 年，创业板上市公司超过 30 家的，东部地区有广东、北京、江苏、浙江、上海和山东六个省、直辖市，西部地区仅有四川省，中部地区无。

二、优化内容

创业板上市公司的无形资产分为资质类、技术类、市场类和人力资源类四种类型。对不同行业的企业，四类无形资产发挥作用存在差异。资质类无形资产中的准入类资质，是企业进入某一市场的前提，或者获取某一领域的垄断权利，构成企业或某类业务存续的前提条件。技术类无形资产和市场类无形资产是企业经营的核心资产，是企业长期投资的结果，是企业的存量无形资产；二者形成互补，共同支撑企业发展。人力资源类无形资产是其他类型无形资产的基础，是支持其他类无形资产可持续的要素。资质类无形资产中的能力类资质是企业技术、市场和人力资源类无形资产的体现，荣誉类资质则反映了第三方对企业各类无形资产状况的评价与认可。企业对无形资产的投资，包括研发、市场和人力资源等投资则反映企业无形资产的增量潜力，是企业无形资产存续和发展的保障。

上市公司无形资产分析框架

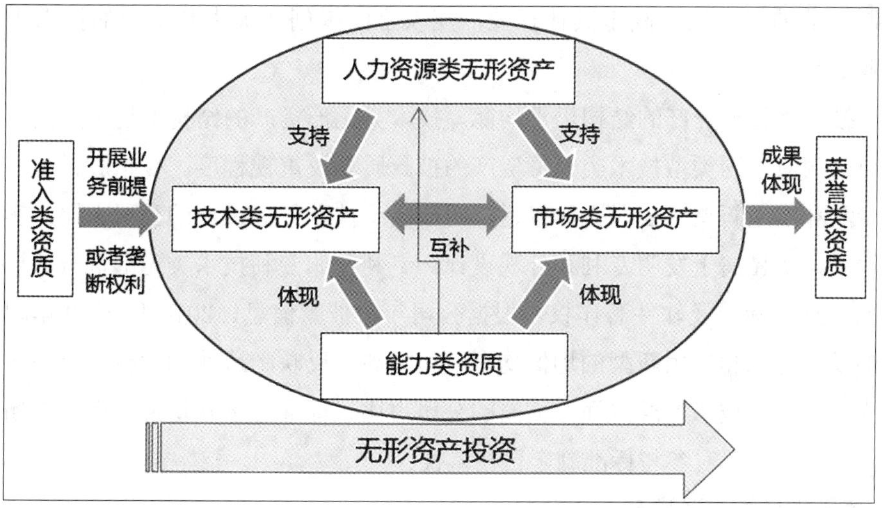

图1 上市公司无形资产分析框架图

上市公司无形资产分类研究结论

本报告研究分别对创业板上市公司的技术类、市场类、人力资源类和资质类无形资产进行聚类分析，还对企业期间费用、研发支出和政府补助与无形资产的关系进行了探讨。本研究报告中有关无形资产聚类研究的结论如下：

1. 关于技术类无形资产

创业板上市公司技术类无形资产的信息披露和积累产生一些新的变化和趋势。

一是创业板公司具备了一定的核心技术实力且持续增强。披露非专利技术的公司占比明显增加，但创业板公司在披露非专利技术类的信息时表现谨慎；披露技术标准和软件著作权的企业占比变化不大，说明公司在标准参与方面仍然不足；披露拥有两种或三种技术类无形资产的公司占比最多，且均有增长，反映创业板公司拥有无形资产类型更加多样化。从年报情况看，上市公司在年报中对专利技术的披露情况明显好于另外三类技术类无形资产，专利技术的总量和均值高速增长，反映了创业板公司对技术创新的重视，技术创新能力持续提升；技术标准的总量和均值大幅上升。

二是技术类无形资产的行业差异依旧明显。从招股说明书看，制造业、信息传输、软件和信息技术服务业各类技术类无形资产总量均排在前列，具有明显的规模优势。

批发和零售业披露实用新型和外观设计信息的比例较高，表明该行业外观设计比较重要。从年报披露情况看，科学研究和技术服务业的发明专利均值最高，制造业的实用新型均值最高，水利、环境和公共设施管理业的实用新型均值远高于发明专利均值，教育业和采矿业的外观设计均值排在前两位，表明这两个行业对外观设计的依赖。整体看，制造业的专利均值高于其他行业，反映了中国创业板中制造业的技术实力相对其他行业更强。

三是技术类无形资产的结构仍不均衡。技术类无形资产的结构不均衡主要反映在创业板上市公司对不同类型技术类无形资产的披露质量及重视程度。在招股说明书中，披露发明专利和实用新型的公司占比接近，明显高于披露外观设计的公司占比；实用新型的均值较高，明显高于发明专利和外观设计；专利及非专利技术类无形资产的披露情况都明显高于技术标准及软件著作权。根据公司年报披露信息，2018和2019年制造业上市公司的发明专利和实用新型的均值均有较大提高，反映制造业创业板上市公司创新能力有较大提高。在技术标准方面，披露的公司占比、标准总量和均值都有较大增加，反映了创业板上市公司对参与标准制定日益重视。

2. 关于市场类无形资产

创业板上市公司市场类无形资产的信息披露和积累具有以下特点：

一是公司上市时更加重视市场类无形资产信息披露。2018和2019年创业板上市公司招股说明书披露各类市场类无形资产的公司占比均较高；年报对商标信息进行披露的仅占四分之一左右，远低于招股说明书的信息披露比例。上述现象表明创业板上市公司在IPO上市时均重视市场类无形资产信息的披露。2019年，根据招股说明书统计的平均商标持有量较之前有明显增加，表明新上市创业板公司上市时拥有更多的商标数量；披露竞争地位和核心竞争优势信息的公司占比均有提高。

二是市场类无形资产存在明显的行业异质性。对于不同行业，创业板公司所拥有的市场类无形资产状况存在较大的差异。整体而言，2019年创业板上市公司披露持有商标和商标荣誉的公司比例有所下降。租赁和商务服务业最重视商标信息的披露，公司数量最多的制造业、信息传输、软件和信息技术服务业对商标信息披露较为重视。

三是主导客户主要构成比例发生较大变化。总的来看，创业板上市公司客户集中度近年来有所上升，说明创业板上市公司企业越来越重视培育优质主导客户。绝大部分行业内的企业开始逐步将客户信息纳入重要的无形资产披露范畴，不同行业对于大客户依赖程度的强弱存在差异，民企、国企、外企这三类客户主导的上市公司占比最高。关于客户类无形资产，2019年的一个典型变化就是民企和外企作为主导客户的占比大幅下降，而国企作为主导客户的占比大幅上升。

四是核心竞争优势构成受到行业特性影响而呈现差异化。设备、专利、非专利技术、核心技术人员、独特经营方式和盈利模式的变动率在 2018、2019 年大幅上升，反映了这些核心竞争优势变动逐渐激烈。基于特许经营权的核心竞争优势变动率呈先增后减趋势，反映了该核心竞争优势相对稳定。

3. 关于人力资源类无形资产

创业板上市公司各种人力资源类无形资产的信息披露和积累具有以下特点：

一是不同类别高管学历和年龄分布差异明显。创业板上市公司总经理的学历以本科及以上学历为主，占比超过 80%，其中又以本科和硕士研究生学历的占比最高，且占比接近；具有本科学历的财务总监占比最大，大专及以下学历占比高于总经理大专及以下学历占比，硕士及以上学历占比低于总经理硕士及以上学历的占比；董事会秘书中具有本科及以上学历的占比高达 88%，比具有本科及以上财务总监的占比高。具有博士学历的独立董事占比大幅提升，从 2018 年的 29.2% 上升至 37.4%，且一半以上具有高级职称；独立董事中拥有工学专业背景的独立董事占比较 2018 年有较大上升。在年龄分布方面，总经理平均年龄 50 岁，财务总监平均年龄 45 岁，董事会秘书平均年龄 42 岁。

二是高管团队薪酬激励增强但股权激励减弱。总经理平均薪酬从 78.8 万元上升到 88.8 万元，财务总监的平均薪酬则从 52.84 万元上升到 54.64 万元，董事会秘书的平均薪酬从 48.87 万元上升到 56.33 万元。在持股方面，在公司持有股份的总经理比例从 76.49% 进一步下降至 72.64%，在公司持有股份的财务总监比例从 53.92% 下降到 46.67%，在公司持有股份的董事会秘书占比从 52.8% 下降至 48.9%。

三是不同类型高管团队兼职情况呈现差异化。内部兼职方面，总经理兼任董事长或副董事长的比例从 38.6% 上升到 45.6%，财务总监专任的比例大幅下降，从 73.3% 下降至 51.9%，但是董事会秘书的专业化提升，专职董事会秘书的占比从 20.4% 上升到 22.4%。

四是员工规模和岗位分布呈现新趋势。创业板上市公司平均员工数量仍然保持上升的趋势，但员工数量的最大值和最小值之间的差距进一步加大，表明大型企业员工数量规模更大。本科及以上学历员工占比有所下降，销售人员、技术（研发）人员和生产人员的比例略有变动，其中销售人员和技术（研发）人员的比例略有下降，生产人员占比略升 46.2%。总体来看，生产人员所占比例仍然最大，技术（研发）人员和销售人员的比例有所下降。

4. 关于资质类无形资产

虽然在现行会计制度下资质作为可确认的无形资产然存在障碍，但资质对企业经营的作用日益受到关注，特别是在建筑施工行业、服务行业等。

从招股说明书披露的信息来看，2018和2019年创业板披露能力类资质的上市公司最多，披露的荣誉类无形资产数量最多。不同类型资质的获取门槛与重要程度存在差异。分行业来看，科学研究与技术服务业、文化体育和娱乐业、信息技术业、农林牧渔业、卫生和社会工作、建筑业和制造业等行业披露的资质类无形资产均值位居前列，居民服务、修理和其他服务业、批发和零售贸易业的资质类无形资产均值较小。

从年报披露的信息来看，2019年创业板披露能力类资质的公司数量大幅增长，能力类资质的均值也有较大提高，也是三类资质中均值最高的，表明能力类资质日益受到创业板上市公司重视。2019年创业板上市公司准入类资质数量和均值都有回升，披露的能力类资质，披露特殊能力扶持认证和质量认证证书的公司占比增加明显，披露行业协会等级认证证书的公司占比最少，表明特殊能力扶持认证在创业板上市公司中具有重要的地位和作用。披露荣誉类资质信息的公司数量从2015年开始呈上升趋势，但2019年有所回落。

5．关于无形资产投入研究

由于本报告更关注无形资产投入的变化趋势，旨在为分析相关变化对无形资产形成所产生的影响，因此主要以创业板上市公司年报信息为数据来源进行分析，研究发现：

一是销售费用率稳中略升。近五年，创业板上市公司基本都披露了销售费用。整体看，创业板上市公司平均销售费用率基本稳定在9%～10%，2018和2019年平均销售费用率增长加快。制造业的销售费用率变化呈上升趋势，2017年以后，制造业平均销售费用率超过整个创业板上市公司平均销售费用率；信息传输、软件和信息技术服务行业平均销售费用率2018年有较大回升；科学研究和技术服务行业平均销售费用率持续上升，2019年的平均销售费用率增长幅度较大，但整体上该行业仍然远低于整个创业板上市公司平均水平。

二是管理费用率持续下降。整体来看，近五年创业板公司平均管理费用率一直呈持续下降趋势，反映了创业板上市公司在管理费用上的控制能力提升。制造行业的创业板上市公司平均管理费用率近五年持续下降，且低于创业板市场整体平均水平；信息传输、软件和信息技术服务行业大幅下降，但仍高于创业板市场整体平均水平；科学研究和技术服务行业的平均管理费用率有较大波动，2019年大幅下降，但近五年均高于创业板整体平均水平。

三是财务费用率呈上升趋势。近五年创业板上市公司平均财务费用率总体上呈上升趋势。近两年财务费用率由负转正并不断上升，表明创业板上市公司的闲置资金在减少，企业的融资成本开始提高，企业利润受到影响。制造业的平均财务费用率呈上升趋势；信息传输、软件和信息技术服务行业，2017年首次实现由负转正，但仍低于创业板上市公司整体平均水平；科学研究和技术服务行业财务费用率近两年降幅较大，大大低于创业板整体平均水平。

四是平均研发支出强度整体在增强。2017和2018年创业板上市公司平均研发强度有所下降，但在2019年又回升至7%，并且创业板上市公司的平均研发投入支出是在不断上升的，反映了创业板上市公司研发投入持续增强。制造业的平均研发投入强度在近五年里基本稳定；信息传输、软件和信息技术服务行业的平均研发投入强度均在10%以上；科学研究和技术服务行业近五年的平均研发投入强度稳中有升。

五是创业板上市公司获取政府补助的覆盖率稳中有升。政府补助总额大幅增长，且不同公司所获取的政府补助相对差距日趋增大。制造行业的政府补助均值持续上升，且上升的幅度较大；信息传输、软件和信息技术服务行业的政府补助均值保持上升趋势，但2018年后政府补助相对强度减弱；科学研究和技术服务行业近三年政府补助均值上升很快，表明近几年政府对该行业的支持力度加强。

三、继承内容

（一）无形资产典型行业研究

本报告基于招股说明书及2018—2019年度报告和2019—2020年度报告分别对机械设备仪表行业、软件信息技术服务行业、计算机电子及通信行业、化学橡胶塑料行业、医药制造行业、互联网及相关服务业及文化行业的无形资产规模及结构进行了研究，并在行业研究报告中新增了分区域的对比研究，通过构建行业竞争矩阵筛选出优秀企业进行案例分析。

研究表明，上述七个行业常规无形资产和非常规无形资产的规模和结构在招股说明书和公司年报中均有所变化，且不同类型的无形资产呈现出行业差异化特征，详情可参见各分报告。本次研究基于无形资产规模结构、无形资产持续能力和无形资产竞争能力三个维度，构建竞争矩阵筛选出七家优秀企业进行案例分析，这些企业分别为阳光电源（300274，机械设备仪表业）、中科创达（300496，软件、信息技术服务业）、东土科技（300353，计算机、通信及电子行业）、新宙邦（300037，化学、橡胶、塑料行业）、迈克生物（300463，医药制造行业）、每日互动（300766，互联网及相关服务业）、华凯创意（300592，文化与传播相关行业）。总体来看，持续的研发与人力投入、品牌打造、利益相关方关系的维护，以及不断优化的创新机制和管理效率是上述企业得以在各自领域构建核心竞争优势、确立领先地位的主要原因。

（二）无形资产信息披露指数、质量指数和价值指数

本研究报告基于修订后的证监会《公开发行证券的公司信息披露内容与格式准则

第 30 号——创业上市公司年度报告的内容与格式》（以下简称《第 30 号准则》）及2018—2019 年和 2019—2020 年年度创业板上市公司年度报告信息，综合考虑各类型无形资产对不同行业重要性的差异化特征，通过构建年度信息披露指数和质量指数，对2018—2019 年和 2019—2020 年年度创业板上市公司的无形资产进行评价。

1. 年度无形资产信息披露指数分析

一是 2019 年创业板上市公司年度信息披露指数平均得分相比 2018 年有较大提高。统计结果显示，2018 年信息披露指数得分均值为 38.09 分，2019 年上升至 48.05 分，但与之前年份相比仍略有下降。从得分区间的频率分布看，该指数得分呈现出正态分布特征，但横向差异较为明显，最高分与最低分之间的差值加大，2019 年最高得分超过90 分，80 分以上超过 20 家，信息披露质量明显提升。

二是不同类型无形资产信息披露差异明显。技术类及市场类无形资产信息披露得分普遍较低，而人力资源类无形资产信息披露得分相对较高。主要原因在于，《第 30 号准则》对人力资源相关要素的披露规则较为严格、明确和详细，从而提高了信息披露质量。

三是从行业无形资产信息披露情况看，2018 年医药制造，化学、橡胶、塑料指数得分均值从以往相对落后地位上升至前列，成为无形资产信息披露质量最高的行业。2019年，文化传播和互联网服务相关的指数得分均值排前两位。

2. 年度无形资产质量指数分析

一是创业板上市公司无形资产质量指数得分均值较低，无形资产整体质量不高。2019 年，该指数平均得分进一步下降，其得分区间的频率分布亦呈现出明显的正态分布特征。相较于无形资产信息披露指数，该指数分布相对分散，样本极差较大，不同企业的无形资产质量差异较为明显。该项得分在 40 分以上的企业占比不足 2%，说明无形资产综合竞争力较强的领先企业依然偏少。

二是从一级指标评价维度的差异来看，创业板上市公司的无形资产竞争能力维度得分较高，而账面价值和规模维度得分较低，拉低了整体的得分水平。相较于规模能力，创业板上市公司的无形资产持续能力的描述性指标与质量指数基本保持一致，2019 年该维度平均得分也有增加。

三是从行业的无形资产质量来看，文化传播业的质量指数连续多年得分均值、最高分与最低分均超过其他行业，成为无形资产整体质量最高的行业。软件、信息技术服务业的质量指数得分均值、最高分与最低分均排名第二。多数行业存在"高分不高、低分过低"的现象，从而拉低了行业得分均值。

3. 年度无形资产价值评价指数分析

本研究报告我们重新修订了无形资产的价值评价指数，在原有模型中去掉了无形资产占比这一参数，使无形资产价值指数更好地反映无形资产质量对上市公司市场价值的修正。根据创业板上市公司无形资产价值评价指数得分统计，呈现以下特征：

一是创业板上市公司无形资产价值评价指数得分离散度较高。2018 和 2019 年创业板上市公司无形资产价值指数得分均值分别为 89.52 分和 78.58 分，且分布较为分散，各分数段的样本占比大多都在 15% ～ 20%，说明样本公司之间的横向差异较为明显，没有明显集中的分数段，反映了通过无形资产质量修正市场价值后凸显出公司间价值的差异性。

二是行业间无形资产价值指数得明显分层。从行业间的横向比较来看，各大类行业的无形资产价值指数大约可分为三个层次：计算机通信及电子、软件信息技术服务、医药制造和互联网及相关服务这四个行业的得分均值明显高于其他行业，处于领先地位；传播与文化行业得分与全样本均值非常接近，属于第二梯队，机械设备仪表、化学橡胶塑料和其他行业的历年平均得分则明显较低，属于第三梯队。以上分析表明，创业板上市公司无形资产价值指数的行业差异较为明显，以互联网和软件开发为代表的轻资产行业的无形资产价值明显高于以机械设备、石化塑料为代表的重资产行业。这些行业既具有相对较高的技术实力，更具优势的无形资产规模和结构，同时也能更好地进行无形资产信息披露，进而获得资本市场投资者认可，从而实现经营业绩和股价提升的双赢。

四、新增内容

本报告新增了科创板上市公司价值分析及评估问题的专题研究。专题研究借鉴高科技企业评估的经验和其他股票市场的经验，结合科创板以及科创板上市公司的特征，以科创板成长性判断为主线，考虑双重股权结构和流动性对企业价值的影响，对科创板上市公司价值评估关键问题进行研究。研究认为，科创板上市公司的成长性取决于其发展模式以及未来增长潜力，重视科研投入以及创新能力，从行业前景、财务增长潜力、人力资本以及技术创新水平四个维度衡量，成长性指标的具体选择要根据所处的生命周期发展阶段而有不同侧重；目前双重股权结构对科创板上市公司价值未产生负面影响，但其后续对公司价值的影响机制及对并购定价的实践效应有待进一步深入分析；科创板的制度设计与定位使科创板的流动性较高，对科创板的上市公司估值产生正向影响，但是科创板流动性不断降低，如何保持科创板的流动性成为亟待研究的问题。

五、研究团队

本报告是中南财经政法大学企业价值研究中心部分师生持续合作研究的成果。汪海粟教授担任本报告研究和编写的总顾问，对数据收集和报告撰写提供总体指导。文豪负责制定研究方案、研究思路和整体报告的最终审核，魏永长、闫昱彤、吴祺负责部分报告的初审，闫昱彤、陈昊、傅翀负责数据的收集、分析和报告初稿撰写的协调和初审。

在各个具体报告的撰写上，文豪负责导论、报告一和报告二的撰写，徐紫菁、薛英杰、肖怡协助撰写报告一和报告二；魏永长、马笃荣、秦丽云、路明、解晴阳、樊宇旸撰写了报告三、报告七；梅丽霞、孙知子、伍萍、刘子菡、杨晓宇、胡佳佳、黄恺弘、焦含笑、郑卫东共同撰写了报告四；方中秀、任艳美、刘熳撰写报告五；王娟娟、陈汪洁、曹君、魏宇琪、胡晓阳、贺凯然撰写报告六；景思棋、郗诺撰写报告八；李志铎、武经纬撰写报告九；郑琳、王鉴撰写报告十；秦子航、陈昊撰写报告十一；李诗娟、陈昊撰写报告十二；王立林撰写报告十三；李雨荷撰写报告十四；魏永长、王丽容、吴祺撰写报告十五；张世如、乔一丹、江玉兰、李玉共同完成了科创板上市公司价值分析及评估问题的专题研究报告。

需要特别感谢的是中南财经政法大学 2019 级、2020 级资产评估专业全体硕士研究生对本报告数据收集和整理做出的努力，感谢陈昊、路明、解晴阳、樊宇旸、黄恺弘、焦含笑、胡晓阳、任艳美、刘熳、贺凯然在后期数据和报告的补充修订方面做了大量细致工作。

报告一：创业板 2018—2019 年度发展回顾

一、创业板市场整体概况

2018 年以来，创业板企业仍然保持波动增长势头。截至 2018 年 12 月 31 日，创业板上市公司 739 家，总市值 4.05 万亿元，比上年减少了 21.1%，平均市盈率 32.1 倍，比上年降低了 34.7%。截至 2019 年 12 月 31 日，创业板上市公司 791 家，总市值 6.13 万亿元，比 2018 年增长了 51.6%，平均市盈率 47.01 倍，比上年增长了 46.5%，见表 1-1[①]。

本报告根据创业板上市公司年报披露信息，从市场规模及结构、市场行情和企业经营情况三个维度总结创业板市场 2018 和 2019 年度的发展概况，从整体上把握创业板 2018 和 2019 年的发展趋势。

表1-1 2018和2019年度创业板市场概况

指标名称	2018年			2019年		
	数值	比上年±	增减（%）	数值	比上年±	增减（%）
上市公司数	739	29	4.08	791	52	7.04
总股本（亿股）	3728.17	469.68	14.41	4097.11	368.94	9.9
流通股本（亿股）	2647.45	460.96	21.08	3061.87	414.42	15.65
总市值（亿元）	40459.59	-10829.22	-21.11	61347.62	20888.03	51.63
流通市值（亿元）	24542.95	-5951.82	-19.52	40231.74	15688.79	63.92
创业板指数P	1250.53	-502.12	-28.65	1798.12	547.59	43.79
加权平均股价（元/股）	10.85	-4.89	-31.07	14.97	4.12	37.97
平均市盈率	32.1	-17.05	-34.69	47.01	14.91	46.45
本年累计成交金额（亿元）	158862.2	-6659.39	-4.02	231604.19	72741.99	45.79
本年累计股票筹资额（亿元）	986.15	-509.54	-34.07	916.6	-69.55	-7.05
其中：IPO公司数（家）	29	-112	-79.43	52	23	79.31
IPO筹资额（亿元）	286.89	-234.96	-45.02	301.21	14.32	4.99

资料来源：深圳证券交易所，《2018 年深圳证券市场概况》和《2019 年深圳证券市场概况》。

[①] 为了和深圳交易所披露的年度信息保持一致，若无特别说明，报告一中2018年数据为截至2018年12月31日数据，2019年数据为截至2019年12月31日数据。

二、创业板市场规模及结构

（一）上市公司数量

2018 年，创业板上市公司新增数量较少，增幅下降，但 2019 年新增数量又有所回升。2018 年 12 月 31 日，创业板上市公司数量达到 739 家，较 2017 年 12 月 31 日增加 29 家，增幅为 4.08%；2019 年 12 月 31 日，创业板上市公司数量达到 791 家，较 2018 年年底增加 52 家，增幅为 7.04%，如图 1-1 所示。创业板新增上市公司增幅下降，可能是受到科创板的影响。

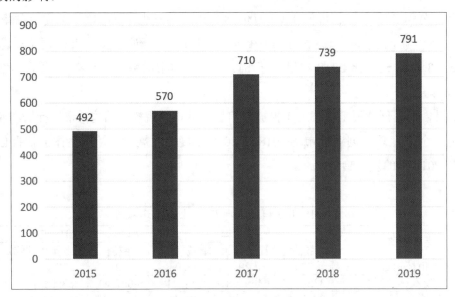

图1-1 2015—2019年创业板上市公司数量变化（单位：家）

资料来源：深圳证券交易所，《深圳证券交易所市场统计年鉴 2018》和《深圳证券交易所市场统计年鉴 2019》。

（二）上市公司行业分布

根据证监会《上市公司行业分类指引》（2012 年修订），统计 2018 和 2019 年创业板上市公司所属行业的分布情况，见表 1-2。

从一级行业来看，公司数量排名前三的行业分别为制造业，信息传输、软件和信息技术服务业，科学研究和技术服务业。2018 年创业板上市公司中分布最多的行业为制造业（514 家），信息传输、软件和信息技术服务业（133 家），科学研究和技术服务业（19 家），文化、体育和娱乐业（15 家），水利、环境和公共设施管理业（14 家），租赁和商务服务业（10家），其他行业（34家）。其中，制造业，信息传输、软件和信息技术服务业企业数量占比之和高达87.55%。

2019年创业板上市公司中分布最多的行业为制造业（541家），信息传输、软件和信息技术服务业（142家），科学研究和技术服务业（23家），文化、体育和娱乐业（16家），水利、环境和公共设施管理业（15家），租赁和商务服务业（13家），其他行业（41家）。其中，制造业，信息传输、软件和信息技术服务业企业数量占比之和高达86.35%。

表1-2 创业板上市公司行业分布 （单位：家）

证监会一级行业	2018年12月31日	2019年12月31日
制造业	514	541
信息传输、软件和信息技术服务业	133	142
科学研究和技术服务业	19	23
文化、体育和娱乐业	15	16
租赁和商务服务业	10	13
水利、环境和公共设施管理业	14	15
农、林、牧、渔业	6	8
批发和零售业	6	8
建筑业	7	7
采矿业	5	5
卫生和社会工作	3	4
交通运输、仓储和邮政业	2	2
电力、热力、燃气及水生产和供应业	2	2
金融业	1	3
居民服务	1	1
教育	1	1
总计	739	791

数据来源：深圳证券交易所，http://www.szse.cn/。

（三）上市公司区域分布

2018和2019年创业板上市公司所属省份分布如表1-3所示。创业板上市公司数量排名前五位的均为东部省份，分别是广东省、北京市、江苏省、浙江省、上海市。相对而言，广西壮族自治区、贵州省、黑龙江省和西藏自治区创业板上市公司数量相对较少，地区间的差距有进一步扩大的趋势。

表1-3 2018和2019年创业板上市公司所属省份分布 （单位：家）

	省份	2018年	2019年		省份	2018年	2019年		省份	2018年	2019年
东部	广东	176	184	中部	湖北	23	23	西部	四川	26	31
	北京	99	104		湖南	24	27		陕西	9	10
	江苏	96	104		河南	13	14		重庆	5	5
	浙江	84	86		安徽	14	16		内蒙古	3	3
	上海	47	48		江西	8	12		新疆	5	5
	山东	29	35		山西	3	4		甘肃	3	3
	福建	26	28						贵州	1	1
	辽宁	12	12						云南	4	4
	天津	8	8						广西	0	1
	河北	11	11						西藏	1	3
	海南	3	3								
	黑龙江	2	2								
	吉林	4	4								
合计		597	629	合计		85	96	合计		57	66

数据来源：深圳证券交易所，http://www.szse.cn/。

（四）保荐机构分布

保荐机构对企业IPO的成败具有重大影响，并承担相应的法律责任。同时，创业板上市公司的首发保荐人往往也是其股票的主承销商。

2018和2019年国信证券均是承担创业板上市公司保荐业务最多的保荐机构。位列前十位的保荐机构排名和承担上市首保业务数量见表1-4。证券行业市场体量增速整体放缓，行业集中度进一步提升，使得这十家证券机构累计为超过一半的创业板上市公司提供了保荐及股票承销服务。

表1-4 2018和2019年首发保荐业务排名前十的保荐机构 （单位：家）

排名	2018年		2019年	
	机构名称	保荐业务数量	机构名称	保荐业务数量
1	国信证券	51	国信证券	52
2	广发证券	47	平安证券	45
3	平安证券	44	中信证券	44
4	中信证券	37	广发证券	43
5	华泰联合证券	35	中信建投证券	42
6	中信建投证券	34	华泰联合证券	40
7	海通证券	34	海通证券	37
8	招商证券	32	招商证券	32
9	国金证券	28	国金证券	30
10	安信证券	22	安信证券	22

数据来源：巨灵金融服务平台，http://terminal.chinaef.com/。

三、创业板市场主要指标与经营业绩变化

（一）市值变化

2018 年，有 67 家创业板上市公司市值超百亿元，较 2017 年的 88 家减少 21 家。2019 年，有 119 家创业板上市公司市值超百亿元，较 2018 年的 67 家增加 52 家。

2018 年 12 月 31 日，创业板市值 300 亿元以上企业有 10 家，其中市值超千亿的有 3 家，创业板有 85% 的企业（629 家）市值同比下降，9.46% 的企业市值增长幅度在 0～1 倍之间，0 家企业市值增长幅度在 1～2 倍之间，仅有芒果超媒（300413）1 家企业市值增长超 2 倍。2019 年 12 月 31 日，有 4 家企业市值超一千亿元，仅有 22.70% 的企业（178 家）市值同比下降，61.86% 的企业市值增长幅度在 0～1 倍之间，54 家企业市值增长幅度在 1～2 倍之间，15 家企业市值增长超 2 倍。可以看出，2019 年创业板上市公司市值相对 2018 年整体上大幅上涨。

2018 年 12 月 31 日，创业板上市公司平均市值 54.75 亿元，较 2017 年年底的 72.24 亿元下降 17.49 亿元，降幅为 24.21%（见图 1-2）。2019 年 12 月 31 日，创业板上市公司平均市值达到 77.56 亿元，较 2018 年年底的 54.75 亿元增长了 22.81 亿元，增幅为 41.66%（见图 1-2）。

图1-2 创业板上市公司近5年平均市值的年度变化（单位：亿元）

数据来源：深圳证券交易所，http://www.szse.cn/。

（二）平均市盈率

市盈率是公司的股价与每股盈利的比值，它是最常用来评估股价水平是否合理的指标之一。2018年年底，创业板上市公司平均市盈率为32.1，相较2017年的49.15继续呈下降趋势（见图1-3），也是2014年以来的最低值。2019年年底，创业板上市公司平均市盈率为47.01，相较2018年年底的32.1呈回升趋势。

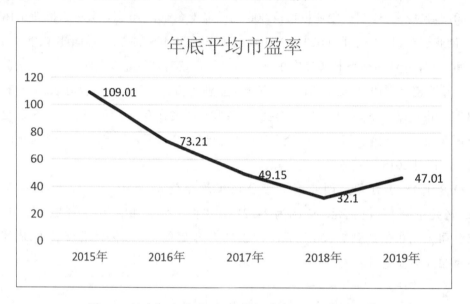

图1-3 创业板上市公司平均市盈率近5年变化趋势

数据来源：深圳证券交易所，http://www.szse.cn/，《深圳证券交易所市场统计年鉴 2019》。

（三）经营业绩

2018年，739家创业板上市公司中，共有551家（占比74.56%）公司年营业收入同比增长，共有371家（占比50.20%）公司实现净利润同比增长，其中有10家（占比1.35%）公司净利润同比增长超过300%，净利润负增长的占比达49.80%。2019年，791家创业板上市公司中，共有537家（占比67.89%）公司年营业收入同比增长，共有450家（占比56.89%）公司实现净利润同比增长，其中有20家（占比2.53%）公司净利润同比增长超过300%，净利润负增长的占比达43.11%。具体情况见表1-5。

表1-5 2018和2019年创业板上市公司营业收入和净利润同比变化

财务业绩		2018年	2019年
营收增长率	0～50%	62.51%	58.41%
	50%～100%	9.07%	6.45%
	100%～200%	2.57%	2.04%
	200%以上	0.41%	1.00%
	为负	25.44%	32.10%
净利润增长率	0～100%	42.76%	48.57%
	100%～200%	4.87%	4.44%
	200%～300%	1.22%	1.00%
	300%以上	1.35%	2.53%
	为负	49.80%	43.11%

数据来源：巨灵金融服务平台，http://terminal.chinaef.com/。

以下，将从营业收入、净利润、销售净利率这几个指标对创业板企业经营情况和创业板市场变化趋势进行描述。

1. 营业收入

营业收入是指企业在从事主营业务或其他业务经营活动中，由于销售商品、提供劳务等所取得的收入，是企业的一项重要的财务指标。企业营业收入的取得，表明商品价值得以实现，是企业再生产不断进行和经济效益得以实现的根本保证，关系到企业的生存和发展。2018年度，创业板公司实现营收合计1.36万亿元，增长15.9%；归母净利润合计336亿元，下滑65.6%。2019年创业板上市公司（除暴风集团、神雾环保）营收共计1.57万亿元，增长15.40%；归母净利润共计531.04亿元，增长23.13%。从平均营业收入来看，近5年来，创业板上市公司平均营业收入逐年增长，但平均营业收入增长率总体呈下降趋势，如图1-4所示。

图1-4 创业板上市公司平均营业收入变化

数据来源：巨灵金融服务平台，http://terminal.chinaef.com/。

2. 净利润

净利润是企业当期利润总额减去所得税后的金额，即企业的税后利润。对于企业的投资者来说，净利润是获得投资回报大小的基本因素；对于企业管理者而言，净利润是进行经营管理决策的基础。

创业板上市公司平均净利润 2018 年出现转折，在平均营业收入增长的情况下，2018 年的平均净利润大幅下降。部分亏损公司对创业板整体业绩冲击较大。2018 年，创业板共有 48 家公司亏损额超过 5 亿元，合计亏损 734 亿元，约占创业板盈利公司净利润总和的 60%。2019 年创业板上市公司平均净利润虽然有所回升，但仍然只有 0.67 亿元，远低于 2018 年以前几年平均净利润。具体情况如图 1-5 所示。

图1-5 创业板上市公司平均净利润变化

数据来源：巨灵金融服务平台，http://terminal.chinaef.com/。

3. 销售净利率

销售净利率指标属于盈利能力比率，反映每一元销售收入带来的净利润多少，代表了企业销售收入的盈利水平。如图1-6所示。2015年以来，创业板上市公司平均销售净利率呈现波动向下的趋势，2018年和2019年分别为2.47%和3.38%。

图1-6　创业板上市公司平均销售净利率变化

数据来源：巨灵金融服务平台，http://terminal.chinaef.com/。

四、创业板市场行情变化

创业板指数[①]反映了创业板市场行情的变化。创业板市场在2013—2014年保持缓慢的上涨趋势。2015年上半年开始暴涨，而后暴跌，2016年之后保持相对平稳，但2018年，创业板指数呈下降趋势，年中变动幅度较大，全年累计下跌27.93%，如图1-7所示。2019年2月，创业板指数快速拉升后趋向稳定增长，如图1-8所示。

[①]创业板指数，是指以起始日为一个基准点，按照创业板所有股票的流通市值，一个一个计算当天的股价，再加权平均，与开板之日的"基准点"比较，向投资者提供更多的可交易的指数产品和金融衍生工具的标的物。

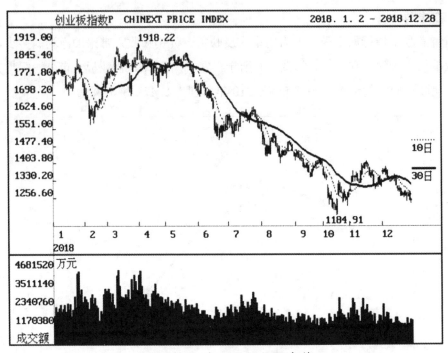

图1-7 2018年创业板指数走势

数据来源：深圳证券交易所，http://www.szse.cn/。

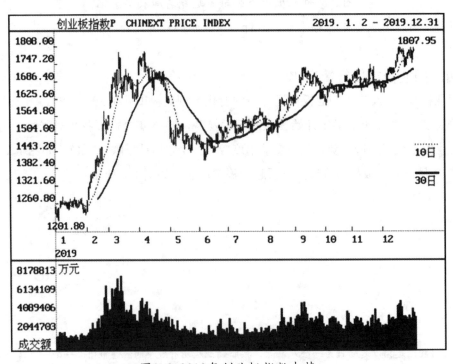

图1-8 2019年创业板指数走势

数据来源：深圳证券交易所，http://www.szse.cn/。

对比同期深证成指和深证100指数走势图（见图1-9）可以发现，创业板指数变化与同期的深证成指和深证100指数变化基本保持一致。

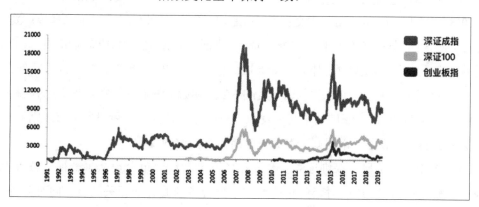

图1-9 1991—2019年深证成指、深证100与创业板指走势

数据来源：深圳证券交易所，http://www.szse.cn/。

五、创业板公司股利分配概况

创业板上市公司利润分配的方式主要包括三种：一是分红，又称为派现；二是送股；三是公积金转增股本，又称为转增。

2018年和2019年分别有554家（74.97%）和574家（72.57%）创业板上市公司选择向股东派息或转赠股份，占全部创业板上市公司比例较2017年及以前年份有所下降；2018年和2019年分别有185家（25.03%）和217家（27.43%）不分配不转增。具体情况如图1-10所示。

图1-10 创业板上市公司向股东派息转赠情况 （单位：家）

数据来源：巨灵金融服务平台，http://terminal.chinaef.com/。

六、新增创业板市场规则

2018 年 11 月 16 日，深圳证券交易所发布通知，公告了新修订的三个重要制度：《深圳证券交易所股票上市规则（2018 年 11 月修订）》《深圳证券交易所创业板股票上市规则（2018 年 11 月修订）》《深圳证券交易所退市公司重新上市实施办法（2018 年修订)》，并同时发布了《深圳证券交易所上市公司重大违法强制退市实施办法》，并就相关制度的修订进行了说明。

2019 年 4 月 30 日，深圳证券交易发布了对《深圳证券交易所股票上市规则》《深圳证券交易所创业板股票上市规则》有关条款所进行的修改说明。

2019 年 10 月 27 日，深圳证券交易发布了《创业板上市公司从事影视业务等 10 件行业信息披露指引（2019 年修订)》的通知，公告了新修订的相关制度，同时公告了废止的相关制度，具体的制度见表 1-6。

表1-6 《创业板上市公司从事影视业务等10件行业信息披露指引》

序号	制度文件名称
1	《深圳证券交易所创业板行业信息披露指引第1号——上市公司从事广播电影电视业务》
2	《深圳证券交易所创业板行业信息披露指引第2号——上市公司从事药品、生物制品业务》
3	《深圳证券交易所创业板行业信息披露指引第3号——上市公司从事光伏产业链相关业务》
4	《深圳证券交易所创业板行业信息披露指引第4号——上市公司从事节能环保服务业务》
5	《深圳证券交易所创业板行业信息披露指引第5号——上市公司从事互联网游戏业务》
6	《深圳证券交易所创业板行业信息披露指引第6号——上市公司从事互联网视频业务》
7	《深圳证券交易所创业板行业信息披露指引第7号——上市公司从事电子商务业务》
8	《深圳证券交易所创业板行业信息披露指引第8号——上市公司从事互联网营销业务》
9	《深圳证券交易所创业板行业信息披露指引第9号——上市公司从事LED产业链相关业务》
10	《深圳证券交易所创业板行业信息披露指引第10号——上市公司从事医疗器械业务》

2019 年 10 月 27 日，深圳证券交易发布了新制定的《深圳证券交易所创业板行业信息披露指引第 11 号——上市公司从事工业机器人产业链相关业务》《深圳证券交易所创业板行业信息披露指引第 12 号——上市公司从事集成电路相关业务》《深圳证券交易所创业板行业信息披露指引第 13 号——上市公司从事锂离子电池产业链相关业务》三个文件，并从发布之日起开始实施。

报告二：2018—2019年度创业板上市公司无形资产账面价值分析

—— 基于创业板上市公司财务报表和报表附注

本报告以截至2019年5月18日和2020年5月18日的创业板上市公司招股说明书，以及在上述统计时点前已披露的年报为数据来源[①]，对创业板上市公司无形资产账面价值信息进行整体评价。

一、基于招股说明书的创业板上市公司无形资产账面价值分析

2018年度报告期内新增创业板上市公司33家，其中3家公司的招股说明书未披露无形资产明细科目。2019年度报告期内新增创业板上市公司52家。本报告将针对两个年度报告期内新增创业板上市公司无形资产账面价值的变化趋势及构成展开分析。

（一）新增公司无形资产账面价值的变化趋势

为考察创业板上市公司无形资产账面价值的整体变化趋势，本报告共统计了2018年与2019年报告期内新增创业板上市公司招股说明书的无形资产账面价值信息。

新上市企业的无形资产账面价值均值在2018年和2019年分别达到16018.68万元、4568.72万元，见表2-1。其中2018年创业板新上市公司的无形资产均值的增长率高达4.54倍。剔除商誉后，2018—2019年创业板新增上市公司无形资产的账面价值见表2-2。相比2017年，创业板新上市公司商誉在无形资产中的占比在降低。

---

① 本报告的创业板上市公司年度数据均根据上市公司年度报告发布周期收集，不特别说明，本报告中报告期均指上一年度5月19日至本年度5月18日之间的数据。截至2019年5月18日，创业板上市公司共758家，其中披露年报公司共744家。截至2020年5月18日，创业板上市公司共810家，其中披露年报公司共797家。

表2-1 2016—2019年新增公司无形资产账面价值（含商誉） 单位：万元

年份	无形资产账面价值			
	总额	新上市家数	均值	均值增长率(%)
2016	350306.83	130	2694.67	/
2017	310198.82	88	3524.99	130.81
2018	528616.50	33	16018.68	454.43
2019	237573.40	52	4568.72	−71.48

数据来源：2018和2019年统计期创业板新增上市公司招股说明书。

表2-2 2016—2019年新增公司无形资产账面价值（不含商誉） 单位：万元

年份	无形资产账面价值			
	总额	新上市家数	均值	均值增长率(%)
2016	335613.04	130	2581.64	/
2017	179549.80	88	2040.34	−20.97
2018	517380.80	33	15678.21	549.55
2019	233711.00	52	4494.44	−71.33

数据来源：2018和2019年统计期创业板新增上市公司招股说明书。

（二）新增公司无形资产账面价值的构成分析

本报告将无形资产分为"边缘无形资产""经典无形资产""其他无形资产"和"商誉"四个大类。边缘无形资产是指具有无形资产的某些特征，但不能与一般意义上的无形资产一同确认和计量的那部分无形资产，包括土地使用权和特许权[①]。经典无形资产是指现行会计核算体系中表现形态主要是知识产权的那部分无形资产，包括专利权及专有技术、著作权、商标权、软件技术投资、许可权等。其他无形资产是指除了边缘无形资产、经典无形资产和商誉之外的无形资产[②]。按照上述分类方式对2018年和2019年报告期内新增创业板上市公司招股说明书中的无形资产明细科目的账面价值进行统计分析，结果见表2-3。

2019年新上市创业板公司无形资产账面价值的整体结构较2018年上市的公司有如下变化：一是土地使用权的账面均值显著下降，但边缘无形资产账面总额的占比有较大幅度的上升，从2018年的49.24%上升至2019年的72.81%；二是商誉的占比进一步下降，从2018年的30.00%下降到2019年的15.28%；三是专利和商标无形资产占比大幅下降，但软件及著作权占比大幅上升。

---

①特许权，也称特许经营权，是指由权力当局（政府）授予个人或法人实体的一项特权。
②其他无形资产，是指人力资本、客户名单、客户关系等无形资产。

表2-3 2018与2019年新增公司无形资产账面价值 单位：万元

类型名称	2018年			2019年		
	总额	均值	占比	总额	均值	占比
土地使用权	260304.21	7888.01	49.24%	172965.64	3326.26	72.81%
特许权	0	0	0	0	0	0
小计：边缘无形资产	260304.21	7888.01	49.24%	172965.64	3326.26	72.81%
专利权及专有技术	46284.05	1402.55	8.76%	2701.17	51.95	1.14%
软件及著作权	31684.62	960.14	5.99%	21448.01	412.46	9.03%
商标权	7431.32	225.19	1.41%	290.84	5.59	0.12%
许可权	13075.56	396.23	2.47%	0	0	0.00%
小计：经典无形资产	98475.55	2984.11	18.63%	24440.02	470.00	10.29%
商誉	158601.04	4806.09	30.00%	36305.34	698.18	15.28%
其他无形资产	11235.69	340.48	2.13%	3862.40	74.28	1.63%
无形资产账面价值	528616.49	16018.68	100.00%	237573.40	4568.72	100.00%

数据来源：2018和2019年统计期创业板新增上市公司招股说明书。表中"均值"为该类无形资产总额／当年新增上市公司数量。"占比"为该类无形资产账面价值总额／该年无形资产账面价值总额。

二、基于年度报告的创业板上市公司无形资产账面价值变化

（一）无形资产账面价值的变化趋势

为考察创业板上市公司无形资产账面价值的整体变化趋势，本报告共统计了2018年和2019年创业板上市公司年度报告中的无形资产账面价值信息[①]。本报告的统计样本是分别于2019年5月19日前披露2018年年报的744家创业板上市公司和2020年5月19日前披露2019年年度报告的797家创业板上市公司。

创业板上市公司2018年年报披露的无形资产账面价值总额和账面均值分别为35744452.95万元和48043.62万元／家；2019年年报披露的无形资产账面价值总额和账面均值分别为36111369.28万元和45309.12万元／家。无形资产占总资产的比例在2017年达到高点15.91%，然后下降至2019年的12.51%。从整体上看，2019年创业板上市公司无形资产账面价值均值和占比均略有下降。

---

① 这里的无形资产账面价值信息是企业年度报告合并资产负债表中披露的无形资产账面价值和商誉账面价值之和。

表2-4 2015—2019年创业板公司无形资产账面价值及占比（含商誉）

（单位：万元）

年份	无形资产账面价值		资产总额	无形资产占总资产比例（%）
	总额	均值		
2015	16046529.50	32417.23	104929537.20	15.29
2016	25607338.00	43402.27	164563454.43	15.56
2017	35348107.77	49231.35	222200545.50	15.91
2018	35744452.95	48043.62	257642263.76	13.87
2019	36111369.28	45309.12	288700122.20	12.51

数据来源：2015—2019年创业板上市公司年度报告。

注：表中"均值"为无形资产账面价值／当年披露年报上市公司数量，"无形资产占总资产比例"为无形资产账面价值／资产总额。

由于近年来创业板市场并购活动频繁，企业并购商誉增长较快。为了消除并购活动形成的商誉对无形资产的影响，本报告将剔除商誉后无形资产的账面价值进行了统计，结果见表2-5。不考虑商誉的账面价值，近5年来创业板上市公司报告的无形资产均值逐年上升，从2015年的10649.52万元／家上升到2019年的20577.57万元／家。商誉也对无形资产在总资产中的占比产生了影响，剔除商誉后无形资产占总资产比例从2016年开始呈持续上升趋势。

表2-5 2015—2019年创业板公司无形资产账面价值及占比（不含商誉）

（单位：万元）

年份	无形资产账面价值		资产总额	无形资产占总资产比例（%）
	总额	均值		
2015	5271514.54	10649.52	104929537.20	5.02
2016	7709817.34	13067.49	164563454.43	4.69
2017	10755627.07	14979.98	222200545.50	4.84
2018	13564172.95	18231.42	257642263.76	5.26
2019	16400326.61	20577.57	288700122.20	6.10

数据来源：2015—2019年创业板上市公司年度报告。表中均值和占比计算方式同表2-4。

（二）无形资产账面价值的构成分析

2018和2019年创业板上市公司无形资产各明细科目的账面价值见表2-6。2019年年度报告所披露的无形资产账面价值的构成中，边缘无形资产和商誉占比较高，而经典无形资产占比较低。2018和2019年，边缘无形资产占比进一步上升，商誉占比下降；经典无形资产无论是均值还是占比均下降。

表2-6 2018和2019年创业板公司无形资产账面价值（含土地使用权）

（单位：万元）

类型名称	2018年			2019年		
	总额	均值	占比	总额	均值	占比
土地使用权	5,433,221.22	7302.72	15.20%	6192036.46	7769.18	17.15%
特许权	3,763,987.39	5059.12	10.53%	4670501.82	5860.10	12.93%
小计：边缘无形资产	9,197,208.60	12361.84	25.73%	10862538.28	13629.28	30.08%
专利权及专有技术	1,732,892.40	2329.16	4.85%	1739971.19	2183.15	4.82%
软件及著作权	1,166,382.90	1567.72	3.26%	1001904.71	1257.09	2.77%
商标权	282,628.61	379.88	0.79%	116518.81	146.20	0.32%
许可权	0.00	0.00	0.00%	0.00	0.00	0.00%
小计：经典无形资产	3,181,903.91	4276.75	8.90%	2858394.70	3586.44	7.92%
商誉	22,180,280.00	29812.20	62.05%	19711042.66	24731.55	54.58%
其他无形资产	1,185,060.43	1592.82	3.32%	2679393.632	3361.85	7.42%
无形资产账面价值总额	35,744,452.95	48043.62	100.00%	36111369.28	45309.12	100.00%

数据来源：创业板上市公司2018和2019年年度报告。表中"均值"为总额/当年披露年报上市公司数量；"占比"为该类无形资产账面总额/无形资产账面价值总额。

2018和2019年创业板上市公司并购活跃，形成较大规模商誉。边缘无形资产和商誉通常都是外购形成，以市场价值入账，而经典无形资产通常部分自创无形资产的资本化，或仅以申请、注册登记等程序支出等入账，无法反映其市场价值。为排除土地使用权账面价值的干扰，本报告将剔除此项后的创业板上市公司无形资产账面价值进行统计，结果见表2-7。

表2-7 2018和2019年创业板公司无形资产账面价值（不含土地使用权）

（单位：万元）

类型名称	2018年			2019年		
	总额	均值	占比	总额	均值	占比
特许权	3,763,987.39	5,059.12	12.42%	4,670,501.82	5,860.10	15.61%
专利权及专有技术	1,732,892.40	2,329.16	5.72%	1,739,971.19	2,183.15	5.82%
软件及著作权	1,166,382.90	1,567.72	3.85%	1,001,904.71	1,257.09	3.35%
商标权	282,628.61	379.88	0.93%	116,518.81	146.20	0.39%
许可权	0.00	0.00	0.00%	0.00	0.00	0.00%
商誉	22,180,280.00	29,812.20	73.18%	19,711,042.66	24,731.55	65.88%
其他无形资产	1,185,060.43	1,592.82	3.91%	2,679,393.63	3,361.85	8.96%
无形资产账面价值总额	35,744,452.95	48043.62	100.00%	36111369.28	45309.12	100.00%

数据来源：创业板上市公司2018和2019年年报。表中"均值"和"占比"计算方式同表2-6。

（三）无形资产账面价值的行业比较

本报告基于 2012 年证监会二级行业分类标准分别对统计期披露了 2018 和 2019 年年报的公司进行了行业分类比较分析。各行业无形资产账面价值的基本情况见表2-8。2018 年无形资产账面价值均值位居前三的行业依次是水利、环境和公共设施管理业，卫生和社会工作业，教育业；2019 年排前三的行业依次是水利、环境和公共设施管理业，卫生和社会工作业，电力、热力、燃气及水生产和供应业。这些行业公司数量较少。与 2018 年相比，2019 年上市公司数量最多的制造业和信息技术业的无形资产账面价值均值有所下降。

表2-8 2018和2019年创业板公司分行业无形资产账面价值（含土地使用权）

（单位：万元）

行业	2018年			2019年		
	公司数量（家）	无形资产账面价值		公司数量（家）	无形资产账面价值	
		总额（万元）	均值（万元）		总额（万元）	均值（万元）
水利、环境和公共设施管理业	14	3,639,093.79	259,935.27	17	4,680,555.13	275,326.77
卫生和社会工作	3	553,492.20	184,497.40	3	623,112.74	207,704.25
电力、热力、燃气及水生产和供应业	2	268,960.81	134,480.41	3	334,770.88	111,590.29
采矿业	5	606,734.82	121,346.96	5	532,989.89	106,597.98
文化、体育和娱乐业	15	2,030,706.03	135,380.40	13	1,314,133.79	101,087.21
金融业	1	143,771.01	143,771.01	4	322,949.79	80,737.45
教育业	1	151,233.37	151,233.37	2	156,061.00	78,030.50
租赁和商务服务业	10	470,888.08	47,088.81	14	1065016.335	76,072.60
批发和零售贸易	7	466,025.73	66,575.10	10	651,922.15	65,192.21
信息传输、软件和信息技术服务业	133	7,706,523.93	57,943.79	140	7,854,858.84	56,106.13
科学研究和技术服务业	20	570,110.97	28,505.55	21	754,753.39	35,940.64
农林牧渔业	7	223,296.62	31,899.52	7	250,426.87	35,775.27
制造业	516	18,797,242.05	36,428.76	545	17,370,174.11	31,871.88
交通运输、仓储和邮政业	2	94,569.05	47,284.53	2	40,706.52	20,353.26
建筑业	7	154,717.50	22,102.50	10	155,176.90	15,517.69
居民服务、修理和其他服务业	1	9,420.27	9,420.27	1	3,760.95	3,760.95
合计	744	35744452.95	48,043.62	797	36,111,369.28	45,309.12

数据来源：创业板上市公司 2018 和 2019 年年度报告。表中"均值"为行业无形资产账面价值总额／该行业公司数量。

为了排除土地使用权对其他类别无形资产账面价值的干扰，本报告在剔除土地使用权后对各行业的无形资产均值进行再次排序，其结果见表2-9。从无形资产账面价值中剔除土地使用权后，采矿业的无形资产账面价值均值排名进入前三，均值下降最多的是金融业。水利、环境和公共设施管理业，农林牧渔业，表明这些行业土地使用权账面价值占比较高。

表2-9 2018和2019年创业板分行业无形资产账面价值（不含土地使用权）

（单位：万元）

行业	2018年			2019年		
	公司数量（家）	无形资产账面价值		公司数量（家）	无形资产账面价值	
		总额（万元）	均值（万元）		总额（万元）	均值（万元）
水利、环境和公共设施管理业	14	3,431,559.49	245,111.39	17	4,307,603.00	253,388.41
卫生和社会工作	3	517,214.14	172,404.71	3	589,565.31	196,521.77
采矿业	5	593,238.16	118,647.63	5	519,837.06	103,967.41
电力、热力、燃气及水生产和供应业	2	250,139.58	125,069.79	3	310,489.25	103,496.42
文化、体育和娱乐业	15	1,884,573.76	125,638.25	13	1,157,140.57	89,010.81
教育业	1	148,092.82	148,092.82	2	152,933.98	76,466.99
金融业	1	203.87	203.87	4	303,228.85	75,807.21
租赁和商务服务业	10	427,247.67	42,724.77	14	1,055,054.00	75,361.00
批发和零售贸易	7	451,534.95	64,504.99	10	625,244.96	62,524.50
信息传输、软件和信息技术服务业	133	7,366,227.32	55,385.17	140	7,504,338.97	53,602.42
科学研究和技术服务业	20	438,233.84	21,911.69	21	630,043.53	30,002.07
制造业	516	14,591,308.05	28,277.73	545	12,602,390.82	23,123.65
建筑业	7	118,116.88	16,873.84	10	105,078.57	10,507.86
交通运输、仓储和邮政业	2	57,690.77	28,845.39	2	18,719.14	9,359.57
农林牧渔业	7	30,268.38	4,324.05	7	33,903.83	4,843.40
居民服务、修理和其他服务业	1	5,582.04	5,582.04	1	3,760.95	3,760.95
合计	744	30,311,231.73	40,740.90	797	29,919,332.81	37,539.94

数据来源：创业板上市公司2019年年度报告。表中"均值"计算方法同表2-8。

为了考察商誉的影响，在剔除商誉账面价值后，无形资产账面价值均值下降最多的行业依次是卫生和社会工作业、金融业和教育业，见表2-10。

表2-10 2018和2019年创业板分行业无形资产账面价值（不含商誉）

（单位：万元）

行业	2018年			2019年		
	公司数量（家）	无形资产账面价值		公司数量（家）	无形资产账面价值	
		总额（万元）	均值（万元）		总额（万元）	均值（万元）
水利、环境和公共设施管理业	14	3,174,095.46	226,721.10	17	4,211,109.74	247,712.34
文化、体育和娱乐业	15	671,899.77	44,793.32	13	898,455.68	69,111.98
采矿业	5	313,962.81	62,792.56	5	294,652.46	58,930.49
电力、热力、燃气及水生产和供应业	2	122,663.71	61,331.86	3	148,697.26	49,565.75
农林牧渔业	7	203,118.27	29,016.90	7	230,502.03	32,928.86
卫生和社会工作	3	58,154.83	19,384.94	3	73,435.78	24,478.59
交通运输、仓储和邮政业	2	46,592.65	23,296.32	2	30,295.30	15,147.65
信息传输、软件和信息技术服务业	133	1,258,228.15	9,460.36	140	2,110,201.24	15,072.87
租赁和商务服务业	10	253,160.05	25,316.01	14	204,408.77	14,600.63
制造业	516	7,152,980.13	13,862.36	545	7,802,580.40	14,316.66
科学研究和技术服务业	20	199,640.21	9,982.01	21	205,005.63	9,762.17
建筑业	7	59,287.25	8,469.61	10	74,564.66	7,456.47
教育	1	12,007.88	12,007.88	2	14,716.73	7,358.37
批发和零售贸易	7	29,649.34	4,235.62	10	72,883.48	7,288.35
金融业	1	1,293.89	1,293.89	4	27,165.71	6,791.43
居民服务、修理和其他服务业	1	7,438.55	7,438.55	1	1,651.72	1,651.72
合计	744	13,564,172.95	18,231.42	797	16,400,326.61	20,577.57

数据来源：创业板上市公司2019年年度报告。表中"均值"计算方法同表2-8。

三、研究结论

第一，基于招股说明书，2019年新增创业板上市公司无形资产均值和剔除土地使用权后的无形资产均值均大幅提升，增长率高达4.27倍。从无形资产构成来看，经典无形资产中，除了软件著作权略有下降外，其他无形资产的账面均值普遍上升；同时，商誉的均值也高于去年数据，总额占比略微上升。因此，本报告认为，与上年度新增创业板上市公司相比较，本年度新增公司的无形资产结构更具有优势。

基于年度报告，2019年创业板上市公司无形资产均值和占比均有上升。从无形资产构成来看，经典无形资产占比较高，而商誉占比较低。与2018年相比，2019年度创业板上市公司无形资产的构成呈现以下特点：一是边缘无形资产占比保持稳定在 17% ～ 19%；二是经典无形资产占比从 13.35% 上升至 19.17%；三是商誉占比上升，由 43.03% 上升至 53.91%。

第二，企业之间的并购浪潮引发商誉快速增长值得进一步重视。企业并购活动频繁，使商誉价值被广泛关注。2019 年，文化、体育和娱乐业，采矿业、科学研究和技术服务业取代制造业，信息传输、软件和信息技术服务业，水利、环境和公共设施管理业成为无形资产最富集的行业。

第三，土地使用权依然是影响行业无形资产排名的重要因素。在很多行业中，土地使用权构成了无形资产的绝大部分内容，其他无形资产的占比普遍偏低。例如，剔除土地使用权之后，农林牧渔业无形资产的均值大幅下降。原因在于农林牧渔业公司的无形资产中土地使用权占比较高，因此将该项剔除后行业排名下降较多。

第四，上市公司的无形资产构成在不同区域间存在差异，且这种差异与往年相比没有明显变化。无形资产均值最高的三个综合经济区域依次为北部沿海综合经济区、长江中游综合经济区和东北综合经济区。从总额上看，无形资产富集于北部沿海综合经济区、东部沿海综合经济区和南部沿海经济区的上市公司。即使在同一经济区域中，不同公司无形资产的账面价值也存在较大差异。

报告三：创业板上市公司技术类无形资产研究

专利、非专利技术、技术标准和软件著作权均是与技术高度相关的无形资产，与企业竞争力之间存在一定关系。因此，对 2018 和 2019 年创业板公司的专利、非专利技术、技术标准和软件著作权等四种技术类无形资产的统计数据进行分析，从而持续观测创业板上市公司技术类无形资产的发展情况。

一、概念界定

技术类无形资产是指与技术密切关联的，不具有实物形态，为特定主体拥有或控制并且能够为其带来收益的资产或资源。其基本内容应包括所有与技术密切关联的无形资产，包括常规技术类无形资产及非常规技术类无形资产。其中，常规技术类无形资产包括专利、非专利技术和软件著作权；非常规技术类无形资产主要是指技术标准。

（一）专利技术

专利源于英文"patent"，为"公开"的意思。专利是以知识产权形态存在的发明创造。根据财政部 2006 年颁布的《企业会计准则第 6 号 —— 无形资产》定义，无形资产主要包括专利权、非专利技术、商标权、著作权、特许权和土地使用权，因此可以确认专利是无形资产的一种。根据我国《中华人民共和国专利法》，专利分为发明专利、实用新型专利和外观设计专利三种，其保护期限自申请日起分别为 20 年、10 年和 10 年。专利具有专有性、地区性和时间性特征。

（二）非专利技术

对非专利技术内涵和边界的界定仍然面临诸多争议，原因在于诸多类似概念广泛存在于技术领域，容易产生混淆。为厘清非专利技术与其他相关概念的差别和联系，本报告作出如下梳理与界定（见图 3-1）。

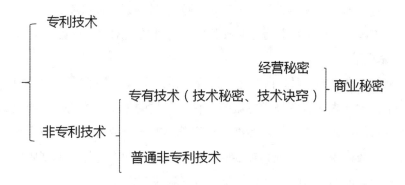

图 3-1 非专利技术相关概念关系图

本报告认为，非专利技术与专有技术是存在差异的。根据我国《技术引进合同管理条例》及其《实施细则》的规定，专有技术（Know-how）是指未予以公开的、未取得工业产权法律保护的制造某种产品或者应用某项工艺以及产品设计、工艺流程、配方、质量控制和管理等方面的技术知识。由此可见，专有技术只是非专利技术成果的一种，非专利技术包含已公开的非专利技术和未公开的非专利技术两类。未公开的非专利技术一般即指专有技术。而已公开的非专利技术，又称为普通非专利技术或公有技术，是指已经向社会公开而为公众所知或不必作过多花费即可获得和掌握的技术成果，包括失效专利技术成果。专有技术是指发明者未申请专利或不够申请专利条件而未经公开、在生产经营活动中已采用了的、能为持有者带来经济利益的各种技术和经验，一般包括工业专有技术、商业贸易专有技术、管理专有技术等，是商业秘密的组成部分。专有技术的特征有非专利性、秘密性、获利性、新颖性、可传授性、动态性等。

1993 年，我国《反不正当竞争法》将商业秘密定义为"不为公众所知悉，能为权利人带来经济利益，具有实用性并经权利人采取保密措施的技术信息和经营信息"。根据该定义，商业秘密包含两类：一类是技术信息，由于权利人采取了必要的保密措施，形成了"专有技术"或"技术秘密""技术诀窍"等，如生产工艺、产品配方等；二是经营信息，主要包括未公开的客户名单、经营管理策略、广告方案、数据库、产品销售方案、合同条款、谈判方案、供求分析报告等。因此，就商业秘密而言，权利人是否采取了必要的保密措施是获得权利保护的关键条件。

综上所述，本报告将非专利技术定义为：与专利技术相对的，包含处于保密状态尚未公开的专有技术（技术秘密、技术诀窍）和已向社会公开而为公众所知的普通非专利技术的符合法律要求和社会公益的一切技术成果。本报告将创业板公司拥有的非专利技术分为三类：一是明确说明拥有并披露的非专利技术（下称第一类）；二是明确说明拥有并披露的专有技术（下称第二类）；三是根据 28 号准则予以披露的核心技术中，剔除其中说明正在申请专利或是已获得专利授权技术之外的技术（下称第三类）。

（三）技术标准

技术标准是标准中的一种，指的是一种或一系列具有一定强制性要求或指导性功能、内容含有细节技术要求和有关技术方案的文件，其目的是使相关的产品或服务达到一定的安全要求或市场准入要求。技术标准的实质就是对一个或几个生产技术设立必须符合要求的条件。一般来说，能够成为标准的技术都是某行业内先进的、规则的、平台的技术，是经过充分论证的、对特定问题提供有效的解决方案。

技术标准具有许多与无形资产相类似的特征，例如，具有依附性、网络外部性、排他性、未来收益的不确定性等，因此可被归为非常规无形资产。

依据《中华人民共和国标准化法》，标准级别可以划分为国家标准、行业标准、地方标准和企业标准 4 个层次。各层次之间有一定的依从关系和内在联系，形成一个覆盖全国层次分明的标准体系。

随着标准级别的提高，技术标准影响的范围越大，使用的主体越多，相应创造的价值也就越大。企业标准的提案方可以通过企业标准，提高产品性能的稳定性，凭借高质量的产品吸引消费者，培养新的消费习惯，进而将企业标准申报为行业标准，甚至是国家标准，以提高行业内其他企业的准入门槛，获取时间优势和垄断利润。

（四）著作权

著作权，又称为版权，是自然人、法人或者其他组织对文学、艺术或科学作品依法享有的财产权利和人身权利的总称。根据《中华人民共和国著作权法》的规定，著作权包括发表权、署名权、修改权、复制权等十七项人身权和财产权。此外，中国公民、法人或者其他组织的作品，不论是否发表，依法享有著作权。

从会计核算的角度来看，著作权应纳入无形资产的范畴进行初始确认和后续计量。从资产评估的角度来看，企业也应对所拥有的著作权进行价值评估，从而将其纳入企业的整体价值之中。但让人遗憾的是，本报告在研究过程中发现只有极个别创业板上市公司对其著作权进行了会计核算和资产评估，绝大部分企业忽视和低估了著作权的经济价值。同时也存在部分公司因著作权界定不明确而导致的法律纠纷案例，这些都说明创业板上市公司对著作权的重要性认识还不够深入，对其疏于保护，同时也忽略了对著作权经济价值的挖掘。

2018 年 11 月 5 日，财政部和国家知识产权局联合制定并发布了《知识产权相关会计信息披露规定》，并于 2019 年 1 月 1 日起施行。该规定进一步规范了企业知识产权相关会计信息披露，把企业知识产权分为按照《企业会计准则第 6 号 —— 无形资产》规定确认为无形资产的知识产权和企业拥有或控制的、预期会给企业带来经济利益的、但由于不满足《企业会计准则第 6 号 —— 无形资产》确认条件而未确认为无形资产的知识产权。该规定给出了企业知识产权相关会计信息披露的具体格式，并对企业自愿披露知识产权相关信息给出了指导。

二、基于招股说明书的技术类无形资产披露情况

本报告延续以往研究报告的研究框架，将技术类无形资产分为专利技术、非专利技术、技术标准和软件著作权四类，各自包含内容及统计口径见表 3-1。

表3-1 技术类无形资产的分类及统计口径

无形资产类型	分类		统计口径
技术类无形资产	专利技术	发明专利	名称、类型、专利号、授权日期、权利人
		实用新型	
		外观设计	
	非专利技术	第一类	名称、来源、数量、权属人、功能、技术水平、取得时间、许可情况、账面价值
		第二类	
		第三类	
	技术标准		类型、制定/参与制定、数量
	软件著作权		类型、数量、取得方式

从 2018 和 2019 年创业板上市公司招股说明书[①]披露的信息来看，2018 年，统计的创业板上市公司共 758 家，披露了其专利和非专利技术信息的公司占比分别为 88.79% 和 47.76%，2019 年统计的创业板上市公司共 810 家，披露了专利和非专利技术信息的公司占比分别为 88.64% 和 69.14%，披露非专利技术的公司占比明显增加，说明超过七成的创业板公司在上市前即拥有一定的核心技术实力。披露技术标准和软件著作权的企业占比变化不大，分别为 40% 和 50% 左右，见表 3-2。

[①]本报告数据样本分别为截至2019年5月18日和2020年5月18日已上市的创业板公司，信息均来源于上述上市公司招股说明书。若无特别说明，本报告各表中"占比"的计算方式为：披露某项技术类无形资产的公司总数/当年上市公司总数，"均值"的计算方式为：某项技术类无形资产的披露总数/当年上市公司总数。如果均分行业统计，"占比"和"均值"的计算方式中均取对应行业中数据。

表3-2 基于招股说明书的创业板公司技术类无形资产披露情况

技术类无形资产类型	2018年		2019年	
	披露公司数量（家）	占比（%）	披露公司数量（家）	占比（%）
专利技术	673	88.79	718	88.64
非专利技术	362	47.76	560	69.14
技术标准	322	42.48	337	41.60
软件著作权	397	52.37	434	53.58

2018和2019年，均有8家创业板公司招股说明书①未拥有或未披露技术类无形资产，其余公司均拥有一种及以上的技术类无形资产，如图3-2所示。拥有两种或三种技术类无形资产的公司占比最多，占比均超过30%，且均有增长；拥有一种技术类无形资产的公司，占比从2018年的12.5%上升至15.5%；拥有四种技术类无形资产的公司，占比约为10%。

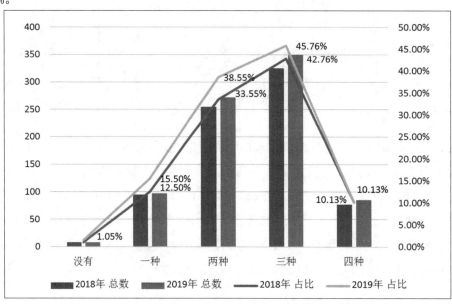

图3-2 创业板上市公司拥有技术类无形资产种类情况（单位：家）

---

①这8家公司为300015、300022、300175、300291、300336、300492、300748、300769。其中信息技术企业有1家，文化企业有2家，农产品企业有1家，医疗企业1家，化工企业1家，专业技术服务企业1家，卫生企业1家。

（一）专利技术

1. 整体披露情况

创业板上市公司专利技术的存续结构依然存在较为明显的差异，披露发明专利和实用新型的公司占比接近，明显高于披露外观设计的公司占比；实用新型的均值较高，明显高于发明专利和外观设计，见表 3-3。2019 年，各类专利的均值有明显提升。

表3-3 专利信息披露整体情况

专利类型	2018年				2019年			
	数量（家）	占比（%）	总数（件）	均值（件/家）	数量（家）	占比（%）	总数（件）	均值（件/家）
发明专利	564	74.41	7234	9.54	605	74.69	8415	10.39
实用新型	570	75.20	17640	23.27	611	75.43	20231	24.98
外观设计	325	42.88	4771	6.29	349	43.09	5722	7.06

2. 分行业披露情况

从专利的行业分布看，公司数量最多的制造业披露专利信息占比较高，披露发明专利和实用新型的公司比例均超过 85%；科学研究与服务业披露发明专利和实用新型的比例也较高，而公司数量超过 150 家的信息传输、软件和信息技术服务业披露专利信息的公司占比不到 50%；批发和零售业披露实用新型和外观设计信息的比例较高，表明该行业外观设计比较重要；交通运输、仓储和邮政业，金融业基本没有公司披露专利信息，见表 3-4。

表3-4 分行业专利信息公司数量及占比

行业	2018年			2019年		
	发明专利	实用新型	外观设计	发明专利	实用新型	外观设计
采矿业	3	2	2	3	2	2
	（60%）	（40%）	（40%）	（60%）	（40%）	（40%）
电力、热力、燃气及水生产和供应业	3	3	0	3	3	0
	（27%）	（27%）	（0%）	（27%）	（27%）	（0%）
建筑业	5	8	2	5	8	2
	（50%）	（80%）	（20%）	（50%）	（80%）	（20%）
交通运输、仓储和邮政业	0	0	0	0	0	0
	（0%）	（0%）	（0%）	（0%）	（0%）	（0%）
教育业	2	1	2	2	1	2
	（100%）	（50%）	（100%）	（100%）	（50%）	（100%）
金融业	0	1	0	0	1	0
	（0%）	（33%）	（0%）	（0%）	（25%）	（0%）
居民服务、修理和其他服务业	0	1	1	0	1	1
	（0%）	（100%）	（100%）	（0%）	（100%	（100%）
科学研究和技术服务业	13	10	5	17	14	8
	（68%）	（53%）	（26%）	（74%）	（61%）	（35%）
农林牧渔业	4	2	1	4	2	1
	（57%）	（29%）	（14%）	（57%）	（29%）	（14%）
批发和零售业	4	5	6	5	6	7
	（44%）	（56%）	（67%）	（50%）	（60%）	（70%）
卫生和社会工作	0	2	0	0	2	0
	（0%）	（67%）	（0%）	（0%）	（67%）	（0%）
水利、环境和公共设施管理业	13	15	6	14	17	7
	（87%）	（100%）	（40%）	（82%）	（100%）	（41%）
文化、体育和娱乐业	3	1	2	3	1	2
	（25%）	（8%）	（17%）	（23%）	（8%）	（15%）
信息传输、软件和信息技术服务业	68	69	44	71	71	47
	（47%）	（47%）	（30%）	（46%）	（46%）	（31%）
制造业	442	447	252	474	478	267
	（85%）	（86%）	（48%）	（86%）	（86%）	（48%）
租赁和商务服务业	4	3	2	4	4	3
	（36%）	（27%）	（18%）	（29%）	（29%）	（21%）

注：表中每个行业对应的第一行整数表示对应行业中披露某项专利信息的公司数量，对应的第二行百分数为该行业中披露某项专利信息的公司占比。

根据表3-5统计结果显示，科学研究和技术服务业的发明专利均值最高，制造业的实用新型均值最高，水利、环境和公共设施管理业的实用新型均值远高于发明专利均值，教育业和采矿业的外观设计均值排在前两位，表明这两个行业对外观设计的依赖。整体看，制造业的专利均值高于其他行业，反映了中国创业板中制造业的技术实力相对其他行业更强。

表3-5 分行业披露专利总数和均值

行业	2018年			2019年		
	发明专利	实用新型	外观设计	发明专利	实用新型	外观设计
金融业	15	65	120	15	65	120
	3.0	13.0	24.0	3.0	13.0	24.0
居民服务、修理和其他服务业	20	108	0	20	108	0
	1.8	9.8	0.0	1.8	9.8	0.0
科学研究和技术服务业	26	221	75	26	221	75
	3.3	27.6	9.4	3.3	27.6	9.4
农林牧渔业	0	0	0	0	0	0
	0.0	0.0	0.0	0.0	0.0	0.0
批发和零售贸易	8	120	66	8	120	66
	4.0	60.0	33.0	4.0	60.0	33.0
社会服务	0	10	0	0	10	0
	0.0	3.3	0.0	0.0	2.5	0.0
水利、环境和公共设施管理业	0	6	12	0	6	12
	0.0	6.0	12.0	0.0	6.0	12.0
文化、体育和娱乐业	290	361	52	476	507	92
	15.3	19.0	2.7	20.7	22.0	4.0
信息传输、软件和信息技术服务业	50	133	11	50	133	11
	7.1	19.0	1.6	7.1	19.0	1.6
制造业	9	122	108	26	173	156
	1.0	13.6	12.0	2.6	17.3	15.6
租赁和商务服务业	0	10	0	0	10	0
	0.0	3.3	0.0	0.0	3.3	0.0
水利、环境和公共设施管理业	84	401	14	95	477	29
	5.6	26.7	0.9	5.6	28.1	1.7
文化、体育和娱乐业	6	19	2	6	19	2
	1.0	3.2	0.3	0.9	2.7	0.3
信息传输、软件和信息技术服务业	1272	1094	290	1287	1135	312
	9.4	8.0	2.1	9.1	8.0	2.2
制造业	5445	14896	4018	6397	17171	4838
	10.5	28.6	7.7	11.5	31.0	8.7
租赁和商务服务业	9	74	3	9	76	9
	0.8	6.7	0.3	0.6	5.4	0.6

注：表中每个行业的第一行数据表示对应行业中披露的某项专利的总数，第二行的数据为该行业中某类专利的均值。

（二）非专利技术

1. 整体披露情况

2018年，有670家创业板公司招股说明书披露了非专利技术，占所有样本公司的比例为88.39%，2019年则有700家公司披露，占比为86.42%，具体披露情况见表3-6[①]。

表3-6 创业板上市公司非专利技术信息披露情况

披露类型	2018年		2019年	
	数量（项）	占比（%）	数量（项）	占比（%）
拥有并披露的非专利技术	283	37.34%	293	36.17%
拥有并披露的专有技术	79	10.42%	82	10.12%
披露但未明确说明	308	40.63%	326	40.25%
未披露	88	11.61%	109	13.46%

经统计，2018年758家创业板公司招股说明书共披露了5780项非专利技术，2019年810家创业板上市公司招股说明书共披露了5997项非专利技术，各类型非专利技术的数量及占比见表3-7。

表3-7 各类型非专利技术的披露数量及占比

披露类型	2018年		2019年	
	数量（项）	占比（%）	数量（项）	占比（%）
披露且说明为专有技术（第一类）	861	14.90%	294	20.30%
披露且说明为非专利技术（第二类）	2048	35.43%	82	40.30%
经推断为非专利技术（第三类）	2871	49.67%	326	49.30%
未披露	88	11.61%	109	13.46%

注："数量"是指每类非专利技术的披露项数；"占比"是指每类非专利技术披露项数占非专利技术披露项数总数之比。

2. 分行业披露情况

从行业来看，各个行业非专利技术信息披露的比例均不高，只有采掘业、金融业披露的第二类非专利技术信息公司占比超过50%；交通运输、仓储和邮政业，居民服务、修理和其他服务两个行业没有披露非专利技术信息，详情见表3-8。

[①]公司在招股说明书中并没有披露专有技术或是非专利技术情况下，但其在核心技术板块披露了核心技术，在核心技术中有的技术已成功申请专利或是正在申请专利，剔除这些已经成功申请和正在申请专利技术后剩余的核心技术也是企业非专利技术的一部分，我们把这类公司归为"第三类——披露但未明确说明"。

表3-8 分行业非专利技术信息公司数量及占比

行业	2018年			2019年		
	第一类	第二类	第三类	第一类	第二类	第三类
采掘业	0	4	1	0	4	1
	0%	80%	20%	0%	80%	20%
电力、热力、燃气及水生产和供应业	1	1	1	1	1	1
	33%	33%	33%	33%	33%	33%
建筑业	2	4	1	2	4	1
	20%	40%	10%	20%	40%	10%
交通运输、仓储和邮政业	0	0	0	0	0	0
	0%	0%	0%	0%	0%	0%
教育业	0	1	0	0	1	0
	0%	50%	0%	0%	50%	0%
金融业	0	2	1	0	3	1
	0%	67%	33%	0%	75%	25%
居民服务、修理和其他服务业	0	0	0	0	0	0
	0%	0%	0%	0%	0%	0%
科学研究和技术服务业	1	6	6	1	7	7
	5%	32%	32%	4%	30%	30%
农林牧渔业	1	2	4	1	2	4
	14%	29%	57%	14%	29%	57%
批发和零售贸易	1	1	2	1	1	3
	11%	11%	22%	10%	10%	30%
水利、环境和公共设施管理业	2	5	7	2	5	7
	13%	33%	47%	12%	29%	41%
卫生和社会工作	1	0	1	1	0	1
	33%	0%	33%	33%	0%	33%
文化、体育和娱乐业	0	3	2	1	3	2
	0%	25%	17%	8%	23%	15%
制造业	57	221	193	58	228	203
	11%	43%	37%	10%	41%	37%
信息传输、软件和信息技术服务业	12	32	85	12	33	88
	9%	24%	63%	8%	23%	62%
租赁和商务服务业	0	2	4	0	2	7
	0%	18%	36%	0%	14%	50%

注：表中每个行业对应的第一行整数表示对应行业中披露某项非专利信息的公司数量，对应的第二行百分数为该行业中披露某项非专利信息的公司占比。

非专利技术拥有总量排在前两位的行业分别是制造业，信息传输、软件和信息技术服务业，但从均值上看并不高。金融业的第二类非专利技术信息均值最高；其次是教育业和采掘业，见表3-9。

表3-9 分行业非专利技术信息数量与均值

行业	2018年			2019年		
	第一类	第二类	第三类	第一类	第二类	第三类
采掘业	0	34	6	0	34	6
	0.0	6.8	1.2	0.0	6.8	1.2
电力、热力、燃气及水生产和供应业	17	0	5	17	0	5
	5.7	0.0	1.7	5.7	0.0	1.7
建筑业	6	50	6	6	50	6
	0.6	5.0	0.6	0.6	5.0	0.6
交通运输、仓储和邮政业	0	0	0	0	0	0
	0.0	0.0	0.0	0.0	0.0	0.0
教育业	0	16	0	0	16	0
	0.0	8.0	0.0	0.0	8.0	0.0
金融业	0	52	5	0	77	5
	0.0	17.3	1.7	0.0	19.3	1.3
居民服务、修理和其他服务业	0	0	0	0	0	0
	0.0	0.0	0.0	0.0	0.0	0.0
科学研究和技术服务业	0	7	60	0	7	68
	0.0	0.4	3.2	0.0	0.3	3.0
农林牧渔业	2	0	14	2	0	14
	0.3	0.0	2.0	0.3	0.0	2.0
批发和零售贸易	0	19	14	0	19	40
	0.0	2.1	1.6	0.0	1.9	4.0
水利、环境和公共设施管理业	77	12	33	77	12	33
	5.1	0.8	2.2	4.5	0.7	1.9
卫生和社会工作	7	0	2	7	0	2
	2.3	0.0	0.7	2.3	0.0	0.7
文化、体育和娱乐业	0	15	19	5	15	19
	0.0	1.3	1.6	0.4	1.2	1.5
制造业	551	1684	1689	551	1701	1763
	1.1	3.2	3.2	1.0	3.1	3.2
信息传输、软件和信息技术服务业	174	168	954	174	171	1005
	1.3	1.2	7.0	1.2	1.2	7.1
租赁和商务服务业	0	11	64	0	11	72
	0.0	1.0	5.8	0.0	0.8	5.1

注：表中每个行业的第一行数据表示对应行业中披露的某项专利的总数，第二行的数据为该行业中某类专利的均值。

（三）技术标准

1. 整体披露情况

2018年，只有321家拥有并披露了技术标准信息。剔除29家未准确披露技术标准数量的公司后，剩余的292家占所有样本公司的38.42%，在其招股说明书中披露共计技术标准1475项，758家样本公司的整体平均拥有量是1.95项/家。2019年新增创业板上市公司 52 家，新增披露技术标准 223 项，合计达到 1698 项，平均每家公司的技术标准拥有量上升至 2.1 项。

2. 分行业披露情况

如表 3-10 所示，技术标准主要集中在制造业，但披露数量比例最高的是建筑业，而且行业之间存在差异明显，仅有八个行业拥有技术标准。2018 年科学研究与技术服务业均值最高达到 5.1 项／家，2019 年进一步上升到 7.5 项／家；其次是水利、环境和公共设施管理业为 2.4 项／家。这主要与行业属性有关，科学技术行业需要技术标准去规范和发展。

表3-10 分行业技术标准信息披露描述

行业	2018年		2019年	
	披露公司数量（占比）	披露总数（均值）	披露公司数量（占比）	披露总数（均值）
采掘业	1	1	1	1
	（25%）	（0.25）	（25%）	（0.25）
建筑业	0	0	0	0
	（0）	（0）	（0）	（0）
金融业	6	15	6	15
	（54.5%）	（1.4）	（54.5%）	（1.4）
科学研究和技术服务业	0	0	0	0
	（0）	（0）	（0）	（0）
批发和零售贸易	0	0	0	0
	（0）	（0）	（0）	（0）
卫生和社会工作	0	0	0	0
	（0）	（0）	（0）	（0）
制造业	7	96	9	173
	（36.4%）	（5.1）	（39.1%）	（7.5）
租赁和商务服务业	0	0	0	0
	（0）	（0）	（0）	（0）
农林牧渔业	1	0	1	0
	（12.5%）	（0）	（11.1%）	（0）
批发和零售贸易	4	23	6	29
	（40%）	（2.3）	（50%）	（2.4）
水利、环境和公共设施管理业	0	0	0	0
	（0）	（0）	（0）	（0）
卫生和社会工作	1	1	1	1
	（7.7%）	（0.8）	（7.1%）	（0.7）
文化、体育和娱乐业	212	1086	226	1226
	（39.6%）	（2.0）	（39.6%）	（2.2）
制造业	39	256	39	256
	（29.3%）	（1.9）	（28.1%）	（1.8）
信息传输、软件和信息技术服务业	0	0	0	0
	（0）	（0）	（0）	（0）
租赁和商务服务业	0	11	0	11
	0.0	1.0	0.0	0.8

（四）软件著作权

1. 整体披露情况

2018 年的 758 家样本公司中，只有 397 家创业板上市公司在其招股说明书中披露了软件著作权共计 17980 项，平均拥有量 23.72 项／家。2019 年的 810 家样本公司中，有 434 家创业板上市公司在其招股说明书中披露了软件著作权共计 19414 项，平均拥有量 23.97 项／家。[①]

2. 分行业披露情况

有 9 个行业披露软件著作权公司占比超过一半，其中交通运输、仓储和邮政业，居民服务、修理和其他服务业，金融业三个行业中所有公司均披露了软件著作权，信息传输、软件和信息技术服务业，以及文化、体育和娱乐业两个行业中披露软件著作权的公司占比超过 90%。从行业均值来看，2019 年，软件著作权行业均值排前三的行业是文化、体育和娱乐业，信息传输、软件和信息技术服务业，金融业，反映了这些行业对软件著作权的高度依赖，详细情况见表 3-11。

[①]统计内容为软件著作权和其他作品，其中创源文化（300703）披露的软件著作权4项和其他作品4000余件，按4000件统计。

表3-11 分行业软件著作权信息披露描述

行业	2018年		2019年	
	披露公司数量 （占比）	披露总数 （均值）	披露公司数量 （占比）	披露总数 （均值）
采矿业	2 (40%)	93 (18.6)	2 (40%)	93 (18.6)
电力、热力、燃气及 水生产和供应业	1 (33%)	3 (1.0)	1 (33%)	3 (1.0)
建筑业	2 (20%)	39 (3.9)	2 (20%)	39 (3.9)
交通运输、仓储和 邮政业	2 (100%)	6 (3)	2 (100%)	6 (3.0)
教育业	1 (50%)	21 (10.5)	1 (50%)	21 (10.5)
金融业	3 (100%)	46 (15.3)	4 (100%)	140 (35.0)
居民服务、修理和 其他服务业	1 (100%)	1 (1.0)	1 (100%)	1 (1.0)
科学研究和 技术服务业	14 (74%)	546 (28.7)	18 (78%)	759 (33.0)
农林牧渔业	1 (14%)	2 (0.3)	1 (14%)	2 (0.3)
批发和零售贸易	5 (56%)	42 (4.7)	5 (50%)	42 (4.2)
水利、环境和 公共设施管理业	4 (27%)	17 (1.1)	6 (35%)	28 (1.6)
卫生和社会工作	1 (33%)	14 (4.7)	1 (33%)	14 (4.7)
文化、体育和娱乐业	11 (92%)	758 (63.2)	12 (92%)	760 (58.5)
制造业	215 (41%)	8754 (16.8)	235 (42%)	9327 (16.8)
信息传输、软件和 信息技术服务业	127 (93%)	7575 (55.7)	133 (94%)	8072 (56.8)
租赁和商务服务业	7 (64%)	63 (5.7)	10 (71%)	107 (7.6)

三、基于年报的技术类无形资产披露情况

2018 和 2019 年，创业板上市公司在统计截止日期披露了年报的公司数量分别为 744 家和 797 家。根据表 3-12 的统计结果，上市公司在年报中对专利技术的披露情况明显好于另外三类技术类无形资产。2019 年，披露非专利技术的公司比例仅为专利技术的一半，技术标准的披露数量比例最低，不到四分之一。

表3-12 基于年报的创业板公司技术类无形资产披露公司数量及占比

年份		2018	2019
专利技术	披露公司数量	545	573
	（占比）	（73.3%）	（71.9%）
非专利技术	披露公司数量	331	269
	（占比）	（44.5%）	（33.8%）
技术标准	披露公司数量	166	191
	（占比）	（22.31%）	（23.96%）
软件著作权	披露公司数量	309	267
	（占比）	（41.5%）	（33.5%）

就四类技术类无形资产披露的情况来看，专利技术的总量和均值高速增长，反映了创业板公司对技术创新的重视，技术创新能力持续提升；非专利技术2017和2018年增长之后，2019年又出现大幅回落；非专利技术作为企业商业秘密，在年报中披露的波动性比较大；技术标准的总量和均值2018和2019年大幅上升；软件著作权的总量和均值近5年持续提升，详见表3-13。

表3-13 基于年报的创业板公司技术类无形资产披露总数与均值

年份		2015	2016	2017	2018	2019
专利技术	披露总数	27991	50716	64392	73391	92799
	（均值）	（55.10）	（84.39）	（89.68）	（134.66）	（161.95）
非专利技术	披露总数	217	337	1033	5781	335
	（均值）	（0.43）	（0.56）	（1.44）	（17.47）	（1.25）
技术标准	披露总数	642	1174	838	938	3526
	（均值）	（1.26）	（1.95）	（1.17）	（5.65）	（18.46）
软件著作权	披露总数	4464	20241	26446	37257	45860
	（均值）	（8.79）	（33.68）	（36.83）	（120.57）	（171.76）

注：括号外数据表示对应年份中披露的某类技术类无形资产的总数，括号中数据为该年份中披露的某类技术类无形资产的均值。

（一）专利技术

1. 整体披露情况

根据表3-14的统计，分类型详细披露已授权的三类专利信息的公司占比远低于披露了专利总量信息的公司占比。从披露情况看，发明专利和实用新型的公司均值均有增长。2019年授权专利达到了92799件，平均拥有量达到了161.95件／家。其中，2018年和2019年均有9家公司专利数量超过1000件。

表3-14 2018—2019年专利信息披露整体情况①

年份	发明专利		实用新型		外观设计	
	披露公司数量（占比）	披露总数（均值）	披露公司数量（占比）	披露总数（均值）	披露公司数量（占比）	披露总数（均值）
2018	417	16409	322	25457	204	4666
	（56.05%）	（39.35）	（43.28%）	（79.06）	（27.42%）	（22.87）
2019	445	22830	338	33739	212	4967
	（55.83%）	（51.30）	（42.41%）	（99.82）	（26.60%）	（23.43）

2. 分行业披露情况

考虑到行业的代表性以及行业样本公司的数量，本报告从14个证监会一级行业分类中选取上市公司数量较多的三个行业来实施典型分析，具体包括制造业，信息传输、软件和信息技术服务业，科学研究和技术服务业。报告四、报告六和报告七的行业选取同此报告。

（1）制造业。

根据表3-15的统计结果，2018和2019年制造业披露各类专利的上市公司比例基本稳定，从均值看，发明专利和实用新型的均值均有较大提高，反映制造业创业板上市公司创新能力有较大提高。

表3-15 制造业专利信息披露整体情况

年份	发明专利		实用新型		外观设计	
	披露公司数量（占比）	披露总数（均值）	披露公司数量（占比）	披露总数（均值）	披露公司数量（占比）	披露总数（均值）
2018	330	13174	251	21317	159	3866
	（63.95%）	（39.92）	（48.64%）	（84.93）	（30.81%）	（24.31）
2019	348	17775	269	29363	167	4254
	（63.85%）	（51.08）	（49.36%）	（109.16）	（30.64%）	（25.47）

（2）信息传输、软件和信息技术服务业。

2019年，该行业披露发明专利信息的公司数量、占比和均值都略有增长；披露实用新型和外观设计的公司数量、占比都略有下降，但披露了实用新型和外观设计的公司均值略有上升，见表3-16，反映该行业的创新能力还是有所提升。

---

①有些公司只披露了专利的总量，没有披露专利、实用新型和外观设计的具体数量，因此分类统计的数据小于总量数据。

表3-16 信息传输、软件和信息技术服务业专利信息披露整体情况

年份	发明专利		实用新型		外观设计	
	披露公司数量（占比）	披露总数（均值）	披露公司数量（占比）	披露总数（均值）	披露公司数量（占比）	披露总数（均值）
2018	53	2024	40	1829	30	658
	（39.85%）	（38.19）	（30.08%）	（45.73）	（22.56%）	（21.93）
2019	56	3734	33	1698	26	591
	（40.00%）	（66.69）	（23.57%）	（51.45）	（18.57%）	（22.73）

（3）科学研究和技术服务业。

2019 年该行业披露发明专利的公司数量和占比均大幅上升，但披露总数和均值都有下降；披露实用新型和外观设计的公司数量虽然没变，但占比和均值都略有下降，反映该行业对发明专利的重视，见表 3-17。

表3-17 科学研究和技术服务业专利信息披露整体情况

年份	发明专利		实用新型		外观设计	
	披露公司数量（占比）	披露总数（均值）	披露公司数量（占比）	披露总数（均值）	披露公司数量（占比）	披露总数（均值）
2018	9	607	7	469	3	31
	（45.00%）	（67.44）	（35.00%）	（67.00）	（15.00%）	（10.33）
2019	18	592	7	398	3	25
	（85.71%）	（32.89）	（33.33%）	（56.86）	（14.29%）	（8.33）

（二）非专利技术

1. 整体披露情况

从整体看，创业板上市公司披露非专利技术信息的公司数量较少，这可能与非专利技术的商业秘密属性有关。但也可以发现，明确披露非专利技术的公司数量和均值都略有增加，但披露第一类专有技术和第三类推断为非专利技术的公司数量和占比均下降，且都没有披露具体数量，见表 3-18。2018 年第三类推断为非专利技术的披露总数较高，主要是国立科技（300716）因核心技术多为配方，数量庞大，披露公司拥有 5296 项非专利技术。上述数据也反映创业板公司在披露非专利技术类的信息时表现谨慎。

表3-18 2018—2019年非专利技术信息披露整体情况

年份	第一类（专有技术）		第二类（非专利技术）		第三类（推断为非专利技术）	
	披露公司数量（占比）	披露总数（均值）	披露公司数量（占比）	披露总数（均值）	披露公司数量（占比）	披露总数（均值）
2018	63	8	198	124	70	5545
	（8.47%）	（0.13）	（26.61%）	（0.63）	（9.41%）	（79.21）
2019	34	0	217	335	18	0
	（4.27%）	（0.00）	（27.23%）	（1.54）	（2.26%）	（0.00）

2. 分行业披露情况

由于非专利技术披露信息较少，信息传输、软件和信息技术服务业，科学研究和技术服务业基本上没有披露该类信息的公司，因此我们仅选取公司数量较多的制造业进行了分析。

根据表3-19的统计结果，2019年披露第一类专有技术的公司数量减少，但总数不变；披露第二类推断为非专利技术的公司数量和披露总数均有增加；披露第三类推断为非专利技术的公司数量和总数大幅减少。2018年，披露三类推断为非专利技术的上市公司占比分别达到9.71%、28.16%和9.90%。从三类非专利技术披露的总数来看，整体是下降趋势，仅第三类推断为非专利技术的总数和均值大幅上升。

表3-19 制造业非专利技术信息披露整体情况

年份	第一类（专有技术）		第二类（非专利技术）		第三类（推断为非专利技术）	
	披露公司数量（占比）	披露总数（均值）	披露公司数量（占比）	披露总数（均值）	披露公司数量（占比）	披露总数（均值）
2018	50	8	146	71	51	5499
	（9.69%）	（0.16）	（28.29%）	（0.49）	（9.88%）	（107.82）
2019	25	8	168	142	12	0
	（4.59%）	（0.32）	（30.83%）	（0.85）	（2.20%）	（0.00）

（三）技术标准

1. 整体披露情况

2018年披露了技术标准的公司167家，占比为22.45%，披露了技术标准的公司拥有技术标准均值为5.61项；但2019年披露技术标准的公司数量虽有增长，达到191家，但占比下降为17.57%，披露的技术标准总数和均值大幅增长，均值达到18.46项，见表3-20。

表3-20 2018—2019年技术标准信息披露整体情况

年份	披露公司数量（占比）	披露总数（均值）
2018	167	938
	（22.45%）	（5.61）
2019	191	3526
	（17.57%）	（18.46）

2. 分行业披露情况

根据表 3-21 的统计结果，选取的三个典型行业披露技术标准的公司数量和占比都在增加，披露的技术标准总数也都有所增加，制造业、科学研究和技术服务业披露的技术标准均值大幅增加，但信息传输、软件和信息技术服务业披露的技术标准均值略有下降。

表3-21 代表性行业技术标准信息披露整体情况

年份	制造业		信息传输、软件和信息技术服务业		科学研究和技术服务业	
	披露公司数量（占比）	披露总数（均值）	披露公司数量（占比）	披露总数（均值）	披露公司数量（占比）	披露总数（均值）
2018	120	701	25	138	8	40
	（23.26%）	（5.84）	（18.80%）	（5.52）	（40.00%）	（5.00）
2019	138	2290	55	253	10	859
	（25.32%）	（16.59）	（39.29%）	（4.60）	（47.62%）	（85.90）

（四）软件及其他著作权

1. 整体披露情况

2019 年，创业板上市公司中披露软件及其他著作权的公司数量和占比相对 2018 年都下降，但披露总数和均值大幅提高，披露了软件及其他著作权的公司拥有著作权均值达到了 171.76 项/家，见表 3-22。披露软件及其他著作权信息的企业中不乏表现优秀者。2018 年，神州太岳（300002）以 1342 项软件及其他著作权，成为拥有著作权最多的企业。2019 年，披露软件及其他著作权数量超过 1000 件的公司达四家，高新兴（300098）披露了 1042 项，佳创视迅（300264）披露了 1180 项，神州太岳（300002）披露了 1559 项、创源文化（300703）披露了 5127 项。

表3-22 2018—2019年软件及其他著作权信息披露整体情况

年份	披露公司数量（占比）	披露总数（均值）
2018	309	37257
	（41.53%）	（120.57）
2019	267	45860
	（33.50%）	（171.76）

2. 分行业披露情况

2019年制造业，信息传输、软件和信息技术服务业披露软件著作权信息的公司占比有所下降，但披露总数和均值都大幅上升；科学研究与技术服务业披露软件著作权信息的公司占比、披露总数和均值都大幅增长，见表3-23。

表3-23 代表性行业软件与其他著作权信息披露整体情况

年份	制造业		信息传输、软件和信息技术服务业		科学研究与技术服务业	
	披露公司数量（占比）	披露总数（均值）	披露公司数量（占比）	披露总数（均值）	披露公司数量（占比）	披露总数（均值）
2018	182	12436	95	20871	9	947
	（35.27%）	（68.33）	（71.43%）	（219.69）	（45.00%）	（105.22）
2019	158	19016	81	23152	6	1060
	（28.99%）	（120.35）	（57.86%）	（285.83）	（47.62%）	（176.67）

四、研究结论

（一）创业板公司具备了一定的核心技术实力且持续增强

从招股说明书情况看，2019年披露专利技术的公司占比仍然保持在88%以上，披露非专利技术的公司占比明显增加，说明超过七成的创业板公司在上市前即拥有一定的核心技术实力。披露技术标准和软件著作权的企业占比变化不大，说明公司在标准参与方面仍然不足。2019年披露拥有两种或三种技术类无形资产的公司占比最多，且均有增长，反映创业板公司拥有无形资产类型更加多样化。

从年报情况看，上市公司在年报中对专利技术的披露情况明显好于另外三类技术类无形资产，专利技术的总量和均值高速增长，反映了创业板公司对技术创新的重视，技术创新能力持续提升。技术标准的披露数量比例最低，不到四分之一，但技术标准的总量和均值2018和2019年大幅上升。公司年报中非专利技术信息披露的公司数量和均值都有下降，反映创业板公司在披露非专利技术类的信息时表现谨慎。

（二）技术类无形资产的行业差异依旧明显

从招股说明书看，由于各个行业之间企业数量差距等原因，制造业，信息传输、软件和信息技术服务业各类技术类无形资产总量均排在前列，具有明显的规模优势。批发和零售业披露实用新型和外观设计信息的比例较高，表明该行业外观设计比较重要。

从年报披露情况看，科学研究和技术服务业的发明专利均值最高，制造业的实用新型均值最高，水利、环境和公共设施管理业的实用新型均值远高于发明专利均值，教育业和采矿业的外观设计均值排在前两位，表明这两个行业对外观设计的依赖。整体看，制造业的专利均值高于其他行业，反映了中国创业板中制造业的技术实力相对其他行业更强。

（三）技术类无形资产的结构不均衡

技术类无形资产的结构不均衡主要反映在创业板上市公司对不同类型技术类无形资产的披露质量及重视程度。

在招股说明书中，创业板上市公司专利技术的存续结构依然存在较为明显的差异，披露发明专利和实用新型的公司占比接近，明显高于披露外观设计的公司占比；实用新型的均值较高，明显高于发明专利和外观设计；专利及非专利技术类无形资产的披露情况都明显高于技术标准及软件著作权。

根据公司年报披露信息，2018 和 2019 年制造业披露各类专利的上市公司比例基本稳定，从均值看，发明专利和实用新型的均值均有较大提高，反映制造业创业板上市公司创新能力有较大提高。2019 年披露非专利技术的公司比例和均值都下降比较大，而其他技术类无形资产的均值都有较大增加，可能原因是非专利技术作为公司的主要核心技术，不适合向外界公布。在技术标准方面，披露的公司占比、标准总量和均值都有较大增加，反映了创业板上市公司对参与标准制定日益重视。

报告四：创业板上市公司市场类无形资产研究

商标、客户、竞争地位和竞争优势均是与市场高度相关的无形资产，构成了公司核心竞争力的重要组成部分。本报告 2018 年和 2019 年统计期创业板上市公司招股说明书和披露了年报的上市公司的商标、客户、竞争地位、核心竞争优势等信息进行描述性统计，以探究创业板公司有关市场类无形资产的现状和变化趋势。

一、概念界定

（一）商标

商标是用来区别一个经营者的品牌或服务和其他经营者的商品或服务的标记。我国《中华人民共和国商标法》规定，经商标局核准注册的商标，包括商品商标、服务商标和集体商标、证明商标，商标注册人享有商标专用权，受法律保护，如果是驰名商标，将会获得跨类别的商标专用权法律保护。作为一种可辨认的常规无形资产，商标是市场经济下供买卖双方在商品交换活动中辨认商品质量、档次、品位的标志。商标权则是将商标法律化、制度化并且为消费大众所认可的一种知识产权。

（二）客户

客户是指用货币或某种有价值的物品来换取接受财产、服务、产品或某种创意的自然人或组织。客户是商业服务或产品的采购者，他们可能是最终的消费者、代理人或供应链内的中间人。大客户又被称为重点客户、主要客户、关键客户、优质客户等，指的是对产品（或服务）消费频率高、消费量大、客户利润率高而对企业经营业绩产生一定影响的要害客户，除此之外的客户群则可划入中小客户范畴。客户属于非常规的一类无形资产，但是随着市场经济和企业竞争的加剧，客户资源逐步成为衡量企业无形资产状况的重要指标之一。

（三）竞争地位

竞争地位是指企业在目标市场中所占据的位置，是企业规划竞争战略的重要依据。企业的竞争地位不同，其竞争战略也不同。创业板公司竞争地位主要由"核心产品的市场占有率"和"市场排名"两项指标加以体现。其中，市场占有率指的是，一个企业的销售量（或销售额）在市场同类产品中所占的比重，体现了企业对市场的控制能力；市场排名一般是根据既有规则对企业多个要素打分后按照权重进行加总的分数排名，能够较为全面地体现企业在行业中的竞争地位。在当前经济环境下，竞争地位也开始被纳入非常规无形资产的范畴之中，一个企业在行业中所处的地位也成为其重要的资源与能力。

（四）竞争优势

竞争优势是一种特质，它可以使组织在市场中得到的价值超过它的竞争对手。企业组织通过保持竞争优势，模仿或取代竞争对手获得更多的经济价值。延续之前研究报告的做法，本报告市场类无形资产的企业核心竞争优势从企业的技术研发、产品性能、品牌、客户资源、行业经验、人才团队、服务、营销网络、管理、资质、商业模式、市场地位、成本、产业链和企业文化 15 个方面进行评价。作为非常规的一类无形资源，企业的各项能力作为持续竞争优势的潜在来源，指的是一个公司比其他公司做得特别突出的一系列活动，它可能出现在特定的职能中，也可能与特定＋技术或产品设计相联系，或者存在于管理价值链各要素的联系之中。

二、基于招股说明书的市场类无形资产披露情况

本报告延续以往研究报告的研究框架，将市场类无形资产分为商标、客户、竞争地位和竞争优势四类，各自包含内容及统计口径见表 4-1。

表4-1　市场类无形资产的分类及统计口径

无形资产类型	分类	统计口径
市场类无形资产	商标	商标图形或名称、持有商标数量、申请商标数量、商标荣誉、有效日期、取得方式、注册证号、商标类别、商标权属
	客户	"前五大客户销售占比"和"主要客户基本情况"
	竞争地位	"核心产品的市场占有率"和"市场排名"
	竞争优势	技术研发、产品性能、品牌、客户资源、行业经验、人才团队、服务、营销网络、管理、资质、商业模式、市场地位、成本、产业链和企业文化

从 2018 和 2019 年创业板上市公司招股说明书披露的市场类无形资产信息来看，披露各类市场类无形资产的公司占比均较高，表明创业板上市公司在 IPO 上市时均重视市场类无形资产信息的披露。2019 年，披露竞争地位和核心竞争优势信息的公司占比均有提高，见表 4-2。

表4-2 基于招股说明书的创业板公司市场类无形资产披露情况

市场类无形资产类型	2018年		2019年	
	披露公司数量（家）	占比（%）	披露公司数量（家）	占比（%）
商标	750	98.94%	796	98.27%
客户	744	98.15%	780	96.29%
竞争地位	743	98.02%	807	99.63%
核心竞争优势	721	95.12%	808	99.75%

注："占比"的计算方式为：披露某项市场类无形资产的公司总数／当年上市公司总数。

（一）商标

1. 整体披露情况

基于公司招股说明书数据，2018年5月18日前上市的758家创业板上市公司总计持有3979项商标（见表4-3），平均每家公司持有商标数为5.25项，2019年810家创业板上市公司总计持有6976项商标，平均每家公司持有商标数为8.61项，平均商标持有量较之前有明显增加，表明新上市创业板公司上市时拥有更多的商标数量。此外，2018年共有167家公司披露了正在申请的商标数量，为1738项，2019年新增上市公司招股说明书均未披露正在申请的商标数量。

表4-3 2018—2019年商标信息披露整体情况

商标状态	2018年				2019年			
	数量（家）	占比（%）	总数（件）	均值（件/家）	数量（家）	占比（%）	总数（件）	均值（件/家）
持有商标	718	94.72	3979	5.25	748	92.35	6976	8.61
申请商标	167	22.03	1738	2.29	167	20.62	1738	2.15
商标荣誉	219	28.89	262	0.35	230	28.40	275	0.34

注 "数量"指的是披露某项商标信息的公司数量；"占比"的计算方式为：披露某项商标信息的公司总数／当年创业板上市公司总数；"总数"为当年创业板上市公司披露商标总数；"均值"的计算方法为：某项商标信息的披露总数／当年创业板上市公司总数。

从商标荣誉来看，2018年共有219家样本公司披露了不同等级的商标荣誉。其中，持有"中国驰名商标"的公司数量为46家，持有省、直辖市一级商标荣誉的公司数量为169家，持有地级市及其他同级别商标荣誉的公司数量为29家。2019年新增上市公司中有11家公司披露了商标荣誉共13项，合计披露了商标荣誉的公司数量达到230家，均值略有下降。

2. 分行业披露情况

如表 4-4 所示，从商标持有量的披露情况来看，金融业、农林牧渔业披露该项信息公司占比较低，均未达 80%。整体而言，租赁和商务服务业最重视商标信息的披露，公司数量最多的制造业，信息传输、软件和信息技术服务业对商标信息披露较为重视。

表4-4　2018—2019年分行业商标信息披露公司数及占比

行业	2018年			2019年		
	持有商标	申请商标	商标荣誉	持有商标	申请商标	商标荣誉
采矿业	4	2	0	4	2	2
	（80%）	（40%）	（0%）	（80%）	（40%）	（40%）
电力、热力、燃气及水生产和供应业	3	1	1	3	1	1
	（100%）	（33.3%）	（33.3%）	（100%）	（33.3%）	（33.3%）
建筑业	8	1	1	8	1	1
	（80%）	（10%）	（10%）	（80%）	（10%）	（10%）
交通运输、仓储和邮政业	2	1	0	2	1	0
	（100%）	（50%）	（0%）	（100%）	（50%）	（0%）
教育业	2	0	2	2	0	2
	金融业	（0%）	（100%）	（100%）	（0%）	（100%）
金融业	2	2	0	2	2	0
	（66.7%）	（66.7%）	（0%）	（50%）	（50%）	（0%）
居民服务、修理和其他服务业	1	0	0	1	0	0
	（100%）	（0%）	（0%）	（100%）	（0%）	（0%）
科学研究和技术服务业	19	4	2	23	4	2
	（100%）	（21.1%）	（10.5%）	（100%）	（17.4%）	（8.7%）
农林牧渔业	5	4	2	5	4	2
	（71.4%）	（57.1%）	（28.6%）	（71.4%）	（57.1%）	（28.6%）
批发和零售贸易	9	1	4	10	1	5
	（100%）	（11.1%）	（44.4%）	（100%）	（10%）	（50%）
水利、环境和公共设施管理业	12	2	1	14	2	1
	（80%）	（13.3%）	（6.7%）	（82.4%）	（11.8%）	（5.9%）
卫生和社会工作	3	1	2	3	1	2
	（100%）	（33.3%）	（66.7%）	（100%）	（33.3%）	（66.7%）
文化、体育和娱乐业	12	2	3	13	2	3
	（100%）	（16.7%）	（25%）	（100%）	（15.4%）	（23.3%）
信息传输、软件和信息技术服务业	126	34	17	132	34	17
	（92.6%）	（25%）	（12.5%）	（93%）	（23.9%）	（12%）
制造业	500	104	178	535	104	188
	（96%）	（20%）	（34.2%）	（96.6%）	（18.8%）	（33.9%）
租赁和商务服务业	11	6	3	14	6	3
	（100%）	（54.5%）	（27.3%）	（100%）	（42.9%）	（21.4%）

注：括号外数据表示对应行业中披露了商标信息的公司数量，括号中数据为该行业中披露了商标信息的公司占比，"占比"的计算方法为：披露了该类商标信息公司数 / 该行业中的公司总数。

如表4-5所示，从各行业各类商标均值来看，2019年，文化、体育和娱乐业，居民服务、修理和其他服务业，科学研究和技术服务业，信息传输、软件和信息技术服务业，租赁和商务服务业，批发和零售贸易，制造业的持有商标均值都超过20件，其中信息传输、软件和信息技术服务业，制造业公司数量都超过100家，但行业持有商标均值均超过20件，表明这些行业对商标品牌高度重视。

表4-5 2018—2019年分行业商标信息披露总数与均值

行业	2018年			2019年		
	持有商标	申请商标	商标荣誉	持有商标	申请商标	商标荣誉
采矿业	89	20	2	89	20	2
	(17.8)	(4)	(0.4)	(17.8)	(4)	(0.4)
电力、热力、燃气及水生产和供应业	23	2	1	23	2	1
	(7.7)	(0.7)	(0.3)	(7.7)	(0.7)	(0.3)
建筑业	80	2	1	80	2	1
	(8)	(0.2)	(0.1)	(8)	(0.2)	(0.1)
交通运输、仓储和邮政业	8	12	0	8	12	0
	(4)	(6)	(0)	(4)	(6)	(0)
教育业	17	0	2	17	0	2
	(8.5)	(0)	(1)	(8.5)	(0)	(1)
金融业	47	15	0	47	15	0
	(15.7)	(5)	(0)	(11.8)	(3.8)	(0)
居民服务、修理和其他服务业	39	0	0	39	0	0
	(39)	(0)	(0)	(39)	(0)	(0)
科学研究和技术服务业	589	117	2	611	117	2
	(31)	(6.2)	(0.1)	(26.6)	(5.1)	(0.1)
农林牧渔业	87	8	2	87	8	2
	(12.4)	(1.1)	(0.3)	(12.4)	(1.1)	(0.3)
批发和零售贸易	348	4	4	1294	4	6
	(38.7)	(0.4)	(0.4)	(129.4)	(0.4)	(0.6)
水利、环境和公共设施管理业	134	80	2	155	80	2
	(8.9)	(5.3)	(0.1)	(9.1)	(4.7)	(0.1)
卫生和社会工作	38	6	2	38	6	2
	(12.7)	(2)	(0.7)	(12.7)	(2)	(0.7)
文化、体育和娱乐业	726	56	3	757	56	3
	(60.5)	(4.7)	(0.3)	(58.2)	(4.3)	(0.2)
信息传输、软件和信息技术服务业	3090	342	19	3567	342	19
	(22.7)	(2.5)	(0.1)	(25.1)	(2.4)	(0.1)
制造业	8378	1022	216	11491	1022	227
	(16.1)	(2)	(0.4)	(20.7)	(1.8)	(0.4)
租赁和商务服务业	264	52	4	379	52	4
	(24)	(4.7)	(0.4)	(27.1)	(3.7)	(0.3)

注：括号外数据表示对应行业中披露的某项商标的总数，括号中数据为该行业中某项商标的均值，"均值"的计算方式为：某项商标的披露总数／该行业公司总数。

（二）客户

1. 整体披露情况

本报告以"主导客户类型"反映企业最主要客户的所有制属性。例如，国企客户占多数，则该企业被归为国企客户主导类型；以"前五大客户合计销售占比"描述企业客户集中程度。客户集中度高，有利于企业管理，降低交易成本，但过度依赖大客户也会带来潜在风险。

从客户类型上看，2015—2019 年，在招股说明书中明确披露公司客户信息的上市公司数量依次为 117 家、128 家、86 家、33 家和 52 家。民企、国企、外企这三类客户主导的上市公司占比最高（见表 4-6）。

表4-6 基于招股说明书的创业板公司2015—2019年主导客户类型占比情况

年份		2015	2016	2017	2018	2019
披露年度客户的公司数（家）		117	128	86	33	52
主导客户类型占比	国企	37.6%	29.7%	34.6%	27.5%	23.1%
	外企	20.5%	18.8%	18.3%	13.1%	21.2%
	民企	36.8%	43.0%	39.2%	50.5%	34.6%
	行政事业单位	1.7%	3.1%	1.7%	6.6%	7.7%
	其他	3.4%	5.5%	6.2%	2.3%	13.5%

注：表格中的数据只统计每年报告期内新增上市公司披露情况的数据，2018 年统计期新上市公司 33 家，2019 年统计期新上市公司 52 家。"其他"类型的客户包括台资企业、港资企业、中外合资企业等所有制性质的企业客户。

2. 分行业披露情况

如表 4-7 所示，从披露公司数量占比来看，除文化、体育和娱乐业和信息传输、软件和信息技术服务业，其他行业的公司披露率都是 100%，说明绝大部分行业内的企业开始逐步将客户信息纳入重要的无形资产披露范畴。从前五大客户合计销售额占比来看，前三名行业为采矿业（52.09%）、建筑业（48.29%）、文化、体育和娱乐业（42.25%），后三名行业为卫生和社会工作（11.37%）、农林牧渔业（17.99%）、批发和零售业（22.59%）。这也反映出不同行业对于大客户依赖程度的强弱存在差异。

表4-7 2018—2019年分行业客户信息披露描述

行业	2018年		2019年	
	披露公司数量（占比）	前五大客户合计销售占比均值	披露公司数量（占比）	前五大客户合计销售占比均值
采矿业	4（100%）	52.09%	5（100%）	52.09%
电力、热力、燃气及水生产和供应业	1（100%）	28.36%	3（100%）	28.36%
建筑业	10（100%）	48.29%	10（100%）	48.29%
交通运输、仓储和邮政业	10（100%）	41.22%	2（100%）	41.22%
教育业	－	－	2（100%）	未披露
金融业	－	－	4（100%）	8.23%
居民服务、修理和其他服务业	1（100%）	33.97%	1（100%）	33.97%
科学研究和技术服务业	16（100%）	26.50%	4（100%）	28.22%
农林牧渔业	9（100%）	17.99%	7（100%）	17.99%
批发和零售业	8（100%）	22.59%	10（100%）	22.59%
水利、环境和公共设施管理业	9（100%）	35.41%	17（100%）	37.93%
卫生和社会工作	6（100%）	11.37%	3（100%）	11.37%
文化、体育和娱乐业	10（90.0%）	42.25%	11（84.6%）	41.59%
信息传输、软件和信息技术服务业	127（94.5%）	35.17%	133（93.7%）	36.61%
制造业	524（100%）	32,65%	554（100%）	33.29%
租赁和商务服务业	9（100%）	27.13%	14（100%）	30.10%

注："披露公司数量"表示对应行业中披露相关客户信息的公司数量；"占比"为该行业中披露相关客户信息的公司占比，计算方式为：披露该项信息公司数／该行业公司总数；"前五大客户合计销售占比均值"为对应行业中前五大客户合计销售的均值，计算方式为：行业各公司前五大客户销售占比累加／行业企业数量。

（三）竞争地位

1. 整体披露情况

创业板公司竞争地位主要由"核心产品的市场占有率"和"市场排名"两项指标加以体现。其中，"市场占有率"指一个企业的销售量（或销售额）在市场同类产品中所占的比重，体现了企业对市场的控制能力；"市场排名"一般是根据既有规则对企业多个要素打分后按照权重进行加总的分数排名，能够较为全面地体现企业在行业中的竞争地位。

2018 年，758 家样本公司中，有 744 家披露了竞争地位相关信息，占比 98%。2019

年，810家样本公司中，有797家披露了竞争地位相关信息，占比98%。大多数披露竞争地位信息的公司都拥有多个产品类型，虽然不同产品的市场占有率差异较大，但各项产品的市场排名较为稳定，多数集中于市场前十名。

从主营产品的市场占有率来看，有九家公司超过了70%，见表4-8。其中，制造业公司占据8席，信息技术业占据1席。除天泽信息（300209）主要提供专业化服务外，其余8家公司均是提供具有实物形态工业产品的企业。

表4-8 基于招股说明书的主营产品市场占有率大于70%的企业

证券代码	证券名称	所属行业	子行业	细分行业的市场占有率
300004	南风股份	通用设备制造业	核电领域	72.44%
300026	红日药业	医药制造业	血必净注射液	100%
			盐酸法舒地尔注射液	97.40%
300034	钢研高纳	其他	铸造高温合金、变形高温合金、新型高温合金三个细分领域	90%
300077	国民技术	计算机、通信和其他电子设备制造业	USBKEY安全芯片	72.90%
300082	奥克股份	化学、橡胶、塑料行业	太阳能光伏电池用晶硅切割液	70%
300105	龙源技术	机械、设备、仪表行业	等离子体点火设备	92.31%
300159	新研股份	机械、设备、仪表行业	农机装备行业	78.00%
			耕作机械	95.00%
300209	天泽信息	软件和信息技术服务业	公路运输车辆远程管理信息服务领域	100%
300285	国瓷材料	化学、橡胶、塑料行业	陶瓷粉体材料	75.00%

注：市场占有率数据来源于上市公司的招股说明书，未披露相关信息的公司不在统计范围内。

2. 分行业披露情况

如表4-9所示，从总量上看，2019年披露竞争地位的公司数量前三大行业分别是制造业，信息传输、软件和信息技术服务业和科学研究和技术服务业，而这其中制造业占据披露企业的绝大部分。从占比上看，2019年除了居民服务、修理和其他服务业，科学研究和技术服务业两个行业外，其他行业披露竞争地位信息的公司占比均超过50%。行业间存在较大差距的原因主要有两个方面：一是占比达到100%的行业其上市公司数量极少，二是不同行业由于行业性质和所处市场环境，其竞争程度存在差异，故披露程度也存在差异。

表4-9 分行业竞争地位信息披露公司数量及占比

行业	截至2018披露公司数量（占比）	截至2019披露公司数量（占比）
采矿业	4（100.0%）	5（80.0%）
电力、热力、燃气及水生产和供应业	2（100.0%）	3（66.67%）
建筑业	8（80.0%）	9（66.67%）
交通运输、仓储和邮政业	3（100.0%）	2（50%）
教育业	0（0.00%）	2（100%）
金融业	0（0.00%）	3（66.67%）
居民服务、修理和其他服务业	0（0.00%）	0（0.00%）
科学研究和技术服务业	11（64.71%）	48（41.67%）
农林牧渔业	7（77.78%）	7（57.14%）
批发和零售贸易	4（50%）	9（55.56%）
水利、环境和公共设施管理业	8（80%）	15（66.67%）
卫生和社会工作	2（66.67%）	3（66.67%）
文化、体育和娱乐业	13（81.25%）	11（72.73%）
制造业	440（82.40%）	539（66.6%）
信息传输、软件和信息技术服务业	105（80.15%）	145（65.52%）
租赁和商务服务业	9（100.0%）	9（77.78%）

注："披露公司数量"表示对应行业中披露相关竞争地位信息的公司数量；"占比"为该行业中披露相关竞争地位信息的公司占比，计算方式为：披露该项信息公司数／该行业公司总数。

（四）核心竞争优势

1. 整体披露情况

本报告沿用《蓝皮书（2017—2018）》做法，从技术研发、产品性能、品牌、客户资源、行业经验、人才团队、服务、营销网络、管理、资质、商业模式、市场地位、成本、产业链和企业文化等15个方面对企业核心竞争优势进行评价。根据统计，2018年，758家样本公司中有721家披露了竞争地位相关信息，占比95.12%；2019年810家样本公司中有809家披露了竞争地位相关信息，占比99.88%。

2. 分行业披露情况

如表 4-10 所示，我们统计了 2019 年各行业披露拥有核心竞争优势的公司数量，制造业上市公司披露的各项核心竞争优势都是最多的，其次是信息传输、软件和信息技术服务业。

表4-10 2019年各行业拥有核心竞争优势的公司数量 （单位：家）

行业＼核心竞争优势	技术研发	产品性能	品牌	客户资源	行业经验	人才团队	服务	营销网络	管理	资质	商业模式	市场地位	成本	产业链	企业文化
采矿业	5	2	2	1	0	5	2	1	3	0	3	0	1	0	0
电力、热力、燃气及水生产和供应业	2	2	1	1	1	2	0	1	2	0	1	0	0	0	0
建筑业	7	5	5	1	4	8	3	4	5	4	3	4	1	1	1
交通运输、仓储和邮政业	0	0	1	1	0	1	1	0	1	0	1	0	0	0	0
教育业	1	1	0	1	1	0	0		1	1	2	2	0	0	0
金融业	4	2	1	3	1	4	1	2			0	0	1	0	0
居民服务、修理和其他服务业	0	0	1	0	1	0	1	1	1	1	1	1	1	1	1
科学研究和技术服务业	21	10	15	10	8	15	13	7	11	8	10	10	2	6	2
农林牧渔业	6	3	3	2	2	3	3	3	3	0	3	2	1	2	1
批发和零售贸易	7	4	5	7	3	5	7	6	6	1	6	3	1	4	1
水利、环境和公共设施管理业	12	5	12	3	3	13	9	1	8	3	3	3	1	1	0
卫生和社会工作	3	1	2	0	0	1	0	0	2	2	3	0	0	0	0
文化、体育和娱乐业	5	3	12	5	2	10	2	7	5	1	6	6	3	5	2
制造业	541	386	275	279	115	278	183	175	224	118	137	199	148	138	47
信息传输、软件和信息技术服务业	129	59	66	80	44	89	75	51	44	34	47	51	9	14	12
租赁和商务服务业	3	0	5	5	1	5	4	2	0	1	0	1	0	0	1

如表 4-11 所示，在技术研发这一核心竞争优势领域拥有比率达 100% 的有采矿业、金融业、卫生和社会工作业，公司数量最多的制造业，信息传输、软件和信息技术服务业，科学研究和技术服务业在技术研发这一领域的核心竞争优势拥有比率均超过 90%，反映这些行业对技术研发的重视。教育业，居民服务、修理和其他服务业，卫生和社会工作业对商业模式作为核心竞争优势的拥有率均达 100%。表 4-10 和 4-11 的统计表明，核心竞争优势构成受到行业特性及其发展阶段的影响而呈现差异化。

表4-11 2019年各行业公司核心竞争优势拥有比率 （单位：%）

行业 ＼ 核心竞争优势	技术研发	产品性能	品牌	客户资源	行业经验	人才团队	服务	营销网络	管理	资质	商业模式	市场地位	成本	产业链	企业文化
采矿业	100.0	40.0	40.0	20.0	0.0	100.0	40.0	20.0	60.0	0.0	60.0	0.0	20.0	0.0	0.0
电力、热力、燃气及水生产和供应业	66.7	66.7	33.3	33.3	33.3	66.7	0.0	33.3	66.7	0.0	33.3	0.0	0.0	0.0	0.0
建筑业	70.0	50.0	50.0	10.0	40.0	80.0	30.0	40.0	50.0	40.0	30.0	40.0	10.0	10.0	10.0
交通运输、仓储和邮政业	0.0	0.0	50.0	50.0	0.0	50.0	50.0	0.0	50.0	0.0	50.0	0.0	0.0	0.0	0.0
教育业	50.0	50.0	0.0	50.0	50.0	0.0	0.0	50.0	50.0	50.0	100.0	100.0	0.0	0.0	0.0
金融业	100.0	50.0	50.0	75.0	25.0	100.0	25.0	50.0	25.0	25.0	0.0	0.0	25.0	0.0	0.0
居民服务、修理和其他服务业	0.0	0.0	100.0	0.0	100.0	0.0	100.0	100.0	100.0	100.0	100.0	100.0	100.0	100.0	100.0
科学研究和技术服务业	91.3	43.5	65.2	43.5	34.8	65.2	56.5	30.4	47.8	34.8	43.5	43.5	8.7	26.1	8.7
农林牧渔业	85.7	42.9	42.9	28.6	28.6	42.9	42.9	42.9	42.9	0.0	42.9	28.6	14.3	28.6	14.3
批发和零售贸易	70.0	40.0	50.0	70.0	30.0	50.0	70.0	60.0	60.0	10.0	60.0	30.0	10.0	40.0	10.0
水利、环境和公共设施管理业	70.6	29.4	70.6	17.6	17.6	76.5	52.9	5.9	47.1	17.6	17.6	17.6	5.9	5.9	0.0
卫生和社会工作	100.0	33.3	66.7	0.0	0.0	33.3	0.0	0.0	66.7	66.7	100.0	0.0	0.0	0.0	0.0
文化、体育和娱乐业	38.5	23.1	92.3	38.5	15.4	76.9	15.4	53.8	38.5	7.7	46.2	46.2	23.1	38.5	15.4
制造业	97.7	69.7	49.6	50.4	20.8	50.2	33.0	31.6	40.4	21.3	24.7	35.9	26.7	24.9	8.5
信息传输、软件和信息技术服务业	90.8	41.5	46.5	56.3	31.0	62.7	52.8	35.9	31.0	23.9	33.1	35.9	6.3	9.9	8.5
租赁和商务服务业	21.4	0.0	35.7	35.7	7.1	35.7	28.6	14.3	14.3	0.0	7.1	7.1	0.0	0.0	7.1

三、基于年报的市场类无形资产披露情况

截至2019年5月18日，共有744家创业板上市公司披露了2018年年报；截至2020年5月18日，共有797家创业板上市公司披露了2019年年报。由表4-12统计数据显示，2018和2019年年报中创业板上市公司对商标信息进行披露的仅占四分之一左右，远低于招股说明书的信息披露比例，而关于客户、竞争地位和竞争优势信息披露的公司占比都较高。

表4-12 基于2018—2019年年报的市场类无形资产披露情况

年份	2018	2019
商标	191（25.67%）	201（25.22%）
客户	743（98%）	797（100%）
竞争地位	743（98%）	795（99.75%）
核心竞争优势	458（60.42%）	797（100%）

注：括号外数据表示对应年份中披露某项市场类无形资产信息的公司数量，括号中数据为该年份中披露某项市场类无形资产信息的公司占比，计算方式为：披露该项信息公司数／该年份所有上市公司总数。

（一）商标

1. 整体披露情况

基于公司年报数据，2019年创业板上市公司披露持有商标和商标荣誉的公司比例有所下降，披露申请商标的公司数量有所增加，但比例仍然很低，见表4-13，反映了创业板公司对商标品牌的重视不够。

表4-13 2018—2019年商标信息披露整体情况

商标状态 年份	持有商标		申请商标		商标荣誉	
	披露公司数量（占比）	披露总数（均值）	披露公司数量（占比）	披露总数（均值）	披露公司数量（占比）	披露总数（均值）
2018	130	9861	8	251	111	124
	（17.17%）	（13.03）	（1.06%）	（0.33）	（17.4%）	（0.16）
2019	104	10368	12	301	100	131
	（13.05%）	（13.01）	（1.51%）	（0.4）	（12.55%）	（0.16）

注："披露公司数量"表示对应年份中披露某项商标信息的公司数量；"占比"为该年份中披露某项商标信息的公司占比，计算方式为：披露该项信息公司数／该年份上市公司总数；"披露总数"为对应年份中披露的某项商标的总数；"均值"为该年份中某项商标的均值，计算方式为：某项商标的披露总数／该年份上市公司总数。以下对分行业及分区域披露情况的统计中，指标计算均同此说明。

2. 分行业披露情况

（1）制造业。

如表 4-14 所示，从制造业商标信息披露情况来看，2019 年制造业公司持有商标披露公司数量占比 10.46%，披露总数为 5829 项，均值为 10.7 项／家。相比 2018 年，制造业上市公司关于商标信息披露的公司占比和均值都有较大下降，而且均低于创业板上市公司整体披露情况。

表4-14 2018—2019年制造业商标信息披露情况

年份 商标状态	持有商标		申请商标		商标荣誉	
	披露公司数量（占比）	披露总数（均值）	披露公司数量（占比）	披露总数（均值）	披露公司数量（占比）	披露总数（均值）
2018	70	6357	4	24	73	90
	(14.71%)	(13.36)	(0.84%)	(0.05)	(15.34%)	(0.19)
2019	57	5829	4	59	85	113
	(10.46%)	(10.70)	(0.73%)	(0.11)	(15.60%)	(0.21)

（2）信息传输、软件和信息技术服务业。

如表 4-15 所示，从信息传输、软件和信息技术服务业商标信息披露情况来看，2019 年持有商标披露公司数量占比 20.71%，比 2018 年有所下降，但披露总数为 2101 项，均值为 15.0 项／家，高于 2018 年披露情况，而且均远高于创业板整体商标信息披露情况，说明信息传输、软件和信息技术服务业上市公司较为重视商标品牌。

表4-15 2018—2019年信息传输、软件和信息技术服务业商标信息披露情况

年份 商标状态	持有商标		申请商标		商标荣誉	
	披露公司数量（占比）	披露总数（均值）	披露公司数量（占比）	披露总数（均值）	披露公司数量（占比）	披露总数（均值）
2018	37	1863	2	77	4	4
	(26.81%)	(13.50)	(1.45%)	(0.56)	(2.90%)	(0.03)
2019	29	2101	6	189	6	8
	(20.71%)	(15.00)	(4.29%)	(1.35)	(4.29%)	(0.06)

（3）科学研究和技术服务业。

如表 4-16 所示，从科学研究和技术服务业商标信息披露情况来看，2019 年持有商标披露公司数量占比 14.29%，披露总数为 1102 项，均值为 52.5 项／家，不仅相比 2018 年均有较大增长，而且也都远高于整体披露情况，说明该行业上市公司重视商标品牌。

表4-16 2018—2019年科学研究和技术服务业商标信息披露情况

年份 \ 商标状态	持有商标		申请商标		商标荣誉	
	披露公司数量（占比）	披露总数（均值）	披露公司数量（占比）	披露总数（均值）	披露公司数量（占比）	披露总数（均值）
2018	2	513	1	150	0	0
	（7.41%）	（19）	（3.7%）	（5.55）	（0%）	（0）
2019	3	1102	1	48	1	1
	（14.29%）	（52.5）	（4.76%）	（2.3）	（4.76%）	（0.05）

（二）客户

1. 整体披露情况

创业板上市公司的主要客户类型以民企、国企和外企为主，三者占比超过 90%，行政事业单位与其他类型的客户占比较小。与 2018 年相比，一个典型的变化就是民企和外资作为主导客户的占比大幅下降，而国企作为主导客户的占比从 26.04% 大幅升至 40.48%，见表 4-17。

表4-17 2018—2019年创业板公司主导客户类型占比

年份	主导客户占比（%）				
	国企	外企	民企	行政事业单位	其他
2018	26.04	13.54	51.04	7.3	2.08
2019	40.48	8.33	42.86	7.14	1.19

注："其他"类型的客户包括台资企业、港资企业、中外合资企业等所有制性质的企业客户。以下对分行业及分区域披露情况的统计中，指标计算均同此说明。

从前五大客户合计销售占比平均值来看，2016 年出现大幅上升后持续下降，2019 年又略有回升，如图 4-1 所示。总的来看，创业板上市公司客户集中度近年来有所上升，说明创业板上市公司企业越来越重视培育优质主导客户，认识到优质的大客户会带来产业链整合效应，使整个产业链商品的流动性更加协调，最大化产业链利益。

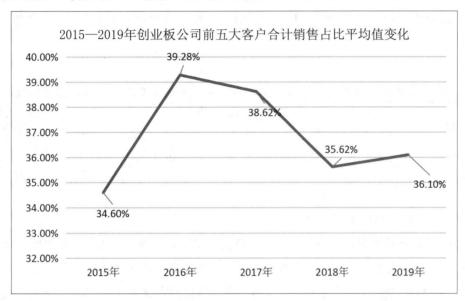

图4-1 2015—2019年创业板公司前五大客户合计销售占比均值变化

2. 分行业披露情况

（1）制造业。

2018 年制造业主导客户披露中民企、国企、外企分别占比 61.67%、16.67%、15.00%，民企占比显著高于整体披露情况，说明民企在制造业产业链中发挥更为重要的作用。2019 年，民企和外企占比大幅下降，国企占比大幅提升，已超过民企成为占比最高的主导客户类型。2019 年制造业前五大客户合计销售额占比为 36.32%，略高于 2018 年占比，也高于整体披露情况，说明制造业对于大客户依赖程度高于整体情况，见表 4-18。

表4-18 2018—2019年制造业客户信息披露整体情况

年份	主导客户占比（%）					前五大客户合计销售占比（%）
	国企	外企	民企	行政事业单位	其他	
2018	16.67	15.00	61.67	3.33	3.33	35.87
2019	44.68	10.64	42.55	0	2.13	36.32

（2）信息传输、软件和信息技术服务业。

2019 年信息传输、软件和信息技术服务业主导客户披露中国企占比大幅上升，超过了民企占比，外资占比降至 0，行政事业单位占比大幅上升，也超过了民企占比，说明国企和行政事业单位在该行业产业链中发挥更多作用。该行业前五大客户合计销售额占比为 37.78%，相比 2018 年有较大增长，表明该行业对于大客户依赖程度上升，见表 4-19。

表4-19 2018—2019年信息传输、软件和信息技术服务业客户信息披露整体情况

年份	主导客户占比（%）					前五大客户合计销售占比（%）
	国企	外企	民企	行政事业单位	其他	
2018	37.93	15.42	34.61	10.25	1.79	33.83
2019	56.25	0	18.75	25.00	0	37.78

（3）科学研究和技术服务业。

2019 年科学研究和技术服务业主导客户披露中国企、外企、民企占比均大幅下降，行政事业单位占比大幅上升，和民企并列第一，其他类型企业占比大幅上升，表明该行业主导客户类型更加分散。该行业前五大客户合计销售额占比为 22.11%，低于整体披露情况，进一步表明该行业对于大客户依赖程度降低，见表 4-20。

表4-20 2018—2019年科学研究和技术服务业客户信息披露整体情况

年份	主导客户占比（%）					前五大客户合计销售占比（%）
	国企	外企	民企	行政事业单位	其他	
2018	25.80	16.13	48.39	6.45	3.23	31.81
2019	6.25	0	18.75	18.75	56.25	22.11

（三）竞争地位

1. 整体披露情况

从 2013 年开始，部分公司开始选择"用数据说话"，采用定量方式描述竞争地位变动情况的公司数量明显增加，但 2019 年用定量方式描述竞争地位的公司占比大幅降至 13.04%，而采用定性方式描述的公司占比在连续 3 年持续下降后，大幅回升至 80%，且描述竞争地位上升的企业占比也大幅下降到 8.41%，见表 4-21。

表4-21 2015—2019年竞争地位信息披露整体情况（单位：%）

年份 \ 竞争地位	定性描述	定量描述	未披露	上升企业占比
2015	64.88	31.19	3.93	33.65
2016	79.53	14.31	6.16	24.96
2017	56.54	42.20	1.26	37.65
2018	38.31	59.84	1.85	40.55
2019	80.9	13.04	6.02	8.41

2. 分行业披露情况

根据对选取的制造业，信息传输、软件和信息技术服务业，科学研究和技术服务业三个典型行业的分析，披露竞争地位信息时选择定性描述的公司占比均大幅上升，选择定量描述的公司占比则大幅下降，见表 4-22。

表4-22 2018—2019年制造业竞争地位信息披露整体情况（单位：%）

年份	行业	定性描述	定量描述	未披露	上升企业占比
2018	制造业	41.01	57.3	1.69	42.13
	信息传输、软件和信息技术服务业	42.19	54.69	3.13	35.16
	科学研究和技术服务业	58.82	35.29	5.88	58.82
2019	制造业	83.12	12.84	4.04	8.44
	信息传输、软件和信息技术服务业	80.71	10.71	8.57	5.00
	科学研究和技术服务业	76.19	19.05	4.76	9.52

（四）核心竞争优势

1. 整体披露情况

证监会相关制度要求公司年报应对企业核心竞争优势的变化进行有效披露，包括设备、专利、核心技术人员等七大类。表4-23反映了2015—2019年创业板企业的竞争优势总数变动情况。

表4-24为竞争优势的变动率，计算方式为：当年的变动量除以上一年的总量。可以发现，设备、专利、非专利技术、核心技术人员、独特经营方式和盈利模式的变动率在2018、2019年大幅上升，反映这些核心竞争优势变动逐渐激烈。基于特许经营权的核心竞争优势变动率呈先增后减趋势，反映该核心竞争优势相对稳定。

表4-23 2015—2019年核心竞争优势数量变动披露情况（单位：项）

指标＼年份	2015	2016	2017	2018	2019
设备	82	117	158	497	527
专利	41	80	124	718	765
非专利技术	201	190	221	714	749
特许经营权	28	67	75	52	60
核心技术人员	70	257	175	601	639
独特经营方式和盈利模式	49	46	68	472	498
资源要素使用	0	0	0	2	2

注："资源要素使用"指允许他人使用自己所有的资源要素或作为被许可方使用他人资源要素。下表4-24至4-26同此说明。

表4-24 2015—2019年核心竞争优势变动占比统计（单位：%）

指标＼年份	2015	2016	2017	2018	2019
设备	17.41	15.46	19.24	66.8	66.12
专利	8.70	10.57	15.10	96.51	95.98
非专利技术	42.69	25.11	26.92	95.97	93.98
特许经营权	5.94	8.85	9.14	6.99	7.53
核心技术人员	14.86	33.95	21.32	80.78	80.18
独特经营方式和盈利模式	10.40	6.08	8.28	63.44	62.48
资源要素使用	0.0	0.0	0.0	0.27	0.25

注：变动占比指的是每种竞争优势占竞争优势总变动量比重，即某种指标变动数量／核心竞争优势变动总量。下表4-25、4-26同此说明。

2. 分行业披露情况

2018—2019 年制造业，信息传输、软件和信息技术服务业，科学研究和技术服务业三个代表性行业中披露了核心竞争优势变动的公司数量。2019 年，三个行业中涉及专利、非专利技术和核心技术人员的竞争优势变动数量最多，见表 4-25。

表4-25 2018—2019年代表性行业核心竞争优势变动的数量披露情况（单位：项）

年份 指标	2018			2019		
	制造业	信息传输、软件和 信息技术服务业	科学研究和 技术服务业	制造业	信息传输、软件和 信息技术服务业	科学研究和 技术服务业
设备	269	83	7	380	93	7
专利	202	28	10	529	132	20
非专利技术	124	42	17	515	133	19
特许经营权	22	5	1	32	9	0
核心技术人员	101	112	3	413	134	18
独特经营方式 和盈利模式	293	92	7	323	105	8
资源要素使用	0	0	0	1	0	0

2018—2019 年制造业，信息传输、软件和信息技术服务业，科学研究和技术服务业三个代表性行业中披露了核心竞争优势变动数量的占比情况见表 4-26。2019 年，制造业核心竞争优势变动占比最高的是专利、非专利技术和核心技术人员；信息传输、软件和信息技术服务业核心竞争优势变动占比最高的是非专利技术、专利和设备；科学研究与技术服务业核心竞争优势变动占比最高的是专利、非专利技术和核心技术人员。

表4-26 2018—2019年代表性行业核心竞争优势变动占比统计（单位：%）

年份 指标	2018			2019		
	制造业	信息传输、软件和 信息技术服务业	科学研究和 技术服务业	制造业	信息传输、软件和 信息技术服务业	科学研究和 技术服务业
设备	26.61	22.92	66.43	69.72	15.55	33.33
专利	19.98	7.73	94.29	97.06	22.23	95.24
非专利技术	12.26	11.61	95	94.5	37.78	90.48
特许经营权	2.17	1.38	6.43	5.87	2.22	0.0
核心技术人员	9.99	30.93	95.71	75.78	6.67	85.71
独特经营方式 和盈利模式	28.98	25.41	75.00	59.27	15.53	38.1
资源要素使用	0.00	0.00	0.00	0.18	0.00	0.00

四、研究结论

（一）公司上市时更加重视市场类无形资产信息披露

从招股说明书来看，创业板公司普遍重视市场类无形资产的信息披露，但对不同类型的市场类无形资产，企业的信息披露存在差异。从 2018 和 2019 年创业板上市公司招股说明书披露的市场类无形资产信息来看，披露各类市场类无形资产的公司占比均较高；从年报看，创业板上市公司对商标信息进行披露的仅占四分之一左右，远低于招股说明书的信息披露比例。上述现象表明创业板上市公司在 IPO 上市时均重视市场类无形资产信息的披露。2019 年，根据招股说明书统计的平均商标持有量较之前有明显增加，表明新上市创业板公司上市时拥有更多的商标数量；披露竞争地位和核心竞争优势信息的公司占比均有提高。

（二）市场类无形资产存在明显的行业异质性

对于不同行业，创业板公司所拥有的市场类无形资产状况存在较大的差异。整体而言，2019 年创业板上市公司披露持有商标和商标荣誉的公司比例有所下降。租赁和商务服务业最重视商标信息的披露，公司数量最多的制造业、信息传输、软件和信息技术服务业对商标信息披露较为重视。

（三）主导客户主要构成比例发生较大变化

总的来看，创业板上市公司客户集中度近年来有所上升，说明创业板上市公司企业越来越重视培育优质主导客户。绝大部分行业内的企业开始逐步将客户信息纳入重要的无形资产披露范畴，不同行业对于大客户依赖程度的强弱存在差异，民企、国企、外企这三类客户主导的上市公司占比最高。

2019 年，关于客户类无形资产，一个典型的变化就是民企和外资作为主导客户的占比大幅下降，而国企作为主导客户的占比大幅上升。从典型行业来看，制造业前五大客户合计销售额占比高于整体披露情况，说明制造业对于大客户依赖程度高于整体情况。信息传输、软件和信息技术服务业主导客户披露中国企占比大幅上升，超过了民企占比，外资占比降至 0，行政事业单位占比大幅上升，也超过了民企占比，说明国企和行政事业单位在该行业产业链中发挥更多作用。科学研究和技术服务业主导客户披露中国企、外企、民企占均大幅下降，行政事业单位占比大幅上升，和民企并列第一，其他类型企业占比大幅上升，表明该行业主导客户类型更加分散。

（四）核心竞争优势构成受到行业特性影响而呈现差异化

设备、专利、非专利技术、核心技术人员、独特经营方式和盈利模式的变动率在 2018、2019 年大幅上升，反映这些核心竞争优势变动逐渐激烈。基于特许经营权的核心竞争优势变动率呈先增后减趋势，反映该核心竞争优势相对稳定。

2019 年，制造业，信息传输、软件和信息技术服务业，科学研究和技术服务业三个行业中涉及专利、非专利技术和核心技术人员的竞争优势变动数量最多。制造业核心竞争优势变动占比最高的是专利、非专利技术和核心技术人员；信息传输、软件和信息技术服务业核心竞争优势变动占比最高的是非专利技术、专利和设备；科学研究和技术服务业核心竞争优势变动占比最高的是专利、非专利技术和核心技术人员。

报告五：创业板上市公司人力资源类无形资产研究

创业板以快速成长的高科技中小企业为主体。此类企业通常具有无形资产富集的特征，除了会计制度接受并纳入计量报告范围的以专利、商标为代表的常规无形资产外，以高管团队为核心的人力资源类无形资产开始受到越来越多投资者的关注。根据证监会相关规定，上市公司需要在招股说明书和年度报告中对人力资源类无形资产进行信息披露。

一、概念界定

本报告涉及的人力资源类无形资产主要包括高级管理人员、独立董事、创业股东、员工四类。

（一）高级管理人员

高级管理人员是创业板上市公司人力资源类无形资产的重要组成部分，在企业生产经营中制定决策、规范运营和引导发展。根据《中华人民共和国公司法》第二百一十七条：高级管理人员，是指公司的经理、副经理、财务负责人、上市公司董事会秘书和公司章程规定的其他人员。本报告继续沿用这些定义。

（二）独立董事

根据证监会《关于在上市公司建立独立董事制度的指导意见》，上市公司独立董事是指，不在上市公司担任除董事外的其他职务，并与其所受聘的上市公司及其主要股东不存在可能妨碍其进行独立客观判断关系的董事。独立董事作为公司治理模式的重要组成部分，在公司监管，尤其是上市公司监管方面具有重要意义。该制度的实施效果，以及独立董事履行专业和制衡能力的强弱与公司治理水平高度相关。因此，可将独立董事视作上市公司的异质性无形资产，即非常规无形资产。

（三）创业股东

创业股东是企业处于创业阶段时的实际控制人，是创业板公司快速成长的关键因素。

（四）员工

员工与高管、独董、创业股东共同构成创业板上市公司的人力资源，但较之其他类型人力资源无形资产，员工的流动性更大。

二、基于招股说明书的人力资源类无形资产披露情况

此部分对创业板公司人力资源相关信息进行统计分析。人力资源类无形资产的统计口径见表5-1。

表5-1 人力资源类无形资产的分类及统计口径

分类		统计口径
高管	总经理	年龄、性别、学历及教育背景、内部兼职情况、薪酬、持股、更替情况
	财务总监	年龄、性别、学历及教育背景、内部兼职情况、薪酬、持股、更替情况
	董事会秘书	年龄、性别、学历及教育背景、内部兼职情况、薪酬、持股、更替情况
独立董事		年龄、性别、学历及职称、专业和从业背景、董事津贴
股东		股东整体结构现状、创业股东组织类型
员工		员工数量、学历、专业结构

需要说明的是，高管中总经理、财务总监及董事会秘书的学历及教育背景数据来自招股说明书，年龄、性别、兼职、薪酬、持股、更替等数据来源于年报。因此，依据信息来源的不同，对高管的统计分析将放在两个部分进行。

（一）总经理学历及教育背景

2018和2019年招股说明书中披露了总经理学历的公司分别有718和767家，占当年全部上市公司比例分别为94.72%和94.69%。其中本科及以上学历的总经理人数占比大约分别为83.00%和82.53%，本科和硕士研究生学历的占比最高，且占比接近，见表5-2。

表5-2 创业板上市公司总经理学历分布

学历	2018年		2019年	
	人数（个）	占比（%）	人数（个）	占比（%）
高中及以下	28	3.90	31	4.04
大专	94	13.09	103	13.43
本科	263	36.63	279	36.37
硕士研究生（包括在读）	267	37.19	282	36.77
博士研究生（包括在读）	66	9.19	72	9.39
合计	718	100.00	767	100.00

分行业看，由于行业划分可能存在部分重叠，所以人数略有出入，后面同类表格同理。2019 年本科及以上学历总经理比例达 100% 的行业有六个，而文化、体育和娱乐业，批发和零售业的比例未超过 80%，见表 5-4[①]。

表5-4 分行业本科及以上学历总经理人数及占比

行业	2018年		2019年	
	人数（个）	占比（%）	人数（个）	占比（%）
采矿业	3	100	3	100
电力、热力、燃气及水生产和供应业	2	100	2	100
建筑业	7	87.5	7	87.5
交通运输、仓储和邮政业	2	100	2	100
居民服务、修理和其他服务业	1	100	1	100
科学研究和技术服务业	17	100	21	100
农、林、牧、渔业	6	85.71	6	85.71
批发和零售业	7	77.78	7	70.00
水利、环境和公共设施管理业	13	100	14	93.33
卫生和社会工作	3	100	3	100
文化、体育和娱乐业	8	72.73	9	75.00
信息传输、软件和信息技术服务业	118	90.10	122	89.05
制造业	481	91.44	504	90.00
租赁和商务服务业	7	87.5	10	90.91

（二）财务总监学历及教育背景

2018 和 2019 年创业板上市公司分别有 737 和 788 家在招股说明书中披露财务总监学历及教育背景，占当年全部上市公司比例分别为 97.23% 和 97.28%。具有本科及以上学历的财务总监占全部披露的财务总监比例分别为 72.46% 和 72.88%，具有本科学历的财务总监占比最大，远高于其他学历的财务总监占比。与总经理学历分布相比，财务总监大专及以下学历占比高于总经理大专及以下学历占比，硕士及以上学历占比低于总经理硕士及以上学历的占比，见表 5-5。

[①]由于2018年未统计教育和金融行业，2019年新增了2家该行业中上市公司，本报告中未对两个行业进行统计。

表5-5 创业板上市公司财务总监学历分布

学历	2018年		2019年	
	人数（个）	占比（%）	人数（个）	占比（%）
高中及以下	60	8.14	60	7.61
大专	143	19.40	153	19.42
本科	350	47.49	376	47.72
硕士研究生（包括在读）	176	23.88	190	24.11
博士研究生（包括在读）	8	1.09	9	1.14
合计	737	100.00	788	100.00

分行业看，有四个行业本科及以上学历财务总监比例达100%，分别是采矿业，电力、热力、燃气及水生产和供应业，居民服务、修理和其他服务业，租赁和商务服务业。本科及以上学历财务总监比例最低的行业是交通运输、仓储和邮政业，为50%，见表5-6。

表5-6 分行业本科及以上学历财务总监人数及占比

行业	2018年		2019年	
	人数（个）	占比（%）	人数（个）	占比（%）
采矿业	4	100	4	100
电力、热力、燃气及水生产和供应业	2	100	2	100
建筑业	6	75	6	75
交通运输、仓储和邮政业	1	50	1	50
居民服务、修理和其他服务业	1	100	1	100
科学研究和技术服务业	14	77.78	18	81.82
农、林、牧、渔业	7	87.5	7	87.5
批发和零售业	7	87.5	7	87.5
水利、环境和公共设施管理业	12	92.31	12	85.71
卫生和社会工作	2	66.67	2	66.67
文化、体育和娱乐业	10	76.92	1	78.57
信息传输、软件和信息技术服务业	107	79.86	113	80.71
制造业	384	71.91	26	72.18
租赁和商务服务业	9	100	12	100

（三）董事会秘书学历及教育背景

2018和2019年创业板分别有741和793家上市公司在招股说明书中披露了董秘的学历信息，占当年全部上市公司比例分别为97.76%和97.90%。2019年，具有本科及以上学历的董秘合计占比88.65%，其中，具有本科学历的董秘占比最高，为48.42%。与财务总监学历分布相比，董事会秘书本科及以上学历占比更高，见表5-7。

表5-7 创业板上市公司董事会秘书学历分布

学历	2018年		2019年	
	人数（个）	占比（%）	人数（个）	占比（%）
高中及以下	4	0.54	5	0.63
大专	79	10.66	85	10.72
本科	358	48.31	384	48.42
硕士研究生（包括在读）	280	37.79	299	37.71
博士研究生（包括在读）	20	2.70	20	2.52
合计	741	100.00	793	100.00

分行业看，交通运输、仓储和邮政业中本科及以上董事会秘书占比 50%，其他行业本科及以上董事会秘书占比均在 85% 以上，有九个行业占比为 100%，见表5-8。

表5-8 分行业本科及以上学历董事会秘书人数及占比

行业	2018年		2019年	
	人数（个）	占比（%）	人数（个）	占比（%）
采矿业	3	100	3	100
电力、热力、燃气及水生产和供应业	2	100	2	100
建筑业	7	100	7	100
交通运输、仓储和邮政业	1	50.00	1	50.00
居民服务、修理和其他服务业	1	100	1	100
科学研究和技术服务业	19	100	23	100
农、林、牧、渔业	8	100	8	100
批发和零售业	7	87.5	8	88.89
水利、环境和公共设施管理业	13	92.86	14	87.50
卫生和社会工作	3	100	3	100
文化、体育和娱乐业	13	100	14	100
信息传输、软件和信息技术服务业	124	95.38	129	94.85
制造业	450	86.04	479	86.00
租赁和商务服务业	8	100	11	100

三、基于年报的人力资源类无形资产披露情况

（一）创业板上市公司高管研究

1. 总经理

2018 和 2019 年分别有 744 和 797 家创业板上市公司披露了年报，其中，2018 年有 655 家公司披露了总经理信息，2019 年有 788 家公司披露了总经理信息。

（1）年龄。

2018 年的 652 家创业板上市公司总经理的平均年龄为 50.17 岁，2019 年的 788 家

创业板公司总经理平均年龄 50.26 岁，基本保持不变[①]。各年龄段的总经理人数及占比情况见表5-9。根据创业板上市公司 2019 年年报数据，最年轻的总经理为宝利国际（300135）的周文彬，年龄为 28 岁，最年长的是力星股份（300421）的施祥贵及精准信息（300099）的黄自伟，均为 73 岁。

表5-9 创业板上市公司总经理年龄分布

年龄	2018年		2019年	
	人数（个）	占比（%）	人数（个）	占比（%）
30岁以下	2	0.31	1	0.13
30～39岁	42	6.44	58	7.36
40～49岁	234	35.89	271	34.39
50～59岁	334	51.23	408	51.78
60岁及以上	40	6.13	50	6.34
合计	652	100	788	100

（2）性别。

2018 和 2019 年样本公司中的女性总经理人数分别为 48 和 62 人，占比分别为 6.45% 和 7.78%。分行业来看，女性总经理比例在各行业差别较大，女性总经理比例最高的是批发和零售业，2018 年达 42.86%，2019 年略有下降，也占 30%，见表 5-10。

表5-10 分行业女性总经理人数及占比

行业	2018年		2019年	
	人数（个）	占比（%）	人数（个）	占比（%）
采矿业	0	0	1	0.2
电力、热力、燃气及水生产和供应业	0	0	0	0
建筑业	1	14.29	0	0
交通运输、仓储和邮政业	3	20	0	0
居民服务、修理和其他服务业	0	0	0	0
科学研究和技术服务业	1	6.25	2	9.52
农、林、牧、渔业	1	16.67	2	28.57
批发和零售业	3	42.86	3	30.00
水利、环境和公共设施管理业	3	23.08	3	17.65
卫生和社会工作	0	0	0	0
文化、体育和娱乐业	0	0	2	15.38
信息传输、软件和信息技术服务业	9	8.04	11	7.97
制造业	26	5.70	35	6.45
租赁和商务服务业	1	11.11%	3	21.43%

[①] 2018年655家明确披露总经理的创业板上市公司中有3家未披露总经理年龄。本报告中涉及平均数的计算中，对于分母的取值进行了区分，其中，平均年龄指标的分母运用仅披露了相关人员年龄数据的公司总数，其他涉及平均数的计算指标的分母采用当年披露了年报的公司总数。

（3）内部兼职情况。

2018 年，创业板上市公司兼任董事长或副董事长职务的总经理有 287 人，占比 38.58%；2019 年则有 363 人，占比 45.55%，比 2018 年有所上升。除此之外，还有部分公司的总经理兼任董事、董秘、技术总监、财务总监等职务。

分行业看，总经理兼任董事长或副董事长的情况在各行业中差距较大。上市公司数量最多的制造业，信息传输、软件和信息技术服务业，总经理兼任董事长（副董事长）的比例较高，2019 年的比例均接近 50%，且比上年都有上升，见表 5-11。

表5-11 分行业总经理兼任董事长（副董事长）的人数及占比

行业	2018年		2019年	
	人数（个）	占比（%）	人数（个）	占比（%）
采矿业	2	66.67	3	60.00
电力、热力、燃气及水生产和供应业	1	50.00	2	66.67
建筑业	2	28.57	4	40.00
交通运输、仓储和邮政业	0	0	0	0
居民服务、修理和其他服务业	1	100	0	0
科学研究和技术服务业	8	50.00	8	38.10
农、林、牧、渔业	2	16.67	2	28.57
批发和零售业	1	14.29	4	40.00
水利、环境和公共设施管理业	5	23.08	5	29.41
卫生和社会工作	2	100	1	33.33
文化、体育和娱乐业	7	58.33	6	46.15
信息传输、软件和信息技术服务业	58	36.61	67	48.55
制造业	194	42.54	257	47.33
租赁和商务服务业	4	44.44	4	28.57

（4）薪酬。

2018 年，披露总经理薪酬的样本公司有 645 家，平均薪酬为 78.82 万元；2019 年披露总经理薪酬的样本公司有 779 家，平均薪酬为 88.79 万元[①]。薪酬的分布情况见表 5-12。2019 年，总经理薪酬在 50 万～100 万元的占比最高，达 43.13%，100 万元以上的也达 27.73%，比 2018 年有较大提升。

[①]2019年，有8家公司披露总经理在公司取酬为0元。

表5-12 创业板上市公司总经理薪酬分布

薪酬（万元）	2018年		2019年	
	人数（个）	占比（%）	人数（个）	占比（%）
(0, 10)	6	0.93	18	2.31
(10, 30)	76	11.78	60	7.70
(30, 50)	157	24.34	149	19.13
(50, 100)	268	41.55	336	43.13
100以上	138	21.40	216	27.73
合计	645	100	779	100.00

2015—2019年，创业板公司总经理的平均薪酬呈不断上升趋势，如图5-1所示。2019年，总经理薪酬最高的公司迈瑞医疗（300760），高达1953.2万元。

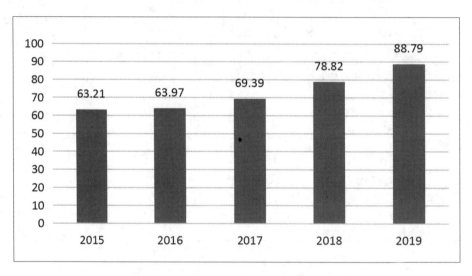

图5-1 2015—2019年总经理平均年薪变化情况 （单位：万元）

分行业看，2019年总经理平均年薪最高的是批发与零售业，为166.35万元；最低的是居民服务、修理和其他服务业，为25.94万元，如图5-2所示。

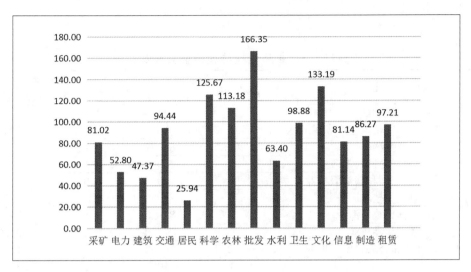

图5-2 2019年分行业总经理平均年薪 （单位：万元）

（5）持股情况。

2015—2019年，创业板上市公司中在公司持有股份的总经理占比在2016年以后呈下降趋势，2019年进一步下降至72.64%，为过去5年最低值，如图5-3所示。

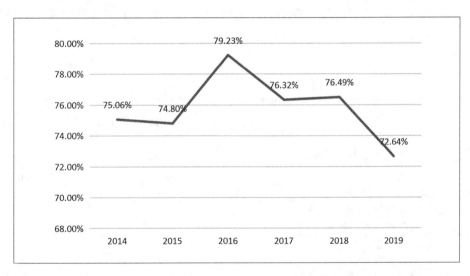

图5-3 2015—1019年创业板上市公司总经理持股比例变化趋势

分行业看，居民服务、修理和其他服务业的企业总经理未在公司持股，电力、热力、燃气及水生产和供应业，批发和零售业中在公司持股的总经理占比超过85%；公司数量较多的信息传输、软件和信息技术服务业，制造业中在公司持股的总经理占比均超过

70%，见表5-13。

表5-13 分行业总经理持股的企业数及占比

行业	2018年		2019年	
	人数（个）	占比（%）	人数（个）	占比（%）
采矿业	1	50	4	80.00
电力、热力、燃气及水生产和供应业	2	100	3	100
建筑业	6	85.71	7	70.00
交通运输、仓储和邮政业	0	0	1	50.00
居民服务、修理和其他服务业	0	0	0	0
科学研究和技术服务业	11	73.33	14	66.67
农、林、牧、渔业	5	83.33	4	57.14
批发和零售业	7	87.50	9	90.00
水利、环境和公共设施管理业	10	76.92	7	41.18
卫生和社会工作	3	100	1	33.33
文化、体育和娱乐业	8	66.67	7	53.85
信息传输、软件和信息技术服务业	82	76.64	104	75.36
制造业	358	77.83	395	72.74
租赁和商务服务业	6	66.67	9	64.29

（6）更替情况。

2018年，报告了总经理发生变动的公司有91家，2019年总经理发生变动的公司有97家，各行业中总经理发生变动的情况见表5-14。

表5-14 分行业总经理变动人数及占比

行业	2018年		2019年	
	人数（个）	占比（%）	人数（个）	占比（%）
采矿业	0	0	2	40.00
电力、热力、燃气及水生产和供应业	1	50.00	0	0
建筑业	3	37.50	2	20.00
交通运输、仓储和邮政业	0	0	0	0
居民服务、修理和其他服务业	0	0	0	0
科学研究和技术服务业	2	18.18	3	14.29
农、林、牧、渔业	0	0	2	28.57
批发和零售业	0	0	1	10.00
水利、环境和公共设施管理业	4	36.36	5	29.41
卫生和社会工作	0	0	1	33.33
文化、体育和娱乐业	0	0	1	7.69
信息传输、软件和信息技术服务业	15	12.61	14	10.14
制造业	66	14.83	60	11.05
租赁和商务服务业	0	0	6	42.86

2. 财务总监

2018 年，披露了年报的创业板上市公司中，只有 727 家公司披露了财务总监的完整信息，2019 年有 780 家公司披露了财务总监的完整信息。

（1）年龄。

2018 年，727 家创业板上市公司财务总监的平均年龄为 45.56 岁，2019 年 780 家创业板上市公司财务总监平均年龄为 45.12 岁，比 2018 年略有降低。财务总监中年龄最小的 27 岁，年龄最大的 66 岁，各年龄段的分布情况见表 5-15。

表5-15 创业板上市公司财务总监年龄分布

年龄	2018年		2019年	
	人数（个）	占比（%）	人数（个）	占比（%）
30岁以下	2	0.28	3	0.38
30～39岁	108	14.86	158	20.26
40～49岁	436	59.96	433	55.51
50～59岁	167	22.97	175	22.44
60岁及以上	14	1.93	11	1.41
合计	727	100	780	100

分行业看，2019 年各行业财务总监年龄在 43～50 岁。平均年龄最小的行业为卫生和社会工作行业，平均年龄 43 岁；平均年龄最大的是居民服务、修理和其他服务业，平均年龄 48 岁，如图 5-4 所示。

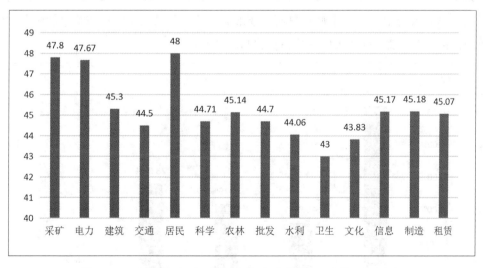

图5-4 2019年分行业财务总监平均年龄 （单位：岁）

（2）性别。

2015—2019 年，创业板上市公司的财务总监男女比例平均为 2:1。2018 年，男性财务总监比例为女性财务总监比例的 1.69 倍，2019 年数据上升为 1.86 倍，如图 5-5 所示。

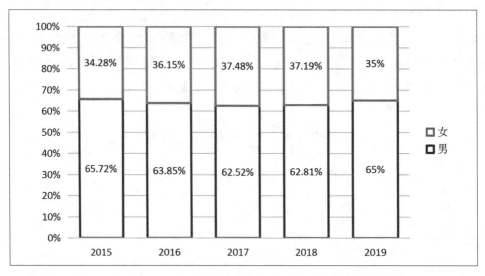

图5-5 2015—2019年创业板上市公司不同性别财务总监占比

（3）内部兼职情况。

创业板上市公司财务总监兼职情况呈现多元化特征。2018 年，披露了相关信息的 727 家公司中，专职于财务总监一职的有 533 人，占比为 73.31%。2019 年，780 家披露了相关信息的公司中，专职于财务总监一职的有 405 家，占比为 51.92%，反映了财务总监兼职比例上升，兼任其他职务的比例如图 5-6 所示。

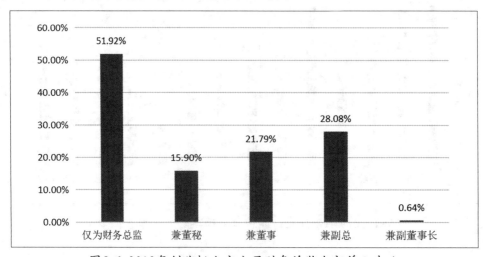

图5-6 2019年创业板上市公司财务总监内部兼职占比

（4）薪酬。

2018 和 2019 年，分别有 724 和 751 家创业板上市公司披露了财务总监的薪酬，平均薪酬分别为 52.84 万元和 54.64 万元，近 5 年一直呈上升趋势，如图 5-7 所示。财务总监的平均薪酬分布见表 5-16，平均年薪 40 万以上的占比最高，均超过 50%。

表5-16 创业板上市公司财务总监薪酬分布

薪酬（万元）	2018年		2019年	
	人数（个）	占比（%）	人数（个）	占比（%）
(0, 10)	21	2.90	16	2.13
(10, 20)	57	7.87	43	5.73
(20, 30)	134	18.51	119	15.85
(30, 40)	132	18.23	125	16.64
40以上	380	52.49	448	59.65
合计	724	100	751	100

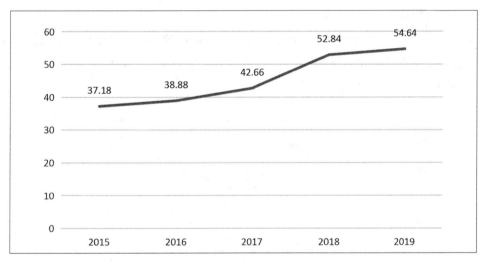

图5-7 2015—2019年财务总监平均年薪情况（单位：万元）

分行业看，2019 年财务总监平均年薪最高的是文化、体育和娱乐业，达 95.22 万元；最低的是电力、热力、燃气及水生产和供应业，为 36.03 万元，如图 5-8 所示。

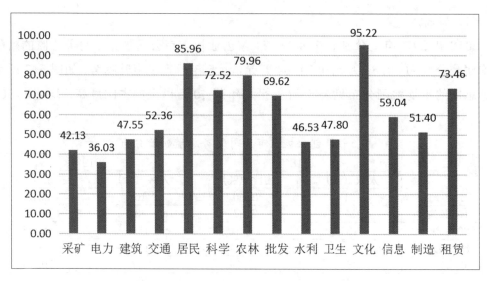

图5-8 2019年分行业财务总监平均年薪 （单位：万元）

（5）持股情况。

2018年，创业板上市公司中存在财务总监持股情况的公司有392家，在披露了财务总监情况的727家公司中占比53.92%；2019年，存在财务总监持股的公司数为364家，占比46.67%，如图5-9所示。

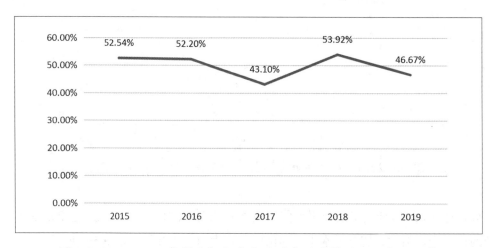

图5-9 2015—2019年创业板上市公司财务总监持股比例变化趋势

3. 董事会秘书

2018和2019年，分别有720和779家公司在年报在披露了董事会秘书相关信息，占当年披露了年报公司的比例分别为96.77%和97.74%。

（1）年龄。

2018年，有719家创业板公司披露了董事会秘书的年龄，平均年龄是42.24岁；2019年，有768家创业板公司披露了董事会秘书的年龄，平均年龄是42.35岁。相比总经理和财务总监，董秘呈现出相对年轻化的特征，大部分集中在30～49岁之间。各年龄段的董秘人数分布情况见表5-17。

表5-17 创业板上市公司董事会秘书年龄分布

年龄	2018年		2019年	
	人数（个）	占比（%）	人数（个）	占比（%）
30岁以下	7	0.97	7	0.91
30～39岁	276	38.39	289	37.63
40～49岁	324	45.06	348	45.31
50～59岁	107	14.88	120	15.63
60岁及以上	5	0.70	4	0.52
合计	719	100	768	100

（2）性别。

2018年，创业板上市公司披露720名董秘性别信息，其中女性董秘有231人，占比32.08%；2019年披露了775名董秘性别信息，其中女性董秘有241人，占比31.10%，如图5-10所示。

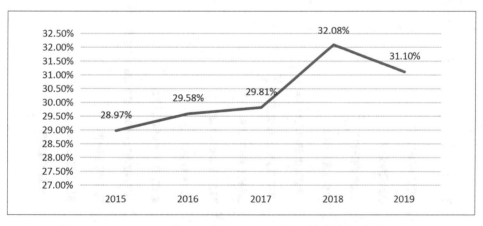

图5-10 2015—2019年创业板上市公司女性董事会秘书占比变化

（3）内部兼职情况。

根据2018年年报，在公司内部兼职方面，董秘的兼职比总经理和财务总监更加多样化。专职于董秘一职的147人，占比20.42%；2019年专职于董秘一职的174人，占比22.42%，其他均兼职了公司高管职务。

（4）薪酬。

2018年，720家披露了董秘信息的创业板公司中，有715家披露了董秘的薪酬情况，平均薪酬为48.87万元；2019年，779家披露了董秘信息的创业板公司中，有762家披露了董秘的薪酬情况，平均薪酬为56.33万元，比2019年有较大增长。董秘的薪酬分布见表5-18，年薪50万以上的占比最高。

表5-18 创业板上市公司董事会秘书薪酬分布

薪酬（万元）	2018年		2019年	
	人数（个）	占比（%）	人数（个）	占比（%）
(0, 20)	82	11.47	63	8.27
(20, 30)	131	18.32	119	15.62
(30, 40)	127	17.76	125	16.40
(40, 50)	107	14.97	105	13.78
50以上	268	37.48	350	45.93
合计	715	100	762	100

分行业看，2019年董事会秘书平均年薪最高的行业是文化、体育和娱乐业，高达125.37万元；最低的是水利、环境和公共设施管理业，平均年薪为41.69万元，如图5-11。

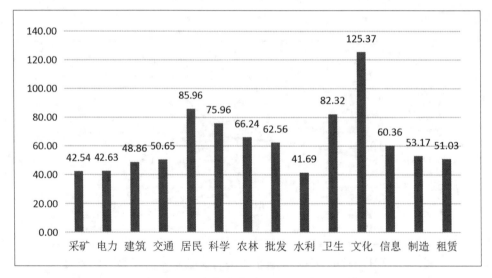

图5-11 2019年分行业董事会秘书平均年薪 （单位：万元）

（5）持股情况。

2018年，创业板上市公司在公司持股的董秘有393人，占比52.82%；2019年，创业板上市公司在公司持股的董秘有390人，占比48.93%，如图5-12所示。

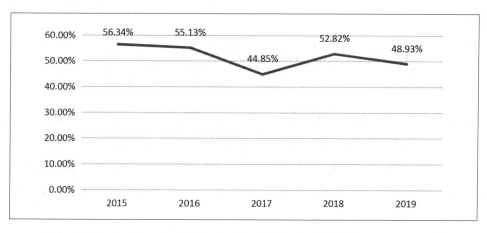

图5-12 2015—2019年创业板上市公司董事会秘书持股比例变化趋势

（6）更替情况。

2018年年报披露了184家公司董秘发生了变动，占比24.73%；2019年年报披露了108家公司董秘发生了变动，占比13.55%。

（二）创业板上市公司独立董事研究

1. 独立董事占董事会比例

中国证监会《关于在上市公司建立独立董事制度的指导意见》要求中国上市公司董事会成员中应当至少包括三分之一的独立董事。2018和2019年，全部创业板上市公司均满足这一要求。

2. 年龄

2018年，创业板上市公司披露了2374名独立董事信息，有1741名处于40～59岁，占比73.33%。2019年，创业板上市公司披露了2362名独立董事信息，有1745名处于40～59岁，占比73.88%，年龄最小的独立董事31岁，年龄最大的95岁，见表5-19。

表5-19 创业板上市公司独立董事年龄分布

年龄	2018年		2019年	
	人数（个）	占比（%）	人数（个）	占比（%）
30～39岁	121	5.10	130	5.50
40～49岁	716	30.16	661	27.98
50～59岁	1025	43.17	1084	45.89
60～69岁	402	16.93	396	16.77
70岁及以上	97	4.09	84	3.56
未披露	13	0.55	7	0.30
合计	2374	100	2362	100

3. 性别

2018 年，创业板上市公司的 2374 名独立董事中，女性有 452 名，占比为 19.04%。2019 年，创业板上市公司的 2362 名独立董事中，女性有 479 名，占比为 20.28%。

4. 学历及职称

从学历信息披露的情况来看，2018 年未披露学历的独立董事占比为 14.79%，本科占比为 19.71%，硕士占比为 30.41%，博士占比为 29.15%；2019 年未披露学历的独立董事占比为 7.58%，本科占比为 20.49%，硕士占比为 32.22%，博士占比为 37.43%，本科及以上学历的占比与 2018 年相比有较大提升，特别是具有博士学历的独立董事占比大幅提升，见表 5-20。

表5-20 创业板上市公司独立董事学历分布

学历	2018年		2019年	
	人数（个）	占比（%）	人数（个）	占比（%）
中专	2	0.08	2	0.08
大专	52	2.20	52	2.20
本科	468	19.71	484	20.49
硕士研究生	722	30.41	761	32.22
博士研究生	692	29.15	884	37.43
未披露	351	14.79	179	7.58

从职称信息披露的情况来看，2018 和 2019 年未披露职称的独立董事占比分别为 27.11% 和 27.14%，各类职称的独立董事占比分布见表 5-21。

表5-21 创业板上市公司独立董事职称分布

职称	2018年		2019年	
	人数（个）	占比（%）	人数（个）	占比（%）
高级职称	1443	65.99	1239	52.46
中级职称	114	5.21	318	13.46
初级职称	37	1.69	164	6.94
未披露	593	27.11	641	27.14

5. 专业背景

创业板上市公司独立董事中具有管理学（包括财务会计）专业背景和法学专业背景的人数最多，2019 年合计占比 49.86%；2019 年，拥有工学专业背景的独立董事占比 15.36%，较 2018 年有较大上升，见表 5-22。

表5-22 创业板上市公司独立董事专业背景分布

专业背景	2018年		2019年	
	人数（个）	占比（%）	人数（个）	占比（%）
管理学（包括财务会计）	661	29.63	824	33.76
工学	287	12.67	375	15.36
法学	367	16.42	393	16.10
经济学	261	10.93	235	9.63
其他	103	4.62	85	3.48
未披露	563	25.74	529	21.67

6. 董事津贴

2018和2019年，未在所任职的创业板上市公司领取津贴的独立董事占比分别为2.95%和4.70%，其中大部分是在报告期末新上任的独立董事。2018—2019年独立董事津贴在5万～10万元的最多，占比分别为58.17%和64.65%；津贴在10万元以上的2019年占比9.48%。津贴最高的达到25万元/年，见表5-23。

表5-23 创业板上市公司独立董事津贴分布

年度津贴总额	2018年		2019年	
	人数（个）	占比（%）	人数（个）	占比（%）
0	79	2.95	111	4.70
0～5万元	592	24.94	470	19.90
5～10万元	1381	58.17	1527	64.65
10万元以上	200	8.42	224	9.48
未披露	122	5.14	30	1.27

（三）创业板上市公司创业股东研究

本报告继续沿用《蓝皮书（2017—2018）》对创业股东的类型划分，并据此统计了创业板上市公司招股说明书和2018和2019年年报中披露的前十大股东或持股5%以上及在公司有决策权的重要股东的信息，剔除了机构投资者、社会公众股、持股比例较小或者不在公司担任职务以及在公司决策中话语权极小的股东。

1. 股东整体结构现状

2018年披露了年报的744家创业板上市公司，共披露了6515名重要股东；2019年披露了年报的797家创业板上市公司，共披露了7061名重要股东。各类股东占比见表5-24。整体上自然人股东总数仍然多于法人股东。

表5-24 创业板上市公司股东整体结构

股东类型	2018年		2019年	
	人数（个）	占比（%）	人数（个）	占比（%）
自然人	4139	63.53	4485	63.52
法人	2376	36.74	2576	36.48
合计	6515	100.00	7061	100

从过去5年的变化看，创业板上市公司股权结构和控股情况未发生较大变化，各年份各类股东占比情况如图5-13所示。

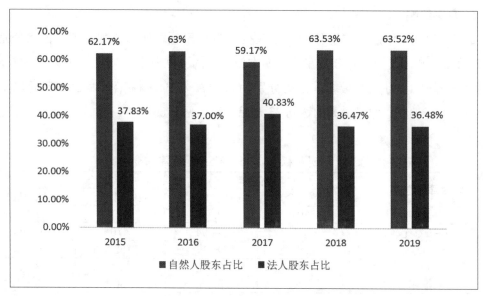

图5-13 2015—2019年创业股东整体结构变化趋势

2. 创业股东组织类型

创业股东是创立企业且拥有企业决策权的原始股东。通过与招股说明书披露的创业股东信息比照，2018年年报披露的创业股东中，自然人创业股东668个。在自然人创业股东中，自然人个人310个，占比46.41%；自然人家族211个，占比31.59%；非家族自然人团队147个，占比22.01%。2019年年报披露的创业股东中，自然人创业股东716个。在自然人创业股东中，自然人个人331个，占比46.23%；自然人家族230个，占比32.12%；非家族自然人团队155个，占比21.65%。详细情况见表5-25。

表5-25 创业板上市公司创业股东类型及分布

类型	2018年		2019年	
	人数（个）	占比（%）	人数（个）	占比（%）
自然人个人	310	46.41	331	46.23
自然人家族	211	31.59	230	32.12
非家族自然人团队	147	22.01	155	21.65
合计	668	100.00	716	100.00

（四）创业板上市公司员工研究

1. 数量

2018和2019年，创业板上市公司平均员工数量仍然保持上升的趋势。2019年，平均员工数量较2018年增加151人，增幅为7.82%。另外，员工数量的最大值和最小值之间的差距进一步加大，表明大型企业员工数量规模更大，见表5-26。

表5-26 2015—2019年创业板上市公司员工数量情况

年份	2015	2016	2017	2018	2019
样本数量（家）	497	601	718	744	797
平均员工数量（个）	1617	1726	1848	1931	2082
最小值（个）	58	26	64	66	53
最大值（个）	69581	74174	94598	88119	103863

分行业看，2019年各行业平均员工数量差距进一步拉大。平均员工数量最多的行业是卫生和社会工作行业（9410人），以及农、林、牧、渔业（8280人），平均员工数量最低的行业是采矿业，为756人，如图5-14所示。

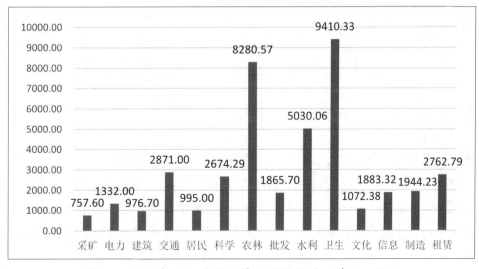

图5-14 2019年分行业公司员工平均数量（单位：人）

2. 学历

考虑到数据口径的统一性，本报告对员工的学历划分为"高中及以下""专科""本科""研究生"四类。凡未按上述口径进行员工学历信息披露的企业均被排除在样本之外。

2019年，本科及以上学历中占比为30.84%，相比2018年有所下降，见表5-27。

表5-27 2018—2019年样本公司员工的学历分布

学历	2018年		2019年	
	人数（个）	占比（%）	人数（个）	占比（%）
专科及以下	587547	66.96	1150846	69.16
本科及以上	289850	33.04	513283	30.84

3. 岗位结构

本报告仅对创业板上市公司2018和2019年年报所披露的销售人员、技术（研发）人员和生产人员数量进行统计分析，凡未按上述口径进行员工岗位信息披露的企业均被排除在样本之外。

2019年，创业板上市公司的销售人员、技术（研发）人员和生产人员的比例较之2018年略有变动，其中销售人员和技术（研发）人员的比例略有下降，生产人员占比从44.72%上升到46.15%。总体来看，生产人员所占比例仍然最大，技术（研发）人员和销售人员的比例有所下降，见表5-28。

表5-28 2018—2019年样本公司员工的岗位分布

岗位	2018年		2019年	
	人数（个）	占比（%）	人数（个）	占比（%）
销售	159753	10.95	164345	9.90
技术（研发）	404383	27.75	447532	26.97
生产	651453	44.72	765780	46.15%
其他	243343	16.58	281571	16.97

四、研究结论

（一）高管

根据招股说明书，创业板上市公司总经理的学历以本科及以上学历为主，占比超过80%，其中又以本科和硕士研究生学历的占比最高，且占比接近；具有本科学历的财务总监占比最大，远高于其他学历的财务总监占比，与总经理学历分布相比，财务总监大专及以下学历占比高于总经理大专及以下学历占比，硕士研究生及以上学历占比低于总经理硕士研究生及以上学历的占比；董事会秘书中具有本科及以上学历的占比高达88%，与财务总监学历分布相比，董事会秘书本科及以上学历占比更高。

根据年报披露信息，高管理团队中，总经理平均年龄50岁，财务总监平均年龄45岁，董事会秘书平均年龄42岁；在性别方面，女性总经理比例有所上升，但仅占7.8%左右，女性财务总监的占比则高达35%，女性董事会秘书的比例略高于30%；内部兼职方面，总经理兼任董事长或副董事长的比例从38.6%上升到45.6%，财务总监专任的比例大幅下降，从73.3%下降至51.9%，专职董事会秘书的占比从20.4%上升到22.4%；薪酬方面，总经理平均薪酬从78.8万元上升到88.8万元，财务总监的平均薪酬平均薪酬则从52.84万元上升到54.64万元，董事会秘书的平均薪酬从48.87万元上升到56.33万元；在持股方面，在公司持有股份的总经理比例从76.49%进一步下降至72.64%，在公司持有股份的财务总监比例从53.92下降到46.67%，在公司持有股份的董事会秘书占比从52.8%下降至48.9%。

（二）独立董事

整体来看，独立董事的信息披露质量有所改善。学历、职称和专业背景的披露进一步规范。对于独立董事的姓名、性别、年龄、薪酬、近五年主要工作经历等方面的信息基本能够按照相关准则要求进行披露，且较为详细。独立董事年龄大多处于40～59岁，占比超过70%，但也有一些独立董事年龄偏高，甚至超过90岁。独立董事中女性占比约为20%，保持稳定。独立董事的津贴大多在5万～10万元，占比约65%，也有5%左右的独立董事未领取津贴。在学历方面，具有博士研究生学历的独立董事占比大幅提升，从2018年的29.2%上升至37.4%，且一半以上具有高级职称；独立董事中具有管理学（包括财务会计）专业背景和法学专业背景的人数最多，占比接近一半，且拥有工学专业背景的独立董事占比较2018年有较大上升。

（三）创业股东

整体来看，创业板上市公司的股东结构、股权结构和控股情况总体稳定。创立企业且拥有企业决策权的创业股东中，自然人个人或其家族作为创业股东的比例约接近80%；非家族自然人团队作为创业股东的比例约为20%。

（四）员工

创业板上市公司平均员工数量仍然保持上升的趋势。2019年平均员工数量较2018年增加151人，增幅为7.8%。员工数量的最大值和最小值之间的差距进一步加大，表明大型企业员工数量规模更大。分行业看，2019年各行业平均员工数量差距进一步拉大，平均员工数量最多的行业是卫生和社会工作行业，以及农、林、牧、渔业，平均员工数量最低的行业是采矿业。2019年，本科及以上学历员工占比为30.84%，相比2018年有所下降。在岗位分布方面，2019 年创业板上市公司的销售人员、技术（研发）人员和生产人员的比例较之 2018 年略有变动，其中销售人员和技术（研发）人员的比例略有下降，生产人员占比从 44.7% 上升到 46.2%。总体来看，生产人员所占比例仍然最大，技术（研发）人员和销售人员的比例有所下降。

报告六：创业板上市公司资质研究

资质是公司无形资产的重要组成部分。本报告分别对 2018 和 2019 年的创业板上市公司招股说明书和披露的年报中资质信息进行统计分析，进一步剖析资质信息披露的行业特征，归纳了资质信息披露中尚存的问题。

一、概念界定

资质是指组织能力的证明，包含四个基本属性：条件属性、证明属性、公信力属性、稀缺属性。资质拥有者能够通过获得资质进入某一领域（市场）的权利，或取得政府的特许补助，或得到相关利益者的认可，进而能够为公司创造超额利润，具有无形资产属性。因此，本报告认为资质是政府或非政府组织为维护市场秩序、调整市场结构和优化资源配置，在特定行业、特定期限和特定范围内对符合条件的组织或个人行为给予的以证书或证明性文件为载体的权利证明或能力认证，并将其界定为无形资产。

资质因授予单位的不同表现出较大的差异。一是政府授予资质，认可度最高，公信力最强，包括强制性认证和专业能力认证。强制性认证资质包括强制产品认证和行政许可，专业能力认证是由政府机构授予证明其具备在该行业从事生产、经营、销售的能力。二是由第三方认证机构授予资质，包括质量管理体系认证、环境管理体系认证。三是行业协会、合作公司等其他机构授予的资质，其认可度相对较小。

本报告涉及的资质内容主要包括准入类资质、能力类资质、荣誉类资质三类，见表 6-1。

表6-1 资质的分类与内涵

资　质	准入类资质	政府注册登记证
		政府许可证
	能力类资质	政府专业能力认证
		特殊能力扶持认证
		行业协会等级认证
		质量认证证书
		环境认证证书
	荣誉类资质	公司获奖证书
		产品获奖证书

（一）准入类资质

准入类资质，即政府或非政府组织授予的市场／资源等垄断性或准入性权利。包括5G 牌照、高铁牌照等，主要影响企业的市场地位。按照内容分类，该类资质有三种形式：一是由政府授予的对特殊行业或市场的垄断性经营资格，如烟草、电信等行业的经营资格；二是由政府授予的对某类自然或非自然资源的使用或经营性权利，如采矿权、航线经营权、频道使用权等；三是由政府授予的对某些行业或市场的准入性经营资格，如中介服务行业中的审计和资产评估机构的证券业从业资格。

（二）能力类资质

能力类资质，即政府或非政府组织根据单位的能力水平不同，授予的能力等级认证，不同等级的单位在经营范围方面有所不同。该类资质普遍存在于建筑、医药类行业中，主要影响企业的经营范围。按照内容分类，该类资质主要包括：一是政府专业认证类，如政府专业认可的建筑企业甲等，系统集成资质乙级，医院三级甲等，不同的等级有不同的规模、能力和经营范围；二是特殊能力扶持认证类资质，拥有这样的资质每年可以获得政府的政策扶持，如高新技术企业每年可以获得税收减免的优惠等；三是行业协会认证类，行业协会颁发的证书可以让组织获得领先优势或其他好处；四是质量管理体系认证，其证明了企业的质量控制水平和产品达标的能力，是对企业质量控制水平的一种认可；五是环境保护认证，在实施 ISO14001 环境管理体系标准认证时，要审核企业在产品设计、生产工艺、材料选用、废物处置等各个阶段是否达标。随着环境意识的逐渐增强，消费者在进行品牌联想时会考虑环境保护因素，产品达到不同的排放标准，企业的形象会有所差异，进而影响其对环保的反应和企业环境绩效。

（三）荣誉类资质

荣誉类资质，即政府组织、行业协会或专业组织对企业或产品在质量、环保、创新等方面的认可和奖励。按照内容分类，该类资质主要包括：一是单位的获奖证书，如中国 IT 服务管理优秀解决方案奖、国家火炬计划项目等，表明了企业在行业和社会中的影响力和认可水平；二是产品获奖证书，如汽车用高性能尼龙复合材料获得高新技术产品认证，可以提升产品的市场影响力和公信力。

二、基于招股说明书的资质无形资产披露情况

本报告延续以往报告的研究框架，将资质类无形资产分为准入类、能力类和荣誉类三类，各自包含内容及统计口径见表6-2。

表6-2 资质类无形资产的分类及统计口径

无形资产类型	分类		统计口径
资质类无形资产	准入类资质	政府注册登记证	名称、编号、有效期、级别、品种范围、审批机关
		政府许可证	
	能力类资质	政府专业能力认证	名称、编号、级别、品种范围、地域范围、有效期、审批机关
		特殊能力扶持认证	名称、编号、有效期、授权单位
		行业协会等级认证	名称、级别、品种范围、编号、有效期、授权单位
		质量认证证书	证书名称、证书编号、有效期、认证机构
		环境认证证书	
	荣誉类资质	公司获奖证书	公司荣誉、编号、认证时间、认证机构
		产品获奖证书	产品荣誉、产品名称、证书编号、认证时间、认证机构

（一）招股说明书披露资质信息整体概况

基于招股说明书信息，2018和2019年创业板公司资质类无形资产披露的整体情况见表6-3、6-4[①]。披露能力类资质的公司最多，2019年达到755家，占到总量的93.21%，较2018年略有下降。相较于其他两类资质，2018年创业板上市公司获得的荣誉类无形资产最多，大约是能力类资质的1.8倍，准入类资质的1.2倍。

表6-3 基于招股说明书的创业板公司资质类无形资产披露情况

资质类无形资产类型	2018年		2019年	
	披露公司数量（家）	占比（%）	披露公司数量（家）	占比（%）
准入类	548	72.30	587	72.47
能力类	714	94.20	755	93.21
荣誉类	647	85.36	659	81.36

---

①本报告数据样本分别为截至2019年5月18日和2020年5月18日已上市的创业板公司，信息均来源于上述上市公司招股说明书。未特别注明，本报告各表中"占比"的计算方式为：披露某项资质的公司总数/当年上市公司总数，"均值"的计算方式为：某项资质的披露总数/当年上市公司总数。

表6-4 基于招股说明书的创业板公司资质类无形资产披露数量情况

资质类无形资产类型	2018年				2019年			
	披露公司数量（家）	均值（项）	最大值	最小值	披露公司数量（家）	均值（项）	最大值（项）	最小值（项）
准入类	7983	10.55	247	0	8500	10.49	261	0
能力类	5393	7.12	133	0	5810	7.17	142	0
荣誉类	9574	12.65	93	0	9475	11.70	112	0

分行业来看，制造业披露资质数量最多，2018年达到了16210项，2019年达到15798项；其次是信息传输、软件和信息技术服务业达4515项；科学研究和技术服务业达到1002项；文化、体育和娱乐业达665项。但科学研究和技术服务业以及文化、体育和娱乐业获得的资质均值最高，2019年平均每家公司分别有43.57项和51.15项资质。具体见表6-5。

表6-5 基于招股说明书的创业板公司分行业资质类无形资产披露情况

行业	2018年			2019年		
	公司数量（家）	合计（项）	均值（项/家）	公司数量（家）	合计（项）	均值（项/家）
采矿业	4	78	19.50	5	107	21.40
电力、热力、燃气及水生产和供应业	2	30	15.00	3	41	13.67
建筑业	8	243	30.38	10	321	32.10
交通运输、仓储和邮政业	2	53	26.50	2	54	27.00
居民服务、修理和其他服务业	1	4	4.00	1	6	6.00
科学研究和技术服务业	18	817	45.38	23	1002	43.57
农林牧渔业	8	251	31.38	7	206	29.43
批发和零售贸易	8	48	6.00	10	189	18.90
水利、环境和公共设施管理业	13	312	24.00	17	375	22.06
卫生和社会工作	3	94	31.33	3	115	38.33
文化、体育和娱乐业	13	591	45.46	13	665	51.15
制造业	534	16210	30.36	554	15798	28.52
信息传输、软件和信息技术服务业	135	4434	32.84	142	4515	31.80
租赁和商务服务业	9	203	22.56	14	265	18.93

注："合计"列数值为"准入类""能力类"和"荣誉类"三列数值之和，"均值"的计算方式为：合计项数 / 各行业公司数量。

（二）准入类资质

1. 整体披露情况

2018年有558家公司披露了准入类资质的信息，占所有样本公司的比例为73.61%，2019年有772家公司披露了准入类资质的信息，占所有样本公司的比例为95.31%，具体披露情况见表6-6。

表6-6 准入类资质披露整体情况

年份	准入类资质类型	披露公司数量（家）	占比（%）	总数（项）	均值（项/家）
2018	政府注册登记证	337	44.46	5447	7.20
	政府许可证	490	64.64	2778	3.67
2019	政府注册登记证	345	42.59	5482	6.77
	政府许可证	504	62.22	2908	3.59

2. 分行业披露情况

披露政府注册登记证和政府许可证信息最多的是制造业公司。但由于制造业公司基数大，相较于其他公司数量少的行业，制造业披露了资质的公司所占比例并不高，具体情况见表6-7。

表6-7 分行业准入类资质信息披露公司数及占比

行业	2018年		2019年	
	政府注册登记证	政府许可证	政府注册登记证	政府许可证
采矿业	1（25%）	2（50%）	1（20.00%）	3（60.00%）
电力、热力、燃气及水生产和供应业	1（50%）	0（0%）	1（33.33%）	0（0.00%）
建筑业	0（0%）	4（50%）	1（10.00%）	5（50.00%）
交通运输、仓储和邮政业	2（100%）	2（100%）	2（100.00%）	2（100.00%）
居民服务、修理和其他服务业	0（0%）	1（100%）	0（0.00%）	1（100.00%）
科学研究和技术服务业	5（27.78%）	9（50%）	7（30.43%）	12（52.17%）
农林牧渔业	3（37.5%）	6（75%）	2（28.57%）	5（71.43%）
批发和零售贸易	3（37.5%）	5（62.5%）	5（50.00%）	6（60.00%）
水利、环境和公共设施管理业	2（15.38%）	9（69.23%）	1（5.88%）	9（52.94%）
卫生和社会工作	1（33.33%）	3（100%）	2（66.67%）	3（100.00%）
文化、体育和娱乐业	3（23.08%）	12（92.31%）	2（15.38%）	12（92.31%）
制造业	247（46.25%）	337（63.11%）	249（44.95%）	335（60.47%）
信息传输、软件和信息技术服务业	65（48.15%）	97（71.85%）	66（46.48%）	99（69.72%）
租赁和商务服务业	4（44.44%）	3（33.33%）	4（28.57%）	6（42.86%）

注：括号外数据表示对应行业中披露某项资质信息的公司数量，括号中数据为该行业中披露某项资质信息的公司占比，计算方式为：披露该项信息公司数／该行业公司总数。

同样，制造业公司披露的政府注册登记证和政府许可证数量最多，2019年分别达3964项和1613项。但从行业均值来看，披露政府注册登记证最高的是交通运输、仓储和邮政业（15项／家），披露政府许可证最高的是文化、体育和娱乐业，2019年达（20.46项／家），具体情况见表6-8。

表6-8 分行业准入类资质信息披露总数与均值

行业	2018年		2019年	
	政府注册登记证	政府许可证	政府注册登记证	政府许可证
采矿业	2（0.50）	18（4.50）	2（0.40）	19（3.80）
电力、热力、燃气及水生产和供应业	4（2.00）	0（0.00）	4（1.33）	0（0.00）
建筑业	0（0）	9（1.13）	2（0.20）	12（1.20）
交通运输、仓储和邮政业	30（15.00）	13（6.50）	30（15.00）	13（6.50）
居民服务、修理和其他服务业	0（0）	2（2.00）	0（0.00）	2（2.00）
科学研究和技术服务业	118（6.56）	35（1.94）	137（5.96）	72（3.13）
农林牧渔业	8（1.00）	129（16.13）	6（0.86）	123（17.57）
批发和零售贸易	7（0.88）	9（1.13）	20（2.00）	65（6.50）
水利、环境和公共设施管理业	6（0.46）	33（2.54）	5（0.29）	31（1.82）
卫生和社会工作	9（3.00）	36（12.00）	10（3.33）	36（12.00）
文化、体育和娱乐业	61（4.69）	245（18.85）	58（4.46）	266（20.46）
制造业	3964（7.42）	1617（3.03）	3964（7.16）	1613（2.91）
信息传输、软件和信息技术服务业	1231（9.12）	591（4.38）	1234（8.69）	582（4.10）
租赁和商务服务业	7（0.78）	41（4.56）	6（0.43）	50（3.57）

（三）能力类资质

1．整体披露情况

2018年，有730家公司披露了能力类资质，占所有样本公司的比例为96.31%。2019年，有755家公司披露了能力类资质，占所有样本公司的比例为93.21%，其中，披露特殊能力扶持认证的公司最多，有716家，占比88.4%；披露的特殊能力扶持认证资质的数量和均值也最多，分别达到了1828项和2.26项，相比2018年均略有上升。在五种能力类资质中，披露行业协会等级认证的公司数量最少，此项资质的披露数量也是最少，见表6-9。

表6-9 能力类资质披露整体情况

年份	荣誉类	披露公司数量（家）	占比（%）	总数（项）	均值（项/家）
2018	政府专业能力认证	428	56.54	1684	2.22
	特殊能力扶持认证	696	91.94	1739	2.30
	行业协会等级认证	110	14.53	295	0.39
	质量认证证书	542	71.60	1429	1.90
	环境认证证书	272	35.93	403	0.53
2019	政府专业能力认证	334	41.23	1722	2.13
	特殊能力扶持认证	716	88.40	1828	2.26
	行业协会等级认证	115	14.20	309	0.38
	质量认证证书	561	69.26	1536	1.90
	环境认证证书	281	34.69	415	0.51

2. 分行业披露情况

披露了能力类资质的公司数量和披露能力类资质数量排名前三的行业都是制造业，信息传输、软件和信息技术服务业，以及科学研究和技术服务业，具体情况见表6-10、6-11。

表6-10 分行业能力类资质信息披露公司数量和占比

行业	政府专业能力认证	特殊能力扶持认证	行业协会等级认证	质量认证证书	环境认证证书
采矿业	2（40.00%）	5（100.00%）	1（20.00%）	5（100.00%）	3（60.00%）
电力、热力、燃气及水生产和供应业	1（33.33%）	3（100.00%）	1（33.33%）	2（66.67%）	0（0.00%）
建筑业	8（80.00%）	8（80.00%）	3（30.00%）	8（80.00%）	6（60.00%）
交通运输、仓储和邮政业	1（50.00%）	1（50.00%）	0（0.00%）	2（100.00%）	1（50.00%）
居民服务、修理和其他服务业	0（0.00%）	0（0.00%）	0（0.00%）	1（100.00%）	0（0.00%）
科学研究和技术服务业	18（78.26%）	17（73.91%）	2（8.70%）	12（52.17%）	5（21.74%）
农林牧渔业	1（14.29%）	2（28.57%）	0（0.00%）	5（71.43%）	2（28.57%）
批发和零售贸易	4（40.00%）	5（50.00%）	1（10.00%）	8（80.00%）	1（10.00%）
水利、环境和公共设施管理业	11（64.71%）	13（76.47%）	1（5.88%）	11（64.71%）	5（29.41%）
卫生和社会工作	1（33.33%）	2（66.67%）	0（0.00%）	1（33.33%）	0（0.00%）
文化、体育和娱乐业	2（15.38%）	5（38.46%）	0（0.00%）	4（30.77%）	3（23.08%）
制造业	196（35.38%）	503（90.79%）	79（14.26%）	399（72.02%）	222（40.07%）
信息传输、软件和信息技术服务业	86（60.56%）	136（95.77%）	26（18.31%）	94（66.20%）	31（21.83%）
租赁和商务服务业	1（7.14%）	10（71.43%）	1（7.14%）	6（42.86%）	1（7.14%）

表6-11 分行业能力类资质信息披露总数和均值

行业	政府专业能力认证	特殊能力扶持认证	行业协会等级认证	质量认证证书	环境认证证书
采矿业	5（1.00）	13（2.60）	4（0.80）	11（2.20）	5（1.00）
电力、热力、燃气及水生产和供应业	2（0.67）	8（2.67）	5（1.67）	2（0.67）	0（0.00）
建筑业	48（4.80）	16（1.60）	5（0.50）	13（1.30）	8（0.80）
交通运输、仓储和邮政业	2（1.00）	1（0.50）	0（0.00）	4（2.00）	1（0.50）
居民服务、修理和其他服务业	0（0.00）	0（0.00）	0（0.00）	1（1.00）	0（0.00）
科学研究和技术服务业	149（6.48）	51（2.22）	2（0.09）	38（1.65）	8（0.35）
农林牧渔业	1（0.14）	4（0.57）	0（0.00）	28（4.00）	2（0.29）
批发和零售贸易	8（0.80）	9（0.90）	1（0.10）	8（0.80）	1（0.10）
水利、环境和公共设施管理业	51（3.00）	39（2.29）	1（0.06）	19（1.12）	6（0.35）
卫生和社会工作	2（0.67）	3（1.00）	0（0.00）	1（0.33）	0（0.00）
文化、体育和娱乐业	12（0.92）	14（1.08）	0（0.00）	6（0.46）	4（0.31）
制造业	1042（1.88）	1170（2.11）	206（0.37）	1164（2.10）	336（0.61）
信息传输、软件和信息技术服务业	379（2.67）	458（3.23）	83（0.58）	220（1.55）	42（0.30）
租赁和商务服务业	18（1.29）	19（1.36）	2（0.14）	17（1.21）	1（0.07）

（四）荣誉类资质

1. 整体披露情况

2018 年有 647 家公司披露了荣誉类资质的信息，占所有样本公司的比例为 85.36%，2019 年有 659 家公司披露了荣誉类资质的信息，占所有样本公司的比例为 81.36%，具体披露情况见表 6-12。

表6-12 荣誉类资质披露整体情况

年份	荣誉类	披露公司数量（家）	占比（%）	总数（项）	均值（项/家）
2018	公司获奖证书	581	76.65	5022	6.63
	产品获奖证书	513	67.68	4567	6.03
2019	公司获奖证书	585	72.22	5125	6.33
	产品获奖证书	503	62.10	4350	5.37

2. 分行业披露情况

披露了公司获奖证书和产品获奖证书的公司数量最多的行业是制造业，信息传输、软件和信息技术服务业，以及科学研究和技术服务业，但三个行业披露了该类信息的公司占比并不高，具体情况见表 6-13。

表6-13 分行业荣誉类资质信息披露公司数和占比

行业	2018年		2019年	
	公司获奖证书	产品获奖证书	公司获奖证书	产品获奖证书
采矿业	2（50.00%）	2（50.00%）	3（60.00%）	3（60.00%）
电力、热力、燃气及水生产和供应业	2（100.00%）	2（100.00%）	3（100.00%）	2（66.67%）
建筑业	8（100.00%）	8（100.00%）	8（80.00%）	8（80.00%）
交通运输、仓储和邮政业	2（100.00%）	0（0.00%）	2（100.00%）	0（0.00%）
居民服务、修理和其他服务业	1（100.00%）	0（0.00%）	1（100.00%）	0（0.00%）
科学研究和技术服务业	15（83.33%）	9（50.00%）	17（73.91%）	11（47.83%）
农林牧渔业	4（50.00%）	6（75.00%）	3（42.86%）	5（71.43%）
批发和零售贸易	5（62.50%）	1（12.50%）	7（70.00%）	3（30.00%）
水利、环境和公共设施管理业	11（84.62%）	11（84.62%）	12（70.59%）	12（70.59%）
卫生和社会工作	3（100.00%）	1（33.33%）	3（100.00%）	1（33.33%）
文化、体育和娱乐业	9（69.23%）	9（69.23%）	9（69.23%）	8（61.54%）
制造业	415（77.72%）	383（71.72%）	398（71.84%）	360（64.98%）
信息传输、软件和信息技术服务业	97（71.85%）	79（58.52%）	104（73.24%）	82（57.75%）
租赁和商务服务业	8（88.89%）	3（33.33%）	11（78.57%）	5（35.71%）

披露公司和产品获奖证书数量最多的行业均为制造业，信息传输、软件和信息技术服务业以及科学研究和技术服务业。从均值看，科学研究和技术服务业的上市公司获奖证书均值最高，2019 年达到了 14.91 项／家；建筑业的产品获奖证书均值最高，2019

年达到了 15.40 项／家；文化、体育和娱乐业 2019 年公司和产品获奖证书的均值也都超过 10 项／家。具体情况见表 6-14。

表6-14 分行业荣誉类资质信息披露总数与均值

行业	2018年		2019年	
	公司获奖证书	产品获奖证书	公司获奖证书	产品获奖证书
采矿业	8（2.00）	24（6.00）	20（4.00）	28（5.60）
电力、热力、燃气及水生产和供应业	14（7.00）	3（1.50）	16（5.33）	3（1.00）
建筑业	57（7.13）	112（14.00）	60（6.00）	154（15.40）
交通运输、仓储和邮政业	2（1.00）	0（0.00）	2（1.00）	0（0.00）
居民服务、修理和其他服务业	1（1.00）	0（0.00）	1（1.00）	0（0.00）
科学研究和技术服务业	244（13.56）	211（11.72）	343（14.91）	202（8.78）
农林牧渔业	52（6.50）	17（2.13）	25（3.57）	12（1.71）
批发和零售贸易	12（1.50）	2（0.25）	56（5.60）	21（2.10）
水利、环境和公共设施管理业	99（7.62）	76（5.85）	99（5.82）	86（5.06）
卫生和社会工作	40（13.33）	1（0.33）	42（14.00）	20（6.67）
文化、体育和娱乐业	101（7.77）	151（11.62）	154（11.85）	145（11.15）
制造业	3437（6.44）	3342（6.26）	3268（5.90）	2993（5.40）
信息传输、软件和信息技术服务业	862（6.39）	617（4.57）	873（6.15）	633（4.46）
租赁和商务服务业	93（10.33）	11（1.22）	134（9.57）	18（1.29）

三、基于年报的资质类无形资产披露情况

2018 和 2019 年创业板上市公司披露年报样本数分别为 744 家和 797 家。此部分将 2015—2019 年年报中资质类无形资产情况进行了对比。如表 6-15 所示，披露能力类资质的公司数量都是最多的。如表 6-16 所示，在所有样本公司中，2019 年披露的能力类资质数量最多，此前几年间披露的荣誉类资质数量都是最多的，反映了创业板上市公司对能力类资质的重视程度增加。

表6-15 基于年报的创业板公司资质类无形资产披露公司数及占比

年份	2015	2016	2017	2018	2019
准入类	92（18.51%）	170（28.29%）	127（17.69%）	105（15.79%）	227（28.48%）
能力类	314（63.18%）	515（85.69%）	508（70.75%）	464（69.77%）	783（98.24%）
荣誉类	218（43.86%）	348（57.90%）	368（51.25%）	384（57.74%）	313（39.27%）

表6-16 基于年报的创业板公司资质类无形资产披露总数与均值

年份	2015	2016	2017	2018	2019
准入类	595（1.20）	1324（2.20）	766（1.07）	227（0.34）	915（1.15）
能力类	697（1.40）	2125（3.54）	1164（1.62）	1109（1.67）	6238（7.83）
荣誉类	1037（2.09）	2232（3.72）	1561（2.17）	1824（2.74）	1611（2.02）

（一）准入类资质

1. 整体披露情况

披露准许入类资质的公司数量在 2017 年以前呈上升趋势，但在 2017 至 2018 年有逐渐下降趋势，2019 年再度出现回升的趋势。整体看来，披露政府注册登记证的公司占比最高只有 12.65%，而披露政府许可证公司数量占比最高为 21.71%。在 2015—2019 年中，2016 年披露的政府注册登记证和政府许可证的均值均是近 5 年来最多，分别达到了1.54 项 / 家和 0.66 项 / 家，2019 年的准入类资质数量和均值都有回升，具体情况见表6-17。

表6-17　2015—2019年准入类资质信息披露整体情况

年份	政府注册登记证		政府许可证	
	披露公司数量（占比）	披露总数（均值）	披露公司数量（占比）	披露总数（均值）
2015	54（10.87%）	334（0.67）	53（10.66%）	227（0.46）
2016	76（12.65%）	926（1.54）	125（20.80%）	398（0.66）
2017	66（9.19%）	516（0.72）	78（10.86%）	250（0.35）
2018	51（7.67%）	98（0.15）	69（10.38%）	127（0.19）
2019	75（9.41%）	476（0.60）	173（21.71%）	408（0.51）

2. 分行业披露情况①

（1）制造业。

整体来看，制造业披露准入类资质的公司数量占此行业公司总数的比重并不高。最高的是 2016 年，披露政府许可证的公司占比达到了 18.18%。2015—2019 年中，制造业公司披露的政府注册登记证总数和均值都多于政府许可证，但 2019 年披露政府许可证的公司数量和披露总数均有大幅增长，见表6-18。

表6-18　制造业准入类资质信息披露整体情况

年份	政府注册登记证		政府许可证	
	披露公司数量（占比）	披露总数（均值）	披露公司数量（占比）	披露总数（均值）
2015	44（12.68%）	277（0.80）	37（10.66%）	102（0.29）
2016	64（15.31%）	862（2.06）	76（18.18%）	161（0.39）
2017	59（11.66%）	504（1.00）	53（10.47%）	89（0.18）
2018	46（11.30%）	86（0.21）	48（11.79%）	71（0.17）
2019	66（11.98%）	459（0.83）	126（22.87%）	267（0.48）

---

①根据前面的招股说明书信息，披露资质类无形资产信息最多的行业分别为制造业，信息传输、软件和信息技术服务业，科学研究和技术服务业，因此我们对年报中每一类型资质无形资产信息分析均选取了上述三个典型行业进行分析。

（2）信息传输、软件和信息技术服务业。

信息传输、软件和信息技术服务业披露准入类资质的公司数量不及制造业。披露情况最好时，有 9 家公司披露了政府注册登记证，26 家公司披露了政府许可证。2015—2019 年间，该行业披露政府注册登记证数量呈下降趋势，均值从 0.91 项／家减少到 0.02 项／家。政府许可证披露数量最多的年份是 2016 年，有 51 项，均值为 0.89 项／家，2019 年，该行业披露政府许可证的公司数量和均值有所回升，见表 6-19。

表6-19 信息传输、软件和信息技术服务业准入类资质信息披露整体情况

年份	政府注册登记证		政府许可证	
	披露公司数量（占比）	披露总数（均值）	披露公司数量（占比）	披露总数（均值）
2015	9（10.34%）	55（0.63）	7（8.05%）	18（0.21）
2016	8（7.08%）	52（0.91）	26（23.01%）	51（0.89）
2017	6（4.72%）	10（0.08）	13（10.24%）	21（0.17）
2018	2（1.98%）	8（0.08）	6（5.94%）	9（0.09）
2019	3（2.10%）	3（0.02）	22（15.38%）	48（0.34）

（3）科学研究和技术服务业。

科学研究和技术服务业披露准入类资质的公司数量较少，2019 年有 2 家公司披露了政府注册登记证，占比为 9.52%，相对于政府注册登记证，较多公司披露了政府许可证信息，但近 5 年披露该信息的公司数量也仅有 8 家，最大占比约 20.00%，见表 6-20。

表6-20 科学研究和技术服务业准入类资质信息披露整体情况

年份	政府注册登记证		政府许可证	
	披露公司数量（占比）	披露总数（均值）	披露公司数量（占比）	披露总数（均值）
2015	0（0.00%）	0（0.00）	1（11.11%）	3（0.33）
2016	1（11.11%）	1（0.20）	1（11.11%）	1（0.20）
2017	1（6.25%）	2（0.13）	2（12.50%）	2（0.13）
2018	0（0.00%）	0（0.00）	0（0.00%）	0（0.00）
2019	2（9.52%）	5（0.24）	4（19.05%）	25（1.19）

（二）能力类资质

1. 整体披露情况

近 5 年来，披露能力类资质信息的公司占比明显增加，特别是披露特殊能力扶持认证和质量认证证书的公司占比增加明显，披露行业协会等级认证的公司占比最少，见表6-21。

表6-21 2015—2019年能力类资质信息披露的公司数及占比

年份	政府专业能力认证		特殊能力扶持认证		行业协会等级认证		质量认证证书		环境认证证书	
	披露公司数量（家）	占比（%）	披露公司数量（家）	占比（%）	披露公司数量（家）	占比（%）	披露公司数量（家）	占比（%）	披露公司数量（家）	占比（%）
2015	77	15.49	264	53.12	9	1.81	35	7.04	17	3.42
2016	148	24.63	470	78.20	45	7.49	96	15.97	50	8.32
2017	62	8.64	476	66.30	28	3.90	65	9.05	15	2.09
2018	78	11.73	378	56.84	31	4.66	115	17.29	27	4.06
2019	176	22.08	781	97.99	46	5.77	310	38.90	116	14.55

从总体来看，近 5 年披露的特殊能力扶持认证数量最多，其中 2019 年披露数量达 4519 项；披露的行业协会等级认证数量最少，见表 6-22。从均值来看，特殊能力扶持认证明显高于其他四类，2019 年最高达到了 5.67 项／家。可见特殊能力扶持认证在创业板上市公司中具有重要的地位和作用。

表6-22 2015—2019年能力类资质信息披露总数与均值

年份	政府专业能力认证		特殊能力扶持认证		行业协会等级认证		质量认证证书		环境认证证书	
	披露总数（项）	均值（项/家）	披露总数（项）	均值（项/家）	披露总数（项）	均值（项/家）	披露总数（项）	均值（项/家）	披露总数（项）	均值（项/家）
2015	177	0.36	418	0.84	17	0.03	65	0.13	20	0.04
2016	484	0.81	1174	1.95	100	0.17	272	0.45	95	0.16
2017	138	0.19	847	1.18	53	0.07	110	0.15	16	0.02
2018	168	0.25	629	0.95	48	0.07	234	0.35	30	0.05
2019	558	0.70	4519	5.67	80	0.10	945	1.19	136	0.17

2. 分行业披露情况

（1）制造业。

从披露相关信息的公司总数来看，制造业披露特殊能力扶持认证的公司数量较多，2019 年披露公司数量为近 5 年最多，共有 542 家公司进行了披露；披露行业协会等级认证的公司数量较少，2016 年年报披露最多时，仅 31 家公司进行了披露，见表 6-23。从占比来看，2019 年特殊能力扶持认证的公司占比最高，达 98.37%，其次是披露质量认证证书的公司，占比达 43.74%，创历史新高。

表6-23 制造业能力类资质信息披露公司数及占比

年份	政府专业能力认证		特殊能力扶持认证		行业协会等级认证		质量认证证书		环境认证证书	
	披露公司数量（家）	占比（%）	披露公司数量（家）	占比（%）	披露公司数量（家）	占比（%）	披露公司数量（家）	占比（%）	披露公司数量（家）	占比（%）
2015	57	16.43	180	51.87	6	1.73	26	7.49	14	4.03
2016	91	21.77	335	80.14	31	7.42	122	29.19	56	13.40
2017	36	7.11	336	66.40	28	5.53	48	9.49	12	2.37
2018	41	10.07	238	58.48	15	3.69	77	18.92	17	4.18
2019	90	16.33	542	98.37	25	4.54	241	43.74	99	17.97

制造业在 2019 年披露的各种能力类资质明显增加，其中特殊能力扶持认证达 2642 项，见表 6-24。从均值来看，2019 年制造业公司披露的特殊能力扶持认证、质量认证和环境认证均创近 5 年新高。

表6-24 制造业能力类资质信息披露总数及均值

年份	政府专业能力认证		特殊能力扶持认证		行业协会等级认证		质量认证证书		环境认证证书	
	披露总数（项）	均值（项/家）	披露总数（项）	均值（项/家）	披露总数（项）	均值（项/家）	披露总数（项）	均值（项/家）	披露总数（项）	均值（项/家）
2015	107	0.31	271	0.78	12	0.03	46	0.13	17	0.05
2016	249	0.60	789	1.89	66	0.16	212	0.51	69	0.17
2017	63	0.12	570	1.13	28	0.06	80	0.16	13	0.03
2018	81	0.20	388	0.95	26	0.06	148	0.36	18	0.04
2019	241	0.44	2624	4.76	46	0.08	747	1.36	109	0.20

（2）信息传输、软件和信息技术服务业。

从披露公司总数来看，信息传输、软件和信息技术服务业披露特殊能力扶持认证的公司数量较多，2019 年年报披露最多，共有 141 家公司进行了披露；披露环境认证证书的公司数量较少，2016 年披露最多时，仅 11 家公司进行了披露，见表 6-25。从占比来看，2019 年披露特殊能力扶持认证的公司占比达 98.60%；其次是披露政府专业能力认证的公司，占比为 37.76%。

表6-25 信息传输、软件和信息技术服务业能力类资质信息披露公司数及占比

年份	政府专业能力认证		特殊能力扶持认证		行业协会等级认证		质量认证证书		环境认证证书	
	披露公司数量（家）	占比（%）	披露公司数量（家）	占比（%）	披露公司数量（家）	占比（%）	披露公司数量（家）	占比（%）	披露公司数量（家）	占比（%）
2015	16	18.39	57	65.52	3	3.45	7	8.05	2	2.30
2016	40	35.40	95	84.07	13	11.50	19	16.81	11	9.73
2017	16	12.60	92	72.44	12	9.45	10	7.87	2	1.57
2018	24	23.76	62	61.39	11	10.89	18	17.82	4	3.96
2019	54	37.76	141	98.60	11	7.69	40	27.97	8	5.59

信息传输、软件和信息技术服务业在 2019 年披露的各种能力类资质，除行业协会等级认证外，均有大幅增长，见表 6-26。从均值来看，除了行业协会等级认证和环境认证证书外，2019 年该行业披露的其他三类能力类资质均值相比 2018 年均有较大增长。

表6-26 信息传输、软件和信息技术服务业能力类资质信息披露总数及均值

年份	政府专业能力认证		特殊能力扶持认证		行业协会等级认证		质量认证证书		环境认证证书	
	披露总数（项）	均值（项/家）	披露总数（项）	均值（项/家）	披露总数（项）	均值（项/家）	披露总数（项）	均值（项/家）	披露总数（项）	均值（项/家）
2015	56	0.64	100	1.15	5	0.06	15	0.17	2	0.02
2016	146	2.56	273	4.79	21	0.37	42	0.74	13	0.23
2017	41	0.32	184	1.45	21	0.17	21	0.17	2	0.02
2018	44	0.44	107	1.06	16	0.16	37	0.37	6	0.06
2019	163	1.14	952	6.66	18	0.13	130	0.91	8	0.06

（3）科学研究和技术服务业．

从披露公司总数来看，科学研究和技术服务业披露特殊能力扶持认证的公司数量较多，2019年披露最多时，共有21家公司进行了披露；披露行业协会等级认证的公司数量较少，5年间仅3家公司进行了披露，见表6-27。从占比来看，2019年披露特殊能力扶持认证的公司占比达100%。

表6-27 科学研究和技术服务业能力类资质信息披露公司数及占比

年份	政府专业能力认证		特殊能力扶持认证		行业协会等级认证		质量认证证书		环境认证证书	
	披露公司数量（家）	占比（%）	披露公司数量（家）	占比（%）	披露公司数量（家）	占比（%）	披露公司数量（家）	占比（%）	披露公司数量（家）	占比（%）
2013	0	0.00	3	60.00	0	0.00	1	20.00	1	20.00
2014	1	16.67	5	83.33	0	0.00	0	0.00	0	0.00
2015	2	22.22	1	11.11	0	0.00	0	0.00	0	0.00
2016	4	44.44	7	77.78	1	11.11	3	33.33	1	11.11
2017	1	6.25	12	75.00	1	6.25	0	0.00	0	0.00
2018	0	0.00	0	0.00	0	0.00	0	0.00	0	0.00
2019	12	57.14	21	100	1	4.76	8	38.10	2	9.52

科学研究和技术服务业在2019年披露的政府专业能力认证、特殊能力扶持认证和质量认证证书均有较大增长。从均值来看，2019年披露的特殊能力扶持认证和质量认证证书均值均创新高，见表6-28。

表6-28 科学研究和技术服务业能力类资质信息披露总数及均值

年份	政府专业能力认证		特殊能力扶持认证		行业协会等级认证		质量认证证书		环境认证证书	
	披露总数（项）	均值（项/家）	披露总数（项）	均值（项/家）	披露总数（项）	均值（项/家）	披露总数（项）	均值（项/家）	披露总数（项）	均值（项/家）
2015	12	1.33	3	0.33	0	0.00	0	0.00	0	0.00
2016	19	3.80	19	3.80	11	2.20	4	0.80	2	0.40
2017	1	0.06	22	1.38	2	0.13	0	0.00	0	0.00
2018	0	0.00	0	0.00	0	0.00	0	0.00	0	0.00
2019	52	2.48	205	9.76	6	0.29	19	0.90	2	0.10

（三）荣誉类资质

1. 整体披露情况

披露荣誉类资质信息的公司数量从 2015 年开始呈上升趋势，但 2019 年有所回落。整体看来，披露公司获奖证书的公司数量多于披露产品获奖证书的公司数量，见表6-29。

表6-29 2015—2019年荣誉类资质信息披露整体情况

年份	公司获奖证书		产品获奖证书	
	披露公司数量（占比）	披露总数（均值）	披露公司数量（占比）	披露总数（均值）
2015	173（34.81%）	679（1.37）	123（24.75%）	358（0.72）
2016	294（48.92%）	1506（2.51）	195（32.45%）	726（1.21）
2017	307（42.76%）	1088（1.52）	158（22.01%）	473（0.66）
2018	323（48.57%）	1335（2.01）	181（27.22%）	489（0.74）
2019	254（31.87%）	1200（1.51）	153（19.20%）	411（0.52）

2. 分行业披露情况

（1）制造业。

从总数来看，制造业披露公司获奖证书的公司数量多于披露产品获奖证书的公司数量。从占比来看，2016 年披露公司获奖证书和产品获奖证书的公司占比最高，分别达53.11% 和 36.36%，见表 6-30。

表6-30 制造业荣誉类资质信息披露整体情况

年份	公司获奖证书		产品获奖证书	
	披露公司数量（占比）	披露总数（均值）	披露公司数量（占比）	披露总数（均值）
2015	121（34.87%）	409（1.18）	80（23.05%）	204（0.59）
2016	222（53.11%）	1023（2.45）	152（36.36%）	488（1.17）
2017	212（41.90%）	628（1.24）	108（21.34%）	261（0.52）
2018	177（43.49%）	688（1.69）	112（27.52%）	254（0.62）
2019	169（30.67%）	762（1.38）	95（17.24%）	243（0.44）

（2）信息传输、软件和信息技术服务业。

从披露相关信息的公司数量来看，信息传输、软件和信息技术服务业披露公司获奖证书的公司数量较多，2018 年披露最多时，共有 63 家公司进行了披露；而披露产品获奖证书最多的 2019 年，共有 33 家公司进行了披露，见表 6-31。从占比来看，2018 年披露公司获奖证书的公司占比最高，达 62.38%；2015 年披露产品获奖证书的公司占比最高，达 27.59%。

表6-31 信息传输、软件和信息技术服务业荣誉类资质信息披露整体情况

年份	公司获奖证书		产品获奖证书	
	披露公司数量（占比）	披露总数（均值）	披露公司数量（占比）	披露总数（均值）
2015	32（36.78%）	143（1.64）	24（27.59%）	72（0.83）
2016	50（44.25%）	284（4.98）	25（22.12%）	84（1.47）
2017	58（45.67%）	273（2.15）	27（21.26%）	79（0.62）
2018	63（62.38%）	259（2.56）	25（24.75%）	68（0.67）
2019	57（39.86%）	300（2.10）	33（23.08%）	92（0.64）

（3）科学研究和技术服务业。

从总数来看，科学研究和技术服务业披露公司获奖证书的公司数量与披露产品获奖证书的公司数量不同。2017年和2019年，披露公司获奖证书的公司数量最多，有7家。2016年，披露产品获奖证书的公司数量最多，有5家。从占比来看，2016年披露公司获奖证书的公司占比最高，达55.56%，见表6-32。

表6-32 科学研究和技术服务业荣誉类资质信息披露整体情况

年份	公司获奖证书		产品获奖证书	
	披露公司数量（占比）	披露总数（均值）	披露公司数量（占比）	披露总数（均值）
2015	2（22.22%）	11（1.22）	4（44.44%）	16（1.78）
2016	5（55.56%）	26（5.20）	5（55.56%）	18（3.60）
2017	7（43.75%）	46（2.88）	4（25.00%）	28（1.75）
2018	0（0.00）	0（0.00）	0（0.00）	0（0.00）
2019	7（33.33%）	30（1.43）	5（23.81%）	10（0.48）

四、研究结论

（一）创业板上市公司对能力类资质重视程度增加

从招股说明书披露的信息来看，整体上，披露能力类资质的公司数量最多，而公司披露数量最多的是荣誉类资质，反映出不同类型资质的获取门槛与重要程度存在差异。从年报披露的信息来看，2015—2019年的五年间，披露的三类资质总数最多的是2019年。其中，2019年披露准入类和能力类资质的公司数量最多；2018年披露荣誉类资质的公司数量最多。

根据年报信息，2018和2019年创业板上市公司披露能力类资质的公司数量都是最多的。2019年披露的能力类资质数量最多，此前几年间披露的荣誉类资质数量都是最多的。披露特殊能力扶持认证明的公司占比明显高于其他四类，可见特殊能力扶持认证在创业板上市公司中具有重要的地位和作用，也反映了创业板上市公司对能力类资质的重视程度增加。

（二）不同行业对资质的依赖存在差异

根据招股说明书信息，制造业披露资质数量最多，其次是信息传输、软件和信息技术服务业，科学研究和技术服务业；从均值来看，平均拥有资质最多的行业是科学研究和技术服务业，文化、体育和娱乐业。分行业来看，制造业，信息传输、软件和信息技术服务业，以及文化、体育和娱乐业中披露准入类资质信息的上市公司数量最多，同时这三个行业披露的准入类资质数量也是最多的。制造业，信息传输、软件和信息技术服务业，以及科学研究和技术服务业披露能力类和荣誉类资质信息的上市公司数量最多，同时披露的上述两类资质的数量也最多。

根据年报披露信息，整体来看，制造业披露准入类资质的公司数量占此行业公司总数的比重并不高，近 5 年制造业公司披露的政府注册登记证总数和均值都多于政府许可证，但 2019 年披露政府许可证的公司数量和披露总数均有大幅增长。信息传输、软件和信息技术服务业披露准入类资质的公司数量不及制造业。科学研究和技术服务业披露准入类资质的公司数量较少。从总数来看，制造业披露公司获奖证书的公司数量多于披露产品获奖证书的公司数量；科学研究和技术服务业披露公司获奖证书的公司数量与披露产品获奖证书的公司数量不同。

报告七：创业板上市公司无形资产投入研究

企业无形资产的形成，是企业持续投入的结果。无形资产的投入反映企业无形资产的维护状况和存续潜力，但由于受到会计制度的限制，无形资产的投入通常在企业的会计报告中作为期间费用处理。期间费用是企业本期发生的、不能直接或间接归入营业成本，而是直接计入当期损益的各项费用，包括销售费用、管理费用和财务费用等。期间费用会直接影响企业的利润，并且与无形资产之间存在紧密联系。一方面，企业无形资产的形成往往依赖于企业内外部资金的投入与支持，如计入管理费用的研发支出等；另一方面，无形资产的使用也直接影响期间费用，如企业自用无形资产的摊销计入管理费用等。此外，政府为企业提供的各类税收优惠和财政补贴为上市公司提供了一定的资金支持。因此，关于企业的期间费用、研发支出以及政府补助的研究对探讨创业板上市公司无形资产的形成路径具有重要意义。本报告对 2018 和 2019 年统计期间披露了年报的创业板上市公司的销售费用、管理费用、财务费用、研发支出和政府补助等五类财务数据进行统计分析，以较为全面地反映创业板上市公司无形资产的投入情况。

一、概念界定

本报告涉及的无形资产投入主要包括销售费用、管理费用、财务费用、研发支出、政府补贴五类。

（一）销售费用

销售费用是指企业在销售产品、自制半成品和工业性劳务等过程中发生的各项费用，包括由企业负担的包装费、运输费、装卸费、展览费、广告费、租赁费（不包括融资租赁费），以及为销售本企业产品而专设的销售机构的费用，包括职工工资、福利费、差旅费、办公费、折旧费、修理费、物料消耗和其他经费。销售费用和管理费用、财务费用属于期间费用，在发生的当期计入损益，同时应在利润表中予以披露。

销售费用在企业无形资产价值创造的过程中扮演重要角色，是驱动企业无形资产形成的必要条件。首先，广告费的投入能够提高产品知名度和美誉度，树立企业形象，培养忠实的消费群体，甚至可以利用长期的高额广告投入形成行业壁垒，因此有助于形成商标或品牌类无形资产。其次，销售人员的薪酬和展览费都是形成客户类无形资产的必要投入，而分销和促销活动则有助于形成销售网络等无形资产。最后，销售人员在营销活动中积累的营销技巧和销售经验都属于企业重要的智力资本，因此销售费用还有助于形成人力资本类无形资产。

（二）管理费用

管理费用是指企业为组织和管理企业生产经营所发生的费用，包括企业在筹建期间内发生的开办费、董事会和行政管理部门在企业的经营管理中发生的或者应由企业统一负担的公司经费（包括行政管理部门职工工资及福利费、物料消耗、低值易耗品摊销、办公费和差旅费等）、工会经费、董事会费（包括董事成员津贴、会议费和差旅费等）、聘请中介机构费、咨询费（含顾问费）、诉讼费、业务招待费、房产税、车船税、土地使用税、印花税、技术转让费、矿产资源补偿费、研究费用、排污费，以及企业生产车间（部门）和行政管理部门等发生的固定资产修理费用等。

《企业会计准则第6号——无形资产》中第十七条规定，"使用寿命有限的无形资产，其应摊销金额应当在使用寿命内系统合理摊销""无形资产的摊销金额一般应当计入当期损益，其他会计准则另有规定的除外"。2001年的《企业会计准则——无形资产》也提到"无形资产的成本，应当自取得当月起在预计使用年限内分期平均摊销"。《会计科目使用说明》中第171号"无形资产"中提到"各种无形资产应分期平均摊销，摊销无形资产时，借记'管理费用'科目，贷记本科目"。这就使得多年来实务界一直通过管理费用而非其他期间费用科目核算无形资产摊销，并计入当期损益。只是在某项无形资产包含的经济利益通过所生产的产品或其他资产实现时，其摊销金额将计入相关资产的成本。

（三）财务费用

按照《企业会计准则应用指南》的规定，财务费用是指企业为筹集生产经营所需资金等而发生的费用，包括应作为期间费用的利息支出（减利息收入）、汇兑损失以及相关的手续费等。财务费用与企业的筹资规模和结构相关，但并不成正比。值得注意的是，与其他期间费用不同，由于利息和汇兑不仅会产生支出和损失，也可能产生收入或收益，因此财务费用可能出现负值。对于非外贸企业而言，汇兑收益往往占比极小，若财务费用出现负值，则往往是由于企业闲置资金过多导致利息收入超过贷款利息支出而产生的，这一规律对于分析创业板上市公司财务费用的数额和结构具有重要意义。

（四）研发支出

研发支出是无形资产核算中新增加的一个科目，它是指在研究与开发过程使用资产的折旧、消耗的原材料，直接参与开发人员的工资及福利费，开发过程中发生的租金以及借款费用等。研发活动从广义上来讲也是一种投资行为，但较一般的经营性投资活动而言，具有更大的风险性与收益不确定性，因而增加了研发支出在会计上确认与计量的困难。

国际上关于研发费用的会计处理方法归纳起来主要有三种。一是销记法，即遵循谨慎性原则将研发费用在当期全部费用化；二是递延法，即先将研发费用资本化为一项资产，在以后获得收入时再摊销该无形资产；三是有条件资本化法，即研发前期将研发支出费用化，待满足资本化条件后再将其进行资本化处理。

在中国，早期对于研发支出的会计处理沿用了国际上费用化处理的惯例。我国财政部会计司于 1995 年 5 月发布了关于 R&D 会计处理的准则征求意见稿，并于 2001 年 1 月正式发布了《企业会计准则 —— 无形资产》，其中规定："自行开发并依法申请取得的无形资产，其入账价值应按依法取得时发生的注册费、律师费等确定；依法申请取得前发生的研究与开发费用应于发生时确认为当期费用。"随后，2006 年我国财政部对企业会计准则进行了修订，并颁布了新的会计准则。根据新《企业会计准则第 6 号 —— 无形资产》的规定："企业内部研究开发项目的支出，应当区分研究阶段支出与开发阶段支出。研究阶段的支出，应于发生时计入当期损益。开发阶段的支出，如果能够证明符合规定的条件，应当确认为无形资产。"这种两阶段的会计处理模式体现了我国会计准则与国际会计准则的趋同与进步，为我国企业的跨国经营与稳步发展提供了良好的条件。

（五）政府补助

政府补助是指企业从政府无偿取得货币性资产或非货币性资产，但不包括政府作为企业所有者投入的资本。政府包括各级政府及其所属机构，国际类似组织也在此范围之内。

关于政府补助的分类，2017 年修订后的《企业会计准则第 16 号 —— 政府补助》应用指南规定，政府补助表现为政府向企业转移资产，通常为货币性资产，也可能为非货币性资产。政府补助主要包括财政拨款、财政贴息、税收返还和无偿划拨非货币性资产。

关于政府补助的确认，《企业会计准则第 16 号 —— 政府补助》应用指南规定，政府补助分为与资产相关的政府补助和与收益相关的政府补助。前者是指企业取得的、用于购建或以其他方式形成长期资产的政府补助。后者是指除与资产相关的政府补助之外的政府补助。

无论是国际专业组织，还是不同国家颁布的政府补助相应准则，虽然在表述上有些许差异，但是都强调了政府补助是政府对企业某些活动的推动和促进，而不是与企业之间的交易。创业板作为中小企业直接融资的特殊平台，其成立的初衷主要是为了使得大批高科技的中小企业能够通过这一平台纾解融资困境，进而促进科学技术的产业化。在这一点上，政府补助的投入目的与创业板的作用殊途同归，因此，研究创业板公司的政府补助，也具有更强的显著性和特殊性。

在以高科技企业为主的创业板中，大部分上市公司都获得了各类政府补助，并形成了相对于其他板块而言更多的无形资产。因此，创业板公司的政府补助，也是研究该类无形资产形成原因的一个关键要素。

二、基于年报的无形资产投入披露情况

由于本报告更关注无形资产投入的变化趋势，旨在为分析投入变化对无形资产形成的影响提供借鉴，因此，本报告主要以统计截止期创业板上市公司已披露的年报信息为数据来源进行分析。2018 和 2019 年披露了年报的上市公司分别有 744 和 797 家。

本报告对无形资产投入的分类及统计口径见表7-1。

表7-1 无形资产投入的分类及统计口径

类型	分类	统计口径
无形资产投入	销售费用	销售费用率
	管理费用	管理费用率
	财务费用	财务费用率
	研发支出	研发支出金额、研发投入强度、开发支出金额
	政府补助	政府补助金额

（一）销售费用

1. 整体披露情况

本报告统计分析创业板上市公司 2015—2019 年销售费用率的平均值，结果见表7-2。

表7-2 2015—2019年销售费用率披露情况

年份	披露公司数量（占比）	平均销售费用率
2015	508（100%）	9.06%
2016	597（99.33%）	9.15%
2017	713（99.30%）	9.19%
2018	741（99.60%）	9.98%
2019	794（99.60%）	10.15%

注："披露公司数量"指的是披露销售费用的公司数量；"占比"为披露销售费用的公司数量所占比例，计算方式为：披露销售费用的公司数量／当年披露年报上市公司总数；销售费用率的计算方式为：销售费用／营业收入，"平均销售费用率"的计算方式为：披露销售费用的公司的销售费用率总和／当年披露销售费用的上市公司总数。未特别说明，本报告以后各表中相关数据计算方式同此表。

近 5 年，创业板上市公司基本都披露了销售费用，2018 和 2019 年均有 3 家公司未披露销售费用。近 5 年创业板上市公司平均销售费用率稳中略升，基本稳定在 9% ～ 10% 之间，2018 和 2019 年平均销售费用率增长加快。

2. 分行业披露情况

表 7-3 列示了 2015—2019 年制造业，信息传输、软件和信息技术服务业，科学研究和技术服务业三个代表性行业披露销售费用的情况。

制造业的创业板上市公司对销售费用的披露情况比较好，除了 2016 年佳沃股份（300268）未披露销售费用外，其余年份的所有公司都披露了企业的销售费用。近 5 年制造业的销售费用率变化呈上升趋势，2017 年以后，制造业平均销售费用率超过整个创业板上市公司平均水平。

近 5 年信息传输、软件和信息技术服务业的所有公司也都披露了企业的销售费用。2017 年以前平均销售费用率持续下降，但 2018 年又有较大回升，且近 5 年平均销售费用率均高于整个创业板上市公司平均水平。

2015—2019 年，科学研究和技术服务业的所有公司都披露了企业的销售费用且平均销售费用率持续上升，2019 年的平均销售费用率增长幅度较大，见表 7-3，但整体上该行业仍然远低于整个创业板上市公司平均水平。

表7-3 三个代表性行业的销售费用率披露情况

年份	制造业		信息传输、软件和信息技术服务业		科学研究和技术服务业	
	披露公司数量（占比）	平均销售费用率	披露公司数量（占比）	平均销售费用率	披露公司数量（占比）	平均销售费用率
2015	353（100%）	8.93%	92（100%）	11.21%	9（100%）	3.96%
2016	415（99.76%）	8.94%	116（100%）	10.60%	9（100%）	4.18%
2017	506（100%）	9.21%	127（100%）	10.47%	16（100%）	5.27%
2018	516（100%）	10.08%	131（100%）	11.60%	20（100%）	5.23%
2019	545（100%）	10.20%	140（100%）	10.99%	21（100%）	6.26%

（二）管理费用

1. 整体披露情况

本报告统计分析 2015—2019 年创业板上市公司的管理费用率平均值，结果如表 7-4 所示。创业板上市公司在 2015—2019 年间全都披露了管理费用。上市公司近五年的平均管理费用率一直呈持续下降趋势，反映了创业板上市公司在管理费用上的控制能力提升。

表7-4　2015—2019年管理费用率披露情况

年份	披露公司数量（占比）	平均管理费用率
2015	508（100%）	16.06%
2016	601（100%）	15.16%
2017	718（100%）	14.49%
2018	744（100%）	10.28%
2019	797（100%）	9.80%

注："披露公司数量"指的是披露管理费用的公司数量；"占比"为披露管理费用的公司数量所占比例，计算方式为：披露管理费用的公司数量／当年披露年报的上市公司总数；管理费用率的计算方式为：管理费用／营业收入，"平均管理费用率"的计算方式为：披露管理费用的公司的管理费用率总和／当年披露管理费用的上市公司总数。

2. 分行业披露情况

表7-5列示了2015—2019年制造业，信息传输、软件和信息技术服务业，科学研究和技术服务业三个代表性行业披露管理费用的情况。

制造业的创业板上市公司对管理费用的披露情况较好，100%的公司都披露了管理费用。制造业的平均管理费用率近5年持续下降，且低于创业板市场整体平均水平。

信息传输、软件和信息技术服务业的所有公司都披露了企业的管理费用。该行业2015—2019年间的平均管理费用率大幅下降，但仍高于创业板市场整体平均水平，反映该行业的管理费用率较高的特点。

科学研究和技术服务业中所有公司在2015—2019年间均披露了管理费用。从整体上看，该行业的平均管理费用率近5年有较大波动，2016年达最高点19.05%，2019年又大幅下降至11.24%，但近5年均高于创业板整体平均水平。

表7-5　三个代表性行业的管理费用率披露情况

年份	制造业		信息传输、软件和信息技术服务业		科学研究和技术服务业	
	披露公司数量（占比）	平均管理费用率	披露公司数量（占比）	平均管理费用率	披露公司数量（占比）	平均管理费用率
2015	353（100%）	15.51%	92（100%）	19.40%	9（100%）	16.30%
2016	416（100%）	14.76%	116（100%）	19.07%	9（100%）	19.05%
2017	506（100%）	13.69%	127（100%）	19.60%	16（100%）	17.39%
2018	516（100%）	10.09%	131（100%）	11.36%	20（100%）	11.17%
2019	545（100%）	9.62%	140（100%）	10.55%	21（100%）	11.24%

注："披露公司数量"指的是披露管理费用的公司数量；"占比"为披露管理费用的公司数量所占比例，计算方式为：披露管理费用的公司数量／当年披露年报的上市公司总数；管理费用率的计算方式为：管理费用／营业收入，"平均管理费用率"的计算

方式为：披露管理费用的公司的管理费用率总和／当年披露管理费用的上市公司总数。未特别说明，本报告涉及分行业统计表格中数据计算方式同此表。

（三）财务费用

1. 整体披露情况

近 5 年创业板上市公司都披露了财务费用，且平均财务费用率在最近 5 年中总体上呈上升趋势，见表 7-6。2015 年的财务费用率为负数，2016 年开始由负转正，2017 年开始，平均财务费用率均超过了 1%，2019 年更是接近 2%。财务费用率为负往往意味着公司的闲置资金过多。近两年财务费用率由负转正并不断上升表明创业板上市公司的闲置资金在减少，企业的融资成本开始提高，企业利润受到影响。

表7-6 2015—2019年财务费用率披露情况

年份	披露公司数量（占比）	平均财务费用率
2015	508（100%）	-0.49%
2016	601（100%）	0.21%
2017	718（100%）	1.18%
2018	744（100%）	1.08%
2019	797（100%）	1.88%

2. 分行业披露情况

表 7-7 列示了 2015—2019 年制造业，信息传输、软件和信息技术服务行业，科学研究和技术服务行业三个代表性行业披露财务费用的情况。

制造业所有的创业板上市公司都披露了财务费用。整体上看，该行业的平均财务费用率呈上升趋势，2018 年略有下降后，2019 年平均财务费用率大幅上升至 2.08%。

信息传输、软件和信息技术服务行业的所有公司也都披露了财务费用，且行业的平均财务费用率整体上也是不断上升的。2015—2016 年的财务费用率均值均为负数，2017 年首次实现由负转正，但仍低于创业板上市公司整体平均水平，说明信息传输、软件和信息技术服务行业的多数公司资金都比较充裕。

科学研究和技术服务行业的创业板上市公司都披露了财务费用，除了 2018 年平均财务费用率为负外，其他年份都是正数；2017 年以前平均财务费用率均超过 2%，但近两年降幅较大，大大低于创业板整体平均水平。

表7-7 三个代表性行业的财务费用率披露情况

年份	制造业		信息传输、软件和信息技术服务业		科学研究和技术服务业	
	披露公司数量（占比）	平均财务费用率	披露公司数量（占比）	平均财务费用率	披露公司数量（占比）	平均财务费用率
2015	353（100%）	-0.01%	92（100%）	-0.53%	9（100%）	2.03%
2016	416（100%）	0.14%	118（100%）	-0.01%	11（100%）	2.57%
2017	506（100%）	1.26%	127（100%）	0.42%	16（100%）	2.15%
2018	516（100%）	1.08%	131（100%）	1.05%	20（100%）	-0.32%
2019	545（100%）	2.08%	140（100%）	1.54%	21（100%）	1.07%

（四）研发支出

1. 整体披露情况

本报告在剔除未披露研发支出或研发支出为零的部分样本之后，计算2015—2019年间创业板上市公司研发支出金额与研发投入强度的平均值，结果见表7-8。

表7-8 2015—2019年研发支出相关指标披露情况

年份	披露公司数量（占比）	平均研发支出（万元）	平均研发投入强度
2015	499（98.23%）	5682	7.10%
2016	588（97.84%）	6461	7.06%
2017	706（98.33%）	7238	6.95%
2018	732（98.39%）	7897	6.64%
2019	786（98.62%）	9385	7%

注："披露公司数量"指的是披露研发支出的公司数量；"占比"为披露研发支出的公司数量所占比例，计算方式为：披露研发支出的公司数量／当年披露年报的上市公司总数；"平均研发支出"这一栏中的金额是四舍五入后的近似值；"平均研发投入强度"的计算方法为：研发支出／营业收入。

2015—2016年创业板上市公司对研发支出的披露率下降，2017—2019年又有所上升。2017和2018年平均研发强度有所下降，但在2019年又回升至7%，并且创业板上市公司的平均研发支出是在不断上升的，从2015年的5682万元／家增长至2019年的9385万元／家。

根据《企业会计准则第6号——无形资产》的规定，企业内部研究开发项目的支出应当区分研究阶段支出和开发阶段支出。研究阶段的支出应当于发生时计入当期损益（管理费用）；开发阶段的支出如果能够证明符合规定的条件，应当确认为无形资产，即进行资本化处理从而计入"开发支出"科目。基于上述规定，本报告对2015—2019年创业板公司的"开发支出"数据进行了统计，并由此计算创业板公司的平均资本化率，统计结果如表7-9。

表7-9 2015—2019年开发支出相关指标披露情况

年份	披露公司数量（占比）	平均开发支出（万元）	增长率	平均资本化率
2015	147（28.94%）	3310	15%	43.00%
2016	158（26.29%）	4036	21.93%	41.00%
2017	173（24.09%）	4262	5.60%	44.12%
2018	197（26.48%）	4107	-3.64%	37.23%
2019	226（28.36%）	3586	-12.69%	21.86%

注："披露公司数量"指的是披露开发支出的公司数量；"占比"为披露开发支出的公司数量所占比例，计算方式为：披露开发支出的公司数量／当年披露年报的上市公司总数；"平均开发支出"的计算方法为：披露的开发支出总额／当年披露开发支出的上市公司总数；"增长率"的计算方法为：（本年的平均开发支出－上年的平均开发支出）／上年的平均开发支出；"资本化率"的计算公式为：开发支出／研发支出，"平均资本化率"的计算方法为：披露的资本化率的总和／当年披露开发支出的上市公司总数。

由表7-9可知，创业板公司研发支出的资本化情况在2015—2019年呈现以下特征：

一是将研发投入进行资本化处理的企业数量较少，尽管从2015年的147家增加至2019年的226家，但2019年资本化的样本公司仅占总数的28.36%，相较于2015年反而下降。

二是进行资本化的样本公司平均开发支出2017年增加，但2017年以后又持续下降。

三是样本公司的平均资本化率呈波动变化趋势。2019年大幅下降至21.86%。

2. 分行业披露情况

表7-10列示了2015—2019年制造业，信息传输、软件和信息技术服务业，科学研究和技术服务行业三个代表性行业披露研发支出的情况。

制造业的上市公司披露研发支出的比例基本稳定在98%以上，只有少量公司未进行披露；制造业的平均研发投入强度在近五年里也基本稳定，2019年略有增长，达到6.7%。

近5年中除了2016年外，信息传输、软件和信息技术服务业全部公司都披露了研发支出信息。2018年，该行业的平均研发投入强度创近5年最高值12.95%，2019年又回落到10.59%。整体看，该行业的平均研发投入强度均在10%以上。

2015—2019年，科学研究和技术服务业披露研发支出的比例略低于其他两个行业，但也呈增长趋势。近五年，该行业的平均研发投入强度稳中有升，2019年达到近5年最高值 6.21%，但在三个行业中仍属最低。

表7-10 三个代表性行业的研发支出披露情况

年份	制造业		信息传输、软件和信息技术服务业		科学研究和技术服务业	
	披露公司数量（占比）	平均研发投入强度	披露公司数量（占比）	平均研发投入强度	披露公司数量（占比）	平均研发投入强度
2015	351（99.43%）	6.52%	92（100%）	11.08%	8（88.89%）	4.91%
2016	414（99.52%）	6.53%	115（99.14%）	10.83%	8（88.89%）	5.01%
2017	503（99.41%）	6.46%	127（100%）	10.89%	15（93.75%）	5.34%
2018	507（98.26%）	6.56%	130（99.24%）	12.95%	20（100%）	5.08%
2019	543（99.63%）	6.70%	140（100%）	10.59%	20（95.24%）	6.21%

注："披露公司数量"指的是制造业中披露研发支出的公司数量；"占比"为披露研发支出的制造业公司数量所占比例，计算方式为：披露研发支出的制造业公司数量/当年该行业披露年报的上市公司总数；"平均研发投入强度"的计算方式为：披露研发支出的制造业公司的研发投入强度总和/当年该行业披露研发支出的上市公司总数。

（五）政府补助

1. 整体披露情况

本报告将 2015—2019 年间获得过政府补助的创业板上市公司纳入统计范围，对各年份样本公司所获政府补助的覆盖率及补助金额进行统计，结果见表7-11。

表7-11 2015—2019年政府补助披露情况（单位：万元）

年份	2015	2016	2017	2018	2019
获得补助企业数量	501	596	716	741	793
样本企业数量	504	601	718	744	797
补助覆盖率	99.4%	99.2%	99.7%	99.6%	99.5%
所获补助合计（万元）	582450	811282	1117323	1806558	1523770
所获补助的平均值（万元）	1156	1361	1561	2438	1922
所获补助的最大值（万元）	38327	44521	34446	57974	64637
所获补助的最小值（万元）	0.05	1	0.6	2.9	2.5
标准差	2280	2720	2749	4606	3982

注："补助覆盖率"的计算方式为：获得补助企业数量/样本企业数量。

2015—2019 年，创业板上市公司获取政府补助呈现以下特征：一是补助覆盖率稳中有升，一直保持在 99% 以上的高水平。二是补助水平大幅增长，创业板公司获取政府补助的总额从 2015 年的 58 亿元快速增长至 2019 年的 152 亿元。三是不同公司所获取的政府补助相对差距日趋增大，样本标准差从 2015 年的 2280 增长至 2018 年的 4606，

2019年仍达3982，说明政府补助在成为"普惠政策"的同时也拉大了不同企业之间的"贫富差距"。

2. 分行业披露情况

表7-12列示了2015—2019年制造业，信息传输、软件和信息技术服务业，科学研究和技术服务业三个代表性行业披露政府补助的情况。除了2016年科学研究和技术服务业披露政府补助的公司占比仅72.73%外，其他年份三个行业中披露政府补助的公司占比均接近100%。

2015—2019年间，制造业的政府补助均值持续上升，且上升的幅度较大。2019年该行业上市公司的政府补助均值接近2015年的2倍，在三个行业中居首位。信息传输、软件和信息技术服务业的政府补助均值保持上升趋势，但2018年后行业均值从高于科学研究和技术服务业转向低于该行业均值，反映了该行业政府补助相对强度减弱。科学研究和技术服务业近3年全部披露了政府补助披露情况，且政府补助均值上升很快，直到2019年略有回落，但已远高于信息传输、软件和信息技术服务业，接近制造业的均值水平，表明近几年政府对该行业的支持力度加强。

表7-12 三个代表性行业的政府补助披露情况

年份	制造业		信息传输、软件和信息技术服务业		科学研究和技术服务业	
	披露公司数量（占比）	政府补助均值（万元）	披露公司数量（占比）	政府补助均值（万元）	披露公司数量（占比）	政府补助均值（万元）
2015	346（98.02%）	1110.38	90（97.83%）	1039.50	9（100%）	694.27
2016	414（99.52%）	1354.24	114（98.28%）	1142.18	8（72.73%）	786.48
2017	506（100%）	1638.07	127（100%）	1244.87	16（100%）	1083.17
2018	516（100%）	1834.39	130（99.13%）	1275.94	20（100%）	2647.73
2019	544（99.82%）	2086.84	138（98.57%）	1317.02	21（100%）	1778.76

三、研究结论

（一）销售费用

近5年，创业板上市公司基本都披露了销售费用。整体看，创业板上市公司平均销售费用率稳中略升，基本稳定在9%～10%之间，2018和2019年平均销售费用率增长加快。从行业披露情况看，近5年制造业的销售费用率变化呈上升趋势，2017年以后，制造业平均销售费用率超过整个创业板上市公司平均销售费用率；信息传输、软件和信息技术服务业在2017年以前平均销售费用率持续下降，但2018年又有较大回升，且近5年平均销售费用率均高于整个创业板上市公司平均水平；科学研究和技术服务业平均销售费用率持续上升，2019年的平均销售费用率增长幅度较大，但整体上该行业仍然远低于整个创业板上市公司平均水平。

（二）管理费用

整体来看，上市公司近五年的平均管理费用率一直呈持续下降趋势，反映了创业板上市公司在管理费用上的控制能力提升。从代表性行业的情况看，制造业的创业板上市公司对管理费用的披露情况较好，平均管理费用率近5年持续下降，且低于创业板市场整体平均水平；信息传输、软件和信息技术服务业的平均管理费用率近5年大幅下降，但仍高于创业板市场整体平均水平，反映该行业的管理费用率较高的特点；科学研究和技术服务业的平均管理费用率近5年有较大波动，2016年达最高点，2019年又大幅下降，但近5年均高于创业板整体平均水平。

（三）财务费用

近5年创业板上市公司平均财务费用率总体上呈上升趋势。近两年财务费用率由负转正并不断上升表明创业板上市公司的闲置资金在减少，企业的融资成本开始提高，企业利润受到影响。从代表性行业情况看，制造业的平均财务费用率呈上升趋势，2018年略有下降后，2019年平均财务费用率大幅上升至2.08%；信息传输、软件和信息技术服务业的平均财务费用率整体上也是不断上升的，2017年首次实现由负转正，但仍低于创业板上市公司整体平均水平，说明信息传输、软件和信息技术服务行业的多数公司资金都比较充裕；科学研究和技术服务业除了2018年平均财务费用率为负外，其他年份都是正数；2017年以前平均财务费用率均超过2%，但近两年降幅较大，大大低于创业板整体平均水平。

（四）研发支出

2017和2018年创业板上市公司平均研发强度有所下降，但在2019年又回升至7%，并且创业板上市公司的平均研发投入支出是在不断上升的，反映创业板上市公司研发投入持续增强。在研发支出的资本化方面，将研发投入进行资本化处理的企业数量较少，进行资本化公司平均开发支出2017年增加后又持续下降，平均资本化率呈波动变化趋势，2019年大幅下降至21.86%。

从代表性行业情况看，制造业的平均研发投入强度在近五年里基本稳定，2019年略有增长；信息传输、软件和信息技术服务业的平均研发投入强度在2018年创近5年最高值，整体看该行业的平均研发投入强度均在10%以上；科学研究和技术服务业近五年的平均研发投入强度稳中有升，2019年达到最高值6.21%，但在三个行业中仍属最低。

（五）政府补助

整体来看，近5年创业板上市公司获取政府补助的覆盖率稳中有升，补助总额大幅增长，且不同公司所获取的政府补助相对差距日趋增大。从代表性行业情况看，2015—

2019 年间，制造业的政府补助均值持续上升，且上升的幅度较大；信息传输、软件和信息技术服务业的政府补助均值与保持上升趋势，但 2018 年后行业均值从高于科学研究和技术服务业转向低于该行业均值，反映了该行业政府补助相对强度减弱；科学研究和技术服务业近 3 年政府补助均值上升很快，已远高于信息传输、软件和信息技术服务业，接近制造业的均值水平，表明近几年政府对该行业的支持力度加强。

报告八：创业板机械设备仪表行业无形资产研究

团队前期已有研究的成果表明，创业板公司无形资产会因行业技术经济特征存在结构和规模差异，因此对典型行业进行专项研究十分必要。本报告基于证监会二级行业分类标准（2012），对机械设备仪表行业（包括通用设备制造业、专用设备制造业、电气机械和器械制造业、仪器仪表制造业4个细分行业）[①]进行典型分析。研究样本包括截至2020年5月18日机械设备仪表行业的创业板上市公司，共计215家。

一、行业概况

（一）企业数量变化

截至2020年5月18日，创业板机械设备仪表行业上市公司共215家，约占创业板公司总数量的26.54%。2019年5月18日至2020年5月18日，新增12家，较去年增加7家。该行业企业数量占创业板公司总数比例从2015年至2018年连续下降，从31.10%降至26.42%，2019年稍有增加，但总体比例波动不大，见表8-1。

表8-1 2015—2019年机械设备仪表行业企业数量变化（单位：家）

年份	2015	2016	2017	2018	2019
行业企业数量	158	188	195	200	215
行业新增企业数量	32	30	7	5	12
创业板企业总数	508	638	725	757	810
行业企业占比	31.10%	29.47%	26.90%	26.42%	26.54%

（二）行业成本分析

本年度报告对行业成本的分析主要集中在营业成本、销售费用、管理费用和应付职工薪酬。以下所有行业分析报告均采用相同指标。

[①]本报告根据《上市公司行业指引分类指标（2012年修订版）》中对行业的划分标准，将专用设备制造业、通用设备制造业、电器机械和器械制造业和仪器仪表制造业统归于机械设备仪表行业。原因在于，上述细分行业本身在无形资产方面具有相似性，同时，较大的样本量也便于分析总体特征。

根据对 2018—2019 年年报信息的整理，机械设备仪表行业企业成本见表 8-2。行业成本中营业成本、应付职工薪酬呈上升趋势，分别为 9.05% 和 2.38%，相反销售费用、管理费用呈下降趋势，管理费用均值降幅最大，达到 43.84%，销售费用均值次之，降幅为 1.54%。上述数据表明创业板机械设备仪表行业经营成本整体来看有小幅上升，但销售费用、管理费用已呈下降趋势。

表8-2 2018—2019年机械设备仪表行业成本变动（单位：亿元）

成本构成	2018年		2019年		
	总额	均值	总额	均值	均值同比增长
营业成本	2122.35	10.72	2513.35	11.69	9.05%
销售费用	257.92	1.3	275.2	1.28	-1.54%
管理费用	401.78	2.03	245.1	1.14	-43.84%
应付职工薪酬	82.28	0.42	92.45	0.43	2.38%

（三）行业利润分析

本年度研究报告对行业利润的分析主要基于企业利润总额和净利润两个指标，对变化趋势、企业盈亏以及行业集中度进行描述。以下所有行业分析报告均采用相同指标。

1. 整体变化趋势

根据对 2015—2019 年年报信息的整理，机械设备仪表行业上市公司利润数据见表 8-3。行业平均利润在 2015—2016 年间呈增长特征，2017—2019 年出现连续大幅下降。值得关注的是，近三年来平均利润总额与平均净利润均出现了负增长的情况，说明机械设备仪表行业在 2019 年发展势头仍然严峻。

表8-3 2015—2019年机械设备仪表行业利润变动（单位：亿元）

指标 年份	2015	2016	2017	2018	2019
利润总额	176.74	234.40	225.49	101.45	107.5
平均利润总额	1.10	1.31	1.16	0.51	0.5
同比增长	17.02%	19.05%	-11.45%	-55.83%	-2.41%
净利润	151.03	199.14	182.03	61.82	62.35
平均净利润	0.94	1.11	0.93	0.31	0.29
同比增长	17.50%	18.35%	-16.22%	-66.43%	-7.12%

2. 企业盈亏

如表 8-4 所示，2019 年，机械设备仪表行业有 56.16% 的企业年度利润总额增长为负，超过 1/2 的企业利润增长低于 20%，利润增长超过 100% 的企业占行业总数的 9.4%。净利润增长率为负的企业占行业总数的 54.68%，增长超过 100% 的企业占行业总数的 8.9%。说明创业板机械设备仪表行业本年度亏损范围较大。2019 年度，机械设备仪表行业中利润增长最令人瞩目的企业当属泰胜风能（300129），其利润总额增幅达1107%以上。

表8-4 2019年机械设备仪表行业利润增长分布情况（单位：家）

指标 \ 区间	<0	0～20%	20%～40%	40%～60%	60%～80%	80%～100%	100%以上
利润总额增长率	114	29	18	14	6	3	19
净利润增长率	111	29	25	9	6	5	18

3. 利润集中度

就整个行业利润集中程度来看，前3.26%（前7家）的企业累计收入总额约占全行业收入的30%；前18.14%（前39家）的企业累计收入总额占整个行业的50%；前58.14%（前125家）的企业累计收入总额占整个行业的80%，表明营业收入主要集中在少数企业，行业收入集中度较高，见表8-5。

表8-5 2019年机械设备仪表行业利润集中情况 （单位：家）

累计利润比例	累计企业数	累计企业数占整个行业企业比例
达30%	7	3.26%
达40%	21	9.77%
达50%	39	18.14%
达60%	54	25.12%
达70%	83	38.60%
达80%	125	58.14%
达90%	174	80.93%

二、行业无形资产规模

本年度报告中所有行业分析对行业无形资产规模的描述遵循统一框架，见表8-6。

表8-6 行业无形资产规模与结构描述框架

信息来源	指标分类	具体指标	统计信息
招股说明书	常规无形资产	专利	披露专利数量的总额和均值
		非专利技术	披露非专利技术数量的总额和均值
		著作权	披露著作权（软件著作权）数量的总额和均值
		商标	披露商标数量的总额和均值
	非常规无形资产	技术标准	技术标准数量的总额和均值
		总经理	总经理薪酬的总额和均值
		股东	前十大股东持股比例的总额和均值
		资质	资质数量的总额和均值
年报	常规无形资产	专利	披露专利数量的总额和均值
		非专利技术	披露非专利技术数量的总额和均值
		著作权	披露著作权（软件著作权）数量的总额和均值
		商标	披露商标数量的总额和均值
	非常规无形资产	技术标准	技术标准数量的总额和均值
		客户	前五名客户销售额占销售总额比例的总额和均值
		总经理	总经理薪酬的总额和均值
		独立董事	独立董事津贴的总额和均值
		股东	前十大股东持股比例的总额和均值
		技术（研发）人员	技术（研发）人员占员工总数比例的总额和均值
		资质	资质数量的总额和均值

我国《企业会计准则第 6 号——无形资产》以列举的方式确定了无形资产由专利权、非专利技术、商标权、著作权、土地使用权、特许权、商誉等构成。因此，本报告将有专门法律规制和由会计准则纳入核算体系的无形资产定义为常规无形资产。非常规无形资产就是除常规无形资产以外的符合无形资产特征的其他无形资产。考虑到年报和招股书信息披露的差异性以及数据的可获得性，也为了便于行业间横向比较，本报告选取专利、非专利技术、著作权和商标作为常规无形资产的代表性指标，选取技术标准、客户、股东、资质等作为非常规无形资产的代表性指标。需要指出的是，非常规无形资产虽尚未得到法律和会计制度的有效关注，但对企业经营中的贡献却在不断强化，在某些行业甚至呈现超越常规无形资产的态势，因此，对非常规无形资产进行多角度的指标衡量既有意义又有必要。

（一）基于招股说明书的无形资产规模

表 8-7 为基于招股说明书信息的创业板机械设备仪表行业上市公司无形资产构成情况。

表8-7 基于2015—2019年招股说明书的机械设备仪表行业无形资产构成

行业总量（均值）	2015	2016	2017	2018	2019
授权专利（项）	8940 （56.58）	11900 （63.30）	12566 （64.44）	12324 （61.62）	13426 （62.45）
非专利技术（项）	1283 （8.12）	1506 （8.01）	1555 （7.97）	1558 （7.79）	1594 （7.41）
著作权（项）	1542 （9.76）	2036 （10.83）	2154 （11.05）	2300 （11.50）	2879 （13.45）
持有商标（项）	1680 （10.63）	2271 （12.08）	2305 （11.82）	2578 （12.89）	2790 （12.98）
技术标准（项）	404 （2.56）	472 （2.51）	497 （2.56）	546 （2.73）	643 （2.99）
总经理薪酬（万元）	6710.26 （42.47）	10435.88 （55.51）	8764.83 （45.18）	9516.01 （47.58）	10506.52 （48.87）
前十大股东持股比例（%）	12025.38 （76.11）	12135.40 （64.55）	15134.84 （77.61）	14897.07 （74.49）	16709.61 （77.72）
资质（项）	14198 （89.86）	15113 （80.39）	15243 （78.17）	15403 （77.02）	16830 （78.28）

注：表中每个无形资产类型对应第一行数据为总量，第二行括号中数值为均值。

1. 常规无形资产规模变动特征

2015—2019 年，创业板机械设备仪表行业常规无形资产变动特征如下：

第一，授权专利均值稳步上升，由 2015 年平均每家企业 56.58 项专利上升至 2019 年平均每家企业 62.45 项，增长 10.37%，说明该行业对专利重视程度提升。

第二，非专利技术均值呈现逐年下降的趋势，降速缓慢，2019 年为 7.41 项／家，与 2015 年的 8.12 项／家相比下降了 8.74%。

第三，著作权均值在各年均呈现稳步上升的趋势，尤其是 2016 年以来，一直保持较快增速，2019 年增长幅度明显，达 13.45 项／家，相比 2015 的 9.76 项／家增长了 37.8%。整体来看，该行业对著作权的重视程度不断提升。

第四，持有商标均值在 2015 年至 2019 年持续上升，由 10.63 项／家上升至 12.98 项／家。

2. 非常规无形资产规模变动特征

2015—2019 年，创业板机械设备仪表行业非常规无形资产变动特征如下：

第一，技术标准数量呈现缓慢上升趋势。由 2015 年的 2.56 项／家增长至 2019 年的 2.99 项／家，增长 16.80%。

第二，总经理薪酬整体上呈现上升态势，由 2015 年的 42.47 万元上升至 2019 年的

48.87 万元，且近三年保持相对稳定。

第三，前十大股东持股比例整体上呈现缓慢上升的态势，仅在 2016 年出现较大变动，从 2015 年的 76.11%/ 家下降至 64.55%/ 家，2017 年又上升至 77.61%/ 家，后保持相对稳定。2019 年该比例达到历史峰值，为 77.72%。

第四，资质数量整体上呈现波动下降的态势，由 2015 年的 89.86 项 / 家下降至 2019 年的 78.28 项 / 家。

（二）基于年报的无形资产规模

表 8-8 为基于年报信息的创业板机械设备仪表行业上市公司无形资产构成情况。

表8-8 基于2015—2019年年报的机械设备仪表行业无形资产构成

年份 行业总量（均值）	2015	2016	2017	2018	2019
授权专利（项）	15901 (100.64)	26279 (139.78)	28959 (148.51)	31482 (159.00)	36944 (171.83)
非专利技术（项）	46 (0.29)	68 (0.36)	185 (0.95)	63 (0.32)	102 (0.47)
著作权（项）	913 (5.78)	4621 (24.58)	5244 (26.89)	7056 (35.63)	8412 (39.49)
持有商标（项）	2037 (12.89)	2647 (14.08)	1106 (5.67)	1299 (6.50)	1805 (8.40)
技术标准（项）	152 (0.96)	384 (2.04)	228 (1.17)	283 (1.43)	581 (2.70)
前五名客户销售额占比（%）	5741.72 (36.34)	6871.40 (36.55)	6947.85 (35.63)	6867.36 (34.68)	3308.25 (15.39)
总经理薪酬（万元）	6752.92 (42.74)	10435.88 (55.51)	11764.35 (60.33)	11327.37 (57.21)	16704.87 (77.70)
独立董事津贴（万元）	948 (6.00)	1122.36 (5.97)	1261.65 (6.47)	4017.33 (20.29)	4414.32 (19.28)
前十大股东持股比例（%）	9769.14 (61.83)	12007.56 (63.87)	11877.45 (60.91)	11950.92 (60.36)	12516.68 (58.22)
技术（研发）人员占比（%）	4551.98 (28.81)	4530.80 (24.10)	4816.50 (24.70)	4926.58 (24.88)	5341.09 (24.84)
资质（项）	499 (3.16)	1784 (9.49)	780 (4.00)	677 (3.42)	2173 (10.11)

注：表中每个无形资产类型对应第一行数据为总量，第二行括号中数值为均值。

1. 常规无形资产规模变动特征

2015—2019 年，创业板机械设备仪表行业常规无形资产变动特征如下：

第一，授权专利均值呈现快速上升的趋势，但增速逐年放缓，2019 年授权专利数量的行业均值达到 171.83 项 / 家，相比 2015 年的 100.64 项 / 家增长了 70.74%。

第二，非专利技术均值较少，总体上看呈现波动的态势，2015 年至 2017 年由 0.29 项／家增长至 0.95 项／家，2018 年大幅下降至 0.32 项／家，2019 年有所回升，为 0.47 项／家。

第三，著作权均值呈现持续上升的趋势，由 2015 年的 5.78 项／家增长至 2019 年的 39.49 项／家，增长了 5.83 倍。

第四，持有商标均值现波动的态势，2017 年大幅下降后缓慢增长，2019 年回升至 8.40 项／家。

2. 非常规无形资产规模变动特征

2015—2019 年，创业板机械设备仪表行业非常规无形资产变动特征如下：

第一，技术标准数量的行业均值快速增长，由 2015 年的 0.96 项／家增长至 2019 年的 2.7 项／家，增长了 1.8 倍。

第二，前五名客户销售额占比整体呈现下降趋势，2015 年至 2018 年前五名客户销售额占比均在 35% 上下，但 2019 年出现大幅下降，前五名客户销售额占比降为 15.39%，降幅近 50%。

第三，总经理薪酬呈现逐年上升趋势，且上升幅度逐年增大，2015 年仅为 42.74 万元／家，2019 年达到 77.7 万元／家。

第四，独立董事津贴整体上呈现缓慢上升的趋势，从 2015 年的 6 万元／家上升至 2019 年的 19.28 万元／家。

第五，前十大股东持股比例整体上呈现缓慢下降的趋势，由 2015 年的 61.83%／家下降至 2019 年的 58.22%／家。

第六，技术（研发）人员占比呈现阶段性平稳的特征，2015 年该比例为 28.81%，2016 年至 2019 年则稳定在 24%／家左右。

第七，资质数量整体上呈现波动趋势。2015 年为 3.16 项／家，为历年最低，2016 年回升至 9.49 项／家，2017、2018 年连续下降至 4 项／家、3.42 项／家。2019 年再次回升至 10.11 项／家，为历年最高。

三、基于无形资产竞争矩阵的行业无形资产竞争分析

本年度研究报告基于无形资产规模结构、无形资产持续能力和无形资产竞争能力三大维度对所有分行业上市公司进行对比分析。三大维度下设二级指标，其中无形资产规模结构包括专利及非专利技术数量、商标数量、资质数量和软件著作权数量四项二级指标；无形资产持续能力包括技术标准数量、研发费用占比和员工学历三项二级指标；无形资产竞争能力包括前五名客户占比、前十大股东持股比例和高管平均年薪三项二级指标。

通过比较各项二级指标对分行业各企业的相对实力予以排序。排序方法为：某二级指标中的数量最高者赋予 1 分，其他非最高者与最高者比值即为某企业该项二级指标得分；对 10 项二级指标均以此方法处理，得到每家企业每项二级指标得分；对各企业所有指标得分加总，计算最后得分，得分最高者为行业中的优秀样本企业。之后的分行业报告中，如果没有特殊说明，均采用上述方法。

（一）行业无形资产规模结构分析

2019 年，机械设备仪表行业专利及非专利技术共计 37046 项，平均每家企业拥有 172.3 项，楚天科技（300358）、汇川技术（300124）和阳光电源（300274）三家企业共有专利及非专利技术 4666 项，占行业总量的 12.60%。

商标数量共计 1722 项，平均每家企业约有 8.01 项，乐心医疗（300562）、汉宇集团（300403）和冠昊生物（300238）三家企业共持有商标 1009 项，占行业总量的 58.59%。

资质数量共计 2173 项，平均每家企业拥有 10.11 项，易事特（300376）、阳光电源（300274）和欧普康视（300595）三家企业共有资质 172 项，占行业总量的 7.92%。

软件著作权数量共计 8412 项，平均每家企业拥有 39.49 项，易事特（300376）、新天科技（300259）和聚光科技（300203）三家企业共有软件著作权 1841 项，占行业总量的 21.88%。

（二）行业无形资产持续能力分析

机械设备仪表行业研发支出占比的均值为 6.7%，该项指标排名前三的企业为华中数控（300161）、长川科技（300604）和开立医疗（300633），分别为 27.82%、26.82% 和 20.33%。

员工本科及以上学历占比的行业均值为 29.19%，该项指标排名前三的企业为健帆生物（300529）、钢研纳克（300797）和中科海讯（300810），分别为 74.6%、71.7% 和 66.8%。

技术标准数量的行业均值为 2.7 项／家，该项指标排名前三的企业为中元股份（300018）、光一科技（300356）和慈星股份（300307），分别为 45 项、37 项和 35 项。

（三）行业无形资产竞争能力分析

机械设备仪表行业前五名客户占比的行业均值为 15.39%，该项指标排名前三的企业为三角防务（300775）、聚隆科技（300475）和鲁亿通（300423），分别为 87.45%、82.12% 和 78.42%。

前十大股东持股比例的行业均值为 58.22%，该项指标排名前三的企业为海能实业（300787）、开立医疗（300633）和沪宁股份（300669），分别为 77.68%、77.57% 和

77.13%。

高管薪酬的行业均值为77.69万元，该项指标排名前三的企业为智云股份（300097）、宁德时代（300750）和隆华节能（300263），分别为341.23万元、303.35万元和300万元。

表8-9列示了依据无形资产竞争矩阵计算所得的创业板机械设备仪表行业排名前30的优秀样本企业。

表8-9 2019年创业板机械设备仪表行业无形资产竞争力前30名企业一览

股票代码	股票名称	专利与非专利技术得分	商标得分	资质得分	软件著作权得分	技术标准数量	研发支出占比得分	员工学历得分	前五名客户占比得分	前十大股东持股比例得分	高管薪酬得分	总分得分
300274	阳光电源	0.67	0.00	0.97	0.00	0.00	0.60	0.84	0.10	0.65	0.53	4.37
300124	汇川技术	0.88	0.00	0.50	0.28	0.00	0.79	0.48	0.05	0.66	0.46	4.09
300376	易事特	0.03	0.00	1.00	1.00	0.31	0.40	0.04	0.08	0.98	0.15	3.99
300567	精测电子	0.41	0.06	0.08	0.23	0.00	0.73	0.73	0.51	0.73	0.44	3.92
300810	中科海讯	0.01	0.00	0.02	0.15	0.00	0.91	0.93	0.72	0.93	0.19	3.86
300018	中元股份	0.05	0.00	0.32	0.33	1.00	0.81	0.69	0.02	0.44	0.16	3.83
300316	晶盛机电	0.21	0.00	0.33	0.00	0.00	0.95	0.30	0.64	0.78	0.49	3.71
300789	唐源电气	0.03	0.00	0.22	0.17	0.00	0.81	0.76	0.41	0.97	0.30	3.67
300410	正业科技	0.31	0.00	0.45	0.23	0.64	0.55	0.25	0.07	0.64	0.42	3.56
300403	汉宇集团	0.25	0.73	0.23	0.03	0.00	0.63	0.22	0.32	0.88	0.26	3.55
300562	乐心医疗	0.14	1.00	0.20	0.05	0.00	0.68	0.19	0.11	0.86	0.29	3.53
300207	欣旺达	0.05	0.00	0.58	0.04	0.00	0.92	0.18	0.35	0.67	0.64	3.43
300450	先导智能	0.45	0.00	0.15	0.00	0.00	1.00	0.43	0.15	0.75	0.43	3.36
300203	聚光科技	0.29	0.00	0.28	0.92	0.00	0.46	0.13	0.08	0.69	0.39	3.25
300775	三角防务	0.00	0.00	0.03	0.00	0.00	0.67	0.49	1.00	0.76	0.27	3.22
300633	开立医疗	0.24	0.00	0.15	0.15	0.00	0.62	0.75	0.02	1.00	0.26	3.19
300358	楚天科技	1.00	0.00	0.07	0.00	0.00	0.64	0.38	0.08	0.81	0.21	3.19
300812	易天股份	0.04	0.00	0.03	0.14	0.00	0.50	0.28	0.66	0.94	0.59	3.18
300750	宁德时代	0.00	0.00	0.13	0.00	0.18	0.88	0.10	0.15	0.83	0.89	3.15
300797	钢研纳克	0.08	0.00	0.15	0.07	0.16	0.45	0.98	0.05	0.97	0.20	3.12
300130	新国都	0.12	0.27	0.17	0.46	0.00	0.68	0.58	0.03	0.72	0.08	3.12
300349	金卡智能	0.20	0.08	0.32	0.63	0.00	0.52	0.48	0.06	0.64	0.19	3.12
300105	龙源技术	0.17	0.00	0.08	0.02	0.00	0.49	0.76	0.81	0.63	0.15	3.11
300024	机器人	0.21	0.00	0.38	0.16	0.00	0.43	0.91	0.13	0.52	0.37	3.11
300667	必创科技	0.07	0.04	0.18	0.10	0.20	0.62	0.77	0.18	0.79	0.14	3.09
300648	星云股份	0.05	0.00	0.15	0.05	0.11	0.71	0.63	0.45	0.80	0.14	3.09
300206	理邦仪器	0.47	0.00	0.17	0.01	0.00	0.66	0.53	0.08	0.78	0.37	3.05
300509	新美星	0.33	0.00	0.22	0.00	0.31	0.45	0.30	0.30	0.90	0.25	3.05
300259	新天科技	0.31	0.00	0.20	0.71	0.00	0.42	0.49	0.03	0.68	0.14	2.98
300417	南华仪器	0.04	0.00	0.10	0.15	0.00	0.63	0.36	0.10	0.79	0,80	2.97

四、案例分析[①]

由于阳光电源（300274）在 2019 年得分第一，本年度研究报告选取其作为优秀样本企业进行分析。

（一）企业简介

"阳光电源"全称"阳光电源股份有限公司"，成立于 1997 年 11 月，于 2011 年 11 月在创业板上市，股票代码 300274。该公司是一家专注于太阳能、风能等可再生能源电源产品研发、生产、销售和服务的国家重点高新技术企业。主要产品有光伏逆变器、风能变流器、电力系统电源等，并提供项目咨询、系统设计和技术支持等服务。是中国目前发展靠前的光伏逆变器制造商、国内领先的风能变流器企业，也是我国新能源行业为数极少的掌握多项核心技术、并拥有完全自主知识产权的企业之一。

阳光电源自 1997 年成立以来，始终以技术创新作为企业发展的动力源。公司每年投入的研发经费不低于销售收入的 10%，建立了一支专业的研发队伍，具有可再生能源电源行业丰富的研发经验和领先的自主创新能力。先后承担了近 10 项国家重大科技攻关项目，主持起草了多项国家标准，取得了多项重要成果和专利。产品先后成功应用于敦煌 20MW 特许权光伏电站、宁夏太阳山 30MW 光伏电站、京沪高铁上海虹桥站、东汽集团风电项目、北车风电项目、内蒙古通辽风场、国家送电到乡工程、南疆铁路、青藏铁路等众多重大光伏和风力发电项目。阳光电源在保持国内领先的同时，积极拓展国际市场。产品现已通过 V、CE、ETL、DK5940、AS4777、CEC、"金太阳"等多项国际权威认证，并批量销往意大利、法国、比利时、德国、澳大利亚、加拿大、韩国等多个国家和地区。

阳光电源在自主创新和产业化方面的突出成绩受到了社会各界的广泛关注和赞誉。公司先后荣获"国家重点新产品"、国家发改委"技术进步优秀项目奖"、安徽省"115 产业创新团队""优秀民营科技企业""安徽著名商标""安徽十佳雇主"等荣誉；是国家博士后科研工作站设站企业、国家高技术产业化示范基地、省级企业技术中心、"省可再生能源电源工程（技术）研究中心"依托单位、安徽省"产学研"联合培养研究生基地、《福布斯》"2010 中国潜力企业榜"百强企业、"中国新能源企业 30 强"。未来，阳光电源秉承"致力于清洁高效"的发展使命，持续创新，积极参与全球竞争，不断提升客户满意度，努力把公司打造成为对社会有更大贡献、全球一流的可再生能源发电设备及系统接入方案供应商。

[①]此案例分析的主要数据来源为公司网站以及2019年年报，主要参考文献包括公司2019年年报、董事会报告等。

（二）无形资产相关情况分析

1. 优势分析

"阳光电源"之所以能够在行业内成为无形资产领域的标杆企业，主要原因在于其资质、员工学历、专利及非专利技术和总经理薪酬排名较为靠前。其中，资质共有 58 项，居行业第 2 位；本科以上学历员工占比达到 67.82%，居行业第 7 位；专利及非专利技术 1232 项，居行业第 3 位；总经理薪酬 180 万元，居行业第 13 位。总体来看，"阳光电源"在无形资产持续能力和竞争能力方面表现较好，使其在机械设备仪表行业无形资产竞争中脱颖而出。

2. 不足分析

由表 8-9 可知，"阳光电源"在技术标准、商标、软件著作权占比三项二级指标上略显不足，技术标准为 0 项，居行业第 50 位；商标为 0 项，居行业第 21 位；软件著作权为 0 项，居行业第 84 位；前五名客户销售占比 8.52%，居行业第 135 位。这几项指标与行业无形资产的规模结构和持续能力有关，值得企业关注。综合来看，相较于其他机械设备仪表行业上市公司，"阳光电源"在技术标准和商标的投入上都相对较低；同时，软件著作权与前五名客户占比均偏低，这些都可能成为该企业未来发展的短板。

3. 无形资产优化建议

"阳光电源"虽然在整个行业的无形资产得分上位居前列，但是企业的无形资产分布也存在着明显的问题，针对这些问题提出以下建议：

第一，制定规范的技术标准。"阳光电源"作为机械设备仪表行业企业应当积极参与制定相应的技术标准。技术标准的制定有利于降低企业生产的成本，提高企业的生产效率，有利于提高企业的竞争力。

第二，注重商标的申请注册。注册商标可以保护自己的商标不受侵犯，不被他人使用，维护商品的信誉和形象。另外，注册了的商标不仅可以增强消费者的认同感，还可以增强企业自身维护品牌价值的信念，提升品牌形象，在国际市场上拓展市场。

第三，加强对软件著作权的重视。软件著作权是企业一项重要的无形资产，其不会因为企业的破产而无效，它可以转让和拍卖直接实现经济价值，同时可以成为技术入股，申请科技创新成果的依据。

（三）其他方面竞争优势分析

根据招股说明书（或年报）披露信息，"阳光电源"除在无形资产质量竞争中具有优势之外，在品牌价值、研发实力和分销渠道三个方面也具有一定的竞争优势。

1. 品牌优势

该公司是国内最早从事逆变器产品研发生产的企业，且龙头地位稳固。2015 年起，

"阳光电源"出货量首次超越连续多年排名全球发货量第一的 SMA 公司，成为全球光伏逆变器出货量最大的公司，国内市占率 30% 左右，连续多年保持第一，国外市占率 15% 左右，已批量销往德国、意大利、澳大利亚、美国、日本、印度等 60 多个国家，截至 2019 年年底，公司在全球市场已累计实现逆变设备装机超 100GW。在行业内，公司品牌知名度与美誉度较高且持续提升，公司先后荣获"国家重点新产品""中国驰名商标"中国新能源企业 30 强、全球新能源企业 100 强、国家级"守合同重信用"企业、亚洲最佳企业雇主等荣誉，是国家级博士后科研工作站设站企业、国家高技术产业化示范基地、国家认定企业技术中心、国家级工业设计中心、《福布斯》"中国最具发展潜力企业"等，综合实力位居全球新能源发电行业第一方阵。

2. 研发创新实力

自 1997 年成立以来，公司始终专注于新能源发电领域，坚持以市场需求为导向、以技术创新作为企业发展的动力源，培育了一支研发经验丰富、自主创新能力较强的专业研发队伍，研发人员占比 35% 以上，先后承担了 20 余项国家重大科技计划项目，主持起草了多项国家标准，是行业内为数极少的掌握多项自主核心技术的企业之一。截至 2019 年年末，公司累计获得专利权 1232 项，其中发明 477 件、实用新型 655 件、外观设计 100 件，并且依托领先的技术储备，公司积极推动行业内相关标准的制定和优化，已先后组织起草了多项中国国家标准。

公司采用先进的 IPD 产品集成开发管理流程，根据客户需求分析、技术发展方向分析和竞争策略分析，引导公司进行技术储备和产品开发，而且新产品从概念、计划、开发、验证、试制以至最后的量产，每个步骤都设定了阶段性的质量指标，以确保研制推出的产品具备优异的品质。同时，公司持续建立健全 ISO9001：2008、ISO14001、OHSAS18001 管理体系，严格推进"三标一体"的质量环境职业健康安全管理体系。公司产品先后通过 UL、TÜV、CE、Enel-GUIDA、AS4777、CEC、CSA、VDE 等多项国际权威认证与测试。

3. 全球营销、渠道及服务网络

公司成立伊始就树立了全球化的发展战略，公司海外的印度生产基地产能已扩充至 10GW，同时积极布局海外第二工厂。目前公司已在海外建设了 20 多家分、子公司，全球五大服务区域，50 多个服务网点，80 余家认证授权服务商，多个重要的渠道合作伙伴，产品已批量销往全球 150 多个国家和地区。

在未来，公司将持续深耕全球市场，有序推进逆变器、储能、电站、浮体业务全球化布局，重点提升全球营销、服务、融资等关键能力建设，强化全球化支撑能力体系，提升全球影响力。

报告九：创业板软件、信息技术服务行业无形资产研究

本报告基于证监会二级行业分类标准（2012），对软件、信息技术服务行业进行典型分析。研究样本包括截至2020年5月28日软件、信息技术服务行业的创业板上市公司，共计116家。样本数据来源于招股说明书和历年年报。

一、行业概况

（一）企业数量变化

截至2020年5月18日，创业板软件、信息技术服务行业上市公司共116家，约占创业板公司总数量的14.32%。2019年5月18日至2020年5月18日，新增5家。近些年该行业企业数量占创业板企业总数比例总体保持稳定，见表9-1。

表9-1　2015—2019年软件、信息技术服务行业企业数量变化（单位：家）

数量/占比 \ 年份	2015	2016	2017	2018	2019
行业企业数量	71	97	109	111	116
行业新增企业数量	6	26	12	2	5
创业板企业总数	504	636	725	757	810
行业企业占比	14.09%	15.25%	15.03%	14.66%	14.32%

（二）行业成本分析

根据对2018—2019年年报信息的整理，软件、信息技术服务行业企业成本如表9-2所示。行业成本呈上升趋势，从均值增幅来看，应付职工薪酬增幅最大，达17.05%；营业成本次之，增幅达12.04%；销售费用紧随其后，为11.34%；管理费用反而降低，降幅约47.69%。

表9-2　2018—2019年软件、信息技术服务行业成本变动（单位：亿元）

成本构成	2018年		2019年		
	总额	均值	总额	均值	均值同比增长
营业成本	755.46	6.87	892.84	7.70	12.04%
销售费用	118.17	1.07	138.19	1.19	11.34%
管理费用	228.27	2.08	126.22	1.09	-47.69%
应付职工薪酬	48.56	0.44	59.74	0.52	17.05%

（三）行业利润分析

1. 整体变化趋势

根据对 2015—2019 年年报信息的整理，软件、信息技术服务行业上市公司利润数据如表 9-3 所示。行业平均利润总额在 2015—2016 年间呈稳步增长特征，此后至 2019 年连续下降。值得关注的是，2017—2019 年行业平均利润总额与平均净利润均出现了高达 40% 以上的减少，说明软件、信息技术服务业在 2017—2019 年发展势头十分严峻，这也与行业竞争愈发激烈高度相关。

表9-3 2015—2019年软件、信息技术服务行业利润变动（单位：亿元）

年份 指标	2015	2016	2017	2018	2019
利润总额	94.86	160.39	156.88	75.53	45.82
平均利润总额	1.34	1.65	1.44	0.69	0.39
同比增长	35.35%	23.13%	−12.73%	−52.08%	−42.76%
净利润	83.85	143.25	139.93	63.67	31.39
平均净利润	1.18	1.48	1.28	0.58	0.27
同比增长	32.58%	25.42%	−13.51%	−54.68%	−53.35%

2. 企业盈亏

如表 9-4 所示，2019 年，软件、信息技术服务行业有一半企业年度利润增长为负，约 12% 企业利润增长为正但不超过 20%，利润增长超过 100% 的企业仅占 11%。

表9-4 2019年软件、信息技术服务行业利润增长分布情况（单位：家）

区间 指标	<0	0～20%	20%～40%	40%～60%	60%～80%	80%～100%	100%以上
利润总额增长率	57	14	13	9	4	2	13
净利润增长率	50	28	13	7	3	2	15

3. 利润集中度

就整个行业利润集中程度来看（见表 9-5），前 1.72%（前 2 家）的企业累计利润总额约占全行业利润的 40%；前 2.59%（前 3 家）的企业累计利润总额占整个行业的 60%；前 4.31%（前 5 家）的企业累计利润总额占整个行业的 90%，以上表明：第一，软件、信息技术服务行业中不同企业之间的实力差距巨大；第二，该行业利润集中程度非常高，前 5 家企业就垄断了几乎整个行业的利润。

表9-5 2019年软件、信息技术服务行业利润集中情况（单位：家）

累计利润比例	累计企业数	累计企业数占整个行业企业比例
达30%	2	1.72%
达40%	2	1.72%
达50%	3	2.59%
达60%	3	2.59%
达70%	4	3.45%
达80%	4	3.45%
达90%	5	4.31%

二、行业无形资产规模

（一）基于招股说明书的无形资产规模

表9-6为基于招股说明书信息的创业板软件、信息技术服务行业上市公司无形资产构成情况。

表9-6 2015—2019年软件、信息技术服务行业招股说明书的无形资产构成情况

年份 行业总量（均值）	2015	2016	2017	2018	2019
授权专利（项）	1161 (16.35)	1815 (18.71)	2283 (20.94)	2490 (22.43)	2585 (22.28)
非专利技术（项）	812 (11.44)	1090 (11.24)	1168 (10.72)	1174 (10.58)	1202 (10.36)
著作权（项）	3457 (48.69)	5574 (57.46)	6490 (59.54)	6791 (61.18)	6906 (59.53)
持有商标（项）	668 (9.41)	1155 (11.91)	1624 (14.90)	1655 (14.91)	1672 (14.41)
技术标准（项）	190 (2.68)	281 (2.90)	295 (2.71)	295 (2.66)	309 (2.66)
总经理薪酬（万元）	3515.92 (49.52)	5048.85 (52.05)	5642.93 (51.77)	5888.89 (53.05)	6137.24 (52.91)
前十大股东持股比例（%）	5518.83 (77.73)	7341.93 (75.69)	8243.67 (75.63)	8409.36 (75.76)	8860.41 (76.38)
资质（项）	1879 (26.47)	3488 (35.96)	3904 (35.82)	4165 (37.52)	4270 (36.81)

1. 常规无形资产规模变动特征

2015—2019 年，创业板软件、信息技术服务行业常规无形资产变动特征如下：

第一，授权专利的行业总量和均值基本都保持逐年增长态势，2015—2019 年均有不同程度的增加。从增幅上看，除 2016 年总量有超过 50% 的增幅外，其他时期不论是总量还是均值，其增幅均表现出连年下降的趋势。

第二，非专利技术总量一直呈现稳步上升趋势，但均值则连续五年出现下降的趋势。近五年基本维持在 10 项 / 家左右，较为稳定，2019 年降幅为 2.07%。这可能是近些年该行业非专利技术数量的增长速度低于行业企业数量的增长速度所致，而 2019 年该现象仍在延续。

第三，著作权，尤其是软件著作权对于软件、信息技术服务业来说是构成核心竞争力的重要内容，所以该项无形资产的拥有量明显高于其他无形资产。自 2015 年起至 2018 年，该行业企业的软件著作权总量和均值持续增长，其中 2016 年增速最快，总量增幅高达 61.24%，2019 年增长至 6906 项。

第四，持有商标数量整体呈现持续增长趋势，具体而言呈两阶段增长。2015—2017 年总量增长较快，而 2017—2019 年增长趋于平稳，因此均值数量也比较稳定，2019 年均值甚至略有下降。

2. 非常规无形资产规模变动特征

2015—2019 年，创业板软件、信息技术服务行业非常规无形资产变动特征如下：

第一，技术标准数量总量保持增长趋势，均值整体较低且表现为波动增长的态势，其变化幅度与总量的增长率基本保持一致。2015—2016 年总量增长较快，均值也在增长；而 2017—2019 年总量增幅趋缓，2018 年未新增技术标准数量，由于企业数量有所增加，因而导致均值有小幅下降，2019 年总量上涨，而均值与 2018 年保持一致。

第二，总经理薪酬总量整体保持逐年增长，从 2015 年的 3515.92 万元增长至 2019 年的 6137.24 万元，但均值的增幅却不明显。2015—2016 年呈现小幅上升态势，2017 年略有下降后在 2018 年有小幅回升，2019 年又略有下降，但基本维持在 52 万元 / 家的水平。这也从侧面反映尽管越来越多的企业开始注重高管薪酬激励，但是不同企业间还存在较大的薪酬差距。

第三，前十大股东持股比例总量逐年增长，其中 2016 年增幅最大，达到 33%。另外，行业均值呈现出波动的变化趋势，在 2015 年后连续两年下降，由 77.73%/ 家下降到 2017 年的 75.63%/ 家，之后的 2 年又有小幅回升，2019 年达到 76.38%/ 家，不过近几年均值变化幅度均不明显，说明股权结构较为稳定。

第四，资质数量总量在 2015—2016 年有大幅上涨，而后持续稳定增长。与此同时均值总体上也在持续增加，2015—2018 年从 26.47 项／家增长至 37.52 项／家，2019年有小幅下降，但影响不大。以上数据说明近五年企业越来越重视相关资质的申请和保护，这可能成为未来企业形成核心竞争力的关键所在。

（二）基于年报的无形资产规模

表 9-7 为基于年报信息的创业板软件、信息技术服务行业上市公司无形资产构成情况。

表9-7 2015—2019年年报的软件、信息技术服务行业无形资产构成情况

年份 行业总量（均值）	2015	2016	2017	2018	2019
授权专利（项）	1999 (28.15)	860 (8.87)	6000 (55.05)	6325 (57.50)	10372 (89.41)
非专利技术（项）	87 (1.22)	137 (1.41)	412 (3.78)	133 (1.21)	0 (0)
著作权（项）	3133 (44.13)	10837 (111.72)	13857 (127.13)	19632 (178.47)	20967 (190.61)
持有商标（项）	1234 (17.38)	1304 (13.44)	1768 (16.22)	1376 (12.51)	1554 (13.40)
技术标准（项）	31 (0.44)	80 (0.82)	75 (0.69)	96 (0.87)	173 (1.97)
前五名客户销售额占比（%）	2078.17 (29.27)	3036.10 (31.30)	3716.90 (34.10)	3714.02 (33.76)	4194.96 (36.16)
总经理薪酬（万元）	4023.57 (56.67)	5964.53 (61.49)	7204.9 (66.10)	6218.59 (56.53)	9252.52 (80.46)
独立董事津贴（万元）	426 (6.00)	618.86 (6.38)	751.01 (6.89)	759.9 (6.91)	772.79 (6.66)
前十大股东持股比例（%）	4156.34 (58.54)	5916.03 (60.99)	6350.34 (58.26)	6184.51 (56.22)	5988.24 (51.62)
技术（研发）人员占比（%）	4110.19 (57.89)	5279.71 (54.43)	6536.73 (59.97)	6437.52 (58.52)	6880.13 (59.31)
资质（项）	399 (5.62)	857 (8.83)	559 (5.13)	498 (4.53)	1519 (13.09)

1. 常规无形资产规模变动特征

2015—2019 年，创业板软件、信息技术服务行业常规无形资产变动特征如下：

第一，授权专利整体波动幅度较大，从行业均值来看，2015—2016 年从 28.15 项／家大幅跌落至 8.87 项／家，2017 年以 520.63% 的增幅上升至 55.05 项／家，2018 年趋于平稳，2019 年又有所增长，达到 89.41 项／家。波动较大可能与以前年份部分企业未披露授权专利以及 2017 年新增企业授权专利数量较多密切相关，而增幅较大可见各企业对专利技术的重视。

第二，非专利技术整体呈波动变化态势。从行业均值来看，2015 年为 1.22 项 / 家，2016 年又增至 1.41 项 / 家。2017 年出现大幅增长，平均每家企业持有 3.78 项非专利技术，是 2016 年的近 2.7 倍，而 2018 年又迅速回落至 1.21 项 / 家，为近五年最低值，而 2019 年各家公司年报中甚至未披露非专利技术。本报告认为，年报中非专利技术相关信息披露不足是非专利技术数量减少的主要原因。

第三，著作权的行业总量和均值都保持上涨趋势，2019 年总量超 20000 项，均值超过 190 项 / 家，远高于其他无形资产，这说明该行业越来越重视对软件著作权的保护，这也是该行业企业当前竞争最激烈的领域之一。

第四，持有商标总量在 2017 年达到峰值，2018 年有超过 20% 的减少，而 2019 年又有所回升。行业均值趋势大体上和总量保持一致，只是峰值出现在 2015 年的 17.38 项 / 家，随后 2016 年下降至 13.44 项 / 家，2017 年回升至 16.22 项 / 家后在 2018 年又降至近五年的最低值，2019 年重新回升至 13.40 项 / 家。

2. 非常规无形资产规模变动特征

2015—2019 年，创业板软件、信息技术服务行业非常规无形资产变动特征如下：

第一，技术标准数量整体来看呈上升趋势，但是行业总量整体较低，截至 2019 年未超过 200 项，均值不足 2 项 / 家。

第二，前五名客户销售额占比总量保持上升趋势，但增幅逐渐放缓，2016 年增幅接近 50%，而 2018 年增幅已降至 12.94%。同时行业均值在过去五年内表现较为稳定，一直在 30% 左右，2018 年较 2017 年有所下降但幅度不大，且 2019 年产生了较为大幅的增长，说明该行业客户集中度较为稳定。

第三，总经理薪酬总量在近 5 年总体呈增长态势，2015—2017 年持续增长至 7204.9 万元，2018 年降至 6256.81 万元，2019 年又增长至 9252.52 万元。均值也随之波动，2018 年从 66.1 万元减至 56.53 万元，降幅约为 14.48%，2019 年又增长至 80.46 万元，增幅约为 42.33%。

第四，独立董事津贴整体保持稳定增长，均值保持在 6 万～ 7 万元 / 家，2018 年持续增长，已达近 7 万元 / 家，2019 年稍有降低，但是降幅不大。说明该行业企业愈发关注内部治理结构的调整和独立董事所发挥的作用。

第五，前十大股东持股比例总量在近三年逐年减少，行业均值也有所下降，2019 年已降至近五年最低水平，说明该行业企业的股权集中度开始降低，股权有分散化趋势。

第六，技术（研发）人员占比的均值五年间稳定在 50%～ 60% 之间，超过公司人数一半，远高于其他行业。这主要由软件、信息技术服务业的行业性质所决定，因为该行业对技术型人才的需求程度高，需要大量的技术研发人员。

第七，资质总量与均值在近五年间均呈波动趋势。2016 年较 2015 年大幅上涨，2017—2018 两年又连续下降，2019 年又再次大幅上涨。行业均值也随之波动，2015—2016 年数量增多，2016—2018 年持续下降，由 2016 年的 8.83 项／家降至 2018 年的 4.53 项／家，2019 年则大幅上涨至峰值 13.09 项／家。

三、基于无形资产竞争矩阵的行业无形资产竞争分析

本年度研究报告基于无形资产规模结构、无形资产持续能力和无形资产竞争能力三大维度对所有分行业上市公司进行对比分析。三大维度下设二级指标，其中无形资产规模结构包括专利及非专利技术数量、商标数量、资质数量和软件著作权数量四项二级指标；无形资产持续能力包括技术标准数量、研发费用占比和员工学历三项二级指标；无形资产竞争能力包括前五名客户占比、前十大股东持股比例和高管平均年薪三项二级指标。

通过比较各项二级指标对分行业各企业的相对实力予以排序。排序方法为：某二级指标中的数量最高者赋予 1 分，其他非最高者与最高者比值即为某企业该项二级指标得分；对 10 项二级指标均以此方法处理，得到每家企业每项二级指标得分；对各企业所有指标得分加总，计算最后得分，得分最高者为行业中的优秀样本企业。之后的分行业报告中，如果没有特殊说明，均采用上述方法。

（一）行业无形资产规模结构分析

2019 年，软件、信息技术服务行业专利及非专利技术共计 10372 项，平均每家企业拥有 89.41 项，飞天诚信（300386）、高新兴（300098）和神州泰岳（300002）三家企业共有专利及非专利技术 3135 项，占行业总量的 30.23%。

商标数量共计 1554 项，平均每家企业约有 13.40 项，中科创达（300496）、神州泰岳（300002）和北信源（300352）三家企业共持有商标 458 项，占行业总量的 36.10%。

资质数量共计 1519 项，平均每家企业拥有 13.09 项，豆神教育（300010）、蓝盾股份（300297）和高新兴（300098）三家企业共有资质 169 项，占行业总量的 11.13%。

软件著作权数量共计 21066 项，平均每家企业拥有 181.60 项，神州泰岳（300002）、佳创视讯（300264）和高新兴（300098）三家企业共有软件著作权 3781 项，占行业总量的 17.95%。

（二）行业无形资产持续能力分析

软件、信息技术服务行业研发支出占比的行业均值为 11.04%，该项指标排名前三的企业为赢时胜（300377）、维宏股份（300508）和冰川网络（300533），分别为 44.07%、

36.38% 和 27.80%。

员工本科及以上学历占比的行业均值为 63.41%，该项指标排名前三的企业为思特奇（300608）、深信服（300454）和科蓝软件（300663），分别为 94.70%、93.78% 和 93.32%。

技术标准数量的行业均值为 2.21 项／家，该项指标排名前三的企业为数字认证（300579）、安硕信息（300380）和华鹏飞（300350），分别为 55 项／家、42 项／家和 41 项／家。

（三）行业无形资产竞争能力分析

软件、信息技术服务行业前五名客户销售额占比的行业均值为 36.16%，该项指标排名前三的企业为左江科技（300799）、富瀚微（300613）和中科海迅（300810），分别为 99.93%、97.19% 和 96.88%。

前十大股东持股比例的行业均值为 51.62%，该项指标排名前三的企业为迪普科技（300768）、彩讯股份（300634）和宇信科技（300674），分别为 88.02%、84.17% 和 76.55%。

高管薪酬[①]的行业均值为 46.87 万元，该项指标排名前三的企业为鼎捷科技（300378）、吴通控股（300292）和万集科技（300552），分别为 144.33 万元、141.67 万元和 131.30 万元。

表 9-8 列示了依据无形资产竞争矩阵计算所得的创业板软件、信息技术服务行业排名前 30 的优秀样本企业。

---

① 高管薪酬：采用独董薪酬均值、财务总监薪酬均值、总经理薪酬均值的平均数。

表9-8 2019年创业板软件、信息技术服务行业无形资产竞争力前30名企业

股票代码	股票名称	专利与非专利技术得分	商标得分	资质得分	软件著作权得分	技术标准得分	研发支出占比得分	员工学历得分	前五名客户占比得分	前十大股东持股比例得分	高管薪酬得分	总分得分
300002	神州泰岳	0.58	0.83	0.56	1.00	0.05	0.30	0.77	0.52	0.45	0.40	5.48
300098	高新兴	0.98	0.00	0.88	0.67	0.00	0.36	0.72	0.28	0.50	0.04	4.41
300496	中科创达	0.12	1.00	0.42	0.49	0.00	0.35	0.89	0.28	0.61	0.18	4.35
300634	彩讯股份	0.01	0.33	0.42	0.14	0.00	0.34	0.73	0.84	0.96	0.29	4.04
300768	迪普科技	0.39	0.00	0.03	0.03	0.00	0.46	0.94	0.69	1.00	0.28	3.82
300613	富瀚微	0.03	0.00	0.03	0.02	0.00	0.58	0.98	0.97	0.85	0.28	3.75
300579	数字认证	0.01	0.00	0.10	0.09	1.00	0.41	0.83	0.21	0.82	0.28	3.75
300212	易华录	0.19	0.46	0.19	0.58	0.04	0.88	0.43	0.55	0.35		3.67
300552	万集科技	0.50	0.00	0.29	0.22	0.00	0.10	0.62	0.30	0.74	1.00	3.64
300369	绿盟科技	0.17	0.00	0.27	0.18	0.00	0.42	0.94	0.55	0.53	0.39	3.44
300624	万兴科技	0.11	0.00	0.05	0.12	0.00	0.50	0.92	0.75	0.66	0.34	3.44
300188	美亚柏科	0.23	0.25	0.34	0.37	0.00	0.32	0.79	0.22	0.62	0.23	3.37
300168	万达信息	0.02	0.00	0.54	0.00	0.55	0.39	0.72	0.14	0.60	0.01	3.36
300386	飞天诚信	1.00	0.00	0.12	0.15	0.00	0.22	0.53	0.45	0.73	0.11	3.32
300377	赢时胜	0.00	0.00	0.12	0.22	0.00	1.00	0.92	0.19	0.51	0.36	3.31
300183	东软载波	0.14	0.34	0.10	0.22	0.00	0.44	0.77	0.25	0.67	0.33	3.26
300810	中科海讯	0.01	0.00	0.02	0.07	0.00	0.39	0.79	0.97	0.83	0.17	3.24
300789	唐源电气	0.04	0.00	0.22	0.07	0.00	0.28	0.65	0.84	0.86	0.27	3.24
300264	佳创视讯	0.02	0.16	0.05	0.76	0.00	0.56	0.68	0.56	0.38	0.00	3.17
300523	辰安科技	0.16	0.00	0.19	0.33	0.00	0.18	0.84	0.46	0.66	0.34	3.16
300799	左江科技	0.00	0.00	0.00	0.00	0.00	0.31	0.74	1.00	0.86	0.21	3.13
300533	冰川网络	0.00	0.00	0.12	0.00	0.00	0.63	0.61	0.76	0.74	0.23	3.10
300608	思特奇	0.03	0.00	0.20	0.00	0.00	0.44	1.00	0.38	0.78	0.25	3.08
300297	蓝盾股份	0.10	0.00	0.98	0.52	0.00	0.25	0.43	0.11	0.54	0.14	3.08
300674	宇信科技	0.00	0.00	0.41	0.00	0.00	0.23	0.88	0.41	0.87	0.27	3.06
300311	任子行	0.05	0.21	0.19	0.45	0.00	0.45	0.75	0.16	0.48	0.32	3.06
300682	朗新科技	0.00	0.00	0.08	0.00	0.00	0.24	0.84	0.83	0.78	0.28	3.05
300365	恒华科技	0.05	0.00	0.37	0.18	0.00	0.21	0.93	0.42	0.79	0.08	3.02
300532	今天国际	0.16	0.00	0.31	0.00	0.00	0.17	0.75	0.69	0.69	0.25	3.01
300520	科大国创	0.33	0.00	0.37	0.00	0.00	0.26	0.85	0.32	0.67	0.16	2.96

四、案例分析[①]

本年度研究报告选取排名第三且得分上升速度较快的中科创达（300496）作为优秀样本企业进行分析。

（一）企业简介

"中科创达"全称"中科创达软件股份有限公司"，成立于2008年3月，于2015年

---

①此案例分析的主要数据来源为2019年年报。

12月在创业板上市，股票代码300496，是全球领先的智能操作系统产品和技术提供商。

"中科创达"以智能操作系统技术为核心，聚焦人工智能关键技术，助力并加速智能软件、智能网联汽车、智能物联网等领域的产品化与技术创新，为智能产业赋能。公司以"创造丰富多彩的智能世界"为使命，坚持"让我们的智能技术应用于每一台设备"的企业愿景，专注于 Linux、Android 和 RTOS 等智能操作系统底层技术及应用技术开发，持续投入开发智能视觉引擎技术、人机交互和终端安全等前沿技术，积累了丰富的研发经验和众多自有知识产权。同时，该公司还坚持"技术＋生态"的平台发展战略："技术"即在智能操作系统和人工智能相关技术领域持续研发投入并实现规模效应；"生态"即通过与产业链中领先的芯片、终端、运营商、软件与互联网以及元器件厂商开展紧密合作，垂直整合。十年来的潜心经营使该公司多次获得 CES 创新奖，并荣登"福布斯中国上市公司潜力企业榜"。

（二）无形资产相关情况分析

1. 优势分析

"中科创达"之所以能够在行业内成为无形资产领域的标杆企业，主要原因在于其持有商标数量、前十大股东持股比例、著作权数量和员工本科及以上学历占比排名较为靠前。其中，持有商标数量 242 项，居行业第 1 位；前十大股东持股比例 54.03%，居行业第 8 位；著作权数量 758 项，居行业第 9 位；员工本科及以上学历占比 84.17%，居行业第 15 位。总体来看，"中科创达"在非常规无形资产规模结构和持续能力方面表现较好，使其在创业板软件、信息技术服务行业无形资产竞争中脱颖而出。

2. 不足分析

由表9-8可知，"中科创达"在授权专利与非专利技术、技术标准、前五名客户销售额占比、高管薪酬、资质等五项二级指标上略显不足，技术标准为 0 项；专利与非专利技术拥有量为 153 项，居行业第 20 位；前五名客户销售额占比为 28.32%，居行业第 65 位；高管薪酬为 42.13 万元，居行业第 57 位。这几项指标与行业无形资产的持续能力和竞争能力有关，因此值得企业关注，在该类无形资产的拥有量和结构上仍有待进一步提高。综合来看，相较于其他软件及信息技术服务行业上市公司，"中科创达"在高管薪酬的投入上相对较低，对于专利、非专利技术、技术标准等核心无形资产的持有数量不够大，而这些都可能成为该企业未来发展的短板。

3. 无形资产优化建议

未来，"中科创达"需要继续保持其在持有商标数量、前十大股东持股比例、著作权数量和员工本科及以上学历占比等方面的优势地位，并且优化这些无形资产的质量和结构。与此同时，一方面要加大企业对研发支出的投入比重，重视专业型和科技型人才的引进以及后期的人才培训体系建设，在企业内营造重视创新和人才的文化氛围；另一方面，企业还应注重对相关知识产权的研究开发与保护，以及对相关领域资质的申请和拓展，这是因为诸如软件著作权、专利、资质等无形资产是软件、信息技术服务行业内竞争最激烈的领域。通过对企业无形资产发展短板的弥补，力图提升企业无形资产的持续能力和竞争能力。

（三）其他方面竞争优势分析

根据招股说明书和年报披露信息，"彩讯股份"除在无形资产质量竞争中具有优势之外，在行业经验、客户服务和技术产品这三个方面也具有一定的竞争优势。

1. 产业链整合

"中科创达"是全球领先的智能操作系统产品和技术提供商，公司与高通、Intel、TI、SONY、QNX、NXP 等分别运营了多个联合实验室，跟踪研发行业前沿技术，推动智能终端产业的技术发展。另外，公司跟包括高通、华为等领先的几个芯片厂商捆绑在一起，积累了丰富的底层开发技术，并通过对下游客户的多年业务积累帮助他们构建基于其芯片的应用生态，达到了对行业整个生态系统的捆绑，竞争壁垒很高。在5G商用落地后，智能手机、物联网和智能汽车业务对软件需求将会增加，公司将凭借着强大竞争优势获得产业升级红利。

2. 品牌优势

作为全球领先的操作系统产品及技术提供商，"中科创达"的客户遍布全球。在与客户长期的合作过程中，公司以优质的产品及服务，获得了优异的行业口碑、国际品牌认可度。品牌知名度的提升，有助于加速公司全球化业务发展，获得更多的业务增长机会。

3. 技术和人才

"中科创达"董事长赵鸿飞先生自1998年3月至2006年8月，历任NEC-中科院软件研究所有限公司工程师、项目经理。自2009年10月起，担任中科创达董事长。不难看出，公司董事长赵鸿飞先生系工程师出身，对公司业务和技术有深入理解。此外，由4500余名研发工程师所组成的50多个专业研发团队，一直为客户提供高质量的全面一站式技术产品和服务。

该公司亦是国内领先的独立操作系统技术公司，通过长达10年的研发投入及积累，在操作系统底层技术、智能视觉引擎、新一代智能驾驶舱、终端安全、人机交互、智能模块等方面都拥有先进的核心技术和产品，并广泛应用在各类智能终端产品中。目前，公司拥有超过1000项自主研发的技术专利及软件著作权，在全球范围内拥有约 5000名员工，其中研发人员占比超过 90%。

4. 全球化布局

"中科创达"拥有一支对操作系统技术具有深入理解的全球化专业研发团队。立足国内，放眼全球。公司在欧洲、北美、日本、韩国、印度及东南亚等国家地区均有业务布局。全球化的业务布局使公司能够及时掌握每个市场的前沿技术趋势、客户需求，保持技术领先地位，提升研发效率及客户满意度。公司总部位于北京，分、子公司及研发中心分布于全球 25 个城市，包括深圳、上海、南京、成都、重庆、武汉、西安、沈阳、大连、天津、香港、中国台湾地区、新加坡、美国硅谷、美国圣迭戈、美国底特律、加拿大多伦多、日本东京、日本名古屋、韩国首尔、芬兰赫尔辛基、保加利亚索菲亚、德国慕尼黑、马来西亚槟城、印度海得拉巴。为全球客户提供便捷、高效的技术服务和本地支持。

报告十：计算机、通信及电子行业无形资产研究

本报告基于证监会二级行业分类标准（2012），对计算机、通信及电子行业进行典型分析。研究样本包括截至2020年5月18日计算机、通信及电子行业的创业板上市公司，共计123家。

一、行业概况

（一）企业数量变化

截至2020年5月18日，创业板计算机、通信及电子行业上市公司共123家，约占创业板公司总数量的15.19%。2019年5月18日至2020年5月18日，新增9家。该行业企业数量占创业板公司总数比例从2015年的13.19%持续增长，2017—2019年总体呈稳态，占比维持在15%左右，如表10-1所示。

表10-1 2015—2019年计算机、通信及电子行业企业数量变化（单位：家）

数量/占比 \ 年份	2015	2016	2017	2018	2019
行业企业数量	67	91	111	114	123
行业新增企业数量	4	24	20	3	9
创业板企业总数	508	638	725	758	810
行业企业占比	13.19%	14.26%	15.31%	15.04%	15.19%

（二）行业成本分析

根据对2018—2019年年报信息的整理，计算机、通信及电子行业企业成本如表10-2所示。行业成本均呈上升趋势，其中应付职工薪酬的均值同比增幅最大，为10.41%；销售费用次之，均值同比增幅为5.41%；营业成本紧随其后，均值同比增长5.08%；管理费用均值同比增幅为0，控制较好。上述数据表明创业板计算机、通信及电子行业经营成本整体呈上升趋势。

表10-2 2018—2019年计算机、通信及电子行业成本变动（单位：亿元）

成本构成	2018年		2019年		
	总额	均值	总额	均值	均值同比增长
营业成本	1413.79	12.39	1602.04	13.02	5.08%
销售费用	84.19	0.74	96.07	0.78	5.41%
管理费用	124.05	1.09	134.15	1.09	0
应付职工薪酬	46.34	0.41	55.68	0.45	10.41%

（三）行业利润分析

1. 整体变化趋势

根据对2015—2019年年报信息的整理，计算机、通信及电子行业上市公司利润数据如表10-3所示。2017年行业盈利水平虽然仍保持增长，但增速大幅下降。2018年行业利润总额和利润的均值出现大幅度下降，利润总额和净利润的均值降速超过50%，主要是因为有超过半数的企业利润增幅为负数，其中有16家企业利润下降1倍以上，三家企业利润下降10倍以上，尤其向日葵（300111）的利润总额下降了212.4倍。2019年行业利润和净利润的均值重新大幅上涨，但利润总额和均值均未达到2017年的水平。

表10-3 2015—2019年计算机、通信及电子行业利润变动（单位：亿元）

指标 \ 年份	2015	2016	2017	2018	2019
利润总额	84.58	139.08	183.14	74.55	134.08
平均利润	1.26	1.53	1.65	0.65	1.09
平均利润同比增长	24.21%	21.43%	7.84%	-60.61%	67.69%
净利润	72.21	120.23	156.44	50.24	103.54
平均净利润	1.08	1.32	1.41	0.44	0.84
平均净利润同比增长	21.95%	22.59%	6.67%	-68.73%	91.01%

2. 企业盈亏

如表10-4所示，2019年，计算机、通信及电子行业有34.96%企业年度利润增长为负，56.91%企业利润总额增长低于20%，这两项数据均优于2018年，利润呈倍数增长的企业占总数的16.26%，也高于2018年的11.30%，另外，净利润呈倍数增长的企业占比利润总额增长的企业占比高2.4个百分点。2019年度创业板计算机、通信及电子行业利润增长最令人瞩目的企业博创科技（300548），利润总额的增长达到了120.8倍，但净利润的增长也达到了2.34倍。

表10-4 2019年计算机、通信及电子行业利润增长分布情况（单位：家）

指标\区间	<0	0～20%	20%～40%	40%～60%	60%～80%	80%～100%	100%以上
利润总额增长率	43	27	14	8	5	6	20
净利润增长率	42	27	15	8	4	4	23

3. 利润集中度

就整个行业利润集中程度来看（见表10-5），前1.62%（前2家）的企业累计利润总额约占全行业利润的20%；前11.38%（前14家）的企业累计利润总额占整个行业50%；前57.72%（前71家）的企业累计利润总额占整个行业90%，表明创业板计算机、通信及电子行业利润集中度并不是很高，这主要是由于除了蓝思科技（300433）、东方日升（300118）和利亚德（300296）这三家企业占了整个行业收入的24.28%之外，其他企业收入大都集中在1%～2%。

表10-5 2019年计算机、通信及电子行业利润集中情况（单位：家）

累计收入比例	累计企业数	累计企业数占整个行业企业比例
达20%	2	1.62%
达40%	9	7.32%
达50%	14	11.38%
达60%	23	18.70%
达70%	34	27.64%
达80%	49	39.84%
达90%	71	57.72%

二、行业无形资产规模

（一）基于招股说明书的无形资产规模

表10-6为基于招股说明书信息的创业板计算机、通信及电子行业上市公司无形资产构成情况。

表10-6 2015—2019年招股说明书的计算机、通信及电子行业无形资产构成情况

年份 行业总量（均值）	2015	2016	2017	2018	2019
授权专利（项）	2322 （34.66）	3869 （42.52）	5066 （45.64）	5158 （45.25）	5895 （47.93）
非专利技术（项）	560 （8.36）	692 （7.60）	842 （7.59）	842 （7.39）	892 （7.25）
著作权（项）	744 （11.10）	1162 （12.77）	1410 （12.70）	1495 （13.11）	1805 （14.67）
持有商标（项）	846 （12.63）	1179 （12.96）	1305 （11.76）	1336 （11.72）	1586 （12.89）
技术标准（项）	116 （1.73）	157 （1.73）	168 （1.51）	170 （1.49）	194 （1.58）
总经理薪酬（万元）	5282.1 （78.84）	6756.1 （74.24）	8311.88 （74.88）	8691.92 （76.24）	9359.49 （76.09）
资质（项）	1579 （23.57）	2180 （23.96）	2692 （24.25）	2722 （23.88）	2831 （23.02）

1. 常规无形资产规模变动特征

2015—2019年，创业板计算机、通信及电子行业常规无形资产从均值看比较稳定，授权专利有较大增长，具体特征如下：

第一，披露的授权专利总量和均值持续增长。2015—2019年行业授权专利均值呈大幅上升趋势，2019年总量达5895项，均值达47.93项。

第二，非专利技术披露总量和均值较少。近四年非专利技术均值比2015年略有下降，基本维持在8项左右。

第三，披露的著作权总量和均值也稳中有升。披露的著作权总量从2015年的744项上升到2019年的1805项，均值从2015年的11.1项上升到2019年的14.67项。

第四，持有商标数量的行业均值保持稳定。2015—2019年披露的持有商标均值一直维持在12项左右。

2. 非常规无形资产规模变动特征

2015—2019年，创业板计算机、通信及电子行业非常规无形资产变动特征如下：

第一，技术标准数量的行业均值整体呈稳定态势，行业均值为1.5项左右。

第二，总经理薪酬的行业均值小幅波动。2015年该行业总经理平均薪酬近5年最高，达78.84万元，之后略有下降，2019年平均薪酬76.09万元，仍远高于上市公司整体平均水平。

第三，资质数量的行业均值保持稳定。2015—2019年该行业创业板上市公司参与标

准制定的数量逐年增长，但均值基本稳定在 24 项左右。

（二）基于年报的无形资产规模

表 10-7 为基于年报信息的创业板计算机、通信及电子行业上市公司无形资产构成情况。

表10-7 2015—2019年年报的计算机、通信及电子行业无形资产构成情况

年份 行业总量（均值）	2015	2016	2017	2018	2019
授权专利（项）	7132 (99.06)	9666 (102.83)	12701 (113.40)	14374 (124.99)	18863 (153.36)
非专利技术（项）	184 (2.56)	241 (2.56)	181 (1.62)	82 (0.71)	0 (0.00)
著作权（项）	1386 (19.25)	2069 (22.01)	2944 (26.29)	4519 (39.30)	5200 (42.28)
持有商标（项）	1821 (25.29)	2226 (23.68)	619 (5.53)	765 (6.65)	1006 (8.18)
技术标准（项）	32 (0.44)	119 (1.27)	73 (0.65)	106 (0.92)	248 (2.02)
前五名客户销售额占比（%）	2520 (35.00)	3901 (41.50)	4224 (37.71)	4994.17 (43.43)	2499.02 (20.00)
总经理薪酬（万元）	4792 (66.55)	6529 (69.46)	8242 (73.59)	8496.93 (73.89)	11224.7 (92.26)
独立董事津贴（万元）	436 (6.06)	572 (6.09)	660 (5.89)	808.73 (7.03)	692.16 (5.63)
前十大股东持股比例（%）	4347 (60.38)	5921 (62.99)	6795 (60.67)	6858 (59.63)	6874.79 (55.89)
技术（研发）人员占比（%）	1899 (26.38)	2488 (26.47)	3396 (30.32)	3272 (28.46)	3725 (30.00)
资质（项）	1973 (27.40)	3215 (34.20)	405 (3.62)	894 (7.77)	1176 (9.56)

1. 常规无形资产规模变动特征

根据 2015—2019 年创业板计算机、通信及电子行业披露的年报数据，该行业上市公司拥有的常规无形资产变动特征如下：

第一，年报披露授权专利显著高于公司招股说明书。年报披露的授权专利数量和行业均值整体呈上升趋势，2019 年行业均值增速达到了 22.70%。且显著高于招股说明书的数据，表明该行业公司上市后授权专利大幅增长，技术实力进一步增加。

第二，非专利技术披露减弱且连续下滑。2015—2016 年间非专利技术披露数量和均值持续下降，2019 年，行业内所有企业都没有在年报中披露非专利技术，远低于该行业招股说明书披露情况，表明该行业公司上市后非专利技术披露意愿下降。

第三，软件著作权是创业板计算机、通信及电子行业核心竞争力的重要体现。年报中披露的著作权行业均值 2015—2019 呈现逐年上升趋势。截至 2019 年，行业软件著作权均值达到 42.28 项，远高于该行业招股说明书披露的均值。

第四，商标数量的行业均值近年下降较大。2015—2016 年该行业商标数量均值超过 20 项，但 2017 年降至 5.53 项，2019 年的行业均值回升到 8.18 项，仍低于该行业招股说明书披露的行业均值，表明该行业公司上市后近年对商标的重视程度有所下降。

2. 非常规无形资产规模变动特征

根据 2015—2019 年创业板计算机、通信及电子行业披露的年报数据，该行业非常规无形资产变动特征如下：

第一，技术标准的行业均值一直处于波动状态，但整体呈现上涨趋势。2017 年参与制定的标准数量均值降至 0.65 项，以后逐年上涨，2019 年技术标准的行业均值达到了 2.02 项，略高于该行业招股说明书披露的行业均值。

第二，2015—2018 年，前五名客户销售额占比在过去四年内表现较为稳定，一直在 40% 左右浮动，但是 2019 年前五名客户销售额占比大幅下降至 20%，说明该行业客户集中度降低，行业竞争更加激烈。

第三，总经理薪酬的行业均值在五年内呈不断增长趋势，2019 年增幅尤为明显，2019 年总经理薪酬的均值达到历史最高点，92.26 万元／家。

第四，独立董事津贴的行业均值基本保持稳定，2015—2016 年基本都保持在 6 万元／家以上，2018 年独立董事津贴的行业均值增长至 7.03 万元／家，2019 年再次下降到 5.63 万元／家。

第五，前十大股东持股比例在 2015—2019 年期间呈现下降趋势。2016 年出现小幅度上升之后，2017—2019 年前十大股东持股比例持续下滑，股权集中度不断走向分散。

第六，技术（研发）人员的占比呈现上涨的趋势。技术（研发）人员占比呈现波动，整体趋势是在提升，接近公司员工总数的 30%，远高于其他行业，显示出创业板计算机、通信及电子行业对技术型人才的高度依赖。

第七，资质数量的行业均值整体呈波动降低趋势。2015 年该行业年报披露资质均值为近 5 年来最高的 27.4 项，2017 年大幅降至 3.62 项，2019 年资质数量的行业均值回升至 9.56 项，仍远低于该行业招股说明书披露的资质均值。

三、基于无形资产竞争矩阵的行业无形资产竞争分析

（一）行业无形资产规模结构分析

2019 年，该行业专利及非专利技术共计 18863 项，平均每家企业拥有 153.36 项，

蓝思科技（300433）、劲胜股份（300083）和利亚德（300296）三家企业共有专利及非专利技术 3746 项，占行业总量 18.43%。

软件著作权共计 5200 项，平均每家企业约为 42.28 项，中海达（300177）、东土科技（300353）和欧比特（300053）三家企业共有软件著作权 877 项，占行业总量 16.87%。

商标数量共计 1006 项，平均每家企业约有 8.18 项，中海达（300117）、朗科科技（300042）和东土科技（300353）三家企业共有商标 510 项，占行业总量 50.70%。

资质数量共计 1176 项，平均每家企业拥有 9.56 项，利亚德（300296）、洲明科技（300232）和东方日升（300118）三家企业共有资质 181 项，占行业总量 13.61%。

（二）行业无形资产持续能力分析

创业板计算机、通信及电子行业研发支出占比的行业均值为 9.16%，该项指标排名前三企业为景嘉微（300474）、左江科技（300799）和上海瀚讯（300762），分别为 33.22%、31.47% 和 31.41%。

员工本科及以上学历占比的行业均值为 33.7%，该项指标排名前三企业为长方集团（300301）、全志科技（300458）和卓胜微（300782），分别为 97.5%、93.7% 和 92.3%。

技术标准数量的行业均值为 2.53 项／家，该项指标排名前三的企业为国民技术（300077）、科信技术（300565）和鸿利智汇（300219），分别为 54 项／家、54 项／家和 40 项／家。

（三）行业无形资产竞争能力分析

计算机、通信及电子行业前五名客户销售额占比的行业均值为 20.32%，该项指标排名前三的企业为左江科技（300799）、景嘉微（300474）和太辰光（300570），分别为 99.57%、77.76% 和 73.41%。

前十大股东持股比例的行业均值为 55.89%，该项指标排名前三的企业为宏达电子（300726）、亿联网络（300628）和久之洋（300516），分别为 79.18%、78.64% 和 77.48%。

高管薪酬的行业均值为 92.26 万元，该项指标排名前三的企业为光弘科技（300735）、蓝思科技（300433）和吴通控股（300292），分别为 512.54 万元、500 万元和 375 万元。

表 10-8 列示了依据无形资产竞争矩阵计算所得的创业板计算机、通信及电子行业排名前 30 的样本企业。

表10-8 2019年创业板计算机、电子及通信行业无形资产竞争力前30名企业

股票代码	股票名称	专利与非专利技术得分	商标得分	资质得分	软件著作权得分	技术标准得分	研发支出占比得分	员工学历得分	前五名客户占比得分	前十大股东持股比例得分	高管薪酬得分	总分得分
300353	东土科技	0.2417154	1	0	0.729651163	0	0.544765816	0.660805628	0.09470724	0.498484466	0.070531081	3.916234234
300177	中海达	0.24691358	0.608108108	0.338709677	1	0	0.421367924	0.623898085	0.023902782	0.537635767	0.000468256	3.872356666
300799	左江科技	0.00259909		0.04838709	0	0	0.947208848	0.71616096	1	0.958322809	0.154758653	3.827492593
300474	景嘉微	0.046133853		0.225806452	0.094476744	0	1	0.773350601	0.737270262	0.831649406	0.111230343	3.819917662
300433	蓝思科技	1		0.112903226	0	0	0.179352928	0.041703796	0.432560008	0.969689315	0.975533617	3.711742891
300762	上海瀚讯	0.022092268		0.032258065	0.103197674	0	0.945569533	0.779461215	0.53811389	0.924981056	0.143013228	3.488886929
300292	吴通控股	0.119558155		1	0.328488372	0	0.110288264	0.37665117	0.26011851	0.497347815	0.731650213	3.424101445
300458	全志科技	0.12345679		0.096774194	0.101744186	0	0.653962435	0.960872115	0.206688762	0.668603183	0.566785031	3.378886695
300782	卓胜微	0.0402859		0.016129032	0	0	0.445935326	0.945558677	0.231093703	0.908436474	0.647890896	3.235330008
300565	科信技术	0.187784276		0.129032258	0.066860465	0.931034483	0.276876119	0.408069877	0.291051522	0.79931801	0.103855309	3.193882318
300628	亿联网络	0		0.403225806	0	0	0.452817447	0.914044213	0.067289344	0.993180096	0.255238616	3.085795522
300223	北京君正	0.042235218		0.338709677	0.158430233	0	0.538891249	0.89330128	0.299487798	0.712553675	0.063409685	3.047018815
300590	移为通信	0.045484081		0.129032258	0.180232558	0	0.507374457	0.79206045	0.166516019	0.892018186	0.289226207	3.009089812
300711	广哈通信	0.027940221		0.274193548	0.110465116	0	0.531458665	0.712085898	0.33966054	0.907805001	0.103406563	3.007015553
300077	国民技术	0		0.306451613	0.090116279	1	0.653552069	0.519805123	0.056844431	0.113286183	0.234128068	2.974183767
300638	广和通	0.045484081		0.241935484	0.066860465	0.068965517	0.341656463	0.91434267	0.177663955	0.887976762	0.220860811	2.965746185
300250	初灵信息	0.072124756	0.14868649	0.177419355	0.385174419		0.521933854	0.726490665	0.211609923	0.591058348	0.07021891	2.904678877
300455	康拓红外	0.096166342		0.064516129		0	0.205715599	0.854645266	0.532087978	0.956175802	0.181098061	2.890405177
300735	光弘科技	0.059129305		0.129032258	0.030523256	0	0.121110597	0.068599366	0.526162499	0.858802728	1	2.793360008
300219	鸿利智汇	0.496426251	0.689189189	0.129032258	0	0.689655172	0.150784103	0.098103983	0.162498745	0.800328366	0.257599407	2.784428285
300661	圣邦股份	0.038336582	0.211711712	0.032258065	0	0	0.61821927	0.843371985	0.12383248	0.752336449	0.150349241	2.770415782
300456	耐威科技	0.107862248	0.063063063	0.064516129	0.25	0	0.543069004	0.647419915	0.115597067	0.859560495	0.096558317	2.747646239
300053	欧比特	0.081221572	0.306306306	0.209677419	0.712209302	0	0.23160673	0.461760462	0.050517224	0.508335438	0.164650564	2.726285019
300327	中颖电子	0.053931124		0.112903226	0.018895349	0	0.603046401	0.876139562	0.180375615	0.580575903	0.262360011	2.688227191
300042	朗科科技	0.207927225	0.689189189	0.14516129	0	0.017241379	0.071945666	0.203250514	0.093803354	0.819146249	0.425000976	2.672265843
300672	国科微	0.038336582		0.177419355	0.119186047	0	0.688348349	0.30293243	0.288540725	0.879767618	0.117064034	2.61159514
300627	华测导航	0.259009032		0.032258065	0	0	0.495084544	0.761570062	0.01837903	0.892144481	0.149627346	2.60897256
300101	振芯科技	0.087069526	0.202702703	0.225806452	0.148255814	0.155172414	0.405132203	0.685659731	0.106959928	0.461732761	0.12999961	2.60849114
300134	大富科技	0.356725146		0.161290323	0	0	0.290048654	0.101841519	0.569749925	0.800328366	0.290982167	2.570960049
300213	佳讯飞鸿	0.176738142		0.048387097	0.370639535	0	0.253811459	0.864196134	0.113990158	0.566557211	0.167850314	2.562170049

四、案例分析

东土科技（300353）依据无形资产竞争矩阵计算得分排名第一，本年度蓝皮书选取其作为优秀样本企业进行分析。

（一）企业简介

北京东土科技股份有限公司（以下简称"东土科技"）是全球工业互联网技术创新引领者，制定了中国工业网络通信国家标准，是福布斯与世界人工智能大会联合颁发的全球首个工业互联网"湛卢奖"获得者，是首届工信部中国工业互联网大赛一等奖获得者，是工信部认定的中国工业通信单项冠军企业，是全球工业通信排名前十的唯一中国大陆企业，是中国第一家工业互联网产业联盟（北京中关村工业互联网产业联盟）的发起人和理事长单位。

"东土科技"通过技术创新和标准制定，致力于推动工业互联网在通信协议、工业App软件承载平台以及控制硬件平台三个层面的技术统一。"东土科技"历经20年的研发积累，先后创新研发了全球领先的工业互联网操作系统Intewell、全场景工业互联网通信芯片、软件定义控制的边缘服务器，并制定了5项国际标准，完成了8项核高基，11项863科研任务。

"东土科技"工业互联网全栈解决方案，实现软件定义网络、软件定义控制和软件定义城市功能，推动5G和人工智能在工业、城市及防务等领域的深度应用，已广泛应用于飞机、船舶、高铁/地铁、智能电网、能源、石油化工、冶金、工厂自动化、智能交通、城市管理、运营商通信等领域，全球累计近200万台设备实时运行，并获得了商务部CTEAS服务体系完善程度七星级卓越认证。

"东土科技"面向全球开放合作，先后与浙江大学、中国科学院、清华大学、intel公司、东北大学、国家新能源汽车技术创新中心等机构合作创新，现已拥有完全自主可控且引领未来的工业互联网核心知识产权。

（二）无形资产相关情况分析

1. 优势分析

"东土科技"能够在行业内无形资产方面成为标杆企业，主要原因在于"东土科技"在商标得分、软件著作权得分、研发支出占比得分、十大股东持股比例得分、员工学历得分方面得分较高。其中，拥有商标222项，位于行业第一；拥有软件著作权502项，位居行业第二；研发支出占比18.10%，排在行业第10位；十大股东比例得分为0.50，位居行业中游；员工学历得分0.66，排在行业第24位。可见，"东土科技"在无形资产竞争能力方面表现较好，使其在计算机、通信及电子行业无形资产竞争中脱颖而出。

2. 不足分析

由表 10-8 可知，"东土科技"在资质和技术标准两项二级指标上略显不足，两项指标的得分均为 0。这几项指标与行业无形资产的规模结构、持续能力和竞争能力有关，值得企业关注。综合来看，相较于其他计算机、通信及电子行业上市公司，"东土科技"在专利与非专利技术得分、前五名客户销售额占比得分和高管薪酬得分上都相对较低，处于行业的中下游水平。"东土科技"拥有 372 项专利和非专利技术，行业排名第12，但得分仅 0.24；前五名客户销售额占比为 9.43%，行业排名第 88；高管平均年薪为36.15 万元，排在行业第 100 名。这些都可能成为该企业未来发展的短板。

3. 无形资产优化建议

"东土科技"在无形资产的规模结构方面表现不佳，应当采取措施提高专利和非专利技术、资质和技术标准方面的竞争力。专利和非专利技术、技术标准方面应当考虑加大研发投入，并做好专利和非专利技术的申请工作；资质方面，企业应准备好相关材料，提高企业的各项标准，去完成相关资质的认证。此外，"东土科技"在积极弥补不足的同时，还要巩固自身在无形资产在持续能力和竞争能力方面的优势。

（三）其他方面竞争优势分析

根据招股说明书和年报披露信息，"东土科技"除在无形资产质量竞争中具有优势之外，在技术研发、知识产权和行业标准与业务资质优势三个方面也具有一定的竞争优势。

1. 技术研发优势

技术研发能力是公司核心竞争力的保证，公司致力于拓展技术领域、优化产品结构和用户体验，提升产品的核心竞争力。公司建立了有竞争力的研发团队，并重视技术人才的培养，截至报告期末，公司共有研发人员 525 人，占员工总数 36.64%。公司长期保持以超过营业收入 15% 的资金投入技术研发，重点围绕工业互联网的核心技术增强研发能力，并加快技术商业化应用。运用行业领先的创新能力，持续探索和掌握发展新机遇，为公司打开全新的增长空间。

2. 知识产权优势

公司注重知识产权保护，对自主研发的各项技术及时申请专利和软件著作权。报告期内，公司及下属子公司共新增申请专利 115 项，共新增获得授权的发明专利 84 项（包括 32 项海外专利），实用新型专利 1 项、外观设计专利 9 项，软件著作权 35 项、商标18 项（包括 8 项国外商标）。截至报告期末，公司及下属子公司合计拥有专利 372 项，其中，发明专利 250 项（包括 52 项海外专利），实用新型专利 39 项，外观设计专利 83 项；

合计拥有软件著作权 502 项；商标 222 项（包括 66 项国外商标）。公司是国家知识产权示范企业，工业企业知识产权运用试点企业，中关村国家自主创新示范区标准化试点单位，中关村商标品牌工作试点培育单位。

3. 行业标准与业务资质优势

该公司是中关村工业互联网产业联盟理事长单位，是北京国科工业互联网研究院核心发起单位，是中国工业互联网核心标准的主要起草单位；先后参与和承担了三项工业自动化信息领域国际标准（IEC61158、IEC62439、IEEE C37.238），主导起草了国家标准《GB/T 30094 工业以太网交换机技术规范》，获得国家六项核高基专项，承担了三项国家 863 课题。2019 年 9 月，公司牵头制定的基于 IPV6 的工业控制总线标准 AUTBUS 国际标准成功立项，编号为工业通信系列国际标准 IEC 61158 的 Type28 和 IEC 61784 的 CPF22。2020 年 1 月，AUTBUS 国家标准亦已立项。该技术是国际上首项全 IP 工业控制协议，该标准的制定为公司工业互联网战略的开放性提供了重要的标准支撑。

该公司通过严格、科学的管理方法，对产品策划、设计开发、采购、生产和服务过程严加管理，以保证为客户提供优质的产品和服务。报告期内，公司新产品通过了 UL61010、ATEX、IECEx、CE、FCC、TUV 等多项高端国际认证；公司获得了售后服务体系七星（卓越）认证，在国内工业互联网领域，是首家获此认证的公司；同时，公司顺利通过了质量管理体系、环境管理体系、职业健康管理体系的监督审核。报告期内，公司大力开展持续改进活动，2019 年设计开发过程质量管理、物料量管理、生产过程质量管理水平均进一步提升。同时依据 ISO/TS 22136:2017、GJB 9001C—2017 及 ISO9001:2015 的要求，结合公司的实际情况对质量管理体系文件进行了优化，同时进行了流程执行情况检查，在进一步提升质量管理体系的充分性、适宜性及有效性的同时，确保了流程的落地。

出于加强和规范国防装备科研生产管理，确保科研生产质量，提高科研生产效益，维护公平竞争秩序的需要，我国要求防务产品供货商具备相关资质证书。截至目前，公司及子公司拥有了国家保密资格证书、国军标准质量体系认证证书、装备承制单位资格证书等齐全的军工资质，这些资质将有利于公司大力发展和拓展防务业务市场，保证公司在行业内的竞争优势。

报告十一：化学、橡胶、塑料行业无形资产研究

本报告基于证监会二级行业分类标准（2012），对化学、橡胶、塑料行业进行典型分析。研究样本包括截至 2020 年 5 月 18 日化学、橡胶、塑料行业的创业板上市公司，包括化学原料和化学制品制造业及橡胶和塑料制品业，共计 81 家。样本数据来源于招股说明书和历年年报。

一、行业概况

（一）企业数量变化

截至 2020 年 5 月 18 日，创业板化学、橡胶、塑料行业上市公司共 80 家，约占创业板公司总数量的 9.88%。2019 年 5 月 18 日至 2020 年 5 月 18 日，新增 5 家。该行业企业数量占创业板公司总数比例近三年保持稳定，均在 10% 左右，2019 年占比为 9.88%，为近三年新低，如表 11-1 所示。

表11-1 2009—2019年化学、橡胶、塑料行业企业数量变化[①]（单位：家）

数量/占比＼年份	2009	2010	2011	2012	2013	2014	2015	2016	2017	2018	2019
行业企业数量	5	16	28	32	33	36	44	60	73	76	80[①]
行业新增企业数量	5	11	12	4	1	3	8	16	13	3	5
创业板企业总数	58	188	292	355	379	425	508	638	725	757	810
行业企业占比	8.62%	8.51%	9.59%	9.01%	8.71%	8.47%	8.66%	9.40%	10.07%	10.04%	9.88%

[①]数据说明：截至2020年5月18日化学、橡胶、塑料行业共有81份招股说明书，行业内新上市公司为贝斯美（300796）、锦鸡股份（300798）、泰和科技（300801）、东岳硅材（300821）。其中300821东岳硅材为新上市企业，未披露2019年年报，因此下文招股书数据以80为样本数，年报数据以79为样本数。

（二）行业成本分析

根据对 2018—2019 年年报信息的整理，创业板化学、橡胶、塑料行业企业成本如表 11-2 所示，整体呈上升趋势。其中，应付职工薪酬均值的增长幅度最大，达到 14.05%，其次是销售费用，均值增长了 8.13%；管理费用及营业成本均值下降，管理费用均值降幅较大，为 35.81%，营业成本均值降幅相对较小，为 1.72%。同 2018 年相比，营业成本、销售费用、应付职工薪酬总额都有增长，上述数据表明创业板化学、橡胶、塑料行业经营成本，整体呈上升趋势。

表11-2 2018—2019年化学、橡胶、塑料行业成本变动（单位：亿元）

成本构成	2018年		2019年		
	总额	均值	总额	均值	均值同比增长
营业成本	777.0307	10.5004	815.2716	10.3199	-1.72%
销售费用	54.0558	0.7305	62.4004	0.7899	8.13%
管理费用	96.0781	1.2984	65.8434	0.8334	-35.81%
应付职工薪酬	14.6336	0.1978	17.8218	0.2256	14.05%

（三）行业利润分析

1. 整体变化趋势

根据对 2015—2019 年年报信息的整理，化学、橡胶、塑料行业上市公司利润数据如表 11-3 所示。行业总利润和净利润在 2015—2018 年总体呈现上升趋势，2019 年产生下降；其中 2015 年及 2019 年平均利润总额和平均净利润均出现负增长，2017 年的净利润出现大幅度增长，平均净利润增幅高达 71.29%，2018 年利润增长幅度相比 2017 年出现下降，平均利润总额增幅为 12.94%，平均净利润增幅仅为 10.49%；2019 年利润增长幅度相比 2018 年下降较大，平均利润总额降幅为 24.28%，平均净利润降幅为 26.94%。

表11-3 2015—2019年化学、橡胶、塑料行业利润变动（单位：亿元）

指标 \ 年份	2015	2016	2017	2018	2019
利润总额	38.3988	75.2683	107.9014	123.5364	99.8659
平均利润总额	0.8727	1.2545	1.4781	1.6694	1.2641
同比增长	-2.85%	43.75%	17.82%	12.94%	-24.28%
净利润	32.1596	32.8992	93.4891	104.7099	81.6718
平均净利润	0.7309	0.7477	1.2807	1.415	1.0338
同比增长	-3.92%	2.3%	71.29%	10.49%	-26.94%

2. 企业盈亏

如表11-4所示，2019年化学、橡胶、塑料行业有45.57%的企业年度利润总额增长率为负数；约68.35%的企业利润总额增长率低于20%，利润总额增长率在20%至100%区间内的比例为17.72%，利润总额增长率超过100%的企业占比为13.92%，盈利情况相比去年较差。

表11-4 2019年化学、橡胶、塑料行业利润增长分布情况[①]（单位：家）

指标 \ 区间	<0	0～20%	20%～40%	40%～60%	60%～80%	80%～100%	100%以上
利润总额增长率	36	18	6	4	1	3	11
净利润增长率	37	16	10	0	3	1	12

3. 利润集中度

就整个行业利润集中程度来看（见表11-5），前11.39%（前9家）的企业累计利润总额约占全行业利润的50%；前21.52%（前17家）的企业累计利润总额占整个行业的70%；前35.44%（前28家）的企业累计利润总额占整个行业的90%，表明化学、橡胶、塑料行业内的大部分利润由少数企业获得，剩余较小份额的利润则被剩下的大多数企业分享，利润集中程度较高。

表11-5 2019年化学、橡胶、塑料行业利润集中情况（单位：家）

累计利润比例	累计企业数	累计企业数占整个行业企业比例
达30%	3	3.80%
达40%	6	7.59%
达50%	9	11.39%
达60%	13	16.46%
达70%	17	21.52%
达80%	22	27.85%
达90%	28	35.44%

[①]证券编码为300740、300741、300758的这3家企业为去年上市，未公布去年年报，因此样本企业数量为71家。

二、行业无形资产规模

（一）基于招股说明书的无形资产规模

表 11-6 为基于招股说明书信息的创业板化学、橡胶、塑料行业上市公司无形资产构成情况。

表11-6 2015—2019年招股说明书的化学、橡胶、塑料行业无形资产构成情况

年份 行业总量（均值）	2015	2016	2017	2018	2019
授权专利（项）	807 （18.34）	1277 （21.28）	1756 （24.05）	1838 （24.18）	2547 （31.84）
非专利技术（项）	338 （7.68）	393 （6.55）	499 （6.84）	503 （6.62）	633 （7.91）
著作权（项）	1 （0.023）	5 （0.083）	55 （0.75）	89 （1.17）	89 （1.11）
持有商标（项）	380 （8.64）	671 （11.18）	849 （11.63）	889 （11.70）	1215 （15.19）
技术标准（项）	101 （2.30）	140 （2.33）	197 （2.70）	201 （2.64）	261 （3.26）
总经理薪酬（万元）	1699.24 （38.62）	2439 （40.65）	2751.24 （37.69）	3323.92 （43.74）	4166.245 （52.08）
前十大股东持股比例（%）	3563.62 （80.99）	4461.6 （74.36）	5387.02 （73.79）	5586.99 （73.51）	5963.92 （74.55）
资质（项）	869 （19.75）	1425 （23.75）	1848 （25.32）	1951 （25.67）	1906 （23.83）

1. 常规无形资产规模变动特征

2015—2019 年，创业板化学、橡胶、塑料行业常规无形资产变动特征如下：

第一，2015—2019 年，行业平均授权专利数量呈稳步上升趋势，2018 与 2017 年基本持平，2019 年有了较大提升，平均每家企业持有专利 31.84 项。

第二，非专利技术数量的均值从 2015 年开始呈逐步下降趋势，2016 年跌至近几年最低值，2017 年均值略有上升，2018 年降至 6.62 项／家，2019 年提升至 7.91 项／家。

第三，化学、橡胶、塑料行业的著作权数量一直很低，近两年呈现逐渐上升的趋势。2017 年新上市两家企业共披露 50 项版权，使行业著作权平均数量增长近 700%，2018 年这一数量增长至 89 项，2019 年持平，平均每家企业拥有 1.11 项著作权。

第四，平均持有商标数量在 2015—2019 年整体呈上升趋势。2015 年平均每家企业仅持有 8.64 项商标，为近 5 年最低值，2019 年总数上升至 1215 项，平均每家企业持有 15.19 项商标。

2. 非常规无形资产规模变动特征

2015—2019 年，创业板化学、橡胶、塑料行业非常规无形资产变动特征如下：

第一，技术标准均值总体呈波动上升趋势，2019 年与 2018 年相比由 2.64 项／家上升至 3.26 项／家，有较大幅度上升。

第二，总经理薪酬在 2015—2019 年呈上升趋势。2017 年为近 5 年的最低值，平均为 37.69 万元／家，2019 年上升至 52.08 万元／家，上升幅度达 38.18%。

第三，前十大股东持股比例在该行业长期保持在 70% 以上，整体呈下降趋势，近三年稳定在 74% 左右，2019 年前十大股东持股比例的平均值为 74.55%。

第四，资质数量均值自 2016 年上升至 23.75 项／家后近三年稳定在 24 项／家左右，2017 年达到最高值 25.32 项／家，2018 年略微上升至 25.67 项／家，2019 年下降至 23.83 项／家。

（二）基于年报的无形资产规模

表 11-7 为基于年报信息的创业板化学、橡胶、塑料行业上市公司无形资产构成情况。

表11-7 2015—2019年年报的化学、橡胶、塑料行业无形资产构成情况

年份 行业总量（均值）	2015	2016	2017	2018	2019
授权专利（项）	2225 （50.57）	2761 （46.02）	3926 （53.78）	4289 （57.96）	6910 （87.47）
非专利技术（项）	1 （0.02）	29 （0.48）	69 （0.95）	25 （0.34）	0 （0.00）
著作权（项）	44 （1.00）	124 （2.07）	854 （11.70）	896 （12.11）	123 （1.56）
持有商标（项）	768 （17.45）	247 （4.12）	268 （3.67）	450 （6.08）	471 （5.96）
技术标准（项）	139 （3.16）	214 （3.57）	104 （1.42）	245 （3.31）	540 （6.84）
前五名客户销售额占比（%）	1270.72 （28.88）	1745.40 （29.09）	2061.62 （28.24）	2254.42 （30.47）	2485.19 （31.46）
总经理薪酬（万元）	2207.48 （50.17）	3240.60 （54.01）	4423.19 （60.59）	4585.53 （61.97）	5779.33 （73.16）
独立董事津贴（万元）	240.68 （5.47）	342.60 （5.71）	380.69 （5.21）	476.40 （6.44）	1350.91 （17.10）
前十大股东持股比例（%）	2677.84 （60.86）	3886.17 （64.77）	4259.24 （58.35）	4500.18 （60.81）	4463.78 （56.50）
技术（研发）人员占比（%）	828.08 （18.82）	1066.19 （17.77）	1322.12 （18.11）	1327.96 （17.95）	1404.43 （17.78）
资质（项）	135 （3.07）	449 （7.48）	223 （3.05）	281 （3.80）	803 （10.16）

注：由于国立科技（300716）2017 年、2018 年和 2019 年分别披露了 3771、5296

和 6894 个配方类非专利技术，为了不影响行业整体趋势，表中统计时未包括国立科技数据。

1. 常规无形资产规模变动特征

2015—2019 年，创业板化学、橡胶、塑料行业常规无形资产变动特征如下：

第一，授权专利的行业均值 2015—2016 年呈现逐年下降趋势，2016 年降至最低值 46.02 项／家，近四年出现明显上升趋势，2019 年达到 87.47 项／家，增长幅度较大。

第二，非专利技术数量波动明显。2015 年仅披露 1 项增量，之后披露数量有一定增长，但整体上处于较低水平，均值未超过 1 项。除了国立科技（300716）披露大量的配方类非专利技术外，该行业的非专利技术拥有量很少。

第三，化学、橡胶、塑料行业因其技术特征对软件著作权依赖较小，根据年报信息，2015—2016 年该行业企业软件著作权拥有量较少，但 2017 年上升至 11.70 项／家，2018 年又上升至 12.11 项／家，2019 年又降至 1.56 项／家。

第四，持有商标数量在 2015—2019 年呈现明显的"U"形趋势，由 2015 年的 17.45 项／家降至 2017 年的 3.67 项／家，为近 5 年最低值；然后开始上升，2017—2019 年持有商标总量上升，均值达到 5.96 项／家。

2. 非常规无形资产规模变动特征

2015—2019 年，创业板化学、橡胶、塑料行业非常规无形资产变动特征如下：

第一，技术标准均值整体呈现"U"形趋势。2016—2017 年平均每家企业的披露数量下降，2017 年出现大幅下降是由于上一年度披露数量较多企业在本年度披露数量大幅下滑；2019 年上升至 6.84 项／家，说明该行业参与制定技术标准的企业在增加，且企业对技术标准越来越重视。

第二，前五名客户销售额占比均值近年一直稳定在 30% 左右，2018 年为 30.47%，2019 年为 31.46%，相比前三年略有上升。

第三，总经理薪酬均值总体呈现波动上升态势，2015 年下降至 50.17 万元家后，2016—2018 年连续三年上升，其中 2017 年增幅最大，2018 年小幅上升至 61.97 万元／家，2019 年大幅上升至 73.16 万元／家。

第四，独立董事津贴均值 2015—2018 年总体上较为稳定，增减幅度较小，2018 年超过 6 万元，其余年份基本稳定保持在 5～6 万元；2019 年大幅上涨，达到 17.10 万元／家，说明企业对独立董事的监督作用重视程度上升。

第五，前十大股东持股比例均值近年均有增减波动，但幅度不大，均保持在 60% 左右；2019 年为近五年最低值，为 56.50%。

第六，技术（研发）人员占比均值 2015—2019 年波动幅度较小，基本维持在 18% 左右，2019 年为 17.78%。

第七，资质数量均值 2019 年达到最大值 10.16 项／家，其余年份波动幅度不大，除 2016 年外，均保持在平均每家企业 3～4 项之间。

三、基于无形资产竞争矩阵的行业无形资产竞争分析

（一）行业无形资产规模结构分析

2019 年，化学、橡胶、塑料行业专利及非专利技术共计 6910 项，平均每家企业拥有 87.47 项，斯迪克（300806）、三聚环保（300072）和大禹节水（300021）三家企业共有专利及非专利技术 1648 项，占行业总量的 23.85%。

商标数量共计 471 项，平均每家企业约有 5.96 项，新宙邦（300037）、安诺其（300067）和天晟新材（300169）三家企业共持有商标 313 项，占行业总量的 66.45%。

资质数量共计 803 项，平均每家企业拥有 10.16 项，硅宝科技（300019）、三聚环保（300072）、回天新材（300041）和泰和科技（300801）四家企业共有资质 144 项，占行业总量的 17.93%。

软件著作权数量共计 123 项，平均每家企业拥有 1.56 项，鼎龙股份（300054）和新开源（300109）两家企业共有软件著作权 106 项，占行业总量的 86.18%。

（二）行业无形资产持续能力分析

化学、橡胶、塑料行业技术标准数量共计 540 项，行业均值为 6.84 项／家，该项指标排名前三的企业为国瓷材料（300285）、硅宝科技（300019）和清水源（300437），分别为 128 项、104 项和 65 项。

研发支出占比的行业均值为 4.54%，该项指标排名前三的企业为乐凯新材（300446）、药石科技（300725）和鼎龙股份（300054），分别为 12.08%、10.45% 和 10.26%。

员工本科及以上学历占比的行业均值为 22.62%，该项指标排名前三的企业为药石科技（300725）、横河精密（300539）和水羊股份（300740），分别为 78.99%、66.23% 和 57.58%。

（三）行业无形资产竞争能力分析

化学、橡胶、塑料行业前五名客户占比的行业均值为 31.46%，该项指标排名前三的企业为德方纳米（300769）、乐凯新材（300446）和广信材料（300537），分别为 90.36%、82.2% 和 68.43%。

前十大股东持股比例的行业均值为 56.50%，该项指标排名前三的企业为华宝股

份（300741）、达志科技（300530）和锦鸡股份（300798），分别为90.42%、79.91%和77.74%。

高管薪酬的行业均值为73.16万元，该项指标排名前三的企业为华峰超纤（300180）、新宙邦（300037）和元力股份（300174），分别为217.22万元、196.95万元和153.42万元。

表11-8列示了依据无形资产竞争矩阵计算所得的创业板化学、橡胶、塑料行业排名前30的优秀样本企业。

表11-8 2019年创业板化学、橡胶、塑料行业企业无形资产竞争力前30名企业

股票代码	股票名称	专利与非专利技术得分	商标得分	资质得分	软件著作权得分	技术标准得分	研发支出占比得分	员工学历得分	前五名客户占比得分	前十大股东持股比例得分	高管薪酬得分	总分得分
300037	新宙邦	0.31	1.00	0.21	0.00	0.00	0.57	0.33	0.25	0.53	0.91	4.10
300054	鼎龙股份	0.56	0.00	0.56	1.00	0.00	0.85	0.28	0.16	0.51	0.16	4.07
300741	华宝股份	0.20	0.00	0.23	0.00	0.00	0.62	0.58	0.62	1.00	0.63	3.89
300072	三聚环保	0.87	0.00	0.81	0.00	0.00	0.24	0.42	0.35	0.62	0.55	3.85
300019	硅宝科技	0.19	0.00	1.00	0.00	0.81	0.34	0.33	0.14	0.73	0.29	3.83
300285	国瓷材料	0.28	0.00	0.42	0.00	1.00	0.53	0.26	0.22	0.48	0.55	3.74
300725	药石科技	0.00	0.00	0.14	0.00	0.00	0.87	1.00	0.47	0.62	0.61	3.71
300806	斯迪克	1.00	0.00	0.67	0.00	0.00	0.48	0.04	0.41	0.72	0.33	3.67
300769	德方纳米	0.04	0.00	0.51	0.00	0.00	0.39	0.30	1.00	0.73	0.67	3.63
300109	新开源	0.15	0.48	0.26	0.54	0.00	0.44	0.53	0.19	0.70	0.14	3.43
300218	安利股份	0.57	0.00	0.72	0.00	0.00	0.42	0.26	0.19	0.71	0.49	3.36
300021	大禹节水	0.60	0.00	0.40	0.00	0.13	0.09	0.58	0.54	0.60	0.40	3.34
300398	飞凯材料	0.48	0.00	0.30	0.00	0.00	0.67	0.36	0.30	0.68	0.36	3.14
300067	安诺其	0.23	0.90	0.28	0.00	0.14	0.39	0.30	0.19	0.57	0.14	3.13
300539	横河精密	0.16	0.00	0.09	0.13	0.00	0.39	0.84	0.54	0.76	0.18	3.09
300446	*ST乐材	0.04	0.00	0.05	0.00	0.04	1.00	0.43	0.91	0.45	0.17	3.09
300801	泰和科技	0.00	0.00	0.77	0.00	0.22	0.31	0.25	0.14	0.82	0.55	3.06
300200	高盟新材	0.24	0.17	0.12	0.00	0.00	0.47	0.36	0.38	0.59	0.70	3.02
300522	世名科技	0.09	0.00	0.19	0.00	0.38	0.61	0.38	0.20	0.74	0.37	2.94
300568	星源材质	0.18	0.00	0.14	0.00	0.00	0.49	0.30	0.67	0.56	0.49	2.82
300429	强力新材	0.05	0.00	0.21	0.00	0.09	0.60	0.31	0.34	0.59	0.60	2.79
300731	科创新源	0.07	0.00	0.12	0.00	0.00	0.54	0.24	0.59	0.74	0.47	2.78
300261	雅本化学	0.00	0.00	0.21	0.00	0.00	0.53	0.28	0.72	0.65	0.37	2.76
300174	元力股份	0.09	0.00	0.23	0.00	0.00	0.58	0.10	0.27	0.77	0.71	2.75
300535	达威股份	0.09	0.00	0.14	0.00	0.00	0.82	0.47	0.24	0.60	0.36	2.71
300041	回天新材	0.20	0.00	0.77	0.00	0.13	0.41	0.38	0.16	0.46	0.20	2.70
300180	华峰超纤	0.00	0.00	0.07	0.00	0.04	0.42	0.27	0.37	0.52	1.00	2.69
300796	贝斯美	0.02	0.00	0.30	0.00	0.00	0.49	0.23	0.58	0.77	0.18	2.58
300437	清水源	0.09	0.00	0.51	0.00	0.51	0.10	0.33	0.37	0.65	0.00	2.57
300478	杭州高新	0.00	0.00	0.30	0.00	0.00	0.47	0.09	0.47	0.70	0.54	2.56

四、案例分析[①]

本年度研究报告选取创业板化学、橡胶和塑料行业无形资产竞争力得分排名第一的新宙邦（300037）作为优秀样本企业进行分析。

（一）企业简介

"新宙邦"全称为"深圳新宙邦科技股份有限公司"，成立于2002年，于2010年1月8日在深圳证券交易所创业板上市，股票代码300037。新宙邦是全球领先的电子化学品和功能材料企业。公司专注于锂电池化学品、电容器化学品、有机氟化学品和半导体化学品的研发、生产与销售。

公司自成立以来，一直高度重视研发与技术创新，每年研发投入超过营业额的7%。经过近20年的发展，已建成集锂电池化学品、电容器化学品、有机氟化学品、半导体化学品及LED封装材料研究、开发、技术服务、检测验证及信息管理于一体的新宙邦研究院。公司研发人员占全集团总人数超过20%，拥有十余位海归博士及专业的研发梯队人才。先后与北京大学、华南理工大学、南方科技大学、上海交通大学、香港理工大学等院校和科研机构建立产学研合作关系。

（二）无形资产相关情况分析

1. 优势分析

"新宙邦"之所以能够在行业内成为无形资产领域的标杆企业，主要原因在于其商标数量、员工学历和高管薪酬得分排名较为靠前。其中，持有商标为119项，居行业第1位；高管薪酬为196.95万元，居行业第2位；授权专利207项，居行业第7位；研发支出占比为6.94%，居行业第13位。总体来看，"新宙邦"在无形资产竞争能力方面、无形资产规模结构和持续能力方面都有突出之处，使其在创业板化学、橡胶、塑料行业无形资产竞争中脱颖而出。

2. 不足分析

"新宙邦"在软件著作权数量、技术标准数量、前十大股东持股比例、前五名客户销售额占比这四项二级指标上略显不足，其软件著作权数量和技术标准数量均为0项，前十大股东持股比例仅为47.53%，前五名客户销售额占比仅为22.30%，不及行业平均水平，这几项指标与行业无形资产的规模结构和竞争能力有关，值得企业重点关注。

综合来看，相较于其他化学、橡胶、塑料行业上市公司，"新宙邦"对著作权、技术标准的重视程度也要加强，进一步集合股东和客户。需要指出的是，以上数据多摘自

[①]相关信息和数据均来自企业官网、同花顺财经、东方财富网以及企业年报。

企业年报，其披露数量并不一定指企业存量，也可能是当年增量，但至少反映了其与同行业企业的比较情况。

3. 无形资产优化建议

随着全球整体信息技术水平的提升，企业信息化建设也变得至关重要，信息化能够规范企业管理、理顺管理流程、强化执行体系，使企业管理的各个方面可显性化、可控化，使企业的管理战略可以更好地贯彻执行，提高企业管理者的经营决策能力，因此，企业需要重视软件著作权的开发，建立一套符合自身经营状况的信息化系统。

（三）其他方面竞争优势分析

根据年报披露信息，"新宙邦"除在无形资产质量竞争中具有优势之外，在创新规模化运用和市场扩展能力方面也具有一定的竞争优势。

1. 创新规模化运用优势

"新宙邦"研究院配备了高性能的研发测试仪器，实现从前期元器件制作到性能测试及机理分析的全过程研究。"新宙邦"致力于用绿色化学，清洁工艺，环境友好的方式，推进新功能材料的研发、合成与测试，为客户提供定制化的产品配方和问题解决方案。提供质优价廉的电子化学品材料，引领电子化学品和功能材料行业的发展。

2. 经营模式优势

作为一家集研发、生产、销售和服务为一体的国家级高新技术企业，"新宙邦"四大业务产品均属于精细化学品，公司的商业模式为"产品＋解决方案"，即绝大部分产品都是根据客户要求进行定制化，依托公司的技术研发为客户提供个性化解决方案。

对于一次锂电池电解液、超级电容电解液、消费类锂离子电池电解液，以公司自主开发配方为主；对于动力类锂离子电池电解液，公司会根据客户对产品、用途、性能的要求，自主开发或与客户共同开发配方；另外也有部分电池厂商会自行设计配方，再交由公司进行量产工艺开发。

日常生产经营过程中，公司会根据与客户已签订的销售订单和对客户订单的预估情况，形成月度销售计划，由物控部门制订生产计划、物料需求计划和物料采购计划。目前，公司已分别在多地建立了生产基地。通过在国内外的多点布局，公司能够贴近客户、就近供应、快速响应客户需求。

报告十二：医药制造行业无形资产研究

本报告基于证监会二级行业分类标准（2012），对医药制造行业进行典型分析。研究样本包括截至 2020 年 5 月 18 日医药制造行业的创业板上市公司，共计 55 家[①]。

一、行业概况

（一）企业数量变化

截至 2020 年 5 月 18 日，创业板医药制造行业上市公司共 55 家，约占创业板公司总数的 6.79%。2019 年 5 月 18 日至 2020 年 5 月 18 日，新增 1 家。该行业企业数量占创业板公司总数比例近 5 年存在小幅波动，整体上稳定在 7% 左右。其中，2019 年医药制造行业企业占创业板上市公司总数的比重最小，仅为 6.79%，如表 12-1 所示。

表12-1 2015—2019年医药制造行业企业数量变化（单位：家）

数量/占比 \ 年份	2015	2016	2017	2018	2019
行业企业数量	36	47	54	54	55
行业新增企业数量	7	11	7	0	1
创业板企业总数	508	640	725	757	810
行业企业占比	7.09%	7.34%	7.25%	7.13%	6.79%

（二）行业成本分析

根据对 2018—2019 年年报信息的整理，医药制造行业企业成本如表 12-2 所示。总的来看，行业成本呈上升趋势，营业成本、销售费用、应付职工薪酬都上升较大，管理费用是唯一下降的成本项目。其中，应付职工薪酬增势明显，同比增加 29.91%；营业成本同比增加 28.82%；销售费用同比增加 16.27%；管理费用同比下降 27.92%。数据表明，

[①] 统计期新上市医药制造业企业为300832新产业，上市期为2020年5月12日，未在年报研究对象中。星普医科（300143）所属的证监会行业由制造业—医药制造业变更为卫生和社会工作—卫生，福瑞股份（300049）所属的证监会行业由制造业—医药制造业变更为制造业—专用设备制造业，因此将从年报研究对象中剔除。福瑞股份（300049）、向日葵（300111）变更所属行业为医药制造业，故将其纳入年报研究对象中。综上，招股说明书研究对象新增1家；年报研究对象为54家。

创业板医药制造行业经营成本整体呈上升趋势，其中应付职工薪酬的增长速度最高，反映出医药制造企业越来越重视人力资本的扩展和维护。

表12-2 2018—2019年医药制造行业成本变动（单位：亿元）

成本构成	2018年		2019年		
	总额	均值	总额	均值	均值同比增长
营业成本	282.8037	5.2371	364.3033	6.7464	28.82%
销售费用	208.7254	3.8653	242.6917	4.4943	16.27%
管理费用	95.7122	1.7725	68.9916	1.2776	-27.92%
应付职工薪酬	12.9415	0.2397	16.8176	0.3114	29.91%

（三）行业利润分析

1. 整体变化趋势

根据对2015—2019年年报信息的整理，医药制造行业上市公司利润数据如表12-3所示。行业利润总额从2015年的53.7106亿元增长到2019年的96.0626亿元，增长了78.85%；净利润从2015年的44.671亿元增长到2019年的75.429亿元，增长了68.85%。分年度来看，不论是利润总额还是净利润，其增长均有较大波动。其中，平均利润总额在2016年增长最快，达到26.58%；2018年次之，为11.30%；2019年下降至96.0626亿元，平均利润总额增长率为-14.34%，为近五年最低值。平均净利润在2016年增长最快，达到27.38%；2018年次之，为8.88%；2019年平均净利润增长率为近五年最低值，为-17.59%，从整体上来看较2018年有较大下降。

表12-3 2015—2019年医药制造行业利润变动（单位：亿元）

指标＼年份	2015	2016	2017	2018	2019
利润总额	53.7106	88.7615	100.7545	112.1343	96.0626
平均利润总额	1.4920	1.8885	1.8658	2.0766	1.7789
同比增长	1.16%	26.58%	-1.20%	11.30%	-14.34%
净利润	44.671	71.4126	84.0542	91.5263	75.429
平均净利润	1.2763	1.6258	1.5566	1.6949	1.3968
同比增长	2.04%	27.38%	-4.26%	8.88%	-17.59%

2. 企业盈亏

就单个企业利润增长情况来看（见表12-4），该行业23家的企业年度利润总额和净利润增长率为负，可见在2019年医药制造业整体发展水平不如以前年度。利润增长超过100%的企业数量占比为7.41%，可见各个企业之间发展状况有较大差异，利润增长分布较为发散，主要呈现出两端多中间少的现象，表明多数企业发展并不稳定，要么增长过快，要么就出现亏损。

就具体企业来看，2019 年盈利增长最大的公司为天宇股份（300702），天宇股份是一家专业研发、制造、销售原料药及高级医药中间体药品的股份制制药企业，公司主要产品涵盖降血压类、降血糖类、抗血栓类和抗哮喘类药物原料药及中间体，是全球主要的心血管类原料药制造商之一，产品畅销海内外市场。天宇股份 2018 年当年利润总额仅为 18930 万元，净利润为 16366 万元。据长江商报分析，天宇股份此次业绩提升主要原因为市场扩大和原料药需求提升[①]。2019 年天宇股份利润总额达到 68410.2 万元，增长了 261.39%；净利润达到 58572.57 万元，增长了 257.89%，主要是天宇股份大力开拓新客户、新市场，在中东、北非、南亚市场原料药销售实现了历史性突破，进一步提升在欧美规范市场的市场占有率[②]。

2019 年，出现最大亏损的是吉药股份（300108），2018 年利润总额为 28372.11 万元，2019 年为 -174741.11 万元，减少了 715.89%；2018 年净利润为 21940.98 万元，而 2019 年为 -177802.14 万元，减少了 910.37%，主要是由于收购修正药业，随后却上演了宣布并购终止、信披误导性陈述、多次遭问询、交易所公开谴责、证监会立案调查并处罚等情况，导致利润受到巨大影响；最大亏损来源是商誉减值 —— 吉药控股拟计提商誉减值 5.5 亿元，占到净利润预亏金额的 36.54% 至 36.67%，是吉药控股 2019 年巨亏的原因之一[③]。

表12-4　2019年医药制造行业利润增长分布情况（单位：家）

指标 ＼ 区间	<0	0～20%	20%～40%	40%～60%	60%～80%	80%～100%	100%以上
利润总额增长率	23	12	4	8	2	1	4
净利润增长率	23	11	7	2	5	2	4

3. 利润集中度

就整个行业利润集中程度来看（见表 12-5），前 1 家企业利润占整个行业的 30%，企业数占该行业比重为 1.82%；前 3 家企业利润占整个行业的 50% 左右，企业数占该行业比重为 5.45%；前 11 家企业利润占整个行业的 90%，企业数占该行业比重为 20%。表明创业板医药制造行业利润集中度非常高，受智飞生物（300122）净利润较大的影响，

①长江商报：http://www.changjiangtimes.com/2020/08/608403.html
②金融界：http://stock.jrj.com.cn/2020/04/24115229365875.shtml
③新浪财经：https://finance.sina.com.cn/stock/s/2020-01-17/doc-iihnzhha3084654.shtml

整个改变了医药制造行业的利润集中情况，这也从一定程度上反映出该行业中下层市场竞争较为激烈。

表12-5 2019年医药制造行业利润集中情况（单位：家）

累计利润比例	累计企业数	累计企业数占整个行业企业比例
达30%	1	1.82%
达40%	2	3.64%
达50%	3	5.45%
达60%	4	7.27%
达70%	6	10.91%
达80%	8	14.55%
达90%	11	20%

二、行业无形资产规模

（一）基于招股说明书的无形资产规模

表12-6所示，为基于招股说明书信息的创业板医药制造行业上市公司无形资产构成情况，整体上看，该行业公司上市时的招股说明书披露的各类无形资产均呈持续稳定增长趋势，在均值上，除了技术标准均值2019年略有下降外，其他各类无形资产均值2019年相比2018年均有增长。

表12-6 2015—2019年招股说明书的医药制造行业无形资产构成情况

年份 行业总量（均值）	2015	2016	2017	2018	2019
授权专利（项）	481 （13.36）	728 （15.49）	905 （16.76）	905 （16.76）	1077 （19.58）
非专利技术（项）	190 （5.28）	218 （4.64）	287 （5.32）	287 （5.32）	394 （7.16）
著作权（项）	23 （0.64）	30 （0.64）	33 （0.61）	33 （0.61）	46 （0.84）
持有商标（项）	844 （23.44）	1355 （28.83）	1557 （28.83）	1557 （28.83）	1690 （30.73）
技术标准（项）	38 （1.06）	38 （0.81）	54 （1）	54 （1）	44 （0.8）
总经理薪酬（万元）	1618 （44.94）	2321 （49.38）	2652 （49.11）	2652 （49.11）	2927 （53.22）
前十大股东持股比例（%）	2744 （76.22）	3485 （74.15）	4096 （75.86）	4096 （75.85）	4223 （76.73）
资质（项）	1363 （37.86）	2149 （45.72）	2603 （48.20）	2603 （48.20）	2763 （50.24）

1. 常规无形资产规模变动特征

2015—2019 年，创业板医药制造行业常规无形资产变动特征如下：

第一，授权专利数量平均数在近五年呈上升趋势，新上市企业边际专利值符合行业平均情况。总体看来，该行业对领域内技术的依赖性逐年增强，企业对专利的重视程度也有所增加。

第二，非专利技术的行业均值在近五年呈现出先下降后上升的趋势，在 2016 年首次降至 4.64 项／家；在 2019 年升至 7.16 项／家，表明行业新增企业比较注重非专利技术。

第三，著作权的行业均值呈现出先减少后增加的趋势，其中 2015 和 2016 年稳定为 0.64 项／家，2017 和 2018 年有所下降，为 0.61 项／家；2019 年有所上升，达到 0.84 项／家。

第四，前三年商标数量的行业均值稳定在 24 项／家，在 2016 年有明显增长，商标数量稳定在 28.83 项／家，2019 年有所上升，达到 30.73 项／家，说明行业内新上市公司持有商标的数量较多，注重对商标的保护。

2. 非常规无形资产规模变动特征

2015—2019 年，创业板医药制造行业非常规无形资产变动特征如下：

第一，技术标准的行业均值呈现出先下降后上升的趋势，在 2016 年达到最低，平均每家公司不足 1 项，在 2017 和 2018 年有所上升，平均每家公司上升至 1 项／家；2019 年技术标准均值有所下降，为 0.8 项／家。总体来看，医药制造业对技术标准依赖性并不是太强。

第二，总经理薪酬呈现波动上升的趋势，2015—2019 年行业总经理薪酬均值增速较快，从 44.94 万元／家增长到 53.22 万元／家，总经理薪酬各年份都较稳定，除 2015 年外，保持在 49 万元以上。

第三，前十大股东持股比例相对较为稳定，均保持在 74% 以上，股权集中度相对较高，一方面说明该行业企业经营控制较为稳定，另一方面也说明该行业公司的股东较为看好企业未来发展趋势。

第四，资质数量的行业均值每年均有所增加，其中 2016、2017 及 2019 年均有较为明显的增长，2018 年增速有所放缓，2019 年行业资质均值达到 50.24 项／家。由于行业受到较强的监管以及产品较为特殊，该行业企业的资质主要是以 GMP 认证和药品注册批件为代表的准入类资质。

（二）基于年报的无形资产规模

表 12-7 为基于年报信息的创业板医药制造行业上市公司无形资产构成情况。整体

上看，年报中披露的授权专利、著作权的总量和均值高于招股说明书披露的总量和均值，但非专利技术、技术标准和资质的总量和均值低于招股说明书的披露；年报中披露的总经理平均薪酬远高于招股说明书中披露的平均薪酬。

表12-7 2015—2019年年报的医药制造行业无形资产构成情况

年份 行业总量（均值）	2015年	2016年	2017年	2018年	2019年
授权专利（项）	1362 （37.83）	1795 （38.19）	1908 （35.33）	1688 （31.26）	2682 （50）
非专利技术（项）	25 （0.69）	17 （0.36）	1 （0.02）	51 （0.94）	0 （0）
著作权（项）	44 （1.22）	43 （0.92）	36 （0.67）	65 （1.20）	80 （1.48）
持有商标（项）	1599 （44.42）	2109 （44.87）	1486 （27.52）	1502 （27.81）	1304 （24.15）
技术标准（项）	2 （0.06）	15 （0.32）	25 （0.46）	17 （0.31）	9 （0.17）
前五名客户销售额占比（%）	1040 （28.89）	1369 （29.13）	1337 （24.76）	1212 （22.44）	1155 （21.39）
总经理薪酬（万元）	3440 （95.56）	3617 （76.96）	4061 （75.20）	3838 （71.08）	4802 （88.93）
独立董事津贴（万元）	688 （19.11）	803 （17.09）	1016 （18.82）	1201 （22.24）	1067 （19.75）
前十大股东持股比例（%）	2292 （63.67）	3159 （67.21）	3416 （63.26）	3336 （61.78）	3146 （58.25）
技术（研发）人员占比（%）	643 （17.86）	862 （18.34）	1095 （20.28）	1175 （21.76）	1217 （22.54）
资质（项）	358 （9.94）	850 （18.09）	635 （11.76）	274 （5.07）	790 （14.63）

1. 常规无形资产规模变动特征

2015—2019年，创业板医药制造行业常规无形资产变动特征如下：

第一，近五年行业平均授权专利呈现出"U"形的趋势，整体上看，行业平均授权专利数量从2015年的37.83项/家增长到2019年的50项/家，增长了32.17%。

第二，近五年非专利技术变化幅度较大。2016和2017年相较2015年连续下降，2018年的数量增长至51项，为近五年的最高值；2019年未明确披露非专利技术。总体上来看，行业均值波动较为明显。

第三，近五年著作权整体呈现增长趋势，尽管整体上来看行业均值有所增加，但仍处于较低水平。分年度来看，2019年总量达到最大，共拥有80项著作权，均值为1.48项/家。

第四，就持有商标数量来看，从 2015 年的 44.42 项／家下降到 2019 年的 24.15 项／家，减少了 45.82%，整体来看商标出现明显下滑趋势。

2. 非常规无形资产规模变动特征

2015—2019 年，创业板医药制造行业非常规无形资产变动特征如下：

第一，近几年创业板医药行业拥有技术标准数量虽然有所增加，但仍处于较低水平。2019 年均值为 0.17 项／家，表明行业内企业对技术标准的重视有所提高，技术标准规模在持续扩大，但仍未有大量的列示披露。

第二，前五名客户销售额占比在前几年较为稳定，2017—2019 年有所下降，表明行业企业对前五名客户的依赖有所降低，同时也说明客户群体在变大。

第三，总经理薪酬 2015 年后下降幅度较大，均值在 75 万元左右浮动；2019 年有了较大增长，均值达到 88.93 万元。按年份来看，行业均值在 2015 年达到最大，为 95.56 万元。

第四，近五年独董津贴总体上处于上升趋势，2018 年行业均值为 22.24 万元，是近五年行业最大值；2019 年回落至 19.75 万元。

第五，前十大股东持股比例近五年出现下滑趋势，从 2015 年的 63.67% 下降至 2019 年的 58.25%，行业均值达到最低水平，股权集中度相对分散。

第六，技术（研发）人员占比稳定增长，2017 年行业均值首次突破 20%，2019 年较 2015 年增长了 26.20%。尽管行业内研发人员占比逐年增长，但仍处于较低水平，相对于软件、信息技术服务业等高科技行业（研发人员占比超过 50%），医药制造行业的研发人员规模相对较小，并未完全体现出技术密集型的产业特征。

第七，行业内资质数量波动较大。整体上来看，资质数量从 2015 年平均 9.94 项／家增加至 2019 年的 14.63 项／家，增加了 47.18%。与招股说明书类似，年报中披露的资质也多为 GMP 认证和药品注册批件等准入类资质。

三、基于无形资产竞争矩阵的行业无形资产竞争分析

（一）行业无形资产规模结构分析

2019 年，医药制造行业授权专利共计 2682 项，平均每家企业有 49.85 项，华仁药业（300110）、翰宇药业（300199）和迈克生物（300463）三家企业获得授权专利共计 970 项，约占行业总量的 36.3%。

商标数量共计 1304 项，平均每家企业约有 24.15 项，金城医药（300233）、康芝药业（300086）和翰宇药业（300199）三家企业共有商标 1016 项，占行业总量的 77.91%。

资质数量共计 790 项，平均每件企业拥有 14.63 项，迈克生物（300463）、美康生

物（300439）、万孚生物（300482）、尔康制药（300267）和红日药业（300026）五家企业共有资质 316 项，占行业总量的 40%。

（二）行业无形资产持续能力分析

医药制造行业研发费用占比的行业均值为 7.35%，该项指标排名前三的企业为翰宇药业（300199）、舒泰神（300204）和贝达药业（300558），分别为 29.36%、24.30% 和 21%。

技术人员占比[1]的行业均值为 22.54%，该项指标排名前三的企业为海顺新材（300501）、海特生物（300683）和迈克生物（300463），分别为 82.99%、49.61% 和 44.84%。

员工本科及以上学历占比的行业均值为 36.69%，该项指标排名前三的企业为海顺新材（300501）、普利制药（300630）和智飞生物（300122），占比分别为 82.18%、70.06% 和 69.25%。

（三）行业无形资产竞争能力分析

医药制造行业前五名客户占比的行业均值为 21.39%，该项指标排名前三的企业为赛托生物（300583）、同和药业 （300636）和我武生物（300357），占比分别为 57.86%、52.11% 和 49.2%。

前十大股东持股比例的行业均值为 58.25%，该项指标排名前三的企业为智飞生物（300122）、一品红（300723）和万孚生物（300482），占比分别为 76.39%、76.23% 和 71.73%。

总经理平均年薪的行业均值为 88.93 万元，该项指标排名前三的企业为兴齐眼药（300573）、红日药业（300026）和博雅生物（300294），分别为 271.9 万元、260.84 万元和 258 万元。

表 12-8 列示了依据无形资产竞争矩阵计算所得的创业板医药制造行业全部样本企业的相关信息。需要说明的是，该行业 54 份 2019 年年报中，未有公司披露非专利技术，两家公司披露了软件著作权，样本量过小，因此统计时将上述两个指标剔除，其他指标不变。

---

[1]由于医药制造行业对技术标准的敏感性较小，54份2019年年报中仅有3家披露此项信息，因此此处采用技术人员占比作为替代指标，以反映该行业无形资产持续能力。

表12-8 2019年创业板医药制造行业无形资产竞争力样本企业一览

股票代码	股票名称	专利技术得分	商标得分	资质得分	研发费用占比得分	技术工占比得分	员工学历得分	前五名客户占比得分	十大股东持股比例得分	高管平均年薪得分	总分
300199	翰宇药业	0.91	0.59	0.07	1.00	0.40	0.64	0.23	0.76	0.62	5.23
300463	迈克生物	0.90	0.00	1.00	0.15	0.54	0.66	0.21	0.68	0.32	4.46
300204	舒泰神	0.25	0.42	0.03	0.83	0.38	0.69	0.33	0.89	0.36	4.19
300642	透景生命	0.06	0.00	0.04	0.40	0.53	0.82	0.65	0.86	0.55	3.92
300558	贝达药业	0.00	0.00	0.02	0.72	0.41	0.80	0.28	0.84	0.83	3.89
300482	万孚生物	0.64	0.00	0.62	0.26	0.26	0.67	0.15	0.94	0.30	3.84
300439	美康生物	0.53	0.00	0.71	0.14	0.46	0.55	0.24	0.94	0.28	3.84
300630	普利制药	0.15	0.00	0.22	0.66	0.44	0.85	0.48	0.85	0.18	3.84
300406	九强生物	0.02	0.00	0.17	0.28	0.51	0.63	0.42	0.86	0.88	3.79
300501	海顺新材	0.33	0.00	0.10	0.15	1.00	1.00	0.30	0.91	0.00	3.78
300573	兴齐眼药	0.10	0.00	0.09	0.34	0.18	0.59	0.41	0.78	1.00	3.49
300723	一品红	0.17	0.00	0.04	0.20	0.41	0.58	0.77	1.00	0.24	3.42
300233	金城医药	0.06	1.00	0.13	0.32	0.09	0.05	0.44	0.83	0.40	3.33
300685	艾德生物	0.09	0.00	0.05	0.55	0.42	0.78	0.30	0.75	0.35	3.31
300363	博腾股份	0.10	0.00	0.07	0.27	0.28	0.56	0.61	0.84	0.45	3.19
300289	利德曼	0.22	0.00	0.16	0.32	0.25	0.65	0.30	0.74	0.52	3.16
300683	海特生物	0.00	0.00	0.10	0.34	0.60	0.81	0.20	0.82	0.24	3.10
300357	我武生物	0.05	0.00	0.02	0.22	0.18	0.69	0.85	0.85	0.23	3.09
300026	红日药业	0.00	0.00	0.51	0.00	0.19	0.41	0.18	0.70	0.96	3.08
300636	同和药业	0.05	0.00	0.05	0.30	0.29	0.26	0.90	0.90	0.32	3.08
300705	九典制药	0.10	0.26	0.29	0.40	0.43	0.10	0.31	0.86	0.27	3.02
300110	华仁药业	1.00	0.00	0.18	0.15	0.13	0.19	0.18	0.70	0.41	2.93
300583	赛托生物	0.05	0.00	0.06	0.20	0.20	0.18	1.00	0.92	0.32	2.93
300639	凯普生物	0.09	0.00	0.05	0.27	0.23	0.58	0.17	0.80	0.66	2.84
300294	博雅生物	0.00	0.00	0.09	0.11	0.21	0.46	0.25	0.76	0.95	2.83
300436	广生堂	0.00	0.00	0.04	0.44	0.13	0.42	0.70	0.78	0.23	2.75
300267	尔康制药	0.48	0.00	0.52	0.07	0.09	0.29	0.32	0.83	0.08	2.69
300702	天宇股份	0.05	0.00	0.16	0.00	0.29	0.21	0.51	0.92	0.36	2.68
300086	康芝药业	0.12	0.83	0.13	0.06	0.33	0.30	0.14	0.69	0.00	2.60
300601	康泰生物	0.00	0.00	0.03	0.35	0.22	0.62	0.07	0.84	0.46	2.59
300122	智飞生物	0.07	0.00	0.05	0.05	0.13	0.84	0.18	1.00	0.25	2.58
300497	富祥药业	0.13	0.00	0.09	0.15	0.24	0.22	0.78	0.59	0.39	2.58
300381	溢多利	0.50	0.00	0.10	0.19	0.17	0.21	0.32	0.76	0.33	2.57
300009	安科生物	0.06	0.00	0.37	0.24	0.28	0.52	0.21	0.58	0.16	2.42
300519	新光药业	0.00	0.00	0.03	0.19	0.16	0.26	0.68	0.93	0.07	2.32
300016	北陆药业	0.06	0.00	0.02	0.21	0.17	0.52	0.31	0.55	0.42	2.26
300181	佐力药业	0.00	0.00	0.15	0.10	0.14	0.23	0.69	0.54	0.38	2.22
300584	海辰药业	0.01	0.00	0.05	0.13	0.23	0.42	0.24	0.90	0.15	2.14
300119	瑞普生物	0.06	0.00	0.22	0.22	0.03	0.45	0.10	0.86	0.20	2.14
300006	莱美药业	0.00	0.00	0.17	0.30	0.30	0.35	0.22	0.60	0.15	2.11
300255	常山药业	0.00	0.00	0.03	0.22	0.23	0.52	0.24	0.76	0.09	2.10
300142	沃森生物	0.17	0.00	0.04	0.20	0.14	0.44	0.18	0.50	0.39	2.06
300158	振东制药	0.00	0.00	0.13	0.11	0.09	0.33	0.41	0.74	0.25	2.06

（续表）

股票代码	股票名称	专利技术得分	商标得分	资质得分	研发费用占比得分	技术工占比得分	员工学历得分	前五名客户占比得分	十大股东持股比例得分	高管平均年薪得分	总分
300239	东宝生物	0.06	0.00	0.12	0.08	0.12	0.24	0.63	0.64	0.17	2.05
300039	上海凯宝	0.00	0.00	0.20	0.13	0.36	0.21	0.30	0.61	0.17	1.98
300534	陇神戎发	0.01	0.00	0.06	0.11	0.12	0.49	0.45	0.61	0.09	1.94
300111	向日葵	0.06	0.00	0.11	0.08	0.12	0.16	0.80	0.30	0.27	1.90
300485	赛升药业	0.02	0.00	0.03	0.14	0.35	0.10	0.14	0.87	0.18	1.84
300147	香雪制药	0.00	0.00	0.19	0.07	0.25	0.22	0.31	0.64	0.15	1.83
300108	吉药控股	0.00	0.00	0.10	0.29	0.17	0.21	0.21	0.80	0.00	1.79
300452	山河药辅	0.04	0.00	0.17	0.12	0.18	0.19	0.17	0.69	0.16	1.72
300254	仟源医药	0.00	0.00	0.07	0.15	0.21	0.36	0.18	0.48	0.24	1.70
300194	福安药业	0.00	0.00	0.06	0.13	0.21	0.28	0.13	0.66	0.20	1.67
300434	金石亚药	0.01	0.00	0.06	0.10	0.16	0.27	0.20	0.73	0.00	1.53

四、案例分析[①]

本年度研究报告选取创业板医药制造行业无形资产竞争力得分排名第二的迈克生物（300463）作为优秀样本企业进行分析。

（一）企业简介

"迈克生物"全称"迈克生物股份有限公司"，成立于1994年10月，于2015年5月在创业板上市，股票代码300463，专注于体外诊断产品的研究、生产、销售和服务，是经国家相关部门认证的"高新技术企业"，先后通过了CMD ISO13485、CQC ISO14001、TUV ISO13485 认证和部分产品 CE 认证。

"迈克生物"拥有专业的研发、生产和管理运营团队；已完成从生物原材料、医学实验室产品到专业化服务的全产业链发展布局；具备研发制造体外诊断设备、试剂、校准品和质控品的系统化专业能力；产品涵盖生化、免疫、POCT、凝血、输血、血球、尿液、分子诊断、病理等技术平台，并通过产品整合，满足医学实验室90%以上需求。

报告期内，公司业绩仍保持稳健增长的态势，营收规模达32.23亿，同比增长20.02%，实现归属上市公司股东净利润5.25亿，同比增长18.06%，公司围绕市场和产品两大核心，重点加大自主产品的市场推广，逐步提升自主产品在收入结构中的占比；不断加强内部管理，提高经营管理效率，尤其在销售管理和分销渠道建设方面，确保渠道并购整合风险可控、产品战略 目标切实推进。报告期内，公司自主产品收入增速为23.21%，代理产品收入增速为18.21%，业绩增长主要来自内生式增长。

[①]此案例分析的主要数据和资料来源与迈克生物公司官网以及该公司的招股说明书和年报。

（二）无形资产相关情况分析

1. 优势分析

"迈克生物"之所以能够在行业内成为无形资产领域的标杆企业，主要原因在于其资质、授权专利、技术员工占比和员工学历排名较为靠前。其中，资质 94 项，居行业第 1 位；持有授权专利 310 项，居行业第 3 位；技术员工占比 44.84%，居行业第 3 位；本科以上学历员工占比 54.48%，居行业第 11 位。总体来看，"迈克生物"在无形资产规模结构和竞争能力方面表现较好，使其在医药制造行业无形资产竞争中脱颖而出。

2. 不足分析

由表 12-8 可知，"迈克生物"在前五名客户占比、前十大股东持股比例和研发支出占比这三项指标上略显不足，前五名客户占比为 12.09%，居行业第 38 位；研发支出占比 4.35%，居行业第 35 位。这几项指标与行业无形资产的规模结构、持续能力和竞争能力有关，值得企业关注。综合来看，相较于其他医药制造行业上市公司，"迈克生物"在前五名客户占比、前十大股东持股比例和研发支出占比偏低，这些都可能成为该企业未来发展的短板。

3. 无形资产优化建议

首先，"迈克生物"应该保持其在授权专利、技术人员占比、员工学历和资质等方面领先的优势；其次，也应该意识到自身在前五名客户占比、前十大股东持股比例及高管平均年薪方面的不足，维持稳定的客流，保证稳定的收入的同时开拓新市场，增强其自身的竞争优势，确保管理人员对公司的忠诚度等。

（三）其他方面竞争优势分析

根据招股说明书和年报披露信息，"迈克生物"除在无形资产质量竞争中具有优势之外，在公司管理、产品技术、生产和质量体系三个方面也具有一定的竞争优势。

1. 管理及人才优势

公司质量管理体系建设贯穿于研发、采购、生产、售后服务各关键环节，并先后通过了 TUV ISO9001、ISO13485 质量管理体系和 CQC ISO14001 环境管理体系认证，质量管理达到国际先进水平。公司质量检测中心于 2019 年 11 月获得由中国合格评定国家认可委员会（CNAS）颁发的 ISO 17025 认可证书。此次申请项目达 16 项，涵盖生化、免疫、快速检测等领域，是目前国内 IVD 企业中获认可品种最多，涉及平台最广的检测实验室。同时由于迈克参考系统部和质量检测中心均通过 CNAS ISO17025 检测与校准实验室认可，公司成为获得 CNAS 实验室双认可的 IVD 企业。

"迈克生物"建立了完善的质量管理体系，从市场调研、产品研发、生产工艺到客户服务等形成了一个有效的闭环，从每一个环节去保障产品的品质。生产过程精益化管理，提高生产人员效率。首选按照产品生产流程进行工序拆分，将每个工序的衔接时长标准化，保障前后工序衔接有效性；其次标准化单个生产工序操作和工时；最后统计生产人员的投入工时效率，将其与产品生产时间进行匹配，确保资源有效配置。按天、周、月对资源匹配和生产计划进行跟踪考核，确保生产计划有效推进。

2. 产品技术优势

公司以现有研发平台和产品为基础，通过加大研发投入、不断提升自主创新能力、持续优化产品结构，做大做强主营业务。同时公司进一步完善信息保密制度，完善核心技术管理机制，降低核心技术失密风险。

IPD集成产品实现流程：公司构建了先进的集成产品实现流程并结合了信息化管理工具，该流程体系以市场导向为核心，一方面通过产品战略管理、需求管理、产品实现管理，从而保证开发正确的、满足市场需要的产品，另一方面通过技术平台管理，保证现有技术不断突破和新技术的储备。

产学研合作是公司技术创新的重要组织形式，公司不断探索并推动科研技术转换平台的搭建，以促进技术创新成果转移转化。目前公司已与协和医院、四川省人民医院等医疗机构成功开展了临床科研技术创新项目合作，同时参与到四川大学华西医院主持下的医学产业创新中心建设等项目。

3. 生产体系与质量优势

公司制定了《留样品管理及复验管理制度》《稳定性实验管理制度》。对每个产品的每个批号按照比例进行留样，制定留样观察频率及检测指标，形成产品稳定性考察分析报告。留样确保产品在有效期内的质量稳定，有异常情况及时发现且发出不良信息通知，并采取相应处理措施，包括召回、退换货等；有投诉时能找到对应的批号进行确认。

准确性是体外诊断产品的"刚性要求"。"迈克生物"以"我即精准"作为一种承诺和责任，以溯源奠定精准的基础。体外诊断是临床诊疗的重要决策参考依据，保证检测结果的准确性是第一要务。量值溯源是对整个检测系统，包括仪器、试剂、校准品和操作流程进行验证。量值溯源能够将检测结果的准确性追溯到国际最高等级的参考方法或者有证参考物质，是检验医学标准化的唯一途径。

报告十三：互联网和相关服务行业无形资产研究

本报告基于证监会二级行业分类标准（2012），对互联网和相关服务行业进行典型分析。研究样本包括截至 2020 年 5 月 18 日互联网和相关服务行业的创业板上市公司，共计 20 家。样本数据来源于招股说明书和历年年报[①]。

一、行业概况

（一）公司数量变化

截至 2020 年 5 月 18 日，创业板互联网和相关服务行业上市公司共 20 家，约占创业板公司总数量的 2.47%。该行业公司数量占创业板公司总数比例 2016—2018 年存在小幅波动，其中 2019 年行业公司占比最小，仅为 2.47%，主要由于创业板公司总数量的增多，如表 13-1 所示。

表13-1 2015—2019年互联网及相关服务行业公司数量变化（单位：家）

数量/占比 \ 年份	2015	2016	2017	2018	2019
行业公司数量	15	16	18	20	20
行业新增公司数量	15	1	2	2	0
创业板公司总数	508	637	725	757	810
行业公司占比	2.95%	2.51%	2.48%	2.64%	2.47%

（二）行业成本分析

根据对 2018—2019 年年报信息的整理，互联网和相关服务行业公司成本如表 13-2 所示。行业成本呈上升趋势，从均值来看，营业成本增幅较大，达 9.59%；销售费用与去年相比无变化；管理费用同比下降，管理费用下降 51.53%；应付职工薪酬与去年相比增长 5.6%。

[①]需要说明的是，由于在创业板从2015年才开始有该行业的分类，所以本报告统计的时间区间为2015—2019年。

表13-2 2018—2019年互联网及相关服务行业成本变动（单位：亿元）

成本构成	2018年		2019年		
	总额	均值	总额	均值	均值同比增长
营业成本	1186.45	65.91	1444.57	72.22	9.59%
销售费用	45.92	2.55	51.05	2.55	0
管理费用	64.58	3.59	34.81	1.74	−51.53%
应付职工薪酬	9.46	0.53	11.17	0.56	5.6%

（三）行业利润分析

1. 整体变化趋势[①]

根据对2015—2019年年报信息的整理，互联网和相关服务行业上市公司利润数据如表13-3所示。行业平均利润在2015—2019年总体变动较大，在2016、2018和2019年均出现负增长，2019年平均利润总额相对2018年平均利润总额来说有所增加，亏损减小。

表13-3 2015—2019年互联网及相关服务行业利润变动（单位：亿元）

指标 \ 年份	2015	2016	2017	2018	2019
利润总额	39.15	29.69	49.68	−36.20	−95.04
平均利润总额	2.80	1.98	2.76	−2.01	−4.75
平均利润总额同比增长	112.12%	−29.22%	39.39%	−172.87%	−136.31%
净利润	33.84	27.44	47.23	−43.69	−101.43
平均净利润	2.42	1.83	2.62	−2.43	−5.07
平均净利润同比增长	96.75%	−24.38%	43.17%	−192.75%	−108.64%

2. 公司盈亏

如表13-4所示，2019年，由于乐视网连续出现较大亏损，发生严重财务危机，其利润数据严重影响行业整体数据，所以在进行以下统计时，剔除该公司，对行业中其他19家公司进行分析，通过整理发现，互联网和相关服务行业有5家的公司年度利润总额增长率为负，5家公司利润增长率低于20%，利润增长率处于20%～40%之间的为2家，利润增长率处于40%～60%之间的有2家，超过100%公司有4家，可以看到互联网和相关服务行业中企业发展还是存在一定差距。

[①]由于2016—2019年，乐视网（300104）出现巨额亏损，发生严重的财务危机，其利润数据严重影响行业整体数据。此表列示均为剔除该公司后的统计数据。下表13-4与表13-5做相同处理。

除乐视网以外的 19 家公司中，每日互动（300766）、拉卡拉（300773）、值得买（300785）、壹网壹创（300792）四家公司无 2018 年财务数据，这里分析其余 16 家公司的增长率，2019 年度，互联网和相关服务行业中值得注意的是顺网科技（300113），其利润总额降幅达到了 63.29%，净利润降幅达到了 68.46%，主要由于公司收入同比下降 20.78%。利润增长最令人瞩目的公司是腾信股份（300392），其利润总额增幅达 393.44%，净利润增幅达 186.82%。

表13-4 2019年互联网和相关服务行业利润增长分布情况（单位：家）

指标＼区间	<0	0～20%	20%～40%	40%～60%	60%～80%	80%～100%	100%以上
利润总额增长率	5	5	2	2	1	0	4
净利润增长率	6	2	2	1	1	0	4

3. 利润集中度

就整个行业利润总额为正的 17 家公司集中程度来看（见表 13-5），前 11.77%（前 2 家）的公司累计利润总额约占利润总额为正的公司利润总额的 30%；前 17.65%（前 3 家）的公司累计利润总额占 50%；前 23.5%（前 5 家）的公司累计利润总额占 60%，说明行业内企业发展差异较大。

表13-5 2019年互联网和相关服务行业利润集中情况

累计利润比例	累计公司数（家）	累计公司数占利润总额为正的公司数的比例
达30%	2	11.77%
达50%	3	17.65%
达60%	5	23.5%
达70%	6	35.3%
达100%	17	100%
达80%	8	14.55%
达90%	11	20%

二、行业无形资产规模

（一）基于招股说明书的无形资产规模

表 13-6 为基于招股说明书信息的创业板互联网和相关服务行业上市公司无形资产构成情况。由于该行业公司总数没有变化，为使分析结果更加直观，此报告基于招股说明书信息的分析以相关指标的总数分析为主，暴风集团（300431）退市，不纳入研究范围。

表13-6 2015—2019年招股说明书的互联网及相关服务行业无形资产构成情况

年份 行业总量（均值）	2015	2016	2017	2018	2019
授权专利（项）	95 （6.33）	95 （5.94）	114 （6.33）	173 （8.65）	159 （7.57）
非专利技术（项）	109 （7.27）	117 （7.31）	127 （7.06）	160 （8.00）	85 （4.08）
著作权（项）	98 （6.53）	201 （12.56）	203 （11.28）	360 （18.00）	711 （33.86）
持有商标（项）	291 （19.40）	309 （19.31）	319 （17.72）	1271 （63.55）	180 （16.37）
技术标准（项）	9 （0.60）	9 （0.56）	12 （0.67）	12 （0.60）	8 （0.38）
总经理薪酬（万元）	652.63 （43.51）	686.09 （42.88）	715.09 （39.73）	1169.39 （58.47）	1184.27 （56.4）
前十大股东持股比例（%）	862.36 （57.49）	937.37 （58.59）	1081.63 （60.09）	1205.83 （60.29）	1680.4 （80.02）
资质（项）	204 （13.60）	228 （14.25）	246 （13.67）	271 （13.55）	291 （13.86）

1. 常规无形资产规模变动特征

2015—2019年，创业板互联网和相关服务行业常规无形资产变动特征如下：

第一，行业平均授权专利数量在2016年为四年均值中的最低值，为5.94项/家，之后三年处于持续增加的状态。在2018年均值达到最大为8.65项/家，同比增长51.82%，2019年相较于2018有所下降，2019年均值为7.57项/家，总体来看，行业内授权专利总量呈现增长的趋势。

第二，行业非专利技术较授权专利平均数量总体呈现增加趋势。在2015—2017年，非专利技术均值处于持续下降，但在2018年均值开始增加，2019年非专利技术均值又开始下降，2019年非专利技术均值为4.08项/家，主要由于行业内非专利技术总量减少，2019年非专利技术总量仅为85项。

第三，软件著作权对于互联网和相关服务行业来说，是支撑其发展的重要基石，也是公司实力的体现。2015—2019年，该行业著作权总数呈持续增长趋势，但均值呈波动状态，总的趋势为增长，且2019年行业软件著作权总量达到711项，行业内软件著作权均值为33.86项/家。

第四，该行业的公司持有商标的总数呈上升趋势，但均值在2017年有所下降，在2017年行业平均持有商标数量达到最低17.72项/家。但在2018年行业持有商标数量达到1271项，2019年持有商标数量仅有180项，下降幅度较大。

2. 非常规无形资产规模变动特征

2015—2019年，创业板互联网和相关服务行业非常规无形资产变动特征如下：

第一，2015—2019 年，行业内技术标准变化较大，2019 年技术标准总量仅为 8 项，技术标准均值仅为 0.38 项／家，说明创业板互联网和相关服务行业对技术标准的依赖性强度较小。

第二，行业总经理薪酬均值在 2015—2017 年呈现下降趋势，2017—2019 年呈现上升趋势，在 2017 年均值达到最小值 39.73 万元／家。在 2019 年新增公司总经理薪酬较多，使得总体均值增加至 56.4 万元／家，可以看到行业内对高管人才的重视。

第三，行业平均前十大股东持股比例持续增长状态，在 2019 年达到峰值 80.02%／家。

第四，行业平均资质的数量自 2016 年呈现下降的趋势，在 2019 年为 13.86 项／家，整体看行业平均资质维持在 13.6 项／家左右。

（二）基于年报的无形资产规模

表 13-7 为基于年报信息的创业板互联网和相关服务行业上市公司无形资产构成情况。整体上看，2019 年授权专利数量和均值大幅下降，非专利技术和技术标准为 0，著作权、持有商标和资质的总量和均值均有较大增长，其中著作权和资质增长较快。

表13-7　2015—2019年年报的互联网及相关服务行业无形资产构成情况

行业总量（均值）　　年份	2015	2016	2017	2018	2019
授权专利（项）	252 (16.80)	90 (5.63)	1095 (60.83)	316 (17.56)	174 (8.7)
非专利技术（项）	34 (2.27)	40 (2.50)	45 (2.50)	0 (0.00)	0 (0)
著作权（项）	59 (3.93)	222 (13.88)	243 (13.50)	386 (21.44)	1205 (60.25)
持有商标（项）	580 (38.67)	585 (36.56)	106 (5.89)	160 (8.89)	466 (23.3)
技术标准（项）	0 (0.00)	1 (0.06)	0 (0.00)	0 (0.00)	0 (0.00)
前五名客户销售额占比（%）	647.09 (43.14)	734.83 (45.93)	840.51 (46.70)	891.47 (49.53)	930.37 (46.52)
总经理薪酬（万元）	1105.28 (73.69)	1183.36 (73.96)	1136.33 (63.13)	1743.28 (96.85)	1936.22 (96.81)
独立董事津贴（万元）	236 (15.73)	270 (16.88)	284.88 (15.83)	389.26 (21.63)	530.05 (26.5)
前十大股东持股比例（%）	876.25 (58.42)	851.90 (53.24)	927.44 (51.52)	890.89 (49.49)	469.91 (23.49)
技术（研发）人员占比（%）	579.40 (38.63)	621.60 (38.85)	654.30 (36.35)	653.20 (36.29)	618.98 (30.95)
资质（项）	51 (3.40)	119 (7.44)	98 (5.44)	83 (4.61)	244 (12.2)

1. 常规无形资产规模变动特征

2015—2019 年，创业板互联网和相关服务行业常规无形资产变动特征如下：

第一，行业平均授权专利波动幅度较大，均值在 2016 年最低为 5.63 项／家，在 2017 年达到四年的顶峰为 60.83 项／家，2017 年后，行业平均授权专利逐年下降，2019 年授权专利均值仅为 8.7 项／家。

第二，行业平均非专利技术波动在 2015—2017 年幅度不大，稳定在 2.4 项／家上下，2018、2019 年行业非专利技术总量都为 0 项。

第三，行业平均著作权基本呈上升趋势，仅在 2017 年有小幅度下降，2019 年行业平均著作权达到最大值 60.25 项／家，行业著作权总量达到 1205 项。

第四，行业平均持有商标的数量基本呈下降趋势，且在 2017 年降幅明显，同比降幅达 83.89%，2017—2019 年又呈现增加趋势，2019 年行业平均持有商标数量为 23.3 项／家。

2. 非常规无形资产规模变动特征

2015—2019 年，创业板互联网和相关服务行业非常规无形资产变动特征如下：

第一，该行业的公司披露的技术标准非常少，只在 2016 年有一家公司获得技术标准，其余年份均为 0。

第二，前五名客户销售额占比的行业均值呈现较小的波动趋势，2018 年在到高点 49.53% 后，2019 年又回落到 46.52%。

第三，总经理薪酬的行业均值呈现波动趋势，在 2017 年出现大幅下降，从 2015 年的 73.96 万元／家下降至为 63.13 万元／家，同比降幅达 14.64%。2019 年行业平均总经理薪酬为 96.81 万元／家。

第四，独立董事津贴的行业均值在 2018 年波动幅度较大。2019 年达到最高值 26.5 万元／家，行业内对独立董事越来越重视，独立董事担任更多的监管企业的责任。

第五，前十大股东持股比例的行业均值呈现持续下降趋势，在 2019 年达到最低值 23.49%／家，同比降幅为 52.54%。

第六，技术（研发）人员占比的行业均值在这四年中波动趋势较为平缓，在 2019 年达到 30.95%／家的最低值，可见行业对技术人员的重视，对于互联网企业来说，技术研发对于企业的发展至关重要，是企业竞争力的主要来源。

第七，资质的行业均值五年来波动幅度较大，2019 年行业资质均值达到最大值为 12.2 项／家。

三、基于无形资产竞争矩阵的行业无形资产竞争分析

本年度研究报告基于无形资产规模结构、无形资产持续能力和无形资产竞争能力三大维度对所有分行业上市公司进行对比分析。三大维度下设二级指标，其中无形资产规模结构包括专利及非专利技术数量、商标数量、资质数量和软件著作权数量四项二级指标；无形资产持续能力包括技术标准数量、研发费用占比和员工学历三项二级指标；无形资产竞争能力包括前五名客户占比、前十大股东持股比例和高管平均年薪三项二级指标。

通过比较各项二级指标对分行业各企业的相对实力予以排序。排序方法为：某二级指标中的数量最高者赋予 1 分，其他非最高者与最高者比值即为某企业该项二级指标得分；对 10 项二级指标均以此方法处理，得到每家企业每项二级指标得分；对各企业所有指标得分加总，计算最后得分，得分最高者为行业中的优秀样本企业。

（一）行业无形资产规模结构分析

2019 年，互联网和相关服务行业专利及非专利技术共计 174 项，平均每家公司拥有8.29 项，宝通科技（300031）、拉卡拉（300773）和顺网科技（300113）三家公司共有专利及非专利技术 142 项，占行业总量的 81.61%。

商标数量共计 466 项，平均每家公司约有 22 项，仅每日互动（300766）和天舟文化（300148）两家公司共拥有 363 项商标，占行业总量的 77.9%。

资质数量共计 244 项，平均每家公司拥有 11.6，金科文化（300459）、昆仑万维（300418）和顺网科技（300113）三家公司共拥有 92 项，占行业总量的 37.7%。

软件著作权数量共计 1205 项，平均每家公司拥有 57.38 项，天舟文化（300148）拥有 713 家软件著作权，占行业总量的 59.2%。

（二）行业无形资产持续能力分析

互联网和相关服务行业研发支出占比的行业均值为 8.89%，该项指标排名前三的公司为每日互动（300766）、掌趣科技（300315）和讯游科技（300467），分别为 24.86%、23.46% 和 21.18%。

员工本科及以上学历占比的行业均值为 0.59，该项指标排名前三的公司为每日互动（300766）、值得买（300785）和讯游科技（300467），分别为 0.90、0.76 和 0.72。

由于该行业技术标准欠缺，所以此项数据为 0。

（三）行业无形资产竞争能力分析

互联网和相关服务行业前五名客户销售额占公司营业收入比重的行业均值为 44.3%，该项指标排名前三的公司为迅游科技（300467）、腾信股份（300392）和昆仑万维

（300418），分别为 97.09%、79.71% 和 75.83%。

前十大股东持股比例的行业均值为 22.38%，该项指标排名前四的公司为值得买（300785）、顺网科技（300113）和壹网壹创（300792），分别为 43.33%、40.36% 和 40.3% 和 38.7%。

高管薪酬的行业均值为 92.2 万元，该项指标排名前三的公司为拉卡拉（300733）、掌趣科技（300315）和三六五网（300295），分别为 396.53 万元、202.75 万元和 201.14 万元。

表 13-8 列示了依据无形资产竞争矩阵计算所得的创业板互联网和相关服务行业所有公司的无形资产竞争力得分。

表13-8 2018年创业板互联网和相关服务行业无形资产竞争力样本企业一览

股票代码	股票名称	专利与非专利技术得分	商标得分	资质得分	软件著作权得分	技术标准得分	研发支出占比得分	员工学历得分	前五名客户占比得分	前十大股东持股比例得分	高管薪酬得分	总分得分
300766	每日互动	0.18	1.00	0.06	0.08	0.00	1.00	1.00	0.37	0.28	0.18	4.15
300148	天舟文化	0.00	0.72	0.25	1.00	0.00	0.51	0.64	0.23	0.45	0.16	3.96
300785	值得买	0.00	0.00	0.08	0.16	0.00	0.65	0.85	0.71	1.00	0.35	3.80
300467	迅游科技	0.05	0.23	0.22	0.15	0.00	0.85	0.80	1.00	0.23	0.11	3.64
300315	掌趣科技	0.00	0.00	0.47	0.00	0.00	0.94	0.72	0.75	0.16	0.51	3.55
300418	昆仑万维	0.00	0.00	0.94	0.00	0.00	0.31	0.74	0.78	0.39	0.20	3.37
300038	新知科技	0.00	0.00	0.53	0.00	0.00	0.15	0.96	0.67	0.70	0.21	3.22
300113	顺网科技	0.23	0.00	0.61	0.00	0.00	0.60	0.74	0.10	0.93	0.00	3.21
300494	盛天网络	0.15	0.00	0.25	0.00	0.00	0.34	0.69	0.70	0.77	0.13	3.17
300031	宝通科技	1.00	0.05	0.17	0.00	0.00	0.08	0.49	0.64	0.53	0.11	3.06
300773	拉卡拉	0.50	0.00	0.08	0.00	0.00	0.21	0.53	0.04	0.65	1.00	3.02
300392	腾信股份	0.00	0.00	0.33	0.00	0.00	0.05	0.75	0.82	0.75	0.22	2.92
300226	上海钢联	0.00	0.20	0.47	0.15	0.00	0.70	0.04	0.58	0.23	2.37
300459	金科文化	0.00	0.00	1.00	0.00	0.00	0.48	0.07	0.37	0.21	0.15	2.29
300052	中青宝	0.00	0.00	0.08	0.00	0.00	0.36	0.68	0.42	0.63	0.09	2.27
300043	互动娱乐	0.00	0.00	0.39	0.00	0.00	0.10	0.36	0.45	0.76	0.13	2.18
300295	三六五网	0.00	0.00	0.19	0.00	0.00	0.26	0.68	0.11	0.39	0.51	2.13
300792	壹网壹创	0.01	0.00	0.00	0.00	0.00	0.01	0.41	0.37	0.89	0.26	2.03
300104	乐视网	0.00	0.00	0.08	0.00	0.00	0.43	0.96	0.29	0.01	0.02	1.79
300242	佳云科技	0.00	0.00	0.33	0.00	0.00	0.03	0.69	0.15	0.49	0.09	1.79
300571	平治信息	0.00	0.00	0.14	0.00	0.00	0.14	0.48	0.59	0.04	0.24	1.62

四、案例分析[①]

本年度研究报告选取无形资产竞争力排名第一名的每日互动（3000766）作为优秀

---

① 此案例分析的主要数据来源为新浪财经东方财富历年年报。

样本公司进行分析。

（一）公司简介

"每日互动"全称"每日互动股份有限公司"，成立于 2010 年，并于 2019 年 3 月 25 日于深圳证券交易所上市，股票代码 300766。公司主要业务为基于大数据的移动互联网综合服务提供商，主要利用大数据能力提供面向移动应用开发者的技术服务、面向广告主的移动互联网营销服务，以及面向其他垂直领域客户的数据服务。该公司作为专业的数据智能服务商，致力于数据让产业更智能。该公司深耕开发者服务，并以海量的数据积累和创新的技术理念，构建了移动开发、用户增长、品牌营销、公共管理和智能风控等多领域的数据智能服务生态。

（二）无形资产相关情况分析

1. 优势分析

从表 13-8 无形资产竞争矩阵中可以看出，"每日互动"之所以能在互联网及其相关服务业的无形资产得分排名中脱颖而出，成为标志性公司，主要是因为其在商标得分、研发支出得分、员工学历得分排名第一，可以发现，"每日互动"在无形资产规模结构、无形资产持续能力和无形资产竞争能力方面都有一定的优势，该公司重视对科技研发的投入以及员工学历素养。

2. 不足分析

表 13-8 显示，"每日互动"在专利得分、资质得分、著作权得分、前五名客户占比得分、前十大股东持股比例得分以及总经理薪酬得分各项二级指标上的排名较低。公司的无形资产竞争力、无形资产规模以及无形资产的持续能力都会受上述二级指标的影响，从而制约公司的发展。

3. 无形资产优化建议

综上所述，尽管"每日互动"在无形资产竞争矩阵中的得分排名前列，但是该公司无形资产竞争能力方面的问题也非常明显，"每日互动"在未来的发展中，一方面要继续保持其在研发能力方面的优势，同时也要注意研发支出的转化能力，提高监督，另一方面要注意自己在无形资产竞争能力方面的不足，特别是注意客户的维持以及高管的激励。

（三）其他方面竞争优势分析

根据招股说明书和年报披露信息，"每日互动"除在上述所述优势以外，在以下方面也有很大的核心竞争力。

1. 持续获取动态数据的能力

公司领先的推送技术为自身带来了强大的数据获取能力，报告期内，开发者服务 SDK 日活跃独立设备数（已去重）突破 4.3 亿，截至报告期末，开发者服务 SDK 累计安装量突破 520 亿。公司在合法依规的前提下，不断巩固提高移动端热数据的获取能力，数据资源是互联网时代的"原油资源"，持续的动态数据积累，对于数据的深度洞察，源源不断地为上层业务提供言之"有据"的支持。

2. 精细萃取数据价值的能力

经过多年的发展和积累，公司打造了一支数百人的技术精湛的研发队伍，形成了一套满足海量数据高并发，结构／非结构多形式数据场合下，实时数据处理需求的大数据平台。经过多年的研发和实践，已实现数据挖掘能力从"挖、挑、拣、淘、萃"的演进，逐步提高数据处理的精细度，通过进行多维度深入萃取数据间隐蔽联系，并经深度挖掘后建模，不断探索数据的使用边界和应用潜力。目前，公司每日实时处理数据量超过20TB，已形成 2000 余种数据标签，广泛应用于公共服务、风控服务等领域。

3. 结合专家知识赋能行业的能力

公司拥有一批来自相关垂直行业的资深专家，这些专家将行业的"Know-How"与公司的数据能力有机结合，为公共服务、风控等多个垂直领域提供了产品化的、规模化盈利的数据智能平台，并将继续在更多垂直领域不断探索数据智能落地的新场景，从而在数据智能的浪潮中始终保持着竞争优势。

报告十四：文化与传播及相关行业无形资产研究

本报告基于证监会二级行业分类标准（2012），对文化与传播及相关行业进行典型分析。研究样本包括截至 2020 年 5 月 18 日文化与传播及相关行业的创业板上市公司，共计 13 家。样本数据来源于招股说明书和历年年报。

一、行业概况

（一）企业数量变化

截至 2020 年 5 月 18 日，创业板文化与传播行业上市公司共 13 家，约占创业板公司总数量的 1.6%，见表 14-1 所示。2019 年行业内公司数量下降，主要是有公司退市或因主业变更调整到其他行业。

表14-1 2015-2019年文化与传播行业企业数量变化(单位: 家)

数量/占比　　年份	2015	2016	2017	2018	2019
行业企业数量	12	13	18	18	13
行业新增企业数量	2	1	5	0	5
创业板企业总数	508	638	725	758	810
行业企业占比	2.36%	2.04%	2.48%	2.37%	1.6%

（二）行业成本分析

根据对 2018—2019 年年报信息的整理，文化与传播行业企业成本如表 14-2 所示。整体上看，营业成本均值、销售费用均值、管理费用均值、应付职工薪酬均值都有所增长，其中应付职工薪酬均值涨幅明显，同比增长达到 242.9%，销售费用同比增长达 129.6%，营业成本增幅达 72.3%，管理费用同比增长达到 16.36%；从数据中可以看到创业板文化与传播行业经营成本均值整体呈现增长趋势。

表14-2 2018—2019年文化与传播行业成本变动（单位：亿元）

成本构成	2018年		2019年		
	总额	均值	总额	均值	均值同比增长
营业成本	171.05	9.50	212.79	16.37	72.3%
销售费用	28.70	1.59	47.49	3.65	129.6%
管理费用	29.74	1.65	24.94	1.92	16.36%
应付职工薪酬	4.99	0.28	12.47	0.96	242.9%

（三）行业利润分析

1. 整体变化趋势

根据对 2015—2019 年年报信息的整理，文化与传播行业上市公司利润数据如表14-3 所示。行业平均利润总额在 2015—2016 年小幅上升，但 2017 年开始大幅下降；2018 年平均利润总额同比减幅高达 208.09%，平均净利润同比下降 244.74%。2019 年行业平均利润总额开始回温，行业平均利润总额仍为负值。近两年文化与传播行业平均利润总额都为负，行业内企业发展情况较为严峻，行业内竞争加剧。

表14-3 2015-2019年文化与传播行业利润变动（单位：亿元）

年份 指标	2015	2016	2017	2018	2019
利润总额	46.21	55.48	55.6	−60.03	−38.84
平均利润总额	3.85	4.27	3.09	−3.34	−2.99
平均利润总额同比增长	15.96%	10.91%	−27.63%	−208.09%	10.47%
净利润	31.83	46.48	49.62	−71.82	−47.86
平均净利润	2.65	3.58	2.76	−3.99	−3.68
平均净利润同比增长	0.06%	34.79%	−22.90%	−244.74%	7.8%

2. 企业盈亏

如表 14-4 所示，2019 年文化与传播行业共有 13 家上市公司，有 1 家公司（中信出版，300788）无 2018 年财务数据，这里描述企业盈亏的数据中不包含该公司。2019 年，文化与传播行业有 41.67% 的企业年度利润总额增长为负，净利润增长率为负的企业约占总企业数的 41.67%，利润总额增长率为正的企业占行业内总企业数的 58.33%，仅有 1 家企业的利润总额和净利润增长率在 100% 以上。2019 年，文化与传播行业中利润增长最令人瞩目的企业当属华录百纳（300291），其利润总额增幅达 104.1% 以上，净利润的增幅高达 103.33%。

表14-4 2019年文化与传播行业利润增长分布情况（单位：家）

指标＼区间	<0	0～20%	20%～40%	40%～60%	60%～80%	80%～100%	100%以上
利润总额增长率	5	2	1	0	1	2	1
净利润增长率	5	2	1	0	1	2	1

3. 利润集中度

2019 年行业利润总额为负，在分析利润集中度时，为保证分析的严谨性，只选取净利润为正的 7 家企业，就整个行业利润集中程度来看（见表 14-5），前 28.57%（前 2 家）的企业累计利润总额约占全行业利润的 40%；前 42.86%（前 3 家）的企业累计利润总额占整个行业 80%；前 57.14% 的企业累计利润总额占整个行业 95%，行业内企业的发展较为集中。

表14-5 2019年文化与传播行业利润集中情况（单位：家）

累计利润比例	累计企业数	累计企业数占整个行业企业比例
达40%	2	28.57%
达80%	3	42.86%
达90%	4	57.14%
达95%	4	57.14%
达98%	5	71.43%
达100%	7	100%

二、行业无形资产规模

（一）基于招股说明书的无形资产规模

表 14-6 为基于招股说明书信息的创业板文化与传播行业上市公司无形资产构成情况。由于 2018 年行业无新增上市公司，因此各项数据与 2017 年相同。整体看，2019 年的授权专利、著作权、持有商标、技术标准的总量和均值大幅下降；非专利技术总量和均值增加，资质总量虽然略有下降，但均值略增。

表14-6 2015—2019年招报说明书的文化与传播行业无形资产构成情况

年份 行业总量（均值）	2015	2016	2017	2018	2019
授权专利（项）	44 (3.67)	44 (3.44)	459 (25.50)	459 (25.50)	27 (2.08)
非专利技术（项）	34 (2.80)	34 (2.62)	53 (2.94)	53 (2.94)	71 (5.46)
著作权（项）	302 (25.17)	378 (29.08)	4844 (269.11)	4844 (269.11)	760 (58.46)
持有商标（项）	367 (30.58)	393 (30.23)	684 (38.00)	684 (38.00)	287 (22.00)
技术标准（项）	3 (0.25)	2.6 (0.20)	20 (1.11)	20 (1.11)	0 (0)
总经理薪酬（万元）	787.8 (65.65)	833.43 (64.11)	1018.05 (56.56)	1018.05 (56.56)	847.5 (65.20)
前十大股东持股比例（%）	771.6 (64.3)	941.46 (72.42)	1350.85 (75.05)	1350.85 (75.05)	983.47 (75.65)
资质（项）	450 (37.50)	554 (42.63)	726 (40.33)	726 (40.33)	665 (51.15)

1. 常规无形资产规模变动特征

2015—2019年，创业板文化与传播行业常规无形资产变动特征如下：

第一，2019年行业授权专利均值异常波动。整体来看，行业平均授权专利数量在2015—2019年出现较大幅度波动，2017年大幅增长后，2019年由于行业内企业数量的减少，授权专利总量大幅降至27项，行业平均授权专利拥有量仅2.08项/家。

第二，非专利技术已披露数据极少。已披露数据显示，近三年有较大增长，2019年均值达5.46项/家，表明行业内对非专利技术逐渐重视，但呈现增长的趋势，可见行业内对非技术标准逐渐重视。

第三，著作权整体波动较大。2017年新上市的企业源创文化（300703）有高达4000余项著作权，导致2017年行业均量达到269.1项/家，也体现出该行业对著作权的重视程度正逐步加深，但是2019年行业均量仅为58.46项/家。

第四，持有商标的数量整体呈现波动变化的特征。行业持有商标均值自2015-2018年持续增长，但2019年有所下降，持有商标均值仅为22项/家。

2. 非常规无形资产规模变动特征

2015—2019年，创业板文化与传播行业非常规无形资产变动特征如下：

第一，行业平均技术标准拥有量较小。2017年行业平均技术标准达到1.11项/家，由于行业内企业数量的减少，2019年行业技术标准总量为0项。

第二，总经理平均薪酬总体呈现先下降后上升的趋势。从 2015 年平均每家 65.65 万元持续下降至 2018 年的 56.56 万元／家，再上升至 2019 年的 65.19 万元／家，。

第三，前十大股东持股比例呈现两段式增长。平均持股比例从 2015—2019 年持续增加，到 2019 年达到 75.65%。

第四，资质数量变化波动较大。2016 年均值达到 42.6 项／家，2019 年上升至 51.15 项／家。

（二）基于年报的无形资产规模

表 14-7 为基于年报信息的创业板文化与传播行业上市公司无形资产构成情况。整体上看，除了资质的均值有所增加外，2019 年年报披露的各类无形资产总量和均值都大幅下降，但该行业总经理平均薪酬大幅增长，独立董事津贴也有所增长。

表14-7 2015—2019年年报的文化与传播行业无形资产构成情况[①]

年份 行业总量（均值）	2015年	2016年	2017年	2018年	2019年
授权专利（项）	12 （1.00）	79 （6.08）	603 （33.50）	603 （33.50）	44 （3.38）
非专利技术（项）	无 （无）	无 （无）	无 （无）	8 （0.44）	0 （0）
著作权（项）	228 （19.00）	1290 （99.23）	1466 （81.44）	2039 （113.28）	804 （61.85）
持有商标（项）	458 （38.17）	205 （15.77）	351 （19.50）	394 （21.89）	144 （11.08）
技术标准（项）	1 （0.08）	1 （0.08）	28 （1.56）	19 （1.06）	4 （0.31）
前五名客户销售额占比（%）	499.44 （41.62）	410.67 （31.59）	597.78 （33.21）	672.89 （37.38）	487.06 （37.47）
总经理薪酬（万元）	787.8 （65.65）	929.63 （71.51）	1428.84 （79.38）	1146.1 （63.67）	1731.46 （133.19）
独立董事津贴（万元）	72.24 （6.02）	81.77 （6.29）	110.88 （6.16）	400.4 （22.24）	327 （25.10）
前十大股东持股比例（%）	772.47 （64.37）	821.93 （63.23）	1076.3 （59.80）	1041.11 （57.84）	444.04 （34.16）
资质（项）	128 （10.67）	287 （22.08）	207 （11.50）	167 （9.28）	138 （10.62）

[①] 由于文化与传播行业的特殊性，技术（研发）人员占比（%）、研发费用等指标极少披露与涉及，在对该行业的分析中技术类指标只保留部分有效可参考指标。

1. 常规无形资产规模变动特征

2015—2019 年，创业板文化与传播行业常规无形资产变动特征如下：

第一，授权专利数量较少，且波动较大。由于该行业起步较晚，直至 2015 年行业内才有授权专利披露，此后授权专利的数量逐渐增加，2017 年授权专利总量达到近五年的高点 603 项，平均授权数量达到 33.5 项 / 家，但是 2019 年行业披露的授权专利数量又大幅减少。

第二，非专利技术基本无披露。近五年内，除了 2018 年披露了 8 项非专利技术，其他年份均无非专利技术披露。

第三，著作权变化幅度较大。2015 年下降至 19 项 / 家后，2016—2018 年著作权总数呈现上升趋势，2016 年行业内著作权总项数达到 1290 项，2017 年小幅回落至 81.44 项 / 家，2018 年出现大幅上升，行业内著作权总项数达到 2039 项，平均每家企业拥有著作权 113.28 项，约为 2015 年的 6 倍。2019 年行业著作权总量为 804 项，行业内企业拥有著作权均值为 61.85 项 / 家。

第四，披露的商标持有量大幅下降。2015—2019 年，行业持有商标总量总体呈现下降的趋势，从 2015 的 38.2 项 / 家，下降到 2019 年的 11.08 项 / 家。

2. 非常规无形资产规模变动特征

2015—2019 年，创业板文化与传播行业非常规无形资产变动特征如下：

第一，企业披露参与技术标准制定的数量增加。该行业在 2015 年披露了一项技术标准，2017 年，行业内技术标准已有 28 项，平均技术标准达到 1.56 项 / 家。2018 年，行业内技术标准小幅回落，技术标准总项数下降至 19 项，平均技术标准达到 1.06 项 / 家，2019 年行业技术标准总项数下降为 4 项，平均技术标准达到 0.31 项 / 家。近五年中，该行业上市公司从基本没有参与制定行业技术标准到参与制定，可见文化与传播行业在慢慢地发展成熟。

第二，企业前五名客户销售额占比均值基本稳定。前五名客户销售额占比在 2016 年大幅下降后，再呈现上涨趋势。2019 年行业内前五名客户销售额占比达到最大值 37.47%。

第三，总经理薪酬整体呈现增长趋势。2015—2017 年持续上涨，2018 年小幅回落后，2019 年总经理薪酬均值大幅上涨至 133.19 万元 / 人。

第四，独立董事津贴行业均值近年大幅增加。2015—2017 年，该行业独立董事津贴均值基本保持稳定，2018 年出现显著上升，从大约 6 万元 / 人增长至 22.24 万 / 人，2019 年独立董事津贴达到了最高值 25.10 万 / 人。

第五，股权集中度进一步下降。前十大股东持股比例整体呈下降趋势，从 2015 年的 64.37% 下降到 2019 年的 34.16%。

第六，披露资质数量呈下降趋势。2016 年该行业披露的资质数量和均值达到近五年高点，之后持续下降。2019 年披露资质总量为 138 项／家，资质均值为 10.62 项／家，近三年均值基本稳定。

三、基于无形资产竞争矩阵的行业无形资产竞争分析

本年度研究报告基于无形资产规模结构、无形资产持续能力和无形资产竞争能力三大维度对所有分行业上市公司进行对比分析。三大维度下设二级指标，其中无形资产规模结构包括专利及非专利技术数量、商标数量、资质数量和软件著作权数量四项二级指标；无形资产持续能力包括技术标准数量、研发费用占比和员工学历三项二级指标；无形资产竞争能力包括前五名客户占比、前十大股东持股比例和高管平均年薪三项二级指标。

通过比较各项二级指标对分行业各企业的相对实力予以排序。排序方法为：某二级指标中的数量最高者赋予 1 分，其他非最高者与最高者比值即为某企业该项二级指标得分；对 10 项二级指标均以此方法处理，得到每家企业每项二级指标得分；对各企业所有指标得分加总，计算最后得分，得分最高者为行业中的优秀样本企业。

（一）行业无形资产规模结构分析

2019 年，文化与传播行业专利与非专利技术总数量 44 项，华凯创意（300592），拥有 44 项专利和非专利技术。

文化与传播行业商标数量共计 144 项，平均每家企业约有 11.08 项，华谊兄弟（300027）持有商标 98 项，占行业总量的 91.59%。

资质数量共计 66 项，平均每家企业拥有 10.6 项，中文在线（300364）拥有资质 26 项，占行业总量的 33.33%。

软件著作权数量共计 804 项，平均每家企业拥有 61.8 项。

（二）行业无形资产持续能力分析

文化与传播行业员工本科及以上学历占比行业均值为 56.25%。员工本科及以上学历占比排名前三的企业为华录百纳（300291）、中文在线（300364）和芒果超媒（300413），分别为 83.7%、78.8% 和 74.3%。

（三）行业无形资产竞争能力分析

文化与传播行业前五名客户占比行业均值为 37.47%，前五名客户占比排名前三的企业为光线传媒（300251）、华录百纳（300291）和华策影视（300133），分别为 74.8%、70.2% 和 61.5%。

前十大股东持股比例行业均值为 34.16%，前十大股东持股比例排名前三的企业为芒果超媒（300413）、中信出版（300788）和幸福蓝海（300528），分别为 64.2%、62.7%和 47.3%。

表 14-8 列示了依据无形资产竞争矩阵计算所得的创业板文化与传播行业内全部企业的无形资产竞争力得分情况。

表14-8 2019年创业板文化与传播行业企业无形资产竞争力样本企业一览

股票代码	股票名称	专利与非专利技术得分	商标得分	资质得分	软件著作权得分	技术标准得分	研发支出占比得分	员工学历得分	前五名客户占比得分	前十大股东持股比例得分	高管薪酬得分	总分得分
300592	华凯创意	1.00	0.47	0.12	1.00	0.00	0.43	0.62	0.55	0.20	0.12	4.51
300413	芒果超媒	0.00	0.00	0.65	0.00	0.00	0.20	0.89	0.44	1.00	1.00	4.18
300027	华谊兄弟	0.00	1.00	0.62	0.00	0.00	0.29	0.65	0.34	0.32	0.75	3.96
300364	中文在线	0.00	0.00	1.00	0.00	0.00	1.00	0.94	0.16	0.22	0.17	3.50
300251	光线传媒	0.00	0.00	0.58	0.00	0.00	0.05	0.88	1.00	0.69	0.14	3.34
300133	华策影视	0.00	0.00	0.27	0.00	0.00	0.09	0.86	0.82	0.36	0.25	2.65
300426	唐德影视	0.00	0.00	0.15	0.00	1.00	0.00	0.78	0.00	0.56	0.11	2.60
300291	华录百纳	0.00	0.00	0.15	0.00	0.00	0.00	1.00	0.94	0.27	0.17	2.54
300788	中信出版	0.00	0.00	0.12	0.00	0.00	0.04	0.65	0.53	0.98	0.20	2.52
300528	幸福蓝海	0.00	0.00	0.77	0.00	0.00	0.43	0.31	0.74	0.14		2.38
300654	世纪天鸿	0.00	0.00	0.08	0.00	0.00	0.02	0.64	0.53	0.73	0.12	2.11
300182	捷成股份	0.00	0.00	0.46	0.00	0.00	0.17	0.05	0.67	0.39	0.18	1.92
300144	宋城股份	0.00	0.00	0.35	0.09	0.00	0.19	0.35	0.21	0.46	0.11	1.76

四、案例分析

文化与传播行业属于新兴产业，行业内企业数量较少且企业存续时间较短。华凯创意（300592）的无形资产竞争力在行业内排列第一，故本年度选取"华凯创意"作为典型样本企业进行分析。

（一）企业简介

湖南华凯文化创意股份有限公司（简称"华凯创意"）成立于 2009 年，于 2017 年在深圳证券交易所上市，是以创意设计为核心，以数字技术为支撑，为各类空间环境提供从艺术设计、专业实施到运营管理、维护升级的全流程、跨专业的整体服务，提供从创意策划、空间设计、影视动画到多媒体集成、模型制作、建筑装饰等的全产业链的整体解决方案，是行业首家能够为城市展览馆、博物馆、图书馆、科技馆等多馆合一的文化中心或文化综合体空间环境提供一站式服务的企业。公司立足长沙，依托上海桥头堡，不断拓宽大型文化主题展馆空间设计主营业务，同时推动影视动画、文化旅游两翼发展。

（二）无形资产相关情况分析

1. 优势分析

"华凯创意"能够在行业内成为无形资产领域的标杆企业，主要原因在于其专利、著作权指标得分居行业第一，其中专利权为 44 项，占比为 100%，居行业第一，著作权有 737 项，得分居行业第一，占比 91.7%，员工学历和前五名客户得分较高，排名居前列。

2. 不足分析

由表 14-8 可知，"华凯创意"在前十大股东持股比例、资质和商标三项得分上处于行业劣势地位。其中，前十大股东持股比例得分 0.21，资质得分 0.12，商标得分为 0.47，与行业中其他企业相比，得分较低，资质和商标较少，将会影响未来的发展。

3. 无形资产优化建议

首先，公司需要提高对前十大股东持股比例、前五名客户销售总额以及商标和资质的重视程度，注重对企业非常规无形资产的保护，基于文化产业的特殊性，对企业文化作品的保护对企业的经营和发展有着极其重要的影响；同时注意维系客户关系，对客户类无形资产的维系，客户的稳定将会影响公司的发展。

其次，需要加强品牌授权及实景娱乐，整合原创优势、管理优势和资源优势，需要严格内部控制制度，建立科学有效的风险防范机制和财务风险指标体系，实现科学长远发展。

（三）其他方面竞争优势分析

根据招股说明书和年报披露信息，"华凯创意"的核心竞争优势在于品牌影响力、强大智库团队和技术创新能力。

1. 品牌影响力

该公司是行业内首家获批国家文化产业示范基地的企业，近年来公司的发展得到了行业内外的高度认可，公司连续多年斩获全国装饰工程金奖、全国人居经典奖、筑巢奖、金堂奖、华鼎奖、艾特奖等行业大奖。

2. 强大智库团队

该公司拥有阵容强大的专家顾问团队和全球智库资源，特聘上海世博会城市足迹馆总设计师、同济大学祖慰教授，上海世博会中国国家馆总设计师、中央美术学院黄建成教授等担纲公司总设计师；与国际视觉传播协会（IVCA）、英国博物馆协会、卡梅隆集团、法国 HOLOTRONICA 等公司建立了紧密合作关系；与中央美术学院、广州美术学院、同济大学、湖南大学等高校建立并保持着良好的创意智库合作关系。

3. 技术创新能力持续加强

该公司 2019 年新增发明专利 1 件，新增计算机软件著作权 3 件，完成设计领域作品版权登记 44 件，在自主知识产权拥有数量上继续保持行业领先。公司坚持技术的基础研发与集成创新，坚持构建产学研创新平台，并在"产、学、研"三个支点中寻求技术突破。技术中心在自主研发创新和合作创新中，建立产学研相结合的技术创新体系，增强自主创新和科技成果转化能力，形成企业的独有核心技术。"数字多媒体舞台表演系统""文物虚拟展览展示管理系统""拍照信息管理系统"等展示技术，已经在数字多媒体展示领域内得到成功的应用并产生了显著的经济效益和社会效益。

报告十五：创业板上市公司无形资产年度指数（2018—2020）

为持续跟踪研究创业板上市公司无形资产整体质量及信息披露质量，本报告基于证监会30号准则（2012年修订），以及截至2020年5月18日前创业板上市公司披露的2018—2019年和2019—2020年年度报告中的无形资产相关信息，并考虑各类型无形资产对不同行业公司重要性的差异化特征，通过构建年度信息披露指数及质量指数，对2018—2019年和2019—2020年年度创业板上市公司的无形资产整体质量和信息披露质量进行了评价，并基于无形资产类型差异和行业差异进行了比较分析。此外，由于无形资产已逐步成为创业板上市公司实现技术进步和创新发展的核心竞争要素，本报告构建了创业板上市公司无形资产价值指数，旨在从无形资产角度量化分析上市公司创新能力和企业价值。因此，2018—2019年和2019—2020年年度创业板上市公司无形资产指数由信息披露指数、无形资产质量指数和无形资产价值指数三项指数共同构成。

一、无形资产信息披露指数的构建
（一）评价样本

截至2019年5月18日和2020年5月18日，分别共有758家和810家公司在创业板上市，其中分别有744家公司披露了2018年年报，797家公司披露了2019年年报。本报告将上述744家和797家公司纳入统计样本，并根据证监会二级行业（2012年）的样本数量及代表性，将全部样本公司分为医药制造，互联网及相关服务，机械设备仪表[1]，计算机、通信及电子，软件、信息技术服务，化学、橡胶、塑料，文化传播及其他[2]共8个二级行业，并分别计算各行业2018—2019年和2019—2020年年度无形资产信息披露指数。

---

[1] 为便于统计分析，本报告将专用设备制造业、通用设备制造业、电器机械和器械制造业、仪器仪表制造业等4个二级行业统归为机械设备仪表业。

[2] 凡不属于前述7类二级行业的其他样本公司均归入其他行业，主要涵盖的行业有农林牧渔业、商业服务业、非金属矿物制品业、环保业、土木工程建筑业等。

基于以上说明，创业板上市公司 2018—2019 年年度、2019—2020 年年度无形资产信息披露指数的评价样本具体如表 15-1 所示。

表15-1 无形资产信息披露指数评价样本

数据来源	样本数量	行业分类
2018年年报	744家	医药制造（54家） 互联网及相关服务（18家） 机械设备仪表（199家） 计算机、通信及电子（115家） 软件、信息技术服务（110家） 化学、橡胶、塑料（74家） 文化传播（7家） 其他（167家）
2019年年报	797家	医药制造（54家） 互联网及相关服务（21家） 机械设备仪表（210家） 计算机、通信及电子（121家） 软件、信息技术服务（116家） 化学、橡胶、塑料（81家） 文化传播（7家） 其他（187家）

（二）指标选取

创业板上市公司年度信息披露指数用于反映创业板上市公司 2018—2019 年和 2019—2020 年年度报告的无形资产信息披露质量，其评价体系由三级指标构成，一级指标为无形资产门类，二级指标为无形资产具体类型，三级指标为各类型无形资产的信息披露要素。各级指标的组成及选取依据如下：

一级指标：包括技术类、市场类及人力资源类三项指标。基于《蓝皮书》系列报告对创业板上市公司无形资产的结构性分类，可将其粗略分为技术类、市场类、资质类、人力资源类及无形资产相关投入共 5 大类型。由于以研发支出、期间费用、政府补助为代表的无形资产相关投入信息在创业板上市公司年度报告中的披露情况较为规范和统一，且信息披露要素较少，难以体现样本公司信息披露的横向差异，故不纳入该指标体系中。另外，由于资质类无形资产与企业市场竞争力高度相关，本报告将资质类无形资产纳入市场类无形资产中一并处理。

二级指标：技术类无形资产包含专利、非专利技术、技术标准及软件著作权四项二级指标；市场类无形资产包含商标、资质、客户及市场竞争地位四项二级指标；人力资源类无形资产包含高管、独立董事及员工三项二级指标。另外，因股东类人力资本信息无规律地披露于年度报告中，增加了信息统计的难度，故不纳入指标体系。由于证监会对高级管理人员相关信息（包括总经理、财务总监、董事会秘书）的披露规制普遍统一，且在信息统计的过程中发现高管信息披露呈现较为一致的情形，为避免重复统计，本报告以总经理的信息披露质量代表高管的普遍信息披露水平。

三级指标：即各类型无形资产的信息披露要素。考虑到相关要素的多样性和复杂性，本报告对三级指标的选择均结合相关规制披露要素与实际披露情况综合制定，并基于重要性原则，对 30 号准则中的或有指标或经统计后均未披露的指标进行了适当剔除，以保证各项三级指标的普遍性和代表性，降低偶然性信息对公司整体无形资产信息披露质量的影响。

（三）权重设置

为客观反映无形资产各信息要素之间的相对重要性及各行业对不同类型无形资产的依赖性，本报告依据专家问卷调查的结果对上述三级指标的权重进行了设置。其中，一级指标的权重主要因行业差异而发生变化，二级指标的权重则保持固定以便进行统计处理，三级指标的权重则主要体现了各信息要素之间的相对重要性。基于专家打分的结果，各级指标的权重设置如表 15-2、表 15-3、表 15-4 所示。

表15-2 基于专家调查的一级指标权重设置

行业	技术类权重	市场类权重	人力资源类权重
机械设备仪表	40%	35%	25%
软件、信息技术服务	45%	30%	25%
医药制造	45%	25%	30%
计算机、通信及电子	40%	25%	35%
化学、橡胶、塑料	35%	40%	25%
互联网及相关服务	30%	25%	45%
文化传播	25%	45%	30%
其他	33%	33%	33%

表15-3 基于专家调查的二级指标权重设置

技术类无形资产			
专利	非专利技术	技术标准	软件著作权
25%	25%	25%	25%
市场类无形资产			
商标	资质	客户	竞争地位
30%	30%	10%	30%
人力资源类无形资产			
高管	独立董事		员工
35%	35%		30%

表15-4 基于专家调查的重要三级指标[①]

二级指标	最重要的三级指标
专利	专利类型、授权日期或申请日期、许可质押担保信息
非专利技术	功能及用途、技术水平、许可使用情况
技术标准	标准级别、企业参与程度、标准发布单位
软件著作权	取得方式、权利范围、首次发表日期
商标	适用范围、商标荣誉、授权许可情况
客户	客户集中度、前5名客户性质、关联客户及同一控制下客户信息
竞争地位	预期目标实现情况、总体经营情况、市场竞争格局变动、主要产品销量及市场变动、企业市场竞争力变动
资质	准入类、能力类、荣誉类
高管	学历、职称、年度薪酬情况、年初年末持股情况及变动量、持股变动的原因、最近五年主要工作经历
独立董事	持股情况、税前报酬总额、报酬的决策程序及依据、是否对公司有关事项提出过异议、独立董事履行职责情况
员工	员工人数及变化、专业结构

（四）计分方法

基于以上指标体系，本报告采取如下步骤对所有样本公司 2018—2019 年和 2019—2020 年年度报告中的无形资产信息进行计分，从而计算其年度无形资产信息披露指数。

（1）各项三级指标信息已披露的得 1 分，未披露的得 0 分，基于三级指标的相对权重进行加权求和，并转化为百分制，从而获得企业的各项二级指标得分。

（2）基于二级指标的权重，对二级指标得分进行加权平均，从而获得企业的各项一级指标得分。

（3）基于一级指标的权重，对一级指标得分进行加权平均，从而获得企业的最终得分，即年度信息披露指数。

（4）由于技术类无形资产所包含的四项二级指标均为或有指标，部分企业可能存在并不全部拥有各类无形资产的情况，为避免或有指标对信息披露得分所产生的影响，本报告在面临上述情况时，会自动将未披露的或有指标的权重平均分摊至其他已有指标[②]，从而客观评价样本公司的信息披露质量。

（5）样本公司 2018—2019 年和 2019—2020 年年度信息披露指数的理论最高分为 100分，最低分为 0 分，兼具绝对得分与相对得分的特征。即对同一行业的样本公司而言，该指数既反映了样本公司信息披露实际情况与理想情况所存在的绝对差距，又反映了同行业

[①]重要的三级指标将在指标体系中获得相对其他普通三级指标更高的计分权重。

[②]例如，当某企业并不拥有专利时，则非专利技术、技术标准及软件著作权的权重则同时变更为33%，从而消除专利缺失对该企业总分的影响。

内不同公司之间的相对差距，可以较为客观地衡量样本公司 2018—2019 年和 2019—2020 年年报的无形资产信息披露质量。

经过以上指标选取及权重设置，创业板上市公司无形资产年度信息披露指数的指标体系如表 15-5 所示。考虑到行业的差异性，本表仅以机械设备仪表行业为例，其他行业仅在一级指标的权重设置上有所不同，二级指标及三级指标的权重均保持一致。

表15-5　无形资产信息披露指数的指标体系

二级行业	一级指标	二级指标	三级指标	权重
机械设备仪表	技术类（40%）	专利（25%）	专利数量	5%
			专利名称	5%
			专利类型	15%
			专利号或申请号	5%
			专利权人或申请人	10%
			授权日期或申请日期	15%
			取得方式	10%
			重要程度	10%
			法律状态	10%
			许可、质押、担保信息	15%
		非专利技术（25%）	技术数量	5%
			技术名称	5%
			取得方式	10%
			功能及用途	15%
			取得时间	10%
			技术水平	15%
			许可使用情况	15%
			重要程度	10%
			账面价值	5%
			权属人	10%
		技术标准（25%）	标准名称	10%
			标准级别	20%
			标准发布单位	20%
			企业参与程度	20%
			标准所处阶段	20%
			标准数量	10%
		软件著作权（25%）	著作权数量	5%
			名称	5%
			登记号	10%
			证书编号	10%
			取得方式	15%
			首次发表日期	15%
			权利范围	15%
			保护期限	10%
			重要程度	5%
			账面价值	10%

（续表）

二级行业	一级指标	二级指标	三级指标	权重
机械设备仪表	市场类（35%）	商标（30%）	商标数量变化情况及原因	5%
			适用范围	15%
			商标荣誉	15%
			取得方式	10%
			授权、许可情况	15%
			注册时间	5%
			使用地域	10%
			法律状态	10%
			商标权人	10%
			最近一期账面价值	5%
		资质（30%）	准入类	40%
			能力类	30%
			荣誉类	30%
		客户（10%）	前5名客户名称	15%
			前5名客户的性质	25%
			客户集中度	25%
			关联客户及同一控制下客户信息	20%
			销售合同信息	15%
		竞争地位（30%）	预期目标实现情况	20%
			总体经营情况	20%
			主要产品销量及市场变动	20%
			企业市场竞争力变动	20%
			市场竞争格局变动	20%
	人力类（25%）	高管（35%）	姓名	5%
			任期	5%
			性别	5%
			年龄	5%
			学历	10%
			职称	10%
			年度薪酬情况	10%
			年初、年末持股情况及变动量	10%
			持股变动的原因	10%
			最近五年主要工作经历	10%
			是否在股东单位任职	5%
			报酬的决策程序及依据	5%
			兼职情况	5%
			股权激励计划	5%
		独董（35%）	姓名	5%
			性别	5%
			年龄	5%
			国籍及境外居留权	5%
			学历	5%
			职称	5%
			持股情况	10%

（续表）

二级行业	一级指标	二级指标	三级指标	权重
机械设备仪表	人力类（25%）	独董（35%）	兼职情况	5%
			税前报酬总额	10%
			报酬的决策程序及依据	10%
			任期	5%
			最近五年主要工作经历	5%
			曾经担任的重要职务	5%
			是否对公司有关事项提出过异议	10%
			独立董事履行职责情况	10%
		员工（30%）	员工人数及变化	20%
			专业结构	20%
			教育程度	15%
			年龄分布	15%
			社会保障情况	10%
			离退休人员数量	10%
			人员变动对发行人影响	10%

二、无形资产信息披露指数的统计

基于以上指标体系，本报告对 2018—2019 年和 2019—2020 年年度报告的无形资产信息披露质量进行了量化打分，从而获得其年度信息披露指数。受篇幅所限，样本公司的具体得分请参见书末的附表 1[①]，下文仅对样本公司的指数得分进行统计分析。

（一）总体情况

创业板上市公司 2018—2019 年和 2019—2020 年年度信息披露指数的主要描述统计量及频率分布分别如表 15-6、表 15-7 所示。统计结果表明，2019 年创业板上市公司年度信息披露指数得分均值较低，仅为 48.05 分，依然处于"不及格"状态，但是相比2018 年的 38.09 分明显上升，逐渐呈现回升状态。从频率分布来看，年度信息披露指数得分相对较为集中，呈现出正态分布特征，但横向差异较为明显，最高分与最低分之间的差值保持在 66.8 分，在 70 到 80 分这个区间有明显断层，仅同益股份（300538）一家企业信息披露指数分值达到了 92.8 分。

表15-6 2018—2019年年度信息披露指数描述统计量

年度	样本数量（家）	最大值（分）	最小值（分）	均值（分）
2018	744	59.74	17.5	38.09
2019	797	92.80	26.00	48.05

[①] 本报告仅在附表中详细披露了2019—2020年年度各样本公司信息披露指数具体得分和排序情况。附表2和附表3分别披露了2019—2020年年度样本公司信息质量指数和价值指数具体得分情况和排序。

表15-7 2018—2019年年度信息披露指数频率分布

年度	2018		2019	
分值区间	公司数量（家）	占比	公司数量（家）	占比
17，30	62	8.33%	5	0.63%
30，40	414	55.65%	64	8.11%
40，50	238	31.99%	420	53.23%
50，60	30	4.03%	288	35.49%
60，70	0	0%	19	2.41%
70，92	0	0%	1	0.13%
合计	744	100%	797	100%

（二）基于无形资产类型差异的分析

为进一步解构 2018—2019 年和 2019—2020 年年度信息披露指数，本报告对各项一级指标的得分进行了描述性统计，结果如表 15-8 所示。统计表明，从无形资产的类型差异来看，技术类和市场类无形资产信息披露得分均值较低，但 2019 年有较大增长；人力资源类无形资产信息披露得分均值相对较高，2019 年略有增长。

表15-8 2018—2019年年度信息披露指数一级指标描述统计量

年度	指标	最大值（分）	最小值（分）	均值（分）
2018	技术类得分	47.5	0.00	9.94
	市场类得分	78.5	7.5	41.95
	人力资源类得分	86.00	19.5	77.71
	2018年度信息披露指数	59.74	17.5	38.09
2019	技术类得分	127.50	0.00	15.55
	市场类得分	80.00	31.50	58.79
	人力资源类得分	89.00	19.50	80.74
	2019年度信息披露指数	92.80	26.00	48.05

（三）基于行业差异的分析

为体现样本公司 2018—2019 年和 2019—2020 年年度信息披露指数的行业差异，本报告对前述 8 个二级行业的指数得分进行了描述性统计，结果如表 15-9 所示。

统计表明，2018 年度有 4 个行业的指数得分均值高于全样本均值（38.09 分），其中，医药制造的指数得分均值（39.10）超过其他行业，成为无形资产信息披露质量较高的行业，这可能与市场类指标得分相对较高有关。其他行业，化学、橡胶、塑料，软件、信息技术服务，机械设备仪表等 4 个行业的指数得分均值在 37～40 分，处于第二梯队。而其他，计算机、通信及电子，文化传播，互联网及相关服务的指数得分在 35～38 分，处于落后地位。2019 年度有 5 个行业的指数得分均值高于全样本均值（48.05 分），其中，文化传播的指数得分均值（55.07）超过其他行业，成为无形资产信息披露质量较高的行业，这可能与人力类指标得分相对较高有关。互联网及相关服务，其他行业，计算机、通信及电子和化学、橡胶、塑料等4个行业的指数得分均值在48～54分，处于第二梯队。而机械设备仪表，软件、信息技术服务和医药制造的指数得分在44～48分，处于落后地位。

表15-9 2018—2019年年度信息披露指数的行业比较

	2018年度							
	医药制造	化学、橡胶、塑料	软件、信息技术服务	机械设备仪表	其他	计算机、通信及电子	文化传播	互联网及相关服务
样本数量（家）	54	74	110	199	167	115	7	18
均值（分）	39.10	39.08	38.45	38.17	37.66	37.63	36.44	35.08
最高分	58.68	52.31	52.59	59.74	55.42	51.00	46.81	46.84
最低分	27.75	25.75	27.91	17.5	18.45	25	26.55	24.53
均值排名	1	2	3	4	5	6	7	8
	2019年度							
	文化传播	互联网及相关服务	其他	化学、橡胶、塑料	计算机、通信及电子	机械设备仪表	软件、信息技术服务	医药制造
样本数量（家）	7	21	187	81	121	210	116	54
均值（分）	55.07	53.55	51.28	49.50	48.55	47.84	46.01	44.79
最高分	65.31	62.71	92.80	60.66	61.76	58.89	56.81	57.74
最低分	46.54	43.64	26.00	38.84	28.44	34.19	27.78	28.76
均值排名	1	2	3	4	5	6	7	8

三、无形资产质量指数的构建

（一）样本范围

2018—2019年和2019—2020年年度创业板上市公司无形资产质量指数的样本范围与无形资产信息披露指数一致，在此不再赘述。

（二）指标选择

1. 指标选取的原则

影响创业板上市公司无形资产整体质量的因素较为复杂，为实现评价目标，在选取指标时应遵循以下原则：

全面性原则：企业无形资产质量指数是一个多维度、多层次的复杂系统，涵盖了从相关资金投入到经营绩效的多方面内容，需要建立一套全面、系统的指标体系进行评价。

科学性原则：构建的指标体系应当与企业无形资产整体质量有直接的联系，能够恰当反映评价样本的无形资产竞争力，从而满足客观监测和科学评价的功能。

重要性原则：在繁杂的各类指标中，应当优先使用最具有代表性、最能反映评价要求的核心指标，从而增强评价模型的适用性。

可比性原则：由于存在行业、规模、经营方式等因素的差异，不同企业的指标在绝对数上往往不具有可比性，应采用相对数指标削减这一影响，确保同一行业内不同企业的指标口径一致，行业间的指标口径则应保持一定的差异。

可得性原则：质量指数的编制必须基于定量分析，因此选取的指标必须有可靠的数据来源和准确的量化方法，指标数量不宜过多以便于操作。

2. 指标选取结果

无形资产质量指数用于反映创业板上市公司各年度的无形资产整体质量和竞争能力，其评价体系由两级指标构成，一级指标为无形资产质量评价维度，二级指标为与无形资产相关的具体数量指标和财务指标。基于上述指标选取原则，用于构建无形资产质量指数的各级指标组成如下：

一级指标：包括无形资产账面价值、无形资产规模能力、无形资产持续能力及无形资产竞争能力四个维度。无形资产账面价值是反映企业无形资产存续状况的基础性财务指标，尽管会计制度的局限性使得该项指标并不能如实反映企业无形资产的市场价值，但基于可比性原则，对该项指标的使用仍具有一定的合理性。无形资产规模能力主要是对企业无形资产的存续规模进行描述，从数量角度评价企业的无形资产竞争力。无形资产持续能力用于反映企业创造、积累无形资产的持续性，持续能力越强的企业所具备的发展潜力往往也越高。无形资产竞争能力则体现了企业利用无形资产创造经营业绩的最终效果，是企业无形资产质量优劣的直接表现，一般采用财务指标进行反映。

二级指标：无形资产账面价值只包含企业无形资产覆盖率这1项二级指标。无形资产规模能力包含专利数量、技术标准数量、商标数量、资质数量及著作权数量5项二级指标。无形资产持续能力包含研发支出强度、专业人员密度、员工素质、政府补助强度及销售投入5项二级指标。无形资产竞争能力包含营业利润率、资产收益率及每股净收益3项二级指标。

考虑到指标的科学性和严谨性，本报告对各项二级指标的数据处理采用以下方法：①无形资产规模能力所包含的5项二级指标均采用截至2019年年末的无形资产存量指标，而非当年的增量指标；②企业所拥有的专利、商标及著作权数量均为已授权、注册和登记的数量，正在申请的专利、商标和著作权均不纳入统计范围；③考虑到指标的覆盖率，上述14项指标并未全部纳入所有行业的评价体系中，各行业二级指标数量在10～14项；④为体现行业特征，部分二级指标在不同行业中的选取会有所差异，如将资质数量细分为准入类、能力类和荣誉类，将专业人员密度细分为销售人员、技术人员和生产人员等。

3. 各项指标的含义

构建年度无形资产质量指数所需的指标体系共包含上述 4 项一级指标和 14 项二级指标，二级指标的含义及计算方法具体如表 15-10 所示。

表15-10 无形资产质量指数二级指标的含义及计算

一级指标	二级指标	含义及计算方法	单位
无形资产账面价值	无形资产覆盖率	年末无形资产账面价值/总资产账面价值	%
无形资产规模能力	专利数量	已获授权专利（或发明专利）总量	项
	技术标准数量	参与定制国际、国家和行业技术标准的数量	项
	商标数量	持有注册商标数量	项
	资质数量	各类型（准入、能力、荣誉）资质数量	项
	著作权数量	所获软件著作权（或作品著作权）数量	项
无形资产持续能力	研发支出强度	当年研发支出/当年营业收入	%
	专业人员密度	技术人员（或销售人员、生产人员）占比	%
	员工素质	本科以上学历员工占比	%
	政府补助强度	当年所获政府补助/当年营业收入	%
	销售投入	当年销售费用/当年营业收入	%
无形资产竞争能力	营业利润率	当年营业利润/当年营业收入	%
	资产收益率（ROA）	当年利润总额/平均资产总额	%
	每股净收益（EPS）	当年净利润/年末股本总额	元

（三）权重设置

为客观反映各项评价指标的相对重要性及各行业对不同类型无形资产的依赖性，本报告依据专家问卷调查的结果对上述两级指标的权重进行了设置。其中，一级指标的权重一般保持固定以便进行统计处理，除文化传播行业外，其余 7 类行业的 4 项一级指标的权重分别设置为 10%、25%、40% 和 25%。二级指标权重的设置则基于指标种类和具体内容的差异对 8 类行业进行了有针对性的微调，但在整体上基本保持一致。

经过以上指标选取及权重设置，基于 2018—2019 年和 2019—2020 年年度报告的创业板上市公司无形资产质量指数评价指标体系如表 15-11 所示。

表15-11 无形资产质量指数评价指标体系

二级行业	一级指标	二级指标	权重
文化传播	无形资产规模能力（30%）	持有商标数量	20%
		资质总量	30%
		作品著作权数量	50%
	无形资产持续能力（40%）	销售人员占比	30%
		员工素质	30%
		政府补助强度	10%
		销售投入	30%
	无形资产竞争能力（30%）	营业利润率	30%
		资产收益率	40%
		每股净收益	30%
医药制造	无形资产账面价值（10%）	无形资产覆盖率	100%
	无形资产规模能力（25%）	发明专利数量	30%
		持有商标数量	20%
		准入类资质数量	50%
	无形资产持续能力（40%）	研发支出强度	30%
		技术人员占比	20%
		员工素质	20%
		政府补助强度	10%
		销售投入	20%
	无形资产竞争能力（25%）	营业利润率	30%
		资产收益率	40%
		每股净收益	30%
机械设备仪表	无形资产账面价值（10%）	无形资产覆盖率	100%
	无形资产规模能力（25%）	发明专利数量	30%
		技术标准数量	10%
		持有商标数量	10%
		能力类资质数量	25%
		软件著作权数量	25%
	无形资产持续能力（40%）	研发支出强度	30%
		生产人员占比	20%
		员工素质	20%
		政府补助强度	10%
		销售投入	20%
	无形资产竞争能力（25%）	营业利润率	30%
		资产收益率	40%
		每股净收益	30%
软件、信息技术服务业	无形资产账面价值（10%）	无形资产覆盖率	100%
	无形资产规模能力（25%）	发明专利数量	30%
		技术标准数量	10%
		持有商标数量	10%
		能力类资质数量	25%
		软件著作权数量	25%

（续表）

二级行业	一级指标	二级指标	权重
软件、信息技术服务业	无形资产持续能力（40%）	研发支出强度	30%
		技术人员占比	20%
		员工素质	20%
		政府补助强度	10%
		销售投入	20%
	无形资产竞争能力（25%）	营业利润率	30%
		资产收益率	40%
		每股净收益	30%
互联网及相关服务业	无形资产账面价值（10%）	无形资产覆盖率	100%
	无形资产规模能力（25%）	发明专利数量	30%
		持有商标数量	20%
		能力类资质数量	25%
		软件著作权数量	25%
	无形资产持续能力（40%）	研发支出强度	30%
		技术人员占比	20%
		员工素质	20%
		政府补助强度	10%
		销售投入	20%
	无形资产竞争能力（25%）	营业利润率	30%
		资产收益率	40%
		每股净收益	30%
计算机、通信及电子	无形资产账面价值（10%）	无形资产覆盖率	100%
	无形资产规模能力（25%）	发明专利数量	30%
		持有商标数量	20%
		能力类资质数量	25%
		软件著作权数量	25%
	无形资产持续能力（40%）	研发支出强度	30%
		生产人员占比	20%
		员工素质	20%
		政府补助强度	10%
		销售投入	20%
	无形资产竞争能力（25%）	营业利润率	30%
		资产收益率	40%
		每股净收益	30%
化学、橡胶、塑料	无形资产账面价值（10%）	无形资产覆盖率	100%
	无形资产规模能力（25%）	发明专利数量	30%
		技术标准数量	20%
		持有商标数量	25%
		准入类资质数量	25%
	无形资产持续能力（40%）	研发支出强度	30%
		生产人员占比	20%
		员工素质	20%
		政府补助强度	10%
		销售投入	20%
	无形资产竞争能力（25%）	营业利润率	30%
		资产收益率	40%
		每股净收益	30%

（续表）

二级行业	一级指标	二级指标	权重
其他行业	无形资产账面价值（10%）	无形资产覆盖率	100%
	无形资产规模能力（25%）	专利数量	30%
		技术标准数量	10%
		持有商标数量	10%
		资质总数量	25%
		软件著作权数量	25%
	无形资产持续能力（40%）	研发支出强度	30%
		技术人员占比	20%
		员工素质	20%
		政府补助强度	10%
		销售投入	20%
	无形资产竞争能力（25%）	营业利润率	30%
		资产收益率	40%
		每股净收益	30%

（四）计分方法

创业板上市公司无形资产质量评价计分方法的根本是要对评价指标进行无量纲化处理以消除原始变量量纲的影响。首先，要确定每个指标2个标准值，然后分别给2个标准值打分，由标准值1（分数1）及标准值2（分数2）确定计分公式，进而可确定每一个指标实际值对应的得分，再通过指标权重与指标实际值得分的加权平均运算得到指标综合得分值，从而得到行业内每家样本公司的无形资产质量指数。

具体而言，本报告采用"两点法"对二级指标进行无量纲化处理，即利用专家评判法给标准值1（行业最低值，记0分）和标准值2（行业最高值，记100分）打分，从而形成了两个确定的点，利用这两个点就可以确定一条以指标实际值为自变量、以二级指标得分为因变量的一次线性函数方程，从而确定每个实际指标值所对应的分数。最后利用加权平均法即可得出每家样本公司的一级指标得分和最终得分，该得分即为企业的无形资产质量指数。

四、无形资产质量指数的统计

基于以上指标体系，本报告对2018—2019年和2019—2020年年度报告所体现的无形资产整体质量进行了量化打分，从而获得其无形资产质量指数。受篇幅所限，所有样本公司的具体得分请参见书末的附表2，下文仅对样本公司的质量指数得分进行统计分析。

（一）总体情况

2018—2019年和2019—2020年年度样本公司无形资产质量指数的主要描述统计量及频率分布分别如表15-12、表15-13所示。

2018 年度创业板上市公司无形资产质量指数得分均值较低，仅为 31.72 分，但相比 2017 年度的 28.93 分有所上升。从频率分布来看，有 87.63% 的公司的得分在 25～40 分，集中度较高。但相较于无形资产信息披露指数，创业板上市公司的无形资产质量指数分布则相对分散，样本极差依然超过 28 分。得分在 40 分以上的无形资产整体质量较高的企业占比仅为 7.26%，说明无形资产综合竞争力较强的领先企业依然偏少。

2019 年度创业板上市公司无形资产质量指数得分均值又下降至 28.88 分，显示创业板上市公司无形资产整体质量仍然不高。从频率分布来看，无形资产质量指数得分较为集中，有 75.66% 的公司的得分在 25～35 分。不同企业间的无形资产质量差异仍然较为明显。得分在 40 分以上的无形资产整体质量较高的企业占比进一步下降至 1.25%。

表15-12 无形资产质量指数描述统计量

年度	样本数量（家）	最大值（分）	最小值（分）	均值（分）
2018	744	57.08	2.64	31.72
2019	797	45.26	9.79	28.88

表15-13 无形资产质量指数频率分布

年度	2018		2019	
分值区间	公司数量（家）	占比	公司数量（家）	占比
2.64，20	11	1.48%	15	1.90%
20，25	27	3.63%	111	13.93%
25，30	281	37.77%	380	47.68%
30，35	220	29.57%	223	27.98%
35，40	151	20.29%	58	7.28%
40，58	54	7.26%	10	1.25%
合计	744	100%	797	100%

（二）基于评价维度差异的分析

为进一步解构无形资产质量指数，本报告对各项一级指标的得分进行了描述性统计，结果如表 15-14 所示。统计表明，从一级指标评价维度的差异来看，创业板上市公司的无形资产规模能力相对较差，且企业间的差距较为明显。尽管本报告在指标体系的设置中剔除了个别覆盖率极低的或有指标，但仍有部分企业在该指标上的得分明显偏低，说明其无形资产规模和结构尚未形成企业的核心竞争力。相较于规模能力，创业板上市公司的无形资产持续能力的描述性指标与质量指数基本保持一致，除因其在指数计算过程中所占的权重（40%）较大外，近年来创业板上市公司对研发活动、营销活动的持续高额投入也是主要原因之一。

值得注意的是，样本公司无形资产竞争能力的描述性指标远远高于质量指数，由于该项一级指标由3项财务指标构成，因而体现了创业板上市公司无形资产的运行效果相对较好，在企业无形资产规模能力相对不足的条件下依然通过有效经营实现了盈利。

表15-14 无形资产质量指数一级指标描述统计量

指标	2018年			2019年		
	最大值（分）	最小值（分）	均值（分）	最大值（分）	最小值（分）	均值（分）
无形资产账面价值	100	0	8.64	100	0	8.53
无形资产规模能力	32.61	0	3.78	56.98	0	3.99
无形资产持续能力	56.42	2.06	23.47	60.10	4.20	25.04
无形资产竞争能力	94.58	9.24	79.33	97.62	0	67.76
无形资产质量指数	57.08	2.64	31.72	45.26	9.79	28.88

（三）基于行业差异的分析

为体现样本公司无形资产质量指数的行业差异，本报告对前述8个二级行业的指数得分进行了描述性统计，结果如表15-15所示。

2018年度仅有4个行业的质量指数得分均值高于全样本均值（31.72分），其中，文化传播业的质量指数得分均值（37.04），成为无形资产整体质量最高的行业，这可能与该行业的无形资产富集且样本数量较少相关；软件、信息技术服务业的质量指数得分均值（36.50）排名第二，成为无形资产整体质量较高的行业，这可能与该行业的无形资产富集特征相关，且该行业近年来的经营业绩普遍提升，从而拉高了整体得分。由于样本数量较少，互联网及相关服务业得分较为集中，而医药制造业和机械设备仪表的得分则相对分散。其他行业则"高分不高、低分过低"，从而拉低了行业得分均值。化学、橡胶、塑料业、计算机、通信及电子和其他行业的得分均值都在29分左右，均低于全样本均值。

2019年度有5个行业的质量指数得分均值高于全样本均值（28.88分），其中，文化传播业的质量指数得分均值（31.54）超过其他行业，成为无形资产整体质量最高的行业，这可能与该行业的无形资产富集且样本数量较少相关；软件、信息技术服务业的质量指数得分均值（30.45）排名第二，成为无形资产整体质量较高的行业，这可能与该行业的无形资产富集特征相关，且该行业近年来的经营业绩普遍提升，从而拉高了整体得分。计算机、通信及电子，互联网及相关服务和化学、橡胶、塑料三类行业的得分均值较为接近，均略高于全样本均值。其中，由于样本数量较少，互联网及相关服务业得分较为集中，而医药制造业和机械设备仪表的得分则相对分散。其他行业则"高分不高、低分过低"，从而拉低了行业得分均值。医药制造、机械设备仪表和其他行业的得分均低于全样本均值。

表15-15 无形资产质量指数的行业比较

2018年度								
	文化传播	软件、信息技术服务	互联网及相关服务	医药制造	其他	计算机、通信及电子	机械设备仪表	化学、橡胶、塑料
样本数量（家）	7	110	18	54	166	115	199	74
均值（分）	37.04	36.50	35.77	33.56	31.16	30.80	30	28.81
最高分	46.25	57.08	52.38	45.04	49.12	46.24	56.56	37.34
最低分	27.18	12.25	28.39	27.06	9.05	21.49	2.64	5.21
均值排名	1	2	3	4	5	6	7	8
2019年度								
	文化传播	软件、信息技术服务	计算机、通信及电子	互联网及相关服务	化学、橡胶、塑料	医药制造	机械设备仪表	其他
样本数量（家）	7	116	121	21	81	54	210	187
均值（分）	31.54	30.45	29.33	28.99	28.93	28.73	28.72	27.29
最高分	44.92	45.26	41.05	39.73	37.45	42.06	37.41	39.69
最低分	22.15	19.44	9.79	15.29	22.78	19.40	13.86	12.64
均值排名	1	2	3	4	5	6	7	8

五、无形资产价值指数的构建

（一）样本范围

2018—2019 年和 2019—2020 年年度创业板上市公司无形资产价值指数的样本范围与无形资产信息披露指数和无形资产质量指数一致，在此不再赘述。

（二）计算方法

创业板上市公司无形资产价值指数的构建方法为：

价值指数 = 托宾 Q 值 × 无形资产质量指数

其中：托宾 Q 值则是评价企业市场价值的常用指标，用于反映资本市场对企业无形资产的认可程度和溢价水平，体现了无形资产价值的市场放大效应；无形资产质量指数则是本报告前文中已构建的、用于反映企业无形资产质量的评价指标，可以看作对无形资产市场价值的合理调整。两项指标相乘，即是创业板上市公司无形资产价值指数的数值，且这两项指标的计算基准日均为每年的 12 月 31 日。

托宾 Q 值 = 公司市场价值 / 资产重置成本

托宾 Q 值是公司市场价值对其资产重置成本的比率，由于公司真实市场价值和资产重置成本难以计算获得，考虑到计算的便捷性和数据的可得性，本报告在计算过程中使用"股权的市场价值＋负债的账面价值"近似替代"公司市场价值"，使用"资产账面价值"近似替代"资产重置成本"。

无形资产价值质量指数的计算方法前文已有说明，在此不再赘述。

六、无形资产价值指数的统计

（一）指数的功能与意义

创业板上市公司通常集中于技术密集型行业，以快速成长和技术进步为主要特征，是促进我国战略新兴产业发展的重要推动力量。以知识产权为代表的企业无形资产已逐步成为创业板上市公司实现技术进步和创新发展的核心竞争要素。创业板上市公司无形资产价值指数，即是从无形资产角度分析上市公司创新能力和企业价值的评价方法，既体现了资本市场对企业无形资产的认可程度和溢价水平，也体现了企业自身的创新基础和创新能力，对于更为全面、客观地评价创业板上市公司的创新水平和竞争能力具有重要参考意义。

（二）总体情况

基于以上指标体系，本报告对样本公司 2018—2019 年和 2019—2020 年年度无形资产价值指数进行了计算，总体得分情况如表 15-16 所示。

表15-16 无形资产价值指数总体分布

2018年度						
分值区间	40以下	40～60	60～80	80～100	100～1500	150及以上	合计
样本数量（家）	112	150	140	150	115	77	744
占比	15.0%	20.1%	18.9%	20.2%	15.5%	10.3%	100%
总体均值	89.52						
2019年度						
分值区间	40以下	40～60	60～80	80～100	100～1500	150及以上	合计
样本数量（家）	120	166	163	163	124	58	797
占比	15.2%	20.9%	20.5%	20.5%	15.6%	7.3%	100%
总体均值	78.58						

统计结果表明，2018 年度和 2019 年度创业板上市公司无形资产价值指数得分均值分别为 89.52 分和 78.58 分，且分布较为分散，各分数段的样本占比大多都在 15% ～ 20%，说明样本公司之间的横向差异较为明显，没有明显集中的分数段。

（三）基于行业差异的分析

为体现样本公司无形资产价值指数的行业差异，本报告对前述 8 个二级行业的指数得分均值进行了统计，结果如表 15-17 所示。

表15-17 无形资产价值指数的行业比较

2018年度								
	计算机、通信及电子	软件信息技术服务	医药制造	互联网及相关服务	文化传播	化学、橡胶、塑料	机械设备仪表	其他
样本数量（家）	115	110	54	18	7	70	199	166
均值（分）	116.04	109.83	107.09	104.76	90.63	77.45	74.47	73.77
均值排名	1	2	3	4	5	6	7	8
2019年度								
	计算机、通信及电子	软件信息技术服务	医药制造	互联网及相关服务	文化传播	机械、设备、仪表	化学橡胶塑料	其他
样本数量（家）	121	116	54	21	7	210	81	187
均值（分）	102.97	98.28	94.12	90.07	78.79	68.24	66.11	64.75
均值排名	1	2	3	4	5	6	7	8

从行业间的横向比较来看，2018—2019 年和 2019—2020 年年度各大类行业的无形资产价值指数大约可分为三个层次：计算机、通信及电子，软件信息技术服务，医药制造和互联网及相关服务这四个行业的得分均值明显高于其他行业，处于领先地位；文化传播行业得分与全样本均值非常接近，属于第二梯队，机械设备仪表，化学、橡胶、塑料和其他行业的历年平均得分则明显较低，属于第三梯队。以上分析表明，创业板上市公司无形资产价值指数的行业差异较为明显，以互联网和软件开发为代表的轻资产行业的无形资产价值明显高于以机械设备、石化塑料为代表的重资产行业，这一特征值得关注。

从对各大类行业 2018—2019 年和 2019—2020 年年度三大指数的计算结果综合来看，以计算机、通信及电子，互联网及相关服务和软件信息技术服务为代表的轻资产行业，在各类指数的行业比较中，均明显领先于以机械设备仪表、石油化工塑料为代表的重资产行业，这些行业既具有相对较高的技术实力，更具优势的无形资产规模和结构，同时也能更好地进行无形资产信息披露，进而获得资本市场投资者认可，从而实现经营业绩和股价提升的双赢。这一特征足以证明，创业板市场已基本具备无形资产质量识别和价值释放的功能，能够实现股权资本在成长型科技企业之间的有效配置，与此同时，以无形资产为基础的企业创新能力仍然是创业板上市公司能否健康稳定发展的核心要素，只有持续加强对技术创新的研发投入、持续关注无形资产的管理运营、持续改进无形资产信息披露质量，才能获得消费者和投资者的认可，进而打造企业基于无形资产的核心竞争力。

报告十六：科创板上市公司价值分析及评估问题研究

张世如 乔一丹 江玉兰 李玉①

一、研究背景

2019 年 6 月 13 日，科创板在上海证券交易所正式开板，7 月 22 日，25 家公司首批在科创板挂牌上市。作为资本市场基础制度改革创新的"试验田"，科创板一经诞生便受到广泛关注，吸引众多科创公司和投资者纷纷加入其中，截至 2019 年 9 月 30 日，已有 159 家公司提交了科创板上市申请，33 家公司正式在科创板上市，开户人数超过 300 万。首批科创板已上市的公司的首发市盈率为 103 倍，发行首日平均涨幅 140%，总市值高达 538 亿，高估值已经成为科创板上市公司的重要特征。

科创板在受到关注的同时，也面临着诸多问题：科创板上市公司是否比传统板块上市公司更具有发展潜力？科创板上市公司是否存在估值过高的泡沫？如何规避科创板上市公司价值大幅回落的风险？这一系列问题使得科创板上市公司的合理估值成为人们关注的焦点，同时，科创板的创新性制度规定以及科创板上市公司高风险、高成长性、高科技含量、多无形资产的特点使得其评估思路与方法不同于传统企业，这进一步造成了科创板上市公司价值评估的困难。目前学者对于科技创新企业的研究主要集中在纳斯达克和创业板市场，对科创板企业价值评估的研究较少，研究科创板合理估值已成为现实的呼唤，理清科创板上市公司价值评估中的关键问题以及影响因素对进一步合理评估科创板上市公司价值，规范科创版上市公司发行价格，促进资本市场有序运行以及建立多元化企业价值评估体系具有重要的意义。

科创板的制度创新以及科创板上市公司自身特点使得科创板上市公司价值评估具有特别的关注要点：①作为中国版纳斯达克的科创板开市后上市企业情况究竟如何，科创板是否能助力科研创新，引领核心技术产业发展，科创板支持发展高新技术产业和战略新兴产业的定位使得成长性判断在价值评估中至关重要，通过与创业板的对比分析明确在判断科创板上市企业成长性的总体定位；②科创板对上市公司股权设置要求放宽，同

---

①张世如：中南财经政法大学工商管理学院副教授；乔一丹、江玉兰为中南财经政法大学资产评估专业硕士研究生；李玉为中南财经政法大学产业经济专业硕士研究生。

股不同权上市公司的特别表决权成为股权价值评估的关注重点；③同时，科创板在上市条件、退市条件和交易制度方面的规定深刻影响科创板乃至整个资本市场的流动性，是科创板上市公司估值的关键因素之一。本文通过对以往作者对高科创企业价值评估研究的文献梳理以及科创板基本制度的对比分析，基于科创板上市公司以及可参照的其他市场的交易数据与案例，以成长性判断为核心、综合科创板特点考虑股权设置以及流动性的影响，具体探讨科创板上市公司评估中成长性指标选择、股权以及流动性的影响，以期能为合理评估科创板上市公司价值提供借鉴。

二、文献综述

学者对于高科技企业价值评估关键问题的研究以高科技企业成长性的判断为核心，研究主要集中在影响因素和高科技企业成长性评价两个方面。

（一）高科技企业的界定

科创板上市公司多为高新技术企业，高新技术企业是指在中国境内注册 1 年以上的在国家支持的高新技术产业内，通过持续进行科学技术研究开发与技术成果转化来取得自身核心自主知识产权，并以核心技术与知识产权为基础开展经营活动的企业，高新技术企业是知识密集、技术密集型的企业，2016 年国家修订印发的《高新技术企业认定管理办法》界定高新技术企业的标准是Ⅱ类知识产权数量至少 6 件以上、Ⅰ类知识产权至少 1 件以上；科技人员占职工总数不低于 10%；收入在 5000 万元以下的，占比 5% 以上；5000 万～ 2 亿元的，占比 4% 以上的高新技术产品收入，科技成果转化能力，研发组织管理水平，成长性评价多个方面达标，主要集中在电子信息技术、生物与新医药、航空航天等八大领域。

科创板成立的初衷，是让在初创期以及成长期的科技型、创新型的企业得到上市融资以及进一步发展的机会，其中科技型企业是指国家和省级高新技术企业、小巨人企业以及政府认证的科技型企业，创新型企业是指包含机器人、新型显示等制造到智造重点方向，大数据、云计算等新进方向以及互联网金融信用服务业态的新型服务业态。根据我国科创板的定义，科创企业主要集中在新一代信息技术、高端装备、新材料等六大高新技术产业以及战略性新兴产业，如互联网企业、云计算、人工智能、新型制药等。

（二）高科技企业评估思路综述

高科技企业价值的评估不同于传统企业，具有无形资产多，可比企业少，现金流波动大以及不确定性强的难点（王忠坤等，2010），胡晓明（2019）通过对科创板上市公司的研究进一步指出初创期盈利预测、无形资产以及特殊行业的价值评估的传统的市场法、成本法以及收益法评估高科技企业存在局限性。目前学者主要基于基础收益法和期权法采取不同的修正方法来评估高科技企业价值：第一类是通过对开发费用的调整来评估高科技企业，如 EVA 法；第二类是利用收入指标构建估值模型，如净利润与成本比值模型、收入与销售比值模型等；第三类是调整一般估值指标，通过计算企业可获取的历史数据和可比企业的数据之比对传统指标进行计算，以此作为高技术企业的估值数据；第四类是对传统估值方法的修正，如对市盈率和市净率的修正模型；第五类是通过非财务指标来评估高科技企业的价值，利用高科技企业的非财务信息来对其价值进行发掘；第六类是建立多元回归模型，首先引入估值指标，通过利用估值指标对可比公司进行回归来确定确定高新技术企业的价值。总之，高科技企业价值评估方法较多，但是其评估的核心与重点是寻找能够反映企业未来成长能力的核心指标，针对不同行业不同发展阶段的高科技企业有不同的选择。

（三）高科技企业价值的影响因素

双层股权结构是影响科技企业成长性以及价值的重要因素，Tallarita（2018）对 2012 年 1 月至 2017 年 9 月（提交日期）所有美国科技公司的 IPO 进行全面抽样调查，发现采用双层股权结构的科技公司占比从 2012 年的 12% 增长到 2017 年的 29%，但是 IPO 投资者意识到双层股权结构会增加代理成本，所以并对公司价值产生负面影响；金超龙（2017）具体研究美国中概股的双层股权结构对企业价值的影响，选取 125 家美国中概股 IPO 数据为样本，基于托宾 Q 理论建立企业价值模型，通过回归分析得出了双层股权结构对于公司价值有负面影响的结论；但是 Klausner（2018）研究美国双层股权结构的 IPO 不同投票权股票的平均回报率发现科技独角兽企业公司的股权溢价最高同时最受投资者欢迎，得出了双层股权架构促进科技类企业价值的提升的结论；左盼（2019）研究双层股权结构的实施路径时以纳斯达克上市公司谷歌为例，运用 Excel 计算谷歌股票分割前后短期窗口的 CAR，发现同股不同权架构的实施在短期内对公司价值有负面影响，但是从长期看来不同投票权的股票价格走势趋向一致，市场对公司价值评估回归理性，并进一步提出了引导科技公司科学设计股权结构和加强市场监管的政策建议。

流动性也是影响高科技企业价值的重要因素之一，张俊瑞等（2012）在《资产结构、资产流动性与企业价值研究》中理论分析的基础上，对我国上市公司不同行业包括信息技术等高科技行业的资产结构、流动性与企业价值的关系进行实证研究，得出了较高的流动性促进企业经营效率与企业价值提升的结论；吴铖铖（2019）在研究企业价值评估中公司特定风险系数的影响因素时以 2015—2016 年深沪上市企业为样本，选取 60 份企业价值评估说明，提取其评估风险时考虑的因素，选取 6 个财务指标和 8 个风险指标进行回归分析，得出了创业板上市公司流动性对于公司特定风险的影响仅次于公司规模，流动性通过公司特定风险系数影响折现率，进一步影响公司价值的结论。

（四）关于科技型企业的成长性评价方面

Robert Kaplan（1992）提出了著名的平衡记分卡理论，从财务、客户、企业内部经营、学习与成长角度对企业的成长性进行评价的方法得到了广泛的采用，为高科技企业的成长性评价奠定基础；Millan 等（1987）提出了从企业家素质、产品服务、财务状况、市场竞争等六个维度对高科技企业进行成长性评价的观点，并应用于美国高科技企业价值评估；Laitinen（2002）通过对芬兰93家中小型高科技企业的研究，设计了包含外部影响因素、内部影响因素以及连接因素的动态评价体系，具体包括2个内部因素指标，5个外部因素指标和7个连接因素指标；朱和平（2004）研究设计了创业板高成长型高科技企业的成长性评价指标，并通过运用回归分析方法和 AHP 方法进行实证研究，提出建立以历史信息为主，以期权定价方法为辅的复合性高科技企业成长性评价模型；鲍新中（2010）以1998—2007年信息科技硬件设备行业的21家上市公司为研究样本，运用突变级数法构建企业成长性系数，动态评价企业的成长性，并由企业的成长性拓展到行业变动趋势的研究；张显峰等（2012）通过突变级数法评价2011—2012年创业板上市公司成长性，并用熵值法对创业板上市公司成长能力进行排名，将企业成长性与企业绩效相关联构建了成长性与企业绩效模型，利用 Eviews 软件对面板数据进行估计，得出了企业成长性与企业绩效呈显著正相关的结论；周霞等（2014）运用因子分析方法从持续力、增长力和扩张力三个角度选取13个财务指标对科技型企业成长性进行评价，选取创业板26家科研能力较强的技术与知识密集型的企业为代表，对其成长性进行测算与排序；谢赤等（2018）对2015年创业板468家上市公司截面数据进行分析，选取资产收益率等11个财务指标构建创业板公司成长性指标体系，进一步构建创新型企业成长性模型，通过对创新型企业成长性的实证研究发现虽然创新型企业的整体价值低，但是具有高成长性的创新型企业具有较大的价值；朱莲美等（2018）在研究新三板企业成长性与企业价值的关系时，重点关注影响企业成长性的质量、速度、创新、风险等内部因素，选取2012—2014年新三板上市的102家企业进行成长性分析，并从中选取43家企业为样本，运用 B-S 期权法评估其企业价值，认为新三板企业价值的成长性与企业价值呈正相关，并进一步提出了通过企业成长性来对企业进行初步价值评估能减小对科技创新类企业直接评估的难度的观点。

通过对以往文献的梳理可以看出学者对科技型企业的价值评估研究较为丰富，国内外学者都已经关注到了流动性、股权结构设置尤其是双层股权架构以及科技类企业成长性特点对企业价值的影响，但是目前的研究还有不足之处：①目前国内外学者对于科技创新型企业价值评估的研究大多是集中于一个方面，缺乏综合内外部因素以及企业自身成长性特点的系统性研究；②学者关于科技类企业价值的研究大多基于实证研究，研究结果受到样本选择不同的影响，研究的结论差异较大并且适用范围有限；③目前我国关于科技创新型企业价值的研究大多集中在创业板，针对科创板企业价值评估的针对性研究较少。所以本文根据科创板上市公司的具体特点，从外部流动性，内部双层股权设置以及科创板企业的成长性特点进行综合分析研究，以期能为科学评估科创板上市公司价值提供有益参考。

三、科创板价值评估中的成长性因素分析

（一）科创板与创业板上市公司比较分析

科创板是专为科技型和创新型中小企业服务的板块，是上海建设多层次资本市场和支持创新型科技型企业的产物之一，其支持中小型科技创新创业企业挂牌。

创业板是专为暂时无法在主板上市的中小企业和新兴公司等提供融资渠道的板块，与科创板在成长型中小企业范围上存有一定重合，因此我们在具体分析科创板上市公司成长性时，将科创板首批 33 家上市企业与近两年来创业板上市企业进行对比分析，具体分析科创板是创业板的同位替代还是在引领价值链的升级和攀升上有所助力，从而进一步明确在分析科创板上市公司成长性时应考虑的整体因素。下面将从成立时间、产业链定位、技术水平，以及融资规模四个方面进行具体对比分析。

1. 成立时间对比

创业板近两年上市企业成立时间主要集中于 2000—2010 年，2000 年以前成立企业数量紧随其后，2010 年以后成立的企业最少；而目前科创板已上市企业成立时间主要集中在 2000—2010 年，相较于创业板而言其更为集中，2010 年以后成立的企业较少且较创业板而言其占比有所下降；2000 年以前企业数量较少，此种现象出现的主要原因在于科创板上市企业成立时间主要集中于 2000—2010 年，如图 16-1 所示。科创板于 2019 年正式开市，设立初衷是让那些新成立的、新兴的、有发展潜力但盈利水平等方面目前达不到其他板块甚至尚未实现盈利的企业有一个融资平台和渠道，而这类企业通常成立时间较为短暂，短暂的发展和巨大的研发投入才使得盈利水平低下，因此对于科创板上市企业正常成立时间应该较短。而通过对科创板上市时间的分析，可以看出科创板上市企业成立时间大致趋势类似于创业板，其上市企业大多已经经历了十几年的发展，根据国际上通用的定义：通常成立时间在六年以内的企业被称为初创企业；而科创板当前大多企业根据国际通用定义已经步入成熟期，却仍尚未盈利或盈利较低。因此，与其成立初衷想要扶持的企业并不相符。

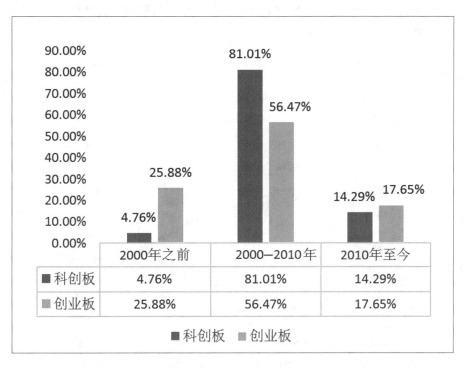

图16-1 科创板和创业板企业成立时间对比分析

2. 产业链定位对比分析

创业板上市企业主要集中于上游和中游，下游企业较少；而科创板上市企业同创业板企业产业链定位大致相同，只是其上游更为集中，中下游相对于创业板都较少，如图16-2所示。企业在发展运营中，其身处的产业链定位至关重要。一个企业在其产业链定位中，是否具有主导地位、是否掌控主动权、是否容易被上下游企业经营状况波及等，都关乎着企业的生存与发展，小则影响企业经营业绩，大则影响企业生死存亡，正如引起全国瞩目的中兴事件，正是其对上游供货商的极端依赖导致一旦被上游制裁就不得不停工待业，难以维系正常生产运营。科创板的设立正是为了防止类似事件的发生，培育出更多能够自力更生、独立自主的企业，从对科创板和创业板上市企业产业链定位对比分析来看，可喜之处在于科创板上市企业越来越多地集中于上游研发制造业，其通过自主研发生产为其中下游销售提供保障，一定程度上可以解决一些掐脖子式的打压和技术限制的现状。并且根据调查分析科创板已上市企业的产业链情况，发现大部分企业正在推行全产业链一体化运营，打通上下游产业链，实现集聚式发展，这样使得企业在发展运营中更少地受制于人，拥有更多的话语权。因此，从总体发展趋势来看，科创板上市企业正在突破产业链瓶颈限制，走向产业主导地位。但是就当前现状来看其缺点在于大体趋势仍和创业板相类似，表明科创板设立的作用还不够突出，需要给予一定时间，进一步引导发展。

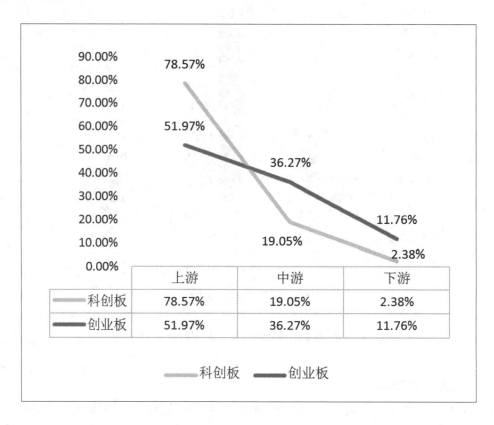

图16-2 科创板上市企业和创业板上市企业产业链定位对比

3. 科技水平对比分析

（1）专利权数量对比。

专利数量能在一定程度上反映一个企业的自主创新能力和技术优势，它是企业的无形资产，是推动产品升级和企业发展的重要动力。经过数据整理发现，其数量与行业类别息息相关，因而选取科创板和创业板排名前三的行业对其进行对比分析，如图 16-3 至 16-5 所示。

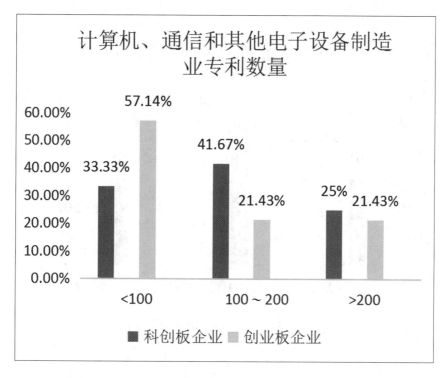

图16-3 计算机、通信和其他电子设备制造业专利比较

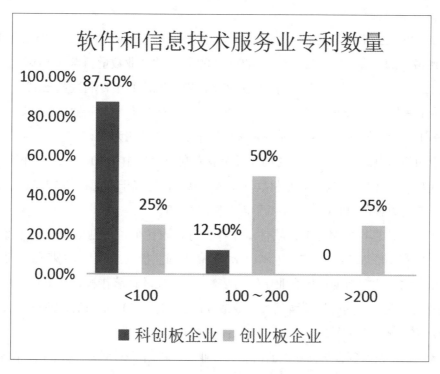

图16-4 软件和信息技术服务业专利比较

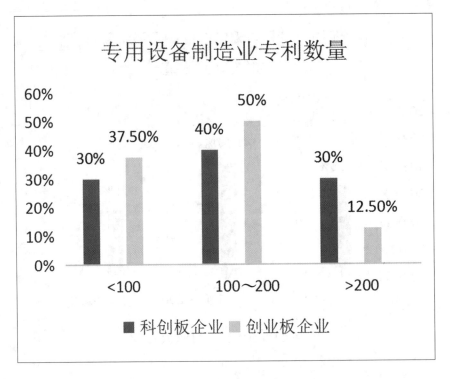

图16-5 专用设备制造业专利比较

在计算机、通信和其他电子设备制造业，创业板企业专利数量主要集中在100以下，占比达到57.14%，专利数量在100～200与200以上的企业数量相当。在科创板中，有25%的企业专利数量在200以上，高于创业板的21.43%。其中专利数量在100～200的科创板企业占比为41.67%，超过创业板的21.43%；1/4的科创板企业专利数量在200以上，略高于创业板的21.43%；专利数量200以下的企业占比为37.5%。

在专用设备制造业中，一半的创业板企业专利数量集中在100～200，科创板企业占比为40%；30%的科创板企业专利数量在200以上，远高于创业板的12.5%；30%的科创板企业专利数量在100以下，略低于创业板的37.5%。

在软件和信息技术服务业，软件著作权更有代表价值，科创板企业软件著作权数量主要集中在100以下，占比高达87.5%，远高于创业板的25%；科创板暂时没有数量在200以上的企业，而创业板企业比例为25%。因而在软件著作权数量上科创板企业逊色于创业板企业，但同时发现科创板企业成立时间均在2000年以后，还有一家企业在2011年成立，成立时间较短，也会影响到科技成果数量。

总体来说，在科创板与创业板的前三大行业中，科创板企业在专利数量上凸显优势，说明其科技创新能力突出，具备较强的成长性，但在软件著作权上不及创业板企业，缺乏拥有较多软件著作权的企业。产品创新和研发投入是该类企业增强产品市场竞争力的重要保障，科创板的设立将为该类企业提供新的融资渠道，通过资金支持促进企业形成持续的自主创新能力，建立自主知识产权的核心技术体系，提升产品技术含量和知识含量，从而形成品牌效应，实现产品替代和产品超越。

（2）研发投入力度对比分析。

从研发人员占员工数比重来看，科创板首批上市的 33 家企业中，接近一半的企业研发人员占比超过三成，远高于创业板的 12.28%，创业板上市企业的研发人员占比主要集中在 10%～30%，研发人员占比一成以下的企业中，科创板仅有 6.06%，创业板高达19.30%，如图 16-6 所示。从单家企业来看，科创板研发人员占比最多的企业为晶晨股份，高达 81.13%，该公司是一家从事芯片研发、设计与销售的企业。

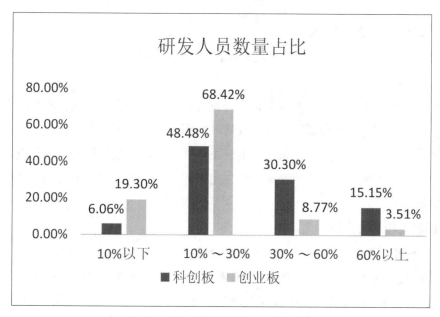

16-6 研发人员数量占比对比分析

从研发投入占营业收入比例来看，18.18% 的科创板企业研发投入占收比达到 20% 以上，远高于创业板企业的 3.51%；研发投入占收比在 10%～20% 的科创板企业略低于创业板企业；39.39% 的科创板企业研发投入占收比在 5%～10%，高于创业板的 28.07%；创业板超过一半的企业研发投入占收比在 5% 以下，而科创板仅占 15.15%，如图 16-7 所示。从单家企业来看，科创板企业中研发投入占收比最高的是微芯生物，高达 55.85%，是一家研发型药企。

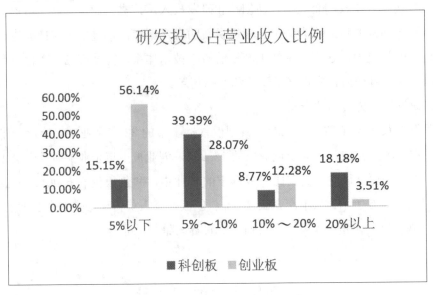

16-7 研发投入占收比对比分析

通过对比可以看出科创板企业无论是研发投入人数占比还是研发投入力度都普遍高于创业板，研发人员占比和研发投入占收比并非评价科技水平的唯一指标，但也是重要参考标准之一。总体来说，科创板企业的研发属性更强，科技属性高于创业板，符合科创板定位于科技型和创新型中小企业的设立初衷，从而加速我国掌握核心技术优势，促进产业升级。

4. 融资规模对比分析

如图 16-8 所示，创业板企业融资规模主要集中在 1 亿～10 亿元，占比达到 85.89%，科创板为 48.48%，11.76% 的创业板企业融资规模在 10 亿～50 亿元，远低于科创板的 48.48%。创业板企业中没有融资规模在 100 亿元以上的，融资规模在 50 亿元以上的企业有 2 家，但都低于 100 亿元。科创板中融资规模在 1 亿～10 亿元和 10 亿～50 亿元范围的企业数量相当，均为 48.48%，50 亿元以上的企业有一家，为科创板的巨头公司中国通号。其发行总市值达到 105.30 亿元，不仅在科创板，在所有 A 股 IPO 企业中，融资规模也是破纪录的。远远超过融资 28.12 亿元排名第二的传音控股，由此可知，创业板企业基本属于中小企业，融资规模较小较集中，科创板相对于创业板来说，所上市企业为战略性新兴产业，研发创新所需资金支持多，因而融资规模较大。除了科创板的科创板的"巨无霸"中国通号外，有超过一半的企业发行总市值达到 10 亿元以上。科创板帮助上市公司融得了维系其经营发展尤其是科技研发所需的大量资金，解决了研发投入大、资金需求迫切的中小企业融资难的问题，促进该类企业抓住发展机遇，提升自主创新能力，同时资本资源向新兴产业流动，也提高了资本素质和价值创造能力，实现价值链的攀越。

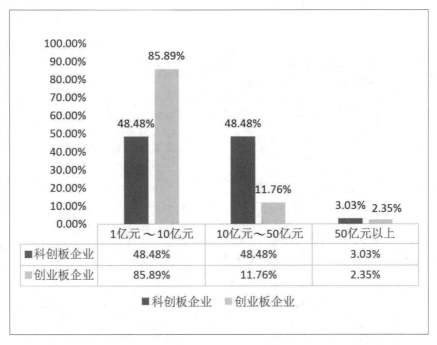

	1亿元～10亿元	10亿元～50亿元	50亿元以上
■科创板企业	48.48%	48.48%	3.03%
□创业板企业	85.89%	11.76%	2.35%

■科创板企业　□创业板企业

图16-8 企业融资规模

（二）成长性因素及指标分析

成长性是科创板上市公司价值评估关注的关键问题，上市公司的成长性是其发展阶段、发展动力以及发展持续性的综合反映，直接影响到公司的价值。

1. 科创型企业成长性指标研究概况

成长性判断的核心是成长性指标的选择，Millan（1987）最早从企业家素质、产品服务、财务状况、市场竞争等维度来评价企业的成长性；Robert Kaplan（1992）提出了著名的平衡记分卡理论，从财务、客户、企业内部经营、学习与成长角度对企业的成长性进行评价的方法得到了广泛的采用；范柏乃等（2002）分人力资本、产品技术特征、市场销售能力三个维度研究风险企业成长性指标；创业板推出之后，许多学者研究创新型企业的成长性指标构建，张玉明等（2011）以创业板上市公司为样本，分盈利能力、成长潜力、资金营运能力、生存状况和企业规模五个维度对创新型中小型企业成长性指标进行构建；任敏（2015）从增长能力、盈利能力、资金运营效率、核心能力、市场、市场预期能力、规模能力六个角度来构建创业板成长性指标。从公司成长性指标选择研究成果中可以看出，在选择初创型以及科技企业的成长性指标时，定性指标与定量指标相结合，以定量指标为主，虽然以往学者选的维度有所不同，但是在企业成长性指标构建时大多选用收入增长率、利润率、周转率、资产总额、技术人员数量等指标，见表16-1。

表16-1 科创公司成长性指标选择研究汇总

作者	研究时间	成长性指标维度	成长性指标
Millan	1987	企业家素质、产品服务、财务状况、市场竞争	企业家的经验、产品和服务的特点、市场的特点、企业团队精神等
Robert Kaplan	1992	财务、客户、企业内部经营、学习与成长	收入增长率、生产增长率、市场份额、研发费用增长率、新品开发能力、员工知识水平与流动率等
Laitinen	2002	外部因素、内部因素、连接因素	成本、生产要素、作业、产品、收入等
范柏乃、沈荣芳等	2002	人力资本、产品技术特征、市场销售能力	管理层素质、员工素质、技术升级换代、目标市场增长率等
石永贵、黄春萍、王升	2009	资源保障、组织管理、安全管理、运营管理、商务管理、财务管理、环境适应	企业品牌知名度、科研人员比例、先进设备数量、安全生产能力、财务控制能力等
张玉明、梁益琳	2011	盈利能力、成长潜力、资金营运能力、生存状况、企业规模	净资产收益率、净利润增长率、技术水平、销售增长率、净资产周转率、资产总额、成长阶段、员工总数等
卢伯灵	2015	长态势、企业投入、企业产出	资产平均增长率、技术研发人数、行业发展前景、产品销售收入、发明专利数量等
乔晗、蔡高远、赵志伟	2018	企业家素质、创新成长能力、管理成长职称、行业成长空间、产品成长动力	企业家声誉、研发费用占比、研发人员占比、主营业务收入增长率、员工离职率、行业平均利润率等

2. 科创板上市公司成长性指标选择

科创板的定位是支持高新技术产业和战略新兴产业的发展，这使科创上市公司与传统主板上市公司不同，具有高科技、初创性的特点，所以科创板上市公司成长性指标的选择在借鉴传统初创型以及科技型公司成长性指标的同时也有其自身特点。

科创板上市公司其成长性判断关注的重点并非短期业绩的盈亏，而是未来盈利模式的持续性。从首批已上市的科创板公司基本情况看来，近一半分布在新一代信息技术产业，其余分布在高端装备制造业、新材料产业以及生物医药产业，还没有新能源和节能环保产业的公司上市。由于上市公司具有高技术、轻资产、研发投入大的特点，科创板上市公司的成长性指标的选择更加重视科技类指标；同时科创板上市公司前期研发投入巨大，虽然首批上市公司未出现未盈利公司但是存在微盈利公司，部分上市公司的盈利能力还未体现，所以净利润以及净利润增长率不适用于所有科创板上市公司，用营业收入以及营业收入增长率更加合理；同时，由于所处产业的特殊性，科创板上市公司的行业与政策因素对其成长性有着至关重要的影响，所以行业的发展前景和政策的支持力度也是科创板上市公司成长性判断指标的重要组成部分。科创板已上市公司主要成长性指标见表 16-2。

表16-2 科创板已上市公司主要成长性指标

公司名称	所属产业	所属行业	2018年营业收入（万元）	2018年净利润（万元）	净利润同比增长率	营业收入同比增长率	专利总数	研发费用（万元）	研发人员人数	研发费用营业总收入（万元）
虹软科技		计算机	45807	15755	112	32	132	14853	374	32
安集科技		电子	24785	4496	13	7	190	5363	67	22
乐鑫科技		电子	47492	9388	220	75	48	7490	162	16
中微公司		机械设备	163929	9084	204	69	—	11821	240	7
新光光电		国防军工	20841	7264	81	14	14	1225	108	6
福光股份	新一代信息技术	电子	55200	9139	0	-5	345	4531	118	8
中国通号		机械设备	4001260	371680	8	16	1421	132350	—	3
澜起科技		电子	175766	73688	112	43	94	27670	181	16
光峰科技		电子	138573	21155	87	72	792	13573	309	10
杭可科技		机械设备	110931	28624	59	44	69	5745	273	5
容百科技		化工	304126	21097	675	62	60	11990	—	4
睿创微纳		电子	38410	12517	95	147	96	6508	221	17
华兴源创		机械设备	100508	24329	16	-27	72	13852	400	14
嘉元科技		有色金属	115331	17643	107	104	106	3827	—	3
铂力特		机械设备	29148	5799	62	33	96	2561	116	9
西部超导	新材料	有色金属	108839	13389	-6	13	325	8865	164	8
沃尔德		机械设备	26225	6630	14	12	136	1665	99	6
方邦股份		电子	27471	12297	23	21	67	2166	60	8
南微医学	生物医药	医药生物	92211	20339	81	44	98	4912	233	5
心脉医疗		医药生物	23113	9065	43	40	86	2903	74	13
航天宏图		计算机	42333	6353	37	43	8	5024	—	12
天宜上佳	高端装备制造业	机械设备	55790	26311	19	10	126	3223	—	6
瀚川智能		机械设备	43602	7111	117	79	44	1960	—	5
交控科技		机械设备	116252	6591	44	32	317	7745	179	7
天准科技		机械设备	50828	9447	83	59	65	7960	286	16

科创板上市公司所处产业决定了科创型公司的核心竞争力与业务发展动力来自其强大的科技创新能力，因此在对其进行成长性指标选择时，不能单纯地用净利润、总资产、流动比率这些财务指标，要结合公司所处的发展阶段和业务模式的特点，构建成长性判断指标体系。根据已有的科技创新企业的成长性指标，并结合科创板特点，选择更能突出科创板的成长性来源与持续性的增长能力、行业前景、技术水平、人力资本四个方面来进行成长性判断指标构建。科创板上市公司大多处于生命周期的成长期，有些公司处于初创期，根据科创板上市公司不同生命周期的特点，构建其成长性判断的主要指标以

及评估方法见表16-3。

表16-3 科创板上市公司成长性指标与方法选择

生命周期	成长性一级指标	成长性二级指标	参考评估方法
初创期	行业前景	行业上市公司平均利润增长率	实物期权法，PS, VM, EV/EBITDA
		行业上市公司市盈率	
		行业平均收入增长率	
	财务增长潜力	主营业务收入增长率	
		资产负债率	
		资产流动周转率	
	技术创新水平	核心技术数量	
		专利数量	
		科研投入费用	
		产品科技含量	
	人力资本	科研人员数量	
		员工数量	
		员工整体素质（学历）	
		管理者素质	
成长期	行业前景	行业上市公司平均利润增长率	PS, PEG, EV/EBITDA, EV/SALES, EVA
		行业上市公司市盈率	
		行业平均收入增长率	
	财务增长潜力	主营业务收入增长率	
		净资产增长率	
		净利润增长率	
		资产负债率	
		资产流动周转率	
	技术创新水平	核心技术数量	
		专利数量	
		科研投入费用占营业收入比重	
		产品科技含量	
	人力资本	管理者素质	
		科研人员占比	
		员工整体素质（学历）	

　　科创板的上市公司的成长性分析以及核心指标的选择要分不同阶段来讨论。处于初创期的科创版上市公司，规模较小，经营风险较大，处于研发投入和市场开拓阶段，具有良好的发展前景，其成长性的判断主要关注行业前景、技术创新水平以及人力资本：行业前景以行业上市公司平均利润增长率和行业平均收入增长率来衡量；初创期大部分科创企业未盈利，所以增长能力采用主营业务收入增长率以及净资产增长率来衡量；初创期技术方面处于投入研发阶段，所以选取科研投入和科研人员占比作为成长性指标。评估方法适合采用 EV/EBITDA、PS 等方法。处于成长期的公司技术研发投入持续走高，盈利能力由负转正，成长性判断主要关注行业前景、财务增长潜力、技术水平以及人力

资本：行业前景与初创期指标选择相同，但是增长潜力选择主营业务收入增长率、净利润增长率和市占率指标来综合衡量，原因是成长期的企业盈利能力以及扩张能力较初创期有所增强；技术能力方面选择核心技术数量、专利数量和科研人员占比来反映，适合选择 PEG 和 PS 等方法进行评估。

四、科创板上市公司股权和流动性因素分析

（一）股权因素分析

允许同股不同权公司上市是科创板的重大突破之一，采用同股不同权公司的股权价值评估是科创板上市公司评估中需要特别讨论的问题。

1. 同股不同权的内涵

同股不同权是起源于美国的一种公司特殊股权安排，是管理层以少数股票份额获得多数投票权与控制权的措施。同股不同权有公司章程规定同股不同权、双重股权结构以及合伙人制度三种不同的实现形式，三种不同方式形成的同股不同权制度将上市公司股票的表决权与收益权相分离，使企业关键人以较少的股票数量获得较多的投票表决权，形成特别表决权，以达到获得公司控制权的目的，见表 16-4。特别表决权与传统一股一票公司的控制权获得有所区别，其本质是以少数股票获得控制权。

表16-4 控制权、相对控制权和多数股权控制权对比

	股票数量（m）与表决权（n）的关系	股票数量（m）的要求	本质
控制权	n=m	m＞50%	通过持有绝对数量优势的股票份额获得绝对控制权
相对控制权		m＜50% 但大于其他股东	通过持有比其他股东更高的股票份额获得相对控制权
多数股权控制权	n=km（k∈Z）	km＞50%	通过特殊股权结构安排以少数股票份额获得控制权

同股不同权 20 世纪初最早出现在美国，纽约证券交易所首先允许同股不同权企业上市，目前纽约、伦敦、中国香港、新加坡、东京等证券交易所均允许同股不同权公司上市。中国国内的主板、创业板、新三板都不允许同股不同权公司上市，国内双重股权结构的公司上市主要在美国纳斯达克和纽约交易所。美国是同股不同权公司上市的集中地，2017 年美国的同股不同权 IPO 占比 28%，突破历史新高，并且同股不同权股权 IPO 在科技类 IPO 中的占比不断上升，从 2010—2018 年美国市场中国同股不同权上市公司上市情况来看，互联网和消费者服务行业的同股不同权结构公司上市最多，约占总上市

公司的四分之三，大多数同股不同权上市公司设置 10 倍的不同表决权，如图 16-9 和 16-10 所示。可以看出越来越多科技公司选择以双重股权结构上市，这也为科创板允许同股不同权企业上市提供了经验与依据。

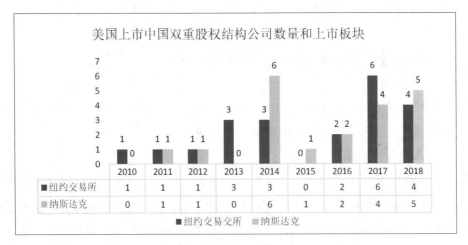

图16-9 2010—2018年美国市场中国同股不同权上市公司数量

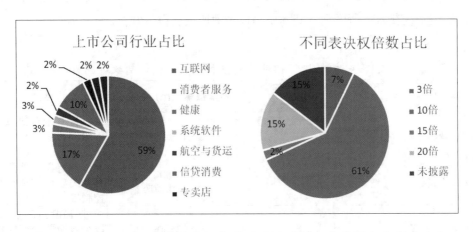

图16-10 2010—2018年美国市场中国同股不同权上市公司行业和表决权

20 世纪 70 年代在我国香港曾兴起同股不同权公司上市，但是最终又于 1989 年终止，2018 年 4 月 30 日，香港交易所正式接纳不同投票权公司上市，小米、美团等同股不同权结构公司纷纷赴港上市。新推出的科创板与美国纳斯达克和香港交易所都允许同股不同权公司上市，但是在具体上市条件上有所差别，纳斯达克、香港交易所和科创板同股不同权公司上市规定对比如表 16-5 所示。

表16-5 纳斯达克、香港交易所和科创板同股不同权公司上市规定对比

	纳斯达克	香港交易所	科创板
行业定位	服务科技型、创新反传统商业模式的新兴企业，定位为科创落地的实现板块	无特殊行业规定	支持新一代信息技术、高端装备、新材料、新能源、节能环保以及生物医药等高新技术企业和战略性新兴产业
财务要求	三套不同标准	上市时至少400亿港币市值；或者上市时100亿港币市值加上最近一年经审计收入有10亿港币	预计市值不低于100亿元人民币；预计市值不低于50亿元人民币，且最近一年营业收入不低于5亿元人民币
持股比例	无限制	特殊表决权股份的投票权不得超过同等数量普通表决权股份的表决权的10倍	
投资者保护重点	事后保护	信息披露	
股东要求	董事会成员		
交易要求	特别表决权股份不能在二级市场交易，可以协议转让		
转让机制	转让特殊表决权，特别表决权股份将按照1:1的比例转化为普通表决权股份		

2. 同股不同权对公司估值的影响分析

关于同股不同权公司的价值目前理论上并没有得出统一的结论，目前主要存在基于代理成本增加的双层股权结构损害企业机制和双层股权结构提升公司长期价值两种假说。

由于不同投票权结构有潜在的代理人问题，一般投资者通常都预期这些公司的普通股股价会较其不同投票权股票的股价价格更低，虽然同股不同权结构的公司会产生股价折让，但是其相比同股同权公司具有更高的回报率，同时对公司的整体估值也具有正向影响：根据香港交易所的《同股不同权研究报告》（2019），同股不同权结构的公司上市后表现和一股一权公司表现相当甚至比一股一权上市公司表现更为良好，美国具有不同投票权的公司在销售、资产以及营业收益方面的增长较规模相近的竞争对手更高，同时在美国上市的中国同股不同权的概念股票的投资回报率中位数较一股一票的公司更高，而且下滑速度更慢，由此证明同股不同权结构设计对上市公司的高估值有所贡献；同时，根据联讯证券对新三板的《内地版"同股不同权"可行性分析》（2018）研究报告，1988—2007年美国上市的中国同股不同权的公司的市值占比不断攀升，并且超过数量占比。

从科创板上市的双层股权结构的企业来看，优刻得成为科创板挂牌的第一股：优刻得科技股份有限公司于2012年3月16日成立，采用AB股结构，规定每份B类股份拥有的表决权数量为每A类股份拥有的表决权的5倍，每份A类股份的表决权数量相同。其特别表决权安排如表16-6所示。

表16-6 优刻得特别表决权制度安排

股东姓名	职务	持股数量（B类）	持股比例	表决权数量	表决权比例
季昕华	董事长、首席执行官兼总裁、核心技术人员	50831173	13.96%	254155865	33.67%
莫显锋	董事、首席技术官及核心技术人员	23428536	6.44%	117142680	15.52%
华琨	董事、首席运营官	23428537	6.44%	117142685	15.52%
总计		97688246	26.84%	488441230	64.71%

可以看出优刻得公司的三位关键人通过持有26.84%的拥有多数表决权的B类股份获得了64.71%的表决权，拥有了对公司的绝对控制权，反映了同股不同权公司关键人通过特殊股权结构安排以少数股票份额获得控制权的本质。

2020年1月20日优刻得首次在科创板公开发行，发行价格为33.23元/股，每股收益按照2018年扣除非经常性损益后，归母净利润除以本次发行后总股本计算，发行市盈率为181.86倍，其开盘价为72元，较发行价33.23元，涨幅为116.7%。截至2020年1月20日，科创板一共登录了72只股票，且只有1只当前股价低于发行价，相对于上市公司的发行价，当前股价溢价率前十的公司均溢价超过200%，整体上看，72家科创板公司平均溢价率为103.23%，溢价率中位数为90.92%，优刻得发行价为33.23元/股，对应市值140.41亿元，可以看出身为科创板的同股不同权第一股以及云计算第一股，资本市场对优刻得的估值较高，在科创板上同股不同权的结构设计并未降低其公司价值。

（二）流动性因素分析

1. 科创板流动性表现与原因

科创板上市首日，成交总额485亿元，占全部A股交易总额的11.72%，平均换手率78%，最高的达86%，显示出了极高的流动性。科创板上市首日流动性极强，对其他市场有比较明显的分流作用，上市公司的股价涨幅以及估值都处于较高水平，但是依据科创板上市公司上市后持续的表现，再结合创业板的经验来看，科创板的流动性在第二日便大幅下降，平均成交量从630万直接锐减至280万，平均换手率也从78%下降至37%，此后第三日小幅回升但与第二日差别不大。再从上市一周和一个月的情况来看，科创版的流动性进一步下降，对主板市场的分流效应减弱，但是市盈率和总市值回升。可以看出科创板的高流动性在开板首日最为明显，之后大幅度减弱并慢慢趋于平稳。科创板首批上市公司上市后各项指标表现如图16-11所示。

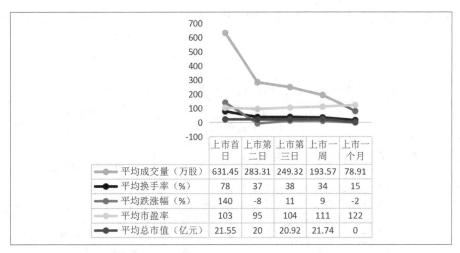

	上市首日	上市第二日	上市第三日	上市一周	上市一个月
平均成交量（万股）	631.45	283.31	249.32	193.57	78.91
平均换手率（%）	78	37	38	34	15
平均跌涨幅（%）	140	-8	11	9	-2
平均市盈率	103	95	104	111	122
平均总市值（亿元）	21.55	20	20.92	21.74	0

图16-11 科创板首批上市公司上市后表现

从制度设计上看，科创板制度设计强调市场化，是科创板流动性高的重要依据。

首先，科创板对投资者的定位上作出改变：一方面对个人投资者设置50元存款和两年投资经验的门槛，另一方面鼓励机构投资者参与到科创板的投资中来，机构投资者比个人投资者更具有专业性，能通过专对科创板进行深入研究，选择符合未来产业发展方向的高科技创新企业，发挥市场的力量，增强科创板的流动性。

其次，科创板的短期目标是实现上市退市的市场化，对上市退市制度进行了重新设计：①从上市的制度来看，科创版进行注册制试点，允许未盈利的公司上市，设计了5套科创板公司上市专用标准，降低了公司进入门槛，有利于科创公司上市；②从退市制度上来看，科创板创新推出了四类退市标准，将规范运作与信息披露相融合，同时简化退市的流程，将退市时间缩短为2年，相比现行的制度退市效率大大提升，科创板的退市标准和程序以及执行监管也更加严格，上市公司更容易触发退市，规范上市公司的市场行为。

科创板的市场化不仅体现在上市退市制度创新方面，还体现在交易规则上，见表16-7。①在定价发行上，科创板以全价方式，引入私募参与网下询价配售的方式，此外科创板还试行保荐机构跟投机制、鼓励高管参与战略配售等机制来保证定价机制市场化，这不仅使科创板具有更强的流动性，而且会使科创板分散整个资本市场上其他板块的流行性；②在交易幅度上，首发涨幅由10%扩大到20%，使科创板上市公司的股票的价格波动比主板、创业板更大，增强科创板的流动性；③此外，科创板进一步放开融资融券，有利于吸引各类风险投资和战略投资者，引导场外资金进场，为资本市场带来中长期新增流动性的补充，从长远看来有利于带动主板以及整个资本市场的繁荣，由此可以看出流动性不仅是科创板上市公司评估关注的要点，更是整个企业价值评估研究中应该注意的重要问题。

表16-7 主板、创业板、科创板交易机制对比

	主板	创业板	科创板
投资者要求	无	50万元存款和两年交易经验	50万元存款和两年交易经验，鼓励机构投资者参与
定价机制	直接定价方式，原则上以静态市盈率23倍为发行价		市场化询价定价
交易幅度	交易涨跌幅10%新股上市首日，有效申报价格限制在发行价格的144%		交易涨跌幅20%首发、增发上市的股票，上市后前5个交易日不设涨跌幅限制
交易数量	单笔申报数量都是100股或其整数倍，申报上限是100万股		单笔申报数量不小于200股，可按1股为单位递增，限价申报最大不超过10万股，市价申报最大不超过5万股
盘后固定价格交易	无		按时间优先顺序以收盘价成交
融资融券标的	有严格限制		上市首日起可作为融资融券标的

2. 科创板流动性对公司价值的影响

根据科创板的流动性表现以及科创板、创业板和新三板的对比可以看出科创板是高流动性与高估值并存。《资产评估置业准则 —— 企业价值》评估方法中第三十二条规定："在切实可行的情况下应当考虑流动性对评估对象价值的影响"。非流动性折价研究为科创板流动性对估值的影响提供解释：资本市场的非流动性折价理论是由 Amihud 和 Mendelson（1986）提出的，是指流动性高的股票比流动性低的股票回报率更低，以此来弥补其流动性低带来的风险。在企业价值评估领域，非流动性折价是指流动性较低的资产与同类流动性高的资产预期收益的差额，其影响因素包括资产种类、资产价值的不确定性、交易特征、持股锁定期等。国内外学者从流动限制性股票、IPO 流动性和期权三个角度来研究价值与流动性不足的关系，学者对非流动性折价的三个研究视角都得出了同样的结论：不流动的资产应低于类似流动的资产价格进行交易。非流动性折理论为科创板上市公司高流动性推动高估值提部分供依据，但是流动性折价理论在企业价值评估应用的评估范围为部分股权价值评估，这也进一步为科创板上市公司股权转让中部分股权的评估提出流动性折价的思考。

在流动性变化趋势上，科创板与创业板的流动性变化趋势相似，根据创业板流动性变化情况可以预测科创板未来的基本变化趋势是流动性水平缓慢降低，投资者逐渐回归理智。虽然市场化的制度设计对科创板的流动性提升有很大的作用，但是科创板依然存在流动性风险。作为科创板上市公司，其股权具有高度的流动性，但是科创板的流动性在不断下降，造成短期内市盈率与公司的市值下降，虽然与新三板和创业板相比，科创

板的流动性依旧较高，但是依据科创板的流动性变化趋势和创业板的流动性变化经验，随着时间的推移科创板对其他板块的分流效应减弱，这反映出科创版的流动性溢价程度不断减弱，虽然短期内估值溢价仍然较高，但是如何保持其流动性和合理估值已经成为科创板日益显露的问题之一。

五、研究结论

本文借鉴高科技企业评估的经验和其他股票市场的经验，结合科创板以及科创板上市公司的特征，以科创板成长性判断为主线，结合科创板特点，考虑双重股权结构和流动性对企业价值的影响，对科创板上市公司价值评估关键问题进行研究，得到以下结论：

第一，科创板上市公司的成长性取决于其发展模式以及未来增长潜力，重视科研投入以及创新能力，从行业前景、财务增长潜力、人力资本以及技术创新水平四个维度衡量，成长性指标的具体选择要根据所处的生命周期发展阶段而有不同侧重。

第二，目前双重股权结构对科创板上市公司价值未产生负面影响，但其后续对公司价值的影响机制及对并购定价的实践效应有待进一步深入分析。

第三，科创板的制度设计与定位使科创板的流动性较高，对科创板的上市公司估值产生正向影响，但是科创板流动性不断降低，如何保持科创板的流动性成为亟待研究的问题。

参考文献

[1]Abdullah, J. Zhou, M. H. Shah. Effect of disproportional voting rights on firm's market performance: Evidence from Chinese firms cross-listed on US exchanges. International Journal of Financial Studies. 2017(5):1-11.

[2]Anthony Paul Buckley, Stephen Davis. The contribution of higher education-based technology start-up incubators to the co-production of knowledge, innovation and growth: Experiences from the edge. 2018, 32(4):253-268.

[3]Erkki, K., Laitinen, A. Dynamic performance measurement system: evidence from small Finnish technology companies. Scand. J. Mgmt, 2002, 18: 65-99.

[4]Klausner, D. The initial public offering of dual-equity shares is taking off: technological unicorns take advantage of the latest trends. On board this new trend. Pricewater house Coopers Deals Blog, July 18, 2018.

[5]Li Jinfa, Li Biting. Evaluation Method of R&D Investment Value of Intelligent Manufacturing Enterprise Based on Growth Option[J]. Procedia Engineering, 2017：174.

[6]Robert S, Kaplan. Anthony, A. Atkinson. Advanced Managerial Accounting, Third Edition. Prentice Hall, Inc., 1998.

[7]Roberto Tallarita. High Tech, Low Voice: Dual-Class IPOs in the Technology Industry. Harvard Law School Cambridge, Discussion Paper No. 77, 05/2018. This paper can be downloaded without charge from: The Harvard John M. Olin Fellow's Discussion Paper Series: http://www. law. harvard. edu/ programs/olin_center.

[8]Smart, S, R. Thirumalaib, C. Zutter. What's in a vote? The short- and long-run impact of dual-class equity on IPO firm values. Journal of Accounting and Economics. 2018(45):94-115.

[9]陈玉冰. 创业板信息技术类上市公司研发投入对其成长性影响研究 [D]. 对外经济贸易大学, 2019.

[10]鲍新中, 李晓非. 基于时序数据的高技术企业成长性分析. 科学学研究 [J]. 2010(2):275-281.

[11] 程立振.基于因子分析的新三板挂牌企业成长性研究[J].当代经济,2017(24):126-127.

[12] 胡晓明,武志平,黄锦忠.科创板企业价值评估方法选择研究[J].中国资产评估,2019(11):4-7+33.

[13] 姜宇.论科创板双重股权结构的引入与控制权约束[J].福建金融,2020(03):27-32.

[14] 金超龙.美国中概股的双层股权结构对公司价值的影响[D].华东师范大学,2016.

[15] 卢伯灵.浅谈创新性企业成长的能力评价指标[J].新经济,2015(17):54-55.

[16] 苏云鹏.首家"同股不同权"公司上市 优刻得上市科创板接纳多元化"新生"[J].法人,2020(02):85-88.

[17] 谢赤,樊明雪,胡扬斌.创新型企业成长性、企业价值及其关系研究[J].湖南大学学报(社会科学版),2018,32(5):58-64.

[18] 吴铖铖,陈素平,孙明杨.基于企业价值评估的公司特定风险系数影响因素研究[J].池州学院学报,2019,33(4):40-43.

[19] 吴华,高翔.新三板市场流动性问题研究及对科创板的启示[J].中国物价,2020(01):79-82.

[20] 吴秀波.科创板应关注流动性问题[J].价格理论与实践,2019(05):17-21+25.

[21] 吴秀波.科创板能保持"一池春水"吗?[J].价格理论与实践,2019(02):23-27.

[22] 张俊瑞著;贾宗武,张健光,王鹏编写组成员.资产结构、资产流动性与企业价值研究[M].西安:西安交通大学出版社.2012.

[23] 朱莲美,徐丹,朱琴慧.新三板企业成长性与企业价值研究[J].山东工商学院学报,2018,32(05):61-70.

[24] 朱和平,王韬.中小型高技术企业成长因素的识别研究[J].经济论坛,2004(23):52-53.

[25] 香港交易所编.同股不同权:对投资者是好?是坏?.研究报告.7/19/2019.报告获取地址:https://www.hkex.com.hk/-/media/HKEX-Market/News/Research-Reports/HKEx-Research-Papers/2019/CCEO_WVR_201907_c.pdf.

[26] 彭海,王婧瑶.内地"同股不同权"的可行性分析.联讯新三板策略深度报告.2018年9月4日.报告获取地址:http://www.ykzq.com/Institute_Details.html?id=208803.

[27] 国科发火.高新技术企业认定管理办法.2016.

[28] 优刻得科技股份有限公司首次公开发行股票并在科创板上市招股说明书(申报稿).2019.http://static.sse.com.cn/stock/information/c/201904/a1f1d11e7c5e470691e5abbc780c858e.pdf.

附表 1：创业板上市公司无形资产信息披露指数得分

（2019—2020 年年度，分行业，按得分从高到低排序）

医药制造（54 家）

行业排名	证券代码	公司名称	所属证监会二级行业	所在地区	信息披露指数得分
1	300639	凯普生物	医药制造业	广东	57.74
2	300267	尔康制药	医药制造业	湖南	57.13
3	300439	美康生物	医药制造业	浙江	56.80
4	300254	仟源医药	医药制造业	山西	55.94
5	300239	东宝生物	医药制造业	内蒙古	55.34
6	300485	赛升药业	医药制造业	北京	55.00
7	300233	金城医药	医药制造业	山东	54.36
8	300289	利德曼	医药制造业	北京	53.73
9	300181	佐力药业	医药制造业	浙江	51.51
10	300519	新光药业	医药制造业	浙江	51.48
11	300204	舒泰神	医药制造业	北京	51.40
12	300255	常山药业	医药制造业	河北	51.06
13	300294	博雅生物	医药制造业	江西	50.51
14	300147	香雪制药	医药制造业	广东	50.09
15	300705	九典制药	医药制造业	湖南	49.08
16	300199	翰宇药业	医药制造业	广东	48.44
17	300119	瑞普生物	医药制造业	天津	48.14
18	300636	同和药业	医药制造业	江西	46.98
19	300406	九强生物	医药制造业	北京	46.81
20	300086	康芝药业	医药制造业	海南	46.49
21	300009	安科生物	医药制造业	安徽	46.00
22	300723	一品红	医药制造业	广东	45.51
23	300642	透景生命	医药制造业	上海	45.48
24	300463	迈克生物	医药制造业	四川	45.33
25	300482	万孚生物	医药制造业	广东	44.99
26	300452	山河药辅	医药制造业	安徽	44.61
27	300110	华仁药业	医药制造业	山东	44.50
28	300026	红日药业	医药制造业	天津	43.71
29	300573	兴齐眼药	医药制造业	辽宁	43.41
30	300158	振东制药	医药制造业	山西	42.91
31	300497	富祥股份	医药制造业	江西	42.48
32	300534	陇神戎发	医药制造业	甘肃	42.48
33	300111	向日葵	医药制造业	浙江	42.18
34	300683	海特生物	医药制造业	湖北	42.06
35	300122	智飞生物	医药制造业	重庆	41.95
36	300142	沃森生物	医药制造业	云南	41.54
37	300630	普利制药	医药制造业	海南	41.39
38	300381	溢多利	医药制造业	广东	41.31
39	300016	北陆药业	医药制造业	北京	41.05

（续表）

行业排名	证券代码	公司名称	所属证监会二级行业	所在地区	信息披露指数得分
40	300357	我武生物	医药制造业	浙江	40.94
41	300702	天宇股份	医药制造业	浙江	40.94
42	300436	广生堂	医药制造业	福建	40.60
43	300685	艾德生物	医药制造业	福建	40.38
44	300194	福安药业	医药制造业	重庆	40.04
45	300584	海辰药业	医药制造业	江苏	39.89
46	300006	莱美药业	医药制造业	重庆	39.55
47	300558	贝达药业	医药制造业	浙江	39.24
48	300039	上海凯宝	医药制造业	上海	39.10
49	300363	博腾股份	医药制造业	重庆	38.46
50	300601	康泰生物	医药制造业	广东	38.16
51	300108	双龙股份	医药制造业	吉林	34.85
52	300501	海顺新材	医药制造业	上海	32.21
53	300434	金石东方	医药制造业	四川	32.00
54	300583	赛托生物	医药制造业	山东	28.76

互联网和相关服务（21家）

行业排名	证券代码	公司名称	所属证监会二级行业	所在地区	持续信息披露指数得分
1	300226	上海钢联	互联网和相关服务	上海	62.71
2	300785	值得买	互联网和相关服务	北京	56.13
3	300295	三六五网	互联网和相关服务	江苏	55.28
4	300242	佳云科技	互联网和相关服务	广东	54.59
5	300031	宝通科技	互联网和相关服务	江苏	54.40
6	300315	掌趣科技	互联网和相关服务	北京	54.21
7	300773	拉卡拉	互联网和相关服务	北京	53.96
8	300392	腾信股份	互联网和相关服务	北京	52.86
9	300418	昆仑万维	互联网和相关服务	北京	52.79
10	300038	新知科技	互联网和相关服务	北京	52.38
11	300792	壹网壹创	互联网和相关服务	浙江	52.34
12	300043	互动娱乐	互联网和相关服务	广东	51.66
13	300052	中青宝	互联网和相关服务	广东	51.64
14	300467	迅游科技	互联网和相关服务	四川	51.55
15	300766	每日互动	互联网和相关服务	浙江	51.55
16	300571	平治信息	互联网和相关服务	浙江	51.25
17	300148	天舟文化	互联网和相关服务	湖南	50.88
18	300494	盛天网络	互联网和相关服务	湖北	50.39
19	300459	金科文化	互联网和相关服务	浙江	49.32
20	300104	乐视网	互联网和相关服务	北京	47.16
21	300113	顺网科技	互联网和相关服务	浙江	43.64

机械设备仪表（210 家）

行业排名	证券代码	公司名称	所属证监会二级行业	所在地区	持续信息披露指数得分
1	300216	千山药机	专用设备制造业	湖南	58.89
2	300265	通光线缆	电气机械和器材制造业	江苏	58.11
3	300228	富瑞特装	专用设备制造业	江苏	57.84
4	300018	中元股份	电气机械和器材制造业	湖北	57.65
5	300786	国林科技	专用设备制造业	山东	57.44
6	300318	博晖创新	专用设备制造业	北京	57.06
7	300165	天瑞仪器	仪器仪表制造业	江苏	56.54
8	300129	泰胜风能	电气机械和器材制造业	上海	56.31
9	300667	必创科技	仪器仪表制造业	北京	56.03
10	300286	安科瑞	仪器仪表制造业	上海	55.94
11	300091	金通灵	通用设备制造业	江苏	55.86
12	300095	华伍股份	专用设备制造业	江西	55.82
13	300326	凯利泰	专用设备制造业	上海	55.61
14	300499	高澜股份	电气机械和器材制造业	广东	55.14
15	300317	珈伟新能	电气机械和器材制造业	广东	55.03
16	300252	金信诺	电气机械和器材制造业	广东	54.84
17	300040	九洲电气	电气机械和器材制造业	黑龙江	54.71
18	300259	新天科技	仪器仪表制造业	河南	54.69
19	300376	易事特	电气机械和器材制造业	广东	54.66
20	300137	先河环保	仪器仪表制造业	河北	54.66
21	300238	冠昊生物	专用设备制造业	广东	54.59
22	300760	迈瑞医疗	专用设备制造业	广东	54.55
23	300126	锐奇股份	通用设备制造业	上海	54.44
24	300272	开能健康	电气机械和器材制造业	上海	54.39
25	300371	汇中股份	仪器仪表制造业	河北	54.38
26	300274	阳光电源	电气机械和器材制造业	安徽	54.38
27	300030	阳普医疗	专用设备制造业	广东	54.31
28	300208	青岛中程	电气机械和器材制造业	山东	54.13
29	300362	天翔环境	专用设备制造业	四川	53.95
30	300048	合康变频	电气机械和器材制造业	北京	53.94
31	300263	隆华科技	通用设备制造业	河南	53.90
32	300812	易天股份	专用设备制造业	广东	53.75
33	300066	三川股份	仪器仪表制造业	江西	53.41
34	300206	理邦仪器	专用设备制造业	广东	53.28
35	300631	久吾高科	专用设备制造业	江苏	53.14
36	300415	伊之密	专用设备制造业	广东	53.11
37	300472	新元科技	专用设备制造业	江西	53.08
38	300201	海伦哲	专用设备制造业	江苏	52.90
39	300316	晶盛机电	专用设备制造业	浙江	52.82
40	300342	天银机电	电气机械和器材制造业	江苏	52.75
41	300411	金盾股份	通用设备制造业	浙江	52.74
42	300368	汇金股份	专用设备制造业	河北	52.48
43	300648	星云股份	仪器仪表制造业	福建	52.46
44	300246	宝莱特	专用设备制造业	广东	52.42

（续表）

行业排名	证券代码	公司名称	所属证监会二级行业	所在地区	持续信息披露指数得分
45	300202	聚龙股份	通用设备制造业	辽宁	52.25
46	300611	美力科技	通用设备制造业	浙江	52.22
47	300273	和佳股份	专用设备制造业	广东	52.21
48	300024	机器人	通用设备制造业	辽宁	52.01
49	300471	厚普股份	专用设备制造业	四川	51.98
50	300068	南都电源	电气机械和器材制造业	浙江	51.95
51	300222	科大智能	电气机械和器材制造业	上海	51.91
52	300660	江苏雷利	电气机械和器材制造业	江苏	51.88
53	300293	蓝英装备	专用设备制造业	辽宁	51.83
54	300750	宁德时代	电气机械和器材制造业	福建	51.80
55	300073	当升科技	电气机械和器材制造业	北京	51.74
56	300306	远方信息	仪器仪表制造业	浙江	51.63
57	300217	东方电热	电气机械和器材制造业	江苏	51.62
58	300004	南风股份	通用设备制造业	广东	51.59
59	300334	津膜科技	专用设备制造业	天津	51.56
60	300515	三德科技	仪器仪表制造业	湖南	51.48
61	300402	宝色股份	专用设备制造业	江苏	51.45
62	300771	智莱科技	专用设备制造业	广东	51.35
63	300354	东华测试	仪器仪表制造业	江苏	51.35
64	300453	三鑫医疗	专用设备制造业	江西	51.28
65	300356	光一科技	电气机械和器材制造业	江苏	51.25
66	300718	长盛轴承	通用设备制造业	浙江	50.99
67	300298	三诺生物	专用设备制造业	湖南	50.88
68	300210	森远股份	专用设备制造业	辽宁	50.84
69	300283	温州宏丰	电气机械和器材制造业	浙江	50.66
70	300382	斯莱克	专用设备制造业	江苏	50.50
71	300410	正业科技	专用设备制造业	广东	50.50
72	300409	道氏技术	电气机械和器材制造业	广东	50.25
73	300391	康跃科技	电气机械和器材制造业	山东	50.24
74	300307	慈星股份	专用设备制造业	浙江	50.22
75	300396	迪瑞医疗	专用设备制造业	吉林	50.11
76	300341	麦克奥迪	电气机械和器材制造业	福建	50.06
77	300023	西安宝德	专用设备制造业	陕西	49.91
78	300260	新莱应材	通用设备制造业	江苏	49.91
79	300340	科恒股份	电气机械和器材制造业	广东	49.85
80	300207	欣旺达	电气机械和器材制造业	广东	49.69
81	300509	新美星	专用设备制造业	江苏	49.69
82	300092	科新机电	专用设备制造业	四川	49.59
83	300757	罗博特科	专用设备制造业	江苏	49.53
84	300105	龙源技术	电气机械和器材制造业	山东	49.49
85	300281	金明精机	专用设备制造业	广东	49.48
86	300279	和晶科技	电气机械和器材制造业	江苏	49.44
87	300549	优德精密	专用设备制造业	江苏	49.41
88	300083	劲胜股份	通用设备制造业	广东	49.39
89	300171	东富龙	专用设备制造业	上海	49.19

（续表）

行业排名	证券代码	公司名称	所属证监会二级行业	所在地区	持续信息披露指数得分
90	300276	三丰智能	专用设备制造业	湖北	49.19
91	300403	汉宇集团	电气机械和器材制造业	广东	49.05
92	300124	汇川技术	电气机械和器材制造业	广东	48.99
93	300278	华昌达	专用设备制造业	湖北	48.85
94	300257	开山股份	通用设备制造业	浙江	48.60
95	300203	聚光科技	仪器仪表制造业	浙江	48.47
96	300153	科泰电源	电气机械和器材制造业	上海	48.31
97	300035	中科电气	电气机械和器材制造业	湖南	48.18
98	300813	泰林生物	专用设备制造业	浙江	48.08
99	300247	融捷健康	电气机械和器材制造业	安徽	47.91
100	300529	健帆生物	专用设备制造业	广东	47.88
101	300462	华铭智能	专用设备制造业	上海	47.46
102	300510	金冠股份	电气机械和器材制造业	吉林	47.21
103	300090	盛运环保	通用设备制造业	安徽	47.16
104	300370	安控科技	仪器仪表制造业	四川	47.15
105	300753	爱朋医疗	专用设备制造业	江苏	47.05
106	300161	华中数控	通用设备制造业	湖北	47.02
107	300140	启源装备	专用设备制造业	陕西	46.88
108	300503	昊志机电	通用设备制造业	广东	46.88
109	300425	环能科技	专用设备制造业	四川	46.55
110	300314	戴维医疗	专用设备制造业	浙江	46.43
111	300562	乐心医疗	专用设备制造业	广东	46.23
112	300417	南华仪器	仪器仪表制造业	广东	46.16
113	300358	楚天科技	专用设备制造业	湖南	46.11
114	300720	海川智能	仪器仪表制造业	广东	46.11
115	300625	三雄极光	电气机械和器材制造业	广东	45.94
116	300118	东方日升	电气机械和器材制造业	浙江	45.78
117	300595	欧普康视	专用设备制造业	安徽	45.60
118	300420	五洋科技	通用设备制造业	江苏	45.50
119	300593	新雷能	电气机械和器材制造业	北京	45.23
120	300633	开立医疗	专用设备制造业	广东	45.06
121	300527	中国应急	专用设备制造业	湖北	44.98
122	300049	福瑞股份	专用设备制造业	内蒙古	44.96
123	300427	红相电力	电气机械和器材制造业	福建	44.94
124	300007	汉威电子	仪器仪表制造业	河南	44.78
125	300540	深冷股份	通用设备制造业	四川	44.63
126	300421	力星股份	通用设备制造业	江苏	44.59
127	300477	合纵科技	电气机械和器材制造业	北京	44.57
128	300470	日机密封	通用设备制造业	四川	44.56
129	300151	昌红科技	专用设备制造业	广东	44.54
130	300670	大烨智能	电气机械和器材制造业	江苏	44.40
131	300145	南方泵业	通用设备制造业	浙江	44.36
132	300141	和顺电气	电气机械和器材制造业	江苏	44.19
133	300491	通合科技	电气机械和器材制造业	河北	44.13
134	300185	通裕重工	通用设备制造业	山东	44.09

（续表）

行业排名	证券代码	公司名称	所属证监会二级行业	所在地区	持续信息披露指数得分
135	300553	集智股份	仪器仪表制造业	浙江	44.06
136	300130	新国都	专用设备制造业	广东	44.03
137	300818	耐普矿机	专用设备制造业	江西	43.50
138	300809	华辰装备	通用设备制造业	江苏	43.50
139	300445	康斯特	仪器仪表制造业	北京	43.44
140	300444	双杰电气	电气机械和器材制造业	北京	43.44
141	300099	尤洛卡	专用设备制造业	山东	43.41
142	300423	鲁亿通	电气机械和器材制造业	山东	43.38
143	300772	运达股份	通用设备制造业	浙江	43.35
144	300820	英杰电气	电气机械和器材制造业	四川	43.25
145	300400	劲拓股份	专用设备制造业	广东	43.19
146	300154	瑞凌股份	通用设备制造业	广东	43.19
147	300438	鹏辉能源	电气机械和器材制造业	广东	43.00
148	300480	光力科技	仪器仪表制造业	河南	42.91
149	300450	先导智能	专用设备制造业	江苏	42.88
150	300195	长荣股份	专用设备制造业	天津	42.66
151	300800	力合科技	仪器仪表制造业	湖南	42.66
152	300003	乐普医疗	专用设备制造业	北京	42.56
153	300713	英可瑞	电气机械和器材制造业	广东	42.56
154	300490	华自科技	电气机械和器材制造业	湖南	42.45
155	300512	中亚股份	通用设备制造业	浙江	42.40
156	300693	盛弘股份	电气机械和器材制造业	广东	42.38
157	300484	蓝海华腾	电气机械和器材制造业	广东	42.35
158	300447	全信股份	电气机械和器材制造业	江苏	42.29
159	300461	田中精机	专用设备制造业	浙江	42.20
160	300407	凯发电气	电气机械和器材制造业	天津	41.99
161	300567	精测电子	仪器仪表制造业	湖北	41.96
162	300619	金银河	专用设备制造业	广东	41.94
163	300607	拓斯达	通用设备制造业	广东	41.85
164	300466	赛摩电气	仪器仪表制造业	江苏	41.74
165	300385	雪浪环境	专用设备制造业	江苏	41.69
166	300569	天能重工	电气机械和器材制造业	山东	41.69
167	300763	锦浪科技	电气机械和器材制造业	浙江	41.38
168	300412	迦南科技	专用设备制造业	浙江	41.35
169	300442	普丽盛	专用设备制造业	上海	41.35
170	300430	诚益通	仪器仪表制造业	北京	41.25
171	300056	三维丝	专用设备制造业	福建	41.22
172	300751	迈为股份	专用设备制造业	江苏	41.15
173	300097	智云股份	通用设备制造业	辽宁	41.10
174	300029	天龙光电	专用设备制造业	江苏	41.06
175	300653	正海生物	专用设备制造业	山东	41.00
176	300681	英搏尔	电气机械和器材制造业	广东	40.94
177	300707	威唐工业	专用设备制造业	江苏	40.90
178	300014	亿纬锂能	电气机械和器材制造业	广东	40.85
179	300475	聚隆科技	电气机械和器材制造业	安徽	40.74

（续表）

行业排名	证券代码	公司名称	所属证监会二级行业	所在地区	持续信息披露指数得分
180	300457	赢合科技	专用设备制造业	广东	40.72
181	300521	爱司凯	专用设备制造业	广东	40.61
182	300604	长川科技	专用设备制造业	浙江	40.41
183	300572	安车检测	仪器仪表制造业	广东	40.41
184	300526	中潜股份	专用设备制造业	广东	40.38
185	300724	捷佳伟创	电气机械及器材制造业	广东	40.38
186	300486	东杰智能	专用设备制造业	山西	40.19
187	300360	炬华科技	仪器仪表制造业	浙江	40.19
188	300116	坚瑞沃能	电气机械和器材制造业	陕西	40.10
189	300112	万讯自控	仪器仪表制造业	广东	40.06
190	300001	特锐德	电气机械和器材制造业	山东	40.04
191	300776	帝尔激光	专用设备制造业	湖北	40.03
192	300626	华瑞股份	电气机械和器材制造业	浙江	39.94
193	300669	沪宁股份	通用设备制造业	浙江	39.91
194	300069	金利华电	电气机械和器材制造业	山西	39.66
195	300441	鲍斯股份	通用设备制造业	浙江	39.61
196	300443	金雷股份	专用设备制造业	山东	39.60
197	300193	佳士科技	通用设备制造业	广东	39.48
198	300817	双飞股份	通用设备制造业	浙江	39.44
199	300808	久量股份	电气机械和器材制造业	广东	39.44
200	300617	安靠智电	电气机械和器材制造业	江苏	39.41
201	300032	金龙机电	电气机械和器材制造业	浙江	39.41
202	300473	德尔股份	通用设备制造业	辽宁	38.84
203	300173	松德股份	专用设备制造业	广东	38.66
204	300551	古鳌科技	专用设备制造业	上海	38.65
205	300694	蠡湖股份	通用设备制造业	江苏	38.19
206	300557	理工光科	仪器仪表制造业	湖北	38.07
207	300545	联得装备	专用设备制造业	广东	37.73
208	300780	德恩精工	通用设备制造业	四川	35.19
209	300062	中能电气	电气机械和器材制造业	福建	34.56
210	300125	易世达	电气机械和器材制造业	辽宁	34.19

计算机、通信及电子（121 家）

行业排名	证券代码	公司名称	所属证监会二级行业	所在地区	持续信息披露指数得分
1	300078	中瑞思创	计算机、通信和其他电子设备制造业	江苏	61.76
2	300101	振芯科技	计算机、通信和其他电子设备制造业	浙江	60.54
3	300223	北京君正	计算机、通信和其他电子设备制造业	福建	59.64
4	300323	华灿光电	计算机、通信和其他电子设备制造业	江苏	59.63
5	300211	亿通科技	计算机、通信和其他电子设备制造业	广东	59.19

（续表）

行业排名	证券代码	公司名称	所属证监会二级行业	所在地区	持续信息披露指数得分
6	300046	台基股份	计算机、通信和其他电子设备制造业	广东	58.88
7	300327	中颖电子	计算机、通信和其他电子设备制造业	广东	58.14
8	300042	朗科科技	计算机、通信和其他电子设备制造业	江苏	58.04
9	300807	天迈科技	计算机、通信和其他电子设备制造业	北京	57.51
10	300220	金运激光	计算机、通信和其他电子设备制造业	江苏	56.89
11	300213	佳讯飞鸿	计算机、通信和其他电子设备制造业	湖北	56.80
12	300555	路通视信	计算机、通信和其他电子设备制造业	北京	56.01
13	300449	汉邦高科	计算机、通信和其他电子设备制造业	北京	55.94
14	300565	科信技术	计算机、通信和其他电子设备制造业	湖南	55.76
15	300632	光莆股份	计算机、通信和其他电子设备制造业	湖南	55.61
16	300282	三盛教育	计算机、通信和其他电子设备制造业	北京	55.44
17	300256	星星科技	计算机、通信和其他电子设备制造业	北京	55.33
18	300219	鸿利智汇	计算机、通信和其他电子设备制造业	北京	55.08
19	300793	佳禾智能	计算机、通信和其他电子设备制造业	福建	55.06
20	300205	天喻信息	计算机、通信和其他电子设备制造业	四川	54.89
21	300241	瑞丰光电	计算机、通信和其他电子设备制造业	广东	54.89
22	300647	超频三	计算机、通信和其他电子设备制造业	江西	54.88
23	300331	苏大维格	计算机、通信和其他电子设备制造业	江苏	54.78
24	300296	利亚德	计算机、通信和其他电子设备制造业	陕西	54.41
25	300308	中际旭创	计算机、通信和其他电子设备制造业	上海	54.32
26	300629	新劲刚	计算机、通信和其他电子设备制造业	北京	54.21
27	300476	胜宏科技	计算机、通信和其他电子设备制造业	广东	54.08
28	300077	国民技术	计算机、通信和其他电子设备制造业	广东	54.01

（续表）

行业排名	证券代码	公司名称	所属证监会二级行业	所在地区	持续信息披露指数得分
29	300270	中威电子	计算机、通信和其他电子设备制造业	上海	53.89
30	300102	乾照光电	计算机、通信和其他电子设备制造业	广东	53.25
31	300661	圣邦股份	计算机、通信和其他电子设备制造业	北京	53.13
32	300351	永贵电器	计算机、通信和其他电子设备制造业	河南	53.08
33	300322	硕贝德	计算机、通信和其他电子设备制造业	福建	53.03
34	300373	扬杰科技	计算机、通信和其他电子设备制造业	广东	52.90
35	300456	耐威科技	计算机、通信和其他电子设备制造业	广东	52.88
36	300346	南大光电	计算机、通信和其他电子设备制造业	广东	52.72
37	300319	麦捷科技	计算机、通信和其他电子设备制造业	广东	52.27
38	300514	友讯达	计算机、通信和其他电子设备制造业	广东	52.13
39	300743	天地数码	计算机、通信和其他电子设备制造业	上海	52.01
40	300232	洲明科技	计算机、通信和其他电子设备制造业	湖北	52.00
41	300708	聚灿光电	计算机、通信和其他电子设备制造业	广东	51.65
42	300227	光韵达	计算机、通信和其他电子设备制造业	浙江	51.58
43	300638	广和通	计算机、通信和其他电子设备制造业	广东	51.30
44	300136	信维通信	计算机、通信和其他电子设备制造业	广东	51.19
45	300079	数码视讯	计算机、通信和其他电子设备制造业	广东	51.19
46	300303	聚飞光电	计算机、通信和其他电子设备制造业	安徽	50.64
47	300408	三环集团	计算机、通信和其他电子设备制造业	北京	50.41
48	300620	光库科技	计算机、通信和其他电子设备制造业	江苏	50.24
49	300301	长方集团	计算机、通信和其他电子设备制造业	湖北	50.16
50	300114	中航电测	计算机、通信和其他电子设备制造业	上海	49.58
51	300623	捷捷微电	计算机、通信和其他电子设备制造业	四川	49.50

（续表）

行业排名	证券代码	公司名称	所属证监会二级行业	所在地区	持续信息披露指数得分
52	300120	经纬辉开	计算机、通信和其他电子设备制造业	北京	48.80
53	300531	优博讯	计算机、通信和其他电子设备制造业	广东	48.51
54	300177	中海达	计算机、通信和其他电子设备制造业	广东	48.35
55	300127	银河磁体	计算机、通信和其他电子设备制造业	河南	48.14
56	300735	光弘科技	计算机、通信和其他电子设备制造业	陕西	48.03
57	300679	电连技术	计算机、通信和其他电子设备制造业	广东	48.01
58	300790	宇瞳光学	计算机、通信和其他电子设备制造业	广东	48.00
59	300139	福星晓程	计算机、通信和其他电子设备制造业	江苏	47.25
60	300563	神宇股份	计算机、通信和其他电子设备制造业	浙江	47.14
61	300672	国科微	计算机、通信和其他电子设备制造业	广东	47.11
62	300666	江丰电子	计算机、通信和其他电子设备制造业	湖南	46.94
63	300433	蓝思科技	计算机、通信和其他电子设备制造业	江苏	46.75
64	300657	弘信电子	计算机、通信和其他电子设备制造业	江苏	46.58
65	300393	中来股份	计算机、通信和其他电子设备制造业	广东	46.39
66	300566	激智科技	计算机、通信和其他电子设备制造业	北京	46.19
67	300686	智动力	计算机、通信和其他电子设备制造业	山东	46.16
68	300802	矩子科技	计算机、通信和其他电子设备制造业	上海	46.01
69	300711	广哈通信	计算机、通信和其他电子设备制造业	广东	45.97
70	300689	澄天伟业	计算机、通信和其他电子设备制造业	浙江	45.78
71	300028	金亚科技	计算机、通信和其他电子设备制造业	浙江	45.75
72	300548	博创科技	计算机、通信和其他电子设备制造业	广东	45.69
73	300115	长盈精密	计算机、通信和其他电子设备制造业	安徽	45.58
74	300390	天华超净	计算机、通信和其他电子设备制造业	四川	45.39

（续表）

行业排名	证券代码	公司名称	所属证监会二级行业	所在地区	持续信息披露指数得分
75	300353	东土科技	计算机、通信和其他电子设备制造业	广东	45.20
76	300474	景嘉微	计算机、通信和其他电子设备制造业	湖南	45.14
77	300455	康拓红外	计算机、通信和其他电子设备制造业	山东	45.03
78	300582	英飞特	计算机、通信和其他电子设备制造业	湖北	44.75
79	300787	海能实业	计算机、通信和其他电子设备制造业	广东	44.69
80	300502	新易盛	计算机、通信和其他电子设备制造业	浙江	44.64
81	300543	朗科智能	计算机、通信和其他电子设备制造业	福建	44.64
82	300710	万隆光电	计算机、通信和其他电子设备制造业	广东	44.60
83	300590	移为通信	计算机、通信和其他电子设备制造业	江苏	44.51
84	300065	海兰信	计算机、通信和其他电子设备制造业	江苏	44.48
85	300414	中光防雷	计算机、通信和其他电子设备制造业	四川	44.45
86	300739	明阳电路	计算机、通信和其他电子设备制造业	广东	44.34
87	300134	大富科技	计算机、通信和其他电子设备制造业	湖北	44.29
88	300709	精研科技	计算机、通信和其他电子设备制造业	广东	44.26
89	300076	宁波GQY	计算机、通信和其他电子设备制造业	浙江	44.14
90	300162	雷曼光电	计算机、通信和其他电子设备制造业	北京	44.14
91	300656	民德电子	计算机、通信和其他电子设备制造业	天津	44.14
92	300726	宏达电子	计算机、通信和其他电子设备制造业	广东	43.93
93	300053	欧比特	计算机、通信和其他电子设备制造业	广东	43.88
94	300701	森霸传感	计算机、通信和其他电子设备制造业	浙江	43.75
95	300155	安居宝	计算机、通信和其他电子设备制造业	广东	43.68
96	300546	雄帝科技	计算机、通信和其他电子设备制造业	江西	43.64
97	300691	联合光电	计算机、通信和其他电子设备制造业	浙江	43.56

（续表）

行业排名	证券代码	公司名称	所属证监会二级行业	所在地区	持续信息披露指数得分
98	300045	华力创通	计算机、通信和其他电子设备制造业	广东	43.44
99	300088	长信科技	计算机、通信和其他电子设备制造业	广东	43.41
100	300458	全志科技	计算机、通信和其他电子设备制造业	广东	43.40
101	300479	神思电子	计算机、通信和其他电子设备制造业	四川	43.40
102	300752	隆利科技	计算机、通信和其他电子设备制造业	广东	43.29
103	300628	亿联网络	计算机、通信和其他电子设备制造业	广东	43.25
104	300811	铂科新材	计算机、通信和其他电子设备制造业	江苏	43.25
105	300602	飞荣达	计算机、通信和其他电子设备制造业	广东	43.14
106	300516	久之洋	计算机、通信和其他电子设备制造业	浙江	42.78
107	300615	欣天科技	计算机、通信和其他电子设备制造业	广东	42.75
108	300782	卓胜微	计算机、通信和其他电子设备制造业	江苏	42.75
109	300762	上海瀚讯	计算机、通信和其他电子设备制造业	广东	42.64
110	300397	天和防务	计算机、通信和其他电子设备制造业	广东	42.51
111	300627	华测导航	计算机、通信和其他电子设备制造业	江苏	42.29
112	300747	锐科激光	计算机、通信和其他电子设备制造业	陕西	42.29
113	300394	天孚通信	计算机、通信和其他电子设备制造业	广东	41.94
114	300389	艾比森	计算机、通信和其他电子设备制造业	广东	41.64
115	300698	万马科技	计算机、通信和其他电子设备制造业	广东	41.58
116	300460	惠伦晶体	计算机、通信和其他电子设备制造业	湖北	41.03
117	300128	锦富新材	计算机、通信和其他电子设备制造业	北京	40.71
118	300570	太辰光	计算机、通信和其他电子设备制造业	广东	39.19
119	300367	东方网力	计算机、通信和其他电子设备制造业	浙江	31.75
120	300581	晨曦航空	计算机、通信和其他电子设备制造业	北京	31.00
121	300504	天邑股份	计算机、通信和其他电子设备制造业	四川	28.44

软件和信息技术服务（116 家）

行业排名	证券代码	公司名称	所属证监会二级行业	所在地区	持续信息披露指数得分
1	300561	汇金科技	软件和信息技术服务业	广东	56.81
2	300212	易华录	软件和信息技术服务业	北京	56.65
3	300271	华宇软件	软件和信息技术服务业	北京	55.66
4	300349	金卡智能	软件和信息技术服务业	浙江	55.61
5	300290	荣科科技	软件和信息技术服务业	辽宁	55.56
6	300311	任子行	软件和信息技术服务业	广东	55.14
7	300002	神州泰岳	软件和信息技术服务业	北京	54.81
8	300250	初灵信息	软件和信息技术服务业	浙江	54.58
9	300379	东方通	软件和信息技术服务业	北京	54.00
10	300183	东软载波	软件和信息技术服务业	山东	53.94
11	300229	拓尔思	软件和信息技术服务业	北京	53.88
12	300513	恒实科技	软件和信息技术服务业	北京	53.86
13	300287	飞利信	软件和信息技术服务业	北京	53.66
14	300451	创业慧康	软件和信息技术服务业	浙江	53.66
15	300330	华虹计通	软件和信息技术服务业	上海	53.51
16	300245	天玑科技	软件和信息技术服务业	上海	53.33
17	300730	科创信息	软件和信息技术服务业	湖南	52.33
18	300380	安硕信息	软件和信息技术服务业	上海	52.00
19	300552	万集科技	软件和信息技术服务业	北京	51.91
20	300297	蓝盾股份	软件和信息技术服务业	四川	51.71
21	300098	高新兴	软件和信息技术服务业	广东	51.55
22	300275	梅安森	软件和信息技术服务业	重庆	51.44
23	300560	中富通	软件和信息技术服务业	福建	51.39
24	300348	长亮科技	软件和信息技术服务业	广东	51.30
25	300249	依米康	软件和信息技术服务业	四川	51.20
26	300264	佳创视讯	软件和信息技术服务业	广东	51.20
27	300333	兆日科技	软件和信息技术服务业	广东	51.19
28	300051	三五互联	软件和信息技术服务业	福建	50.83
29	300292	吴通控股	软件和信息技术服务业	江苏	50.74
30	300168	万达信息	软件和信息技术服务业	上海	50.28
31	300469	信息发展	软件和信息技术服务业	上海	49.61
32	300312	邦讯技术	软件和信息技术服务业	北京	49.51
33	300738	奥飞数据	软件和信息技术服务业	广东	49.51
34	300350	华鹏飞	软件和信息技术服务业	广东	49.30
35	300597	吉大通信	软件和信息技术服务业	吉林	49.18
36	300324	旋极信息	软件和信息技术服务业	北京	49.06
37	300605	恒锋信息	软件和信息技术服务业	福建	49.06
38	300377	赢时胜	软件和信息技术服务业	广东	48.69
39	300454	深信服	软件和信息技术服务业	广东	48.61
40	300579	数字认证	软件和信息技术服务业	北京	48.61
41	300302	同有科技	软件和信息技术服务业	北京	48.30
42	300578	会畅通讯	软件和信息技术服务业	上海	48.26
43	300344	太空智造	软件和信息技术服务业	北京	48.25
44	300044	赛为智能	软件和信息技术服务业	广东	48.14

（续表）

行业排名	证券代码	公司名称	所属证监会二级行业	所在地区	持续信息披露指数得分
45	300235	方直科技	软件和信息技术服务业	广东	47.94
46	300253	卫宁健康	软件和信息技术服务业	上海	47.93
47	300074	华平股份	软件和信息技术服务业	上海	47.89
48	300277	海联讯	软件和信息技术服务业	广东	47.69
49	300634	彩讯股份	软件和信息技术服务业	广东	47.51
50	300523	辰安科技	软件和信息技术服务业	北京	47.48
51	300050	世纪鼎利	软件和信息技术服务业	广东	47.47
52	300339	润和软件	软件和信息技术服务业	江苏	46.93
53	300366	创意信息	软件和信息技术服务业	四川	46.59
54	300248	新开普	软件和信息技术服务业	河南	46.40
55	300231	银信科技	软件和信息技术服务业	北京	46.25
56	300299	富春股份	软件和信息技术服务业	福建	45.71
57	300608	思特奇	软件和信息技术服务业	北京	45.69
58	300167	迪威视讯	软件和信息技术服务业	广东	45.15
59	300588	熙菱信息	软件和信息技术服务业	新疆	45.13
60	300613	富瀚微	软件和信息技术服务业	上海	44.59
61	300678	中科信息	软件和信息技术服务业	四川	44.46
62	300166	东方国信	软件和信息技术服务业	北京	44.24
63	300440	运达科技	软件和信息技术服务业	四川	43.64
64	300386	飞天诚信	软件和信息技术服务业	北京	43.40
65	300603	立昂技术	软件和信息技术服务业	新疆	43.20
66	300810	中科海讯	软件和信息技术服务业	北京	43.19
67	300550	和仁科技	软件和信息技术服务业	浙江	42.50
68	300025	华星创业	软件和信息技术服务业	浙江	42.43
69	300075	数字政通	软件和信息技术服务业	北京	42.43
70	300352	北信源	软件和信息技术服务业	北京	41.98
71	300188	美亚柏科	软件和信息技术服务业	福建	41.81
72	300085	银之杰	软件和信息技术服务业	广东	41.54
73	300789	唐源电气	软件和信息技术服务业	四川	41.49
74	300020	银江股份	软件和信息技术服务业	浙江	41.33
75	300448	浩云科技	软件和信息技术服务业	广东	41.08
76	300365	恒华科技	软件和信息技术服务业	北京	41.06
77	300468	四方精创	软件和信息技术服务业	广东	41.06
78	300556	丝路视觉	软件和信息技术服务业	广东	40.99
79	300369	绿盟科技	软件和信息技术服务业	北京	40.93
80	300624	万兴科技	软件和信息技术服务业	西藏	40.63
81	300533	冰川网络	软件和信息技术服务业	广东	40.51
82	300799	左江科技	软件和信息技术服务业	北京	40.41
83	300096	易联众	软件和信息技术服务业	福建	40.38
84	300508	维宏股份	软件和信息技术服务业	上海	40.36
85	300682	朗新科技	软件和信息技术服务业	江苏	40.09
86	300047	天源迪科	软件和信息技术服务业	广东	40.06
87	300645	正元智慧	软件和信息技术服务业	浙江	39.70
88	300542	新晨科技	软件和信息技术服务业	北京	39.61
89	300493	润欣科技	软件和信息技术服务业	上海	39.39

（续表）

行业排名	证券代码	公司名称	所属证监会二级行业	所在地区	持续信息披露指数得分
90	300687	赛意信息	软件和信息技术服务业	广东	39.21
91	300496	中科创达	软件和信息技术服务业	北京	38.95
92	300532	今天国际	软件和信息技术服务业	广东	38.94
93	300663	科蓝软件	软件和信息技术服务业	北京	38.84
94	300609	汇纳科技	软件和信息技术服务业	上海	38.81
95	300419	浩丰科技	软件和信息技术服务业	北京	38.38
96	300359	全通教育	软件和信息技术服务业	广东	38.36
97	300598	诚迈科技	软件和信息技术服务业	江苏	38.36
98	300017	网宿科技	软件和信息技术服务业	上海	38.06
99	300518	盛讯达	软件和信息技术服务业	广东	37.93
100	300520	科大国创	软件和信息技术服务业	安徽	37.93
101	300378	鼎捷软件	软件和信息技术服务业	上海	37.80
102	300300	海峡创新	软件和信息技术服务业	福建	37.69
103	300010	立思辰	软件和信息技术服务业	北京	37.59
104	300383	光环新网	软件和信息技术服务业	北京	37.59
105	300525	博思软件	软件和信息技术服务业	福建	37.36
106	300541	先进数通	软件和信息技术服务业	北京	37.36
107	300150	世纪瑞尔	软件和信息技术服务业	北京	37.27
108	300768	迪普科技	软件和信息技术服务业	浙江	37.26
109	300559	佳发教育	软件和信息技术服务业	四川	37.24
110	300170	汉得信息	软件和信息技术服务业	上海	37.11
111	300671	富满电子	软件和信息技术服务业	广东	36.74
112	300036	超图软件	软件和信息技术服务业	北京	36.49
113	300465	高伟达	软件和信息技术服务业	北京	36.24
114	300659	中孚信息	软件和信息技术服务业	山东	36.24
115	300674	宇信科技	软件和信息技术服务业	北京	35.49
116	300399	京天利	软件和信息技术服务业	江西	27.78

化学、橡胶、塑料（81家）

行业排名	证券代码	公司名称	所属证监会二级行业	所在地区	持续信息披露指数得分
1	300387	富邦股份	化学原料及化学制品制造业	湖北	60.66
2	300798	锦鸡股份	化学原料及化学制品制造业	江苏	60.55
3	300610	晨化股份	化学原料及化学制品制造业	江苏	59.79
4	300261	雅本化学	化学原料及化学制品制造业	江苏	58.51
5	300041	回天新材	化学原料及化学制品制造业	湖北	58.04
6	300285	国瓷材料	化学原料及化学制品制造业	山东	57.33
7	300236	上海新阳	化学原料及化学制品制造业	上海	57.16
8	300109	新开源	化学原料及化学制品制造业	河南	56.83
9	300218	安利股份	橡胶和塑料制品业	安徽	56.65
10	300243	瑞丰高材	化学原料及化学制品制造业	山东	56.29
11	300437	清水源	化学原料及化学制品制造业	河南	56.29
12	300587	天铁股份	橡胶和塑料制品业	浙江	56.13
13	300429	强力新材	化学原料及化学制品制造业	江苏	56.00
14	300699	光威复材	化学纤维制造业	山东	55.41

（续表）

行业排名	证券代码	公司名称	所属证监会二级行业	所在地区	持续信息披露指数得分
15	300230	永利股份	橡胶和塑料制品业	上海	54.59
16	300665	飞鹿股份	化学原料及化学制品制造业	湖南	54.54
17	300655	晶瑞股份	化学原料及化学制品制造业	江苏	54.38
18	300019	硅宝科技	化学原料及化学制品制造业	四川	54.00
19	300522	世名科技	化学原料及化学制品制造业	江苏	54.00
20	300021	大禹节水	橡胶和塑料制品业	甘肃	53.49
21	300221	银禧科技	橡胶和塑料制品业	广东	53.40
22	300067	安诺其	化学原料及化学制品制造业	上海	52.68
23	300767	震安科技	橡胶和塑料制品业	云南	52.54
24	300530	达志科技	化学原料及化学制品制造业	广东	52.53
25	300214	日科化学	化学原料及化学制品制造业	山东	51.96
26	300547	川环科技	橡胶和塑料制品业	四川	51.80
27	300225	金力泰	化学原料及化学制品制造业	上海	51.59
28	300180	华峰超纤	橡胶和塑料制品业	上海	51.38
29	300801	泰和科技	化学原料及化学制品制造业	山东	51.38
30	300375	鹏翎股份	橡胶和塑料制品业	天津	51.06
31	300305	裕兴股份	橡胶和塑料制品业	江苏	50.65
32	300325	德威新材	橡胶和塑料制品业	江苏	50.44
33	300320	海达股份	橡胶和塑料制品业	江苏	50.06
34	300321	同大股份	橡胶和塑料制品业	山东	49.99
35	300107	建新股份	化学原料及化学制品制造业	河北	49.44
36	300121	阳谷华泰	化学原料及化学制品制造业	山东	49.44
37	300037	新宙邦	化学原料及化学制品制造业	广东	49.23
38	300132	青松股份	化学原料及化学制品制造业	福建	48.41
39	300576	容大感光	化学原料及化学制品制造业	广东	48.19
40	300072	三聚环保	化学原料及化学制品制造业	北京	47.97
41	300200	高盟新材	化学原料及化学制品制造业	北京	47.86
42	300796	贝斯美	化学原料及化学制品制造业	浙江	47.66
43	300637	扬帆新材	化学原料及化学制品制造业	浙江	47.54
44	300777	中简科技	化学纤维制造业	江苏	47.25
45	300741	华宝股份	化学原料及化学制品制造业	西藏	47.03
46	300537	广信材料	化学原料及化学制品制造业	江苏	47.00
47	300398	飞凯材料	化学原料及化学制品制造业	上海	46.84
48	300487	蓝晓科技	化学原料及化学制品制造业	陕西	46.83
49	300198	纳川股份	橡胶和塑料制品业	福建	46.66
50	300731	科创新源	橡胶和塑料制品业	广东	46.66
51	300169	天晟新材	橡胶和塑料制品业	江苏	46.60
52	300641	正丹股份	化学原料及化学制品制造业	江苏	46.50
53	300135	宝利沥青	化学原料及化学制品制造业	江苏	46.40
54	300082	奥克股份	化学原料及化学制品制造业	辽宁	46.13
55	300599	雄塑科技	橡胶和塑料制品业	广东	45.79
56	300727	润禾材料	化学原料及化学制品制造业	浙江	45.74
57	300405	科隆股份	化学原料及化学制品制造业	辽宁	45.63
58	300535	达威股份	化学原料及化学制品制造业	四川	45.56
59	300343	联创互联	化学原料及化学制品制造业	山东	45.30

（续表）

行业排名	证券代码	公司名称	所属证监会二级行业	所在地区	持续信息披露指数得分
60	300505	川金诺	化学原料及化学制品制造业	云南	44.41
61	300575	中旗股份	化学原料及化学制品制造业	江苏	44.31
62	300539	横河模具	橡胶和塑料制品业	浙江	44.25
63	300716	国立科技	橡胶和塑料制品业	广东	44.10
64	300481	濮阳惠成	化学原料及化学制品制造业	河南	43.78
65	300174	元力股份	化学原料及化学制品制造业	福建	43.66
66	300596	利安隆	化学原料及化学制品制造业	天津	43.66
67	300725	药石科技	化学原料及化学制品制造业	江苏	43.66
68	300054	鼎龙股份	化学原料及化学制品制造业	湖北	43.65
69	300446	乐凯新材	化学原料及化学制品制造业	河北	43.34
70	300644	南京聚隆	橡胶和塑料制品业	江苏	43.21
71	300758	七彩化学	化学原料及化学制品制造业	辽宁	43.21
72	300717	华信新材	橡胶和塑料制品业	江苏	43.06
73	300806	斯迪克	橡胶和塑料制品业	江苏	42.78
74	300586	美联新材	橡胶和塑料制品业	广东	42.63
75	300568	星源材质	化学原料及化学制品制造业	广东	42.63
76	300740	御家汇	化学原料及化学制品制造业	湖南	42.63
77	300478	杭州高新	橡胶和塑料制品业	浙江	42.19
78	300721	怡达股份	化学原料及化学制品制造业	江苏	42.19
79	300769	德方纳米	化学原料及化学制品制造业	广东	42.03
80	300677	英科医疗	橡胶和塑料制品业	山东	39.71
81	300684	中石科技	化学原料及化学制品制造业	北京	38.84

文化传播（7 家）

行业排名	证券代码	公司名称	所属证监会二级行业	所在地区	持续信息披露指数得分
1	300251	光线传媒	广播、电视、电影和影视录音制作业	北京	65.31
2	300426	唐德影视	广播、电视、电影和影视录音制作业	浙江	60.65
3	300291	华录百纳	广播、电视、电影和影视录音制作业	北京	59.03
4	300528	幸福蓝海	广播、电视、电影和影视录音制作业	江苏	53.25
5	300133	华策影视	广播、电视、电影和影视录音制作业	浙江	49.76
6	300182	捷成股份	广播、电视、电影和影视录音制作业	北京	49.03
7	300027	华谊兄弟	广播、电视、电影和影视录音制作业	浙江	46.54

其他（187 家）

行业排名	证券代码	公司名称	所属证监会二级行业	所在地区	持续信息披露指数得分
1	300538	同益股份	批发业	广东	92.80
2	300146	汤臣倍健	食品制造业	广东	67.75
3	300313	天山生物	畜牧业	新疆	65.50
4	300791	仙乐健康	食品制造业	广东	63.96
5	300749	顶固集创	家具制造业	广东	62.33
6	300797	钢研纳克	专业技术服务业	北京	62.16
7	300215	电科院	专业技术服务业	江苏	61.96
8	300712	永福股份	土木工程建筑业	福建	61.75
9	300164	通源石油	开采辅助活动	陕西	61.08
10	300012	华测检测	专业技术服务业	广东	60.54
11	300676	华大基因	专业技术服务业	广东	60.33
12	300329	海伦钢琴	文教、工美、体育和娱乐用品制造业	浙江	60.26
13	300288	朗玛信息	电信、广播电视和卫星传输服务	贵州	60.19
14	300106	西部牧业	畜牧业	新疆	60.16
15	300680	隆盛科技	汽车制造业	江苏	59.91
16	300722	新余国科	其他制造业	江西	59.83
17	300328	宜安科技	金属制品业	广东	59.33
18	300336	新文化	商务服务业	上海	59.13
19	300117	嘉寓股份	建筑装饰和其他建筑业	北京	59.00
20	300143	盈康生命	卫生	山东	59.00
21	300262	巴安水务	生态保护和环境治理业	上海	58.75
22	300138	晨光生物	农副食品加工业	河北	58.58
23	300310	宜通世纪	电信、广播电视和卫星传输服务	广东	58.33
24	300332	天壕环境	燃气生产和供应业	北京	58.16
25	300816	艾可蓝	生态保护和环境治理业	安徽	57.51
26	300234	开尔新材	非金属矿物制品业	浙江	57.41
27	300664	鹏鹞环保	生态保护和环境治理业	江苏	57.41
28	300335	迪森股份	电力、热力生产和供应业	广东	57.25
29	300432	富临精工	汽车制造业	四川	57.25
30	300719	安达维尔	铁路、船舶、航空航天和其他运输设备制造业	北京	57.16
31	300536	农尚环境	土木工程建筑业	湖北	57.04
32	300266	兴源环境	生态保护和环境治理业	浙江	57.00
33	300284	苏交科	专业技术服务业	江苏	56.29
34	300268	佳沃股份	农副食品加工业	湖南	55.91
35	300100	双林股份	汽车制造业	浙江	55.66
36	300422	博世科	生态保护和环境治理业	广西	55.58
37	300159	新研股份	铁路、船舶、航空航天和其他运输设备制造业	新疆	55.54
38	300304	云意电气	汽车制造业	江苏	55.50
39	300500	启迪设计	专业技术服务业	江苏	55.33

（续表）

行业排名	证券代码	公司名称	所属证监会二级行业	所在地区	持续信息披露指数得分
40	300673	佩蒂股份	农副食品加工业	浙江	55.16
41	300592	华凯创意	文化艺术业	湖南	54.91
42	300364	中文在线	新闻和出版业	北京	54.90
43	300258	精锻科技	汽车制造业	江苏	54.50
44	300179	四方达	非金属矿物制品业	河南	54.50
45	300651	金陵体育	文教、工美、体育和娱乐用品制造业	江苏	54.49
46	300413	芒果超媒	文化艺术业	湖南	54.49
47	300157	恒泰艾普	开采辅助活动	北京	54.41
48	300788	中信出版	新闻和出版业	北京	54.06
49	300237	美晨生态	土木工程建筑业	山东	53.91
50	300070	碧水源	生态保护和环境治理业	北京	53.91
51	300778	新城市	专业技术服务业	广东	53.75
52	300803	指南针	其他金融业	北京	53.75
53	300695	兆丰股份	汽车制造业	浙江	53.66
54	300244	迪安诊断	卫生	浙江	53.46
55	300737	科顺股份	非金属矿物制品业	广东	53.41
56	300084	海默科技	开采辅助活动	甘肃	53.41
57	300191	潜能恒信	开采辅助活动	北京	53.41
58	300240	飞力达	仓储业	江苏	53.25
59	300123	亚光科技	铁路、船舶、航空航天和其他运输设备制造业	湖南	52.96
60	300506	名家汇	建筑装饰和其他建筑业	广东	52.91
61	300337	银邦股份	有色金属冶炼和压延加工业	江苏	52.87
62	300172	中电环保	生态保护和环境治理业	江苏	52.83
63	300269	联建光电	商务服务业	广东	52.75
64	300347	泰格医药	研究和试验发展	浙江	52.66
65	300280	紫天科技	商务服务业	江苏	52.66
66	300011	鼎汉技术	铁路、船舶、航空航天和其他运输设备制造业	北京	52.66
67	300224	正海磁材	非金属矿物制品业	山东	52.37
68	300675	建科院	专业技术服务业	广东	52.33
69	300703	创源文化	文教、工美、体育和娱乐用品制造业	浙江	51.60
70	300700	岱勒新材	非金属矿物制品业	湖南	51.33
71	300149	量子高科	研究和试验发展	广东	51.08
72	300176	派生科技	汽车制造业	广东	50.83
73	300488	恒锋工具	金属制品业	浙江	50.83
74	300005	探路者	纺织服装、服饰业	北京	50.79
75	300756	中山金马	文教、工美、体育和娱乐用品制造业	广东	50.71
76	300057	万顺股份	有色金属冶炼和压延加工业	广东	50.66
77	300093	金刚玻璃	非金属矿物制品业	广东	50.58
78	300640	德艺文创	文教、工美、体育和娱乐用品制造业	福建	50.49
79	300033	同花顺	其他金融业	浙江	50.45

（续表）

行业排名	证券代码	公司名称	所属证监会二级行业	所在地区	持续信息披露指数得分
80	300589	江龙船艇	铁路、船舶、航空航天和其他运输设备制造业	广东	50.41
81	300654	世纪天鸿	新闻和出版业	山东	50.35
82	300209	天泽信息	零售业	湖南	50.26
83	300080	新大新材	非金属矿物制品业	河南	50.08
84	300015	爱尔眼科	卫生	湖南	50.08
85	300355	蒙草生态	生态保护和环境治理业	内蒙古	49.50
86	300517	海波重科	土木工程建筑业	湖北	49.41
87	300729	乐歌股份	家具制造业	浙江	49.41
88	300008	天海防务	土木工程建筑业	上海	49.29
89	300184	力源信息	批发业	湖北	49.25
90	300745	欣锐科技	汽车制造业	广东	49.25
91	300779	惠城环保	废弃资源综合利用业	山东	49.25
92	300748	金力永磁	非金属矿物制品业	江西	49.16
93	300759	康龙化成	研究和试验发展	北京	48.95
94	300795	米奥会展	商务服务业	浙江	48.83
95	300160	秀强股份	非金属矿物制品业	江苏	48.83
96	300338	开元股份	教育	湖南	48.83
97	300770	新媒股份	电信、广播电视和卫星传输服务	广东	48.78
98	300424	航新科技	铁路、船舶、航空航天和其他运输设备制造业	广东	48.66
99	300388	国祯环保	生态保护和环境治理业	安徽	48.58
100	300765	新诺威	食品制造业	河北	48.58
101	300618	寒锐钴业	有色金属冶炼和压延加工业	江苏	48.50
102	300781	因赛集团	商务服务业	广东	48.50
103	300081	恒信移动	专业技术服务业	北京	48.50
104	300175	朗源股份	农副食品加工业	山东	48.50
105	300692	中环环保	生态保护和环境治理业	安徽	48.41
106	300144	宋城股份	文化艺术业	浙江	48.39
107	300152	燃控科技	生态保护和环境治理业	河北	48.25
108	300404	博济医药	研究和试验发展	广东	48.25
109	300805	电声股份	商务服务业	广东	48.08
110	300507	苏奥传感	汽车制造业	江苏	48.00
111	300498	温氏股份	畜牧业	广东	48.00
112	300309	吉艾科技	资本市场服务	北京	47.83
113	300094	国联水产	农副食品加工业	广东	47.75
114	300401	花园生物	食品制造业	浙江	47.75
115	300163	先锋新材	纺织业	浙江	47.66
116	300416	苏试试验	专业技术服务业	江苏	47.66
117	300034	钢研高纳	有色金属冶炼和压延加工业	北京	47.62
118	300696	爱乐达	铁路、船舶、航空航天和其他运输设备制造业	四川	47.58
119	300706	阿石创	其他制造业	福建	47.41
120	300643	万通智控	汽车制造业	浙江	47.20

（续表）

行业排名	证券代码	公司名称	所属证监会二级行业	所在地区	持续信息披露指数得分
121	300103	达刚控股	生态保护和环境治理业	陕西	47.16
122	300087	荃银高科	农业	安徽	47.16
123	300089	长城集团	非金属矿物制品业	广东	47.16
124	300649	杭州园林	土木工程建筑业	浙江	47.08
125	300591	万里马	皮革、毛皮、羽毛及其制品和制鞋业	广东	47.08
126	300013	新宁物流	仓储业	江苏	47.08
127	300742	越博动力	汽车制造业	江苏	47.00
128	300059	东方财富	资本市场服务	上海	46.91
129	300600	瑞特股份	铁路、船舶、航空航天和其他运输设备制造业	江苏	46.83
130	300635	达安股份	专业技术服务业	广东	46.66
131	300616	尚品宅配	家具制造业	广东	46.66
132	300715	凯伦股份	非金属矿物制品业	江苏	46.66
133	300192	科斯伍德	教育	江苏	46.58
134	300187	永清环保	生态保护和环境治理业	湖南	46.50
135	300775	三角防务	铁路、船舶、航空航天和其他运输设备制造业	陕西	46.41
136	300690	双一科技	非金属矿物制品业	山东	46.33
137	300190	维尔利	生态保护和环境治理业	江苏	46.29
138	300058	蓝色光标	商务服务业	北京	46.25
139	300197	铁汉生态	生态保护和环境治理业	广东	46.16
140	300612	宣亚国际	商务服务业	北京	46.16
141	300071	华谊嘉信	商务服务业	北京	46.08
142	300662	科锐国际	商务服务业	北京	46.08
143	300577	开润股份	纺织业	安徽	46.08
144	300464	星徽精密	零售业	广东	46.00
145	300196	长海股份	非金属矿物制品业	江苏	46.00
146	300606	金太阳	非金属矿物制品业	广东	46.00
147	300428	四通新材	汽车制造业	河北	45.91
148	300652	雷迪克	汽车制造业	浙江	45.91
149	300746	汉嘉设计	专业技术服务业	浙江	45.91
150	300489	中飞股份	有色金属冶炼和压延加工业	黑龙江	45.91
151	300732	设研院	专业技术服务业	河南	45.83
152	300055	万邦达	土木工程建筑业	北京	45.79
153	300435	中泰股份	燃气生产和供应业	浙江	45.75
154	300733	西菱动力	汽车制造业	四川	45.66
155	300783	三只松鼠	零售业	安徽	45.66
156	300345	红宇新材	金属制品业	湖南	45.66
157	300736	百邦科技	机动车、电子产品和日用产品修理业	北京	45.62
158	300511	雪榕生物	农业	上海	45.50
159	300688	创业黑马	商务服务业	北京	45.50
160	300131	英唐智控	批发业	广东	45.41
161	300384	三联虹普	专业技术服务业	北京	45.33

行业排名	证券代码	公司名称	所属证监会二级行业	所在地区	持续信息披露指数得分
162	300622	博士眼镜	零售业	广东	45.33
163	300374	恒通科技	非金属矿物制品业	北京	45.33
164	300658	延江股份	纺织业	福建	45.16
165	300755	华致酒行	批发业	云南	45.08
166	300668	杰恩设计	专业技术服务业	广东	45.04
167	300189	神农大丰	农业	海南	45.04
168	300395	菲利华	非金属矿物制品业	湖北	44.83
169	300761	立华股份	畜牧业	江苏	44.66
170	300580	贝斯特	汽车制造业	江苏	44.58
171	300495	美尚生态	生态保护和环境治理业	江苏	44.50
172	300178	腾邦国际	商务服务业	广东	44.50
173	300063	天龙集团	商务服务业	广东	44.41
174	300483	沃施股份	石油和天然气开采业	上海	44.37
175	300554	三超新材	非金属矿物制品业	江苏	44.00
176	300492	山鼎设计	专业技术服务业	四川	43.58
177	300650	太龙照明	批发业	福建	43.58
178	300819	聚杰微纤	纺织业	江苏	43.19
179	300815	玉禾田	公共设施管理业	安徽	42.78
180	300585	奥联电子	汽车制造业	江苏	42.08
181	300061	康耐特	商务服务业	上海	40.25
182	300697	电工合金	有色金属冶炼和压延加工业	江苏	40.08
183	300621	维业股份	建筑装饰和其他建筑业	广东	40.00
184	300022	吉峰农机	零售业	四川	39.08
185	300064	豫金刚石	非金属矿物制品业	河南	30.50
186	300564	筑博设计	专业技术服务业	西藏	28.83
187	300594	朗进科技	铁路、船舶、航空航天和其他运输设备制造业	山东	26.00

附表2：创业板上市公司无形资产质量指数得分

（2019—2020年年度，分行业，按得分从高到低排序）

医药制造（54 家）

行业排名	证券代码	公司名称	所属证监会二级行业	所在地区	质量指数得分
1	300363	博腾股份	医药制造业	重庆	42.06
2	300463	迈克生物	医药制造业	四川	40.70
3	300267	尔康制药	医药制造业	湖南	38.67
4	300199	翰宇药业	医药制造业	广东	36.50
5	300482	万孚生物	医药制造业	广东	35.38
6	300204	舒泰神	医药制造业	北京	35.25
7	300601	康泰生物	医药制造业	广东	34.88
8	300086	康芝药业	医药制造业	海南	33.86
9	300573	兴齐眼药	医药制造业	辽宁	32.45
10	300357	我武生物	医药制造业	浙江	32.38
11	300289	利德曼	医药制造业	北京	32.33
12	300683	海特生物	医药制造业	湖北	32.18
13	300519	新光药业	医药制造业	浙江	31.79
14	300497	富祥股份	医药制造业	江西	30.63
15	300723	一品红	医药制造业	广东	30.63
16	300009	安科生物	医药制造业	安徽	30.55
17	300122	智飞生物	医药制造业	重庆	30.41
18	300142	沃森生物	医药制造业	云南	30.28
19	300584	海辰药业	医药制造业	江苏	30.17
20	300016	北陆药业	医药制造业	北京	30.04
21	300119	瑞普生物	医药制造业	天津	29.69
22	300255	常山药业	医药制造业	河北	29.68
23	300194	福安药业	医药制造业	重庆	29.43
24	300233	金城医药	医药制造业	山东	29.25
25	300558	贝达药业	医药制造业	浙江	29.17
26	300254	仟源医药	医药制造业	山西	29.01
27	300006	莱美药业	医药制造业	重庆	28.25
28	300294	博雅生物	医药制造业	江西	28.11
29	300039	上海凯宝	医药制造业	上海	27.94
30	300639	凯普生物	医药制造业	广东	27.68
31	300026	红日药业	医药制造业	天津	27.61
32	300630	普利制药	医药制造业	海南	27.17
33	300702	天宇股份	医药制造业	浙江	26.69
34	300452	山河药辅	医药制造业	安徽	26.64
35	300434	金石东方	医药制造业	四川	26.38
36	300381	溢多利	医药制造业	广东	26.15
37	300147	香雪制药	医药制造业	广东	26.02
38	300181	佐力药业	医药制造业	浙江	25.85

（续表）

行业排名	证券代码	公司名称	所属证监会二级行业	所在地区	质量指数得分
39	300439	美康生物	医药制造业	浙江	25.60
40	300534	陇神戎发	医药制造业	甘肃	25.58
41	300110	华仁药业	医药制造业	山东	25.51
42	300406	九强生物	医药制造业	北京	25.48
43	300158	振东制药	医药制造业	山西	25.35
44	300642	透景生命	医药制造业	上海	24.93
45	300436	广生堂	医药制造业	福建	24.74
46	300705	九典制药	医药制造业	湖南	24.02
47	300239	东宝生物	医药制造业	内蒙古	23.45
48	300636	同和药业	医药制造业	江西	22.98
49	300583	赛托生物	医药制造业	山东	22.94
50	300485	赛升药业	医药制造业	北京	22.85
51	300501	海顺新材	医药制造业	上海	22.76
52	300685	艾德生物	医药制造业	福建	22.61
53	300111	向日葵	医药制造业	浙江	21.41
54	300108	双龙股份	医药制造业	吉林	19.40

互联网和相关服务（21家）

行业排名	证券代码	公司名称	所属证监会二级行业	所在地区	质量指数得分
1	300785	值得买	互联网和相关服务	北京	39.73
2	300773	拉卡拉	互联网和相关服务	北京	39.35
3	300148	天舟文化	互联网和相关服务	湖南	36.70
4	300315	掌趣科技	互联网和相关服务	北京	35.69
5	300038	新知科技	互联网和相关服务	北京	34.76
6	300113	顺网科技	互联网和相关服务	浙江	34.15
7	300052	中青宝	互联网和相关服务	广东	32.98
8	300295	三六五网	互联网和相关服务	江苏	32.64
9	300031	宝通科技	互联网和相关服务	江苏	32.12
10	300571	平治信息	互联网和相关服务	浙江	30.77
11	300043	互动娱乐	互联网和相关服务	广东	29.59
12	300418	昆仑万维	互联网和相关服务	北京	29.32
13	300494	盛天网络	互联网和相关服务	湖北	28.87
14	300792	壹网壹创	互联网和相关服务	浙江	28.07
15	300766	每日互动	互联网和相关服务	浙江	26.48
16	300226	上海钢联	互联网和相关服务	上海	26.47
17	300242	佳云科技	互联网和相关服务	广东	24.83
18	300459	金科文化	互联网和相关服务	浙江	24.81
19	300392	腾信股份	互联网和相关服务	北京	22.76
20	300104	乐视网	互联网和相关服务	北京	15.68
21	300467	迅游科技	互联网和相关服务	四川	15.29

机械设备仪表（210 家）

行业排名	证券代码	公司名称	所属证监会二级行业	所在地区	质量指数得分
1	300382	斯莱克	专用设备制造业	江苏	37.41
2	300453	三鑫医疗	专用设备制造业	江西	35.41
3	300161	华中数控	通用设备制造业	湖北	35.04
4	300206	理邦仪器	专用设备制造业	广东	34.74
5	300800	力合科技	仪器仪表制造业	湖南	34.09
6	300595	欧普康视	专用设备制造业	安徽	33.68
7	300368	汇金股份	专用设备制造业	河北	33.62
8	300760	迈瑞医疗	专用设备制造业	广东	33.61
9	300445	康斯特	仪器仪表制造业	北京	33.43
10	300024	机器人	通用设备制造业	辽宁	33.34
11	300274	阳光电源	电气机械和器材制造业	安徽	33.31
12	300447	全信股份	电气机械和器材制造业	江苏	33.26
13	300417	南华仪器	仪器仪表制造业	广东	33.03
14	300425	环能科技	专用设备制造业	四川	33.02
15	300480	光力科技	仪器仪表制造业	河南	32.94
16	300438	鹏辉能源	电气机械和器材制造业	广东	32.67
17	300049	福瑞股份	专用设备制造业	内蒙古	32.59
18	300124	汇川技术	电气机械和器材制造业	广东	32.53
19	300617	安靠智电	电气机械和器材制造业	江苏	32.23
20	300529	健帆生物	专用设备制造业	广东	32.20
21	300403	汉宇集团	电气机械和器材制造业	广东	31.99
22	300354	东华测试	仪器仪表制造业	江苏	31.90
23	300499	高澜股份	电气机械和器材制造业	广东	31.89
24	300771	智莱科技	专用设备制造业	广东	31.76
25	300462	华铭智能	专用设备制造业	上海	31.73
26	300776	帝尔激光	专用设备制造业	湖北	31.66
27	300567	精测电子	仪器仪表制造业	湖北	31.65
28	300370	安控科技	仪器仪表制造业	四川	31.61
29	300342	天银机电	电气机械和器材制造业	江苏	31.59
30	300633	开立医疗	专用设备制造业	广东	31.50
31	300753	爱朋医疗	专用设备制造业	江苏	31.35
32	300003	乐普医疗	专用设备制造业	北京	31.23
33	300358	楚天科技	专用设备制造业	湖南	31.14
34	300420	五洋科技	通用设备制造业	江苏	31.03
35	300526	中潜股份	专用设备制造业	广东	30.89
36	300693	盛弘股份	电气机械和器材制造业	广东	30.85
37	300007	汉威电子	仪器仪表制造业	河南	30.83
38	300670	大烨智能	电气机械和器材制造业	江苏	30.80
39	300145	南方泵业	通用设备制造业	浙江	30.68
40	300259	新天科技	仪器仪表制造业	河南	30.62
41	300415	伊之密	专用设备制造业	广东	30.57
42	300298	三诺生物	专用设备制造业	湖南	30.51
43	300472	新元科技	专用设备制造业	江西	30.50
44	300306	远方信息	仪器仪表制造业	浙江	30.36

（续表）

行业排名	证券代码	公司名称	所属证监会二级行业	所在地区	质量指数得分
45	300486	东杰智能	专用设备制造业	山西	30.36
46	300718	长盛轴承	通用设备制造业	浙江	30.35
47	300470	日机密封	通用设备制造业	四川	30.34
48	300396	迪瑞医疗	专用设备制造业	吉林	30.30
49	300471	厚普股份	专用设备制造业	四川	30.28
50	300014	亿纬锂能	电气机械和器材制造业	广东	30.25
51	300545	联得装备	专用设备制造业	广东	30.23
52	300625	三雄极光	电气机械和器材制造业	广东	30.23
53	300694	蠡湖股份	通用设备制造业	江苏	30.22
54	300607	拓斯达	通用设备制造业	广东	30.22
55	300118	东方日升	电气机械和器材制造业	浙江	30.20
56	300442	普丽盛	专用设备制造业	上海	30.19
57	300750	宁德时代	电气机械和器材制造业	福建	30.17
58	300572	安车检测	仪器仪表制造业	广东	30.12
59	300281	金明精机	专用设备制造业	广东	30.11
60	300604	长川科技	专用设备制造业	浙江	30.10
61	300562	乐心医疗	专用设备制造业	广东	30.08
62	300653	正海生物	专用设备制造业	山东	30.08
63	300751	迈为股份	专用设备制造业	江苏	30.08
64	300272	开能健康	电气机械和器材制造业	上海	30.06
65	300521	爱司凯	专用设备制造业	广东	30.04
66	300780	德恩精工	通用设备制造业	四川	30.01
67	300018	中元股份	电气机械和器材制造业	湖北	29.97
68	300334	津膜科技	专用设备制造业	天津	29.94
69	300341	麦克奥迪	电气机械和器材制造业	福建	29.94
70	300667	必创科技	仪器仪表制造业	北京	29.80
71	300707	威唐工业	专用设备制造业	江苏	29.80
72	300569	天能重工	电气机械和器材制造业	山东	29.76
73	300030	阳普医疗	专用设备制造业	广东	29.75
74	300293	蓝英装备	专用设备制造业	辽宁	29.74
75	300820	英杰电气	电气机械和器材制造业	四川	29.68
76	300371	汇中股份	仪器仪表制造业	河北	29.68
77	300475	聚隆科技	电气机械和器材制造业	安徽	29.67
78	300314	戴维医疗	专用设备制造业	浙江	29.63
79	300252	金信诺	电气机械和器材制造业	广东	29.60
80	300125	易世达	电气机械和器材制造业	辽宁	29.60
81	300083	劲胜股份	通用设备制造业	广东	29.53
82	300246	宝莱特	专用设备制造业	广东	29.50
83	300477	合纵科技	电气机械和器材制造业	北京	29.49
84	300817	双飞股份	通用设备制造业	浙江	29.49
85	300808	久量股份	电气机械和器材制造业	广东	29.49
86	300669	沪宁股份	通用设备制造业	浙江	29.37
87	300720	海川智能	仪器仪表制造业	广东	29.34
88	300286	安科瑞	仪器仪表制造业	上海	29.33
89	300316	晶盛机电	专用设备制造业	浙江	29.31

（续表）

行业排名	证券代码	公司名称	所属证监会二级行业	所在地区	质量指数得分
90	300112	万讯自控	仪器仪表制造业	广东	29.28
91	300527	中国应急	专用设备制造业	湖北	29.27
92	300648	星云股份	仪器仪表制造业	福建	29.05
93	300318	博晖创新	专用设备制造业	北京	29.04
94	300512	中亚股份	通用设备制造业	浙江	29.03
95	300619	金银河	专用设备制造业	广东	29.02
96	300130	新国都	专用设备制造业	广东	29.00
97	300260	新莱应材	通用设备制造业	江苏	28.93
98	300400	劲拓股份	专用设备制造业	广东	28.92
99	300660	江苏雷利	电气机械和器材制造业	江苏	28.89
100	300551	古鳌科技	专用设备制造业	上海	28.86
101	300631	久吾高科	专用设备制造业	江苏	28.85
102	300457	赢合科技	专用设备制造业	广东	28.80
103	300626	华瑞股份	电气机械和器材制造业	浙江	28.80
104	300423	鲁亿通	电气机械和器材制造业	山东	28.78
105	300238	冠昊生物	专用设备制造业	广东	28.77
106	300441	鲍斯股份	通用设备制造业	浙江	28.75
107	300412	迦南科技	专用设备制造业	浙江	28.73
108	300515	三德科技	仪器仪表制造业	湖南	28.71
109	300129	泰胜风能	电气机械和器材制造业	上海	28.68
110	300068	南都电源	电气机械和器材制造业	浙江	28.67
111	300763	锦浪科技	电气机械和器材制造业	浙江	28.63
112	300066	三川股份	仪器仪表制造业	江西	28.62
113	300283	温州宏丰	电气机械和器材制造业	浙江	28.61
114	300360	炬华科技	仪器仪表制造业	浙江	28.61
115	300786	国林科技	专用设备制造业	山东	28.57
116	300430	诚益通	仪器仪表制造业	北京	28.55
117	300263	隆华科技	通用设备制造业	河南	28.50
118	300105	龙源技术	电气机械和器材制造业	山东	28.47
119	300207	欣旺达	电气机械和器材制造业	广东	28.46
120	300411	金盾股份	通用设备制造业	浙江	28.45
121	300466	赛摩电气	仪器仪表制造业	江苏	28.44
122	300257	开山股份	通用设备制造业	浙江	28.42
123	300279	和晶科技	电气机械和器材制造业	江苏	28.35
124	300385	雪浪环境	专用设备制造业	江苏	28.31
125	300818	耐普矿机	专用设备制造业	江西	28.22
126	300809	华辰装备	通用设备制造业	江苏	28.22
127	300193	佳士科技	通用设备制造业	广东	28.21
128	300099	尤洛卡	专用设备制造业	山东	28.18
129	300228	富瑞特装	专用设备制造业	江苏	28.05
130	300540	深冷股份	通用设备制造业	四川	28.02
131	300427	红相电力	电气机械和器材制造业	福建	28.00
132	300062	中能电气	电气机械和器材制造业	福建	27.87
133	300326	凯利泰	专用设备制造业	上海	27.85
134	300095	华伍股份	专用设备制造业	江西	27.84

（续表）

行业排名	证券代码	公司名称	所属证监会二级行业	所在地区	质量指数得分
135	300032	金龙机电	电气机械和器材制造业	浙江	27.82
136	300185	通裕重工	通用设备制造业	山东	27.80
137	300407	凯发电气	电气机械和器材制造业	天津	27.78
138	300151	昌红科技	专用设备制造业	广东	27.76
139	300276	三丰智能	专用设备制造业	湖北	27.73
140	300553	集智股份	仪器仪表制造业	浙江	27.66
141	300340	科恒股份	电气机械和器材制造业	广东	27.65
142	300265	通光线缆	电气机械和器材制造业	江苏	27.60
143	300557	理工光科	仪器仪表制造业	湖北	27.58
144	300490	华自科技	电气机械和器材制造业	湖南	27.56
145	300126	锐奇股份	通用设备制造业	上海	27.55
146	300004	南风股份	通用设备制造业	广东	27.54
147	300069	金利华电	电气机械和器材制造业	山西	27.54
148	300593	新雷能	电气机械和器材制造业	北京	27.53
149	300549	优德精密	专用设备制造业	江苏	27.52
150	300035	中科电气	电气机械和器材制造业	湖南	27.42
151	300201	海伦哲	专用设备制造业	江苏	27.42
152	300376	易事特	电气机械和器材制造业	广东	27.42
153	300091	金通灵	通用设备制造业	江苏	27.41
154	300217	东方电热	电气机械和器材制造业	江苏	27.40
155	300165	天瑞仪器	仪器仪表制造业	江苏	27.37
156	300491	通合科技	电气机械和器材制造业	河北	27.37
157	300509	新美星	专用设备制造业	江苏	27.36
158	300001	特锐德	电气机械和器材制造业	山东	27.33
159	300713	英可瑞	电气机械和器材制造业	广东	27.24
160	300473	德尔股份	通用设备制造业	辽宁	27.13
161	300048	合康变频	电气机械和器材制造业	北京	27.11
162	300724	捷佳伟创	电气机械和器材制造业	广东	27.11
163	300210	森远股份	专用设备制造业	辽宁	27.10
164	300402	宝色股份	专用设备制造业	江苏	27.09
165	300195	长荣股份	专用设备制造业	天津	26.98
166	300073	当升科技	电气机械和器材制造业	北京	26.95
167	300208	青岛中程	电气机械和器材制造业	山东	26.95
168	300444	双杰电气	电气机械和器材制造业	北京	26.94
169	300140	启源装备	专用设备制造业	陕西	26.90
170	300421	力星股份	通用设备制造业	江苏	26.89
171	300503	昊志机电	通用设备制造业	广东	26.83
172	300611	美力科技	通用设备制造业	浙江	26.81
173	300173	松德股份	专用设备制造业	广东	26.73
174	300171	东富龙	专用设备制造业	上海	26.71
175	300154	瑞凌股份	通用设备制造业	广东	26.65
176	300092	科新机电	专用设备制造业	四川	26.62
177	300772	运达股份	通用设备制造业	浙江	26.60
178	300056	三维丝	专用设备制造业	福建	26.43
179	300116	坚瑞沃能	电气机械和器材制造业	陕西	26.33

（续表）

行业排名	证券代码	公司名称	所属证监会二级行业	所在地区	质量指数得分
180	300203	聚光科技	仪器仪表制造业	浙江	26.25
181	300273	和佳股份	专用设备制造业	广东	26.20
182	300681	英搏尔	电气机械和器材制造业	广东	26.09
183	300137	先河环保	仪器仪表制造业	河北	25.82
184	300202	聚龙股份	通用设备制造业	辽宁	25.81
185	300040	九洲电气	电气机械和器材制造业	黑龙江	25.81
186	300153	科泰电源	电气机械和器材制造业	上海	25.76
187	300409	道氏技术	电气机械和器材制造业	广东	25.62
188	300356	光一科技	电气机械和器材制造业	江苏	25.55
189	300410	正业科技	专用设备制造业	广东	25.39
190	300443	金雷股份	专用设备制造业	山东	25.36
191	300813	泰林生物	专用设备制造业	浙江	25.16
192	300141	和顺电气	电气机械和器材制造业	江苏	25.15
193	300484	蓝海华腾	电气机械和器材制造业	广东	25.15
194	300510	金冠股份	电气机械和器材制造业	吉林	25.10
195	300450	先导智能	专用设备制造业	江苏	24.79
196	300812	易天股份	专用设备制造业	广东	24.76
197	300307	慈星股份	专用设备制造业	浙江	24.74
198	300757	罗博特科	专用设备制造业	江苏	24.36
199	300097	智云股份	通用设备制造业	辽宁	24.36
200	300222	科大智能	电气机械和器材制造业	上海	24.09
201	300391	康跃科技	电气机械和器材制造业	山东	23.71
202	300317	珈伟新能	电气机械和器材制造业	广东	23.59
203	300461	田中精机	专用设备制造业	浙江	23.24
204	300023	西安宝德	专用设备制造业	陕西	23.10
205	300247	融捷健康	电气机械和器材制造业	安徽	23.04
206	300362	天翔环境	专用设备制造业	四川	20.03
207	300029	天龙光电	专用设备制造业	江苏	19.14
208	300278	华昌达	专用设备制造业	湖北	18.97
209	300090	盛运环保	通用设备制造业	安徽	14.01
210	300216	千山药机	专用设备制造业	湖南	13.86

计算机、通信及电子（121 家）

行业排名	证券代码	公司名称	所属证监会二级行业	所在地区	质量指数得分
1	300373	扬杰科技	计算机、通信和其他电子设备制造业	浙江	41.05
2	300566	激智科技	计算机、通信和其他电子设备制造业	四川	36.64
3	300657	弘信电子	计算机、通信和其他电子设备制造业	北京	35.96
4	300782	卓胜微	计算机、通信和其他电子设备制造业	湖北	35.05
5	300077	国民技术	计算机、通信和其他电子设备制造业	江苏	34.71

行业排名	证券代码	公司名称	所属证监会二级行业	所在地区	质量指数得分
6	300638	广和通	计算机、通信和其他电子设备制造业	湖北	34.66
7	300053	欧比特	计算机、通信和其他电子设备制造业	上海	33.73
8	300623	捷捷微电	计算机、通信和其他电子设备制造业	广东	33.71
9	300661	圣邦股份	计算机、通信和其他电子设备制造业	河南	33.64
10	300346	南大光电	计算机、通信和其他电子设备制造业	湖北	33.54
11	300747	锐科激光	计算机、通信和其他电子设备制造业	北京	33.17
12	300045	华力创通	计算机、通信和其他电子设备制造业	江苏	33.05
13	300079	数码视讯	计算机、通信和其他电子设备制造业	北京	32.77
14	300433	蓝思科技	计算机、通信和其他电子设备制造业	广东	32.75
15	300726	宏达电子	计算机、通信和其他电子设备制造业	福建	32.62
16	300353	东土科技	计算机、通信和其他电子设备制造业	北京	32.52
17	300456	耐威科技	计算机、通信和其他电子设备制造业	江西	32.52
18	300213	佳讯飞鸿	计算机、通信和其他电子设备制造业	广东	32.41
19	300628	亿联网络	计算机、通信和其他电子设备制造业	广东	32.32
20	300101	振芯科技	计算机、通信和其他电子设备制造业	湖北	32.32
21	300476	胜宏科技	计算机、通信和其他电子设备制造业	广东	32.27
22	300787	海能实业	计算机、通信和其他电子设备制造业	广东	32.23
23	300563	神宇股份	计算机、通信和其他电子设备制造业	江苏	32.18
24	300397	天和防务	计算机、通信和其他电子设备制造业	北京	32.09
25	300762	上海瀚讯	计算机、通信和其他电子设备制造业	山东	31.68
26	300296	利亚德	计算机、通信和其他电子设备制造业	广东	31.61
27	300790	宇瞳光学	计算机、通信和其他电子设备制造业	广东	31.44
28	300136	信维通信	计算机、通信和其他电子设备制造业	广东	31.40

行业排名	证券代码	公司名称	所属证监会二级行业	所在地区	质量指数得分
29	300327	中颖电子	计算机、通信和其他电子设备制造业	浙江	31.36
30	300647	超频三	计算机、通信和其他电子设备制造业	福建	31.33
31	300065	海兰信	计算机、通信和其他电子设备制造业	北京	31.21
32	300807	天迈科技	计算机、通信和其他电子设备制造业	浙江	31.18
33	300632	光莆股份	计算机、通信和其他电子设备制造业	广东	31.11
34	300543	朗科智能	计算机、通信和其他电子设备制造业	江苏	30.95
35	300686	智动力	计算机、通信和其他电子设备制造业	北京	30.78
36	300232	洲明科技	计算机、通信和其他电子设备制造业	江苏	30.74
37	300570	太辰光	计算机、通信和其他电子设备制造业	广东	30.63
38	300739	明阳电路	计算机、通信和其他电子设备制造业	广东	30.56
39	300627	华测导航	计算机、通信和其他电子设备制造业	浙江	30.56
40	300205	天喻信息	计算机、通信和其他电子设备制造业	广东	30.45
41	300735	光弘科技	计算机、通信和其他电子设备制造业	江苏	30.42
42	300666	江丰电子	计算机、通信和其他电子设备制造业	广东	30.39
43	300177	中海达	计算机、通信和其他电子设备制造业	广东	30.36
44	300546	雄帝科技	计算机、通信和其他电子设备制造业	广东	30.30
45	300514	友讯达	计算机、通信和其他电子设备制造业	北京	30.12
46	300134	大富科技	计算机、通信和其他电子设备制造业	广东	30.12
47	300223	北京君正	计算机、通信和其他电子设备制造业	广东	30.09
48	300393	中来股份	计算机、通信和其他电子设备制造业	广东	30.06
49	300323	华灿光电	计算机、通信和其他电子设备制造业	广东	30.03
50	300802	矩子科技	计算机、通信和其他电子设备制造业	陕西	29.96
51	300502	新易盛	计算机、通信和其他电子设备制造业	江苏	29.94

（续表）

行业排名	证券代码	公司名称	所属证监会二级行业	所在地区	质量指数得分
52	300455	康拓红外	计算机、通信和其他电子设备制造业	天津	29.94
53	300042	朗科科技	计算机、通信和其他电子设备制造业	广东	29.88
54	300458	全志科技	计算机、通信和其他电子设备制造业	广东	29.79
55	300701	森霸传感	计算机、通信和其他电子设备制造业	四川	29.76
56	300114	中航电测	计算机、通信和其他电子设备制造业	广东	29.70
57	300689	澄天伟业	计算机、通信和其他电子设备制造业	广东	29.69
58	300811	铂科新材	计算机、通信和其他电子设备制造业	广东	29.68
59	300331	苏大维格	计算机、通信和其他电子设备制造业	北京	29.67
60	300582	英飞特	计算机、通信和其他电子设备制造业	江苏	29.65
61	300408	三环集团	计算机、通信和其他电子设备制造业	湖南	29.46
62	300474	景嘉微	计算机、通信和其他电子设备制造业	浙江	29.39
63	300709	精研科技	计算机、通信和其他电子设备制造业	湖南	29.24
64	300394	天孚通信	计算机、通信和其他电子设备制造业	福建	29.24
65	300620	光库科技	计算机、通信和其他电子设备制造业	江苏	29.22
66	300282	三盛教育	计算机、通信和其他电子设备制造业	浙江	29.10
67	300308	中际旭创	计算机、通信和其他电子设备制造业	广东	29.09
68	300590	移为通信	计算机、通信和其他电子设备制造业	上海	29.03
69	300460	惠伦晶体	计算机、通信和其他电子设备制造业	广东	28.96
70	300698	万马科技	计算机、通信和其他电子设备制造业	广东	28.90
71	300270	中威电子	计算机、通信和其他电子设备制造业	四川	28.90
72	300303	聚飞光电	计算机、通信和其他电子设备制造业	浙江	28.87
73	300088	长信科技	计算机、通信和其他电子设备制造业	广东	28.78
74	300504	天邑股份	计算机、通信和其他电子设备制造业	江苏	28.60

行业排名	证券代码	公司名称	所属证监会二级行业	所在地区	质量指数得分
75	300565	科信技术	计算机、通信和其他电子设备制造业	北京	28.59
76	300672	国科微	计算机、通信和其他电子设备制造业	湖南	28.53
77	300479	神思电子	计算机、通信和其他电子设备制造业	北京	28.47
78	300516	久之洋	计算机、通信和其他电子设备制造业	浙江	28.33
79	300691	联合光电	计算机、通信和其他电子设备制造业	江西	28.29
80	300548	博创科技	计算机、通信和其他电子设备制造业	四川	28.27
81	300102	乾照光电	计算机、通信和其他电子设备制造业	广东	28.15
82	300602	飞荣达	计算机、通信和其他电子设备制造业	浙江	28.14
83	300390	天华超净	计算机、通信和其他电子设备制造业	上海	28.11
84	300708	聚灿光电	计算机、通信和其他电子设备制造业	北京	28.11
85	300127	银河磁体	计算机、通信和其他电子设备制造业	四川	28.10
86	300319	麦捷科技	计算机、通信和其他电子设备制造业	广东	28.09
87	300220	金运激光	计算机、通信和其他电子设备制造业	安徽	28.07
88	300115	长盈精密	计算机、通信和其他电子设备制造业	江苏	28.06
89	300078	中瑞思创	计算机、通信和其他电子设备制造业	浙江	28.06
90	300139	福星晓程	计算机、通信和其他电子设备制造业	广东	28.00
91	300120	经纬辉开	计算机、通信和其他电子设备制造业	广东	27.85
92	300227	光韵达	计算机、通信和其他电子设备制造业	湖南	27.82
93	300389	艾比森	计算机、通信和其他电子设备制造业	广东	27.61
94	300351	永贵电器	计算机、通信和其他电子设备制造业	河南	27.49
95	300301	长方集团	计算机、通信和其他电子设备制造业	广东	27.47
96	300256	星星科技	计算机、通信和其他电子设备制造业	广东	27.44
97	300710	万隆光电	计算机、通信和其他电子设备制造业	广东	27.40

（续表）

行业排名	证券代码	公司名称	所属证监会二级行业	所在地区	质量指数得分
98	300241	瑞丰光电	计算机、通信和其他电子设备制造业	北京	27.30
99	300752	隆利科技	计算机、通信和其他电子设备制造业	安徽	27.25
100	300711	广哈通信	计算机、通信和其他电子设备制造业	广东	26.96
101	300414	中光防雷	计算机、通信和其他电子设备制造业	山东	26.89
102	300656	民德电子	计算机、通信和其他电子设备制造业	广东	26.72
103	300162	雷曼光电	计算机、通信和其他电子设备制造业	福建	26.65
104	300211	亿通科技	计算机、通信和其他电子设备制造业	广东	26.51
105	300679	电连技术	计算机、通信和其他电子设备制造业	广东	26.50
106	300076	宁波GQY	计算机、通信和其他电子设备制造业	湖北	26.31
107	300793	佳禾智能	计算机、通信和其他电子设备制造业	广东	26.16
108	300128	锦富新材	计算机、通信和其他电子设备制造业	江苏	26.15
109	300531	优博讯	计算机、通信和其他电子设备制造业	上海	25.79
110	300322	硕贝德	计算机、通信和其他电子设备制造业	陕西	25.66
111	300555	路通视信	计算机、通信和其他电子设备制造业	上海	25.45
112	300581	晨曦航空	计算机、通信和其他电子设备制造业	湖北	25.29
113	300155	安居宝	计算机、通信和其他电子设备制造业	江苏	25.08
114	300615	欣天科技	计算机、通信和其他电子设备制造业	广东	24.90
115	300219	鸿利智汇	计算机、通信和其他电子设备制造业	浙江	24.48
116	300046	台基股份	计算机、通信和其他电子设备制造业	广东	24.25
117	300449	汉邦高科	计算机、通信和其他电子设备制造业	江苏	23.84
118	300629	新劲刚	计算机、通信和其他电子设备制造业	广东	23.35
119	300743	天地数码	计算机、通信和其他电子设备制造业	北京	22.99
120	300367	东方网力	计算机、通信和其他电子设备制造业	陕西	18.36
121	300028	金亚科技	计算机、通信和其他电子设备制造业	四川	9.79

软件和信息技术服务（116家）

行业排名	证券代码	公司名称	所属证监会二级行业	所在地区	质量指数得分
1	300166	东方国信	软件和信息技术服务业	北京	45.26
2	300552	万集科技	软件和信息技术服务业	北京	43.35
3	300002	神州泰岳	软件和信息技术服务业	北京	42.50
4	300768	迪普科技	软件和信息技术服务业	浙江	41.05
5	300369	绿盟科技	软件和信息技术服务业	北京	40.42
6	300333	兆日科技	软件和信息技术服务业	广东	39.87
7	300348	长亮科技	软件和信息技术服务业	广东	38.44
8	300386	飞天诚信	软件和信息技术服务业	北京	38.33
9	300253	卫宁健康	软件和信息技术服务业	上海	38.32
10	300523	辰安科技	软件和信息技术服务业	北京	38.22
11	300598	诚迈科技	软件和信息技术服务业	江苏	37.87
12	300229	拓尔思	软件和信息技术服务业	北京	37.63
13	300188	美亚柏科	软件和信息技术服务业	福建	37.51
14	300687	赛意信息	软件和信息技术服务业	广东	37.37
15	300271	华宇软件	软件和信息技术服务业	北京	36.81
16	300183	东软载波	软件和信息技术服务业	山东	36.60
17	300036	超图软件	软件和信息技术服务业	北京	36.57
18	300465	高伟达	软件和信息技术服务业	北京	36.20
19	300311	任子行	软件和信息技术服务业	广东	35.81
20	300168	万达信息	软件和信息技术服务业	上海	35.78
21	300588	熙菱信息	软件和信息技术服务业	新疆	35.38
22	300098	高新兴	软件和信息技术服务业	广东	35.23
23	300096	易联众	软件和信息技术服务业	福建	35.23
24	300017	网宿科技	软件和信息技术服务业	上海	34.89
25	300605	恒锋信息	软件和信息技术服务业	福建	34.86
26	300250	初灵信息	软件和信息技术服务业	浙江	34.84
27	300170	汉得信息	软件和信息技术服务业	上海	34.66
28	300020	银江股份	软件和信息技术服务业	浙江	34.63
29	300520	科大国创	软件和信息技术服务业	安徽	34.45
30	300682	朗新科技	软件和信息技术服务业	江苏	34.15
31	300248	新开普	软件和信息技术服务业	河南	34.15
32	300047	天源迪科	软件和信息技术服务业	广东	33.92
33	300212	易华录	软件和信息技术服务业	北京	33.65
34	300264	佳创视讯	软件和信息技术服务业	广东	33.65
35	300448	浩云科技	软件和信息技术服务业	广东	33.39
36	300010	立思辰	软件和信息技术服务业	北京	33.22
37	300235	方直科技	软件和信息技术服务业	广东	33.11
38	300245	天玑科技	软件和信息技术服务业	上海	32.90
39	300231	银信科技	软件和信息技术服务业	北京	32.76
40	300624	万兴科技	软件和信息技术服务业	西藏	32.03
41	300150	世纪瑞尔	软件和信息技术服务业	北京	31.65
42	300525	博思软件	软件和信息技术服务业	福建	31.50
43	300559	佳发教育	软件和信息技术服务业	四川	31.46
44	300287	飞利信	软件和信息技术服务业	北京	31.42

（续表）

行业排名	证券代码	公司名称	所属证监会二级行业	所在地区	质量指数得分
45	300608	思特奇	软件和信息技术服务业	北京	31.22
46	300349	金卡智能	软件和信息技术服务业	浙江	31.20
47	300167	迪威视讯	软件和信息技术服务业	广东	31.18
48	300330	华虹计通	软件和信息技术服务业	上海	31.10
49	300275	梅安森	软件和信息技术服务业	重庆	30.92
50	300454	深信服	软件和信息技术服务业	广东	30.81
51	300468	四方精创	软件和信息技术服务业	广东	30.66
52	300451	创业慧康	软件和信息技术服务业	浙江	30.61
53	300533	冰川网络	软件和信息技术服务业	广东	30.51
54	300277	海联讯	软件和信息技术服务业	广东	30.47
55	300044	赛为智能	软件和信息技术服务业	广东	30.46
56	300561	汇金科技	软件和信息技术服务业	广东	30.46
57	300074	华平股份	软件和信息技术服务业	上海	30.35
58	300578	会畅通讯	软件和信息技术服务业	上海	30.12
59	300579	数字认证	软件和信息技术服务业	北京	30.12
60	300365	恒华科技	软件和信息技术服务业	北京	30.10
61	300496	中科创达	软件和信息技术服务业	北京	29.94
62	300399	京天利	软件和信息技术服务业	江西	29.72
63	300344	太空智造	软件和信息技术服务业	北京	29.68
64	300541	先进数通	软件和信息技术服务业	北京	29.55
65	300609	汇纳科技	软件和信息技术服务业	上海	29.50
66	300556	丝路视觉	软件和信息技术服务业	广东	29.42
67	300440	运达科技	软件和信息技术服务业	四川	29.09
68	300025	华星创业	软件和信息技术服务业	浙江	28.92
69	300419	浩丰科技	软件和信息技术服务业	北京	28.75
70	300789	唐源电气	软件和信息技术服务业	四川	28.75
71	300603	立昂技术	软件和信息技术服务业	新疆	28.74
72	300297	蓝盾股份	软件和信息技术服务业	四川	28.64
73	300249	依米康	软件和信息技术服务业	四川	28.50
74	300352	北信源	软件和信息技术服务业	北京	28.11
75	300613	富瀚微	软件和信息技术服务业	上海	28.10
76	300050	世纪鼎利	软件和信息技术服务业	广东	27.95
77	300799	左江科技	软件和信息技术服务业	北京	27.55
78	300671	富满电子	软件和信息技术服务业	广东	27.52
79	300299	富春股份	软件和信息技术服务业	福建	27.45
80	300085	银之杰	软件和信息技术服务业	广东	27.12
81	300645	正元智慧	软件和信息技术服务业	浙江	27.02
82	300290	荣科科技	软件和信息技术服务业	辽宁	26.91
83	300051	三五互联	软件和信息技术服务业	福建	26.68
84	300292	吴通控股	软件和信息技术服务业	江苏	26.41
85	300659	中孚信息	软件和信息技术服务业	山东	26.34
86	300469	信息发展	软件和信息技术服务业	上海	26.19
87	300674	宇信科技	软件和信息技术服务业	北京	26.11
88	300366	创意信息	软件和信息技术服务业	四川	26.06
89	300377	赢时胜	软件和信息技术服务业	广东	25.99

行业排名	证券代码	公司名称	所属证监会二级行业	所在地区	质量指数得分
90	300378	鼎捷软件	软件和信息技术服务业	上海	25.79
91	300532	今天国际	软件和信息技术服务业	广东	25.41
92	300518	盛讯达	软件和信息技术服务业	广东	25.40
93	300634	彩讯股份	软件和信息技术服务业	广东	25.29
94	300738	奥飞数据	软件和信息技术服务业	广东	25.28
95	300678	中科信息	软件和信息技术服务业	四川	24.97
96	300312	邦讯技术	软件和信息技术服务业	北京	24.94
97	300508	维宏股份	软件和信息技术服务业	上海	24.90
98	300560	中富通	软件和信息技术服务业	福建	24.67
99	300383	光环新网	软件和信息技术服务业	北京	24.54
100	300359	全通教育	软件和信息技术服务业	广东	24.35
101	300513	恒实科技	软件和信息技术服务业	北京	24.31
102	300810	中科海讯	软件和信息技术服务业	北京	24.29
103	300075	数字政通	软件和信息技术服务业	北京	24.23
104	300379	东方通	软件和信息技术服务业	北京	24.19
105	300542	新晨科技	软件和信息技术服务业	北京	24.04
106	300730	科创信息	软件和信息技术服务业	湖南	23.90
107	300339	润和软件	软件和信息技术服务业	江苏	23.73
108	300663	科蓝软件	软件和信息技术服务业	北京	23.56
109	300324	旋极信息	软件和信息技术服务业	北京	23.32
110	300300	海峡创新	软件和信息技术服务业	福建	23.22
111	300597	吉大通信	软件和信息技术服务业	吉林	23.16
112	300550	和仁科技	软件和信息技术服务业	浙江	22.96
113	300302	同有科技	软件和信息技术服务业	北京	22.81
114	300493	润欣科技	软件和信息技术服务业	上海	22.52
115	300380	安硕信息	软件和信息技术服务业	上海	21.34
116	300350	华鹏飞	软件和信息技术服务业	广东	19.44

化学、橡胶、塑料（81 家）

行业排名	证券代码	公司名称	所属证监会二级行业	所在地区	质量指数得分
1	300741	华宝股份	化学原料及化学制品制造业	西藏	37.45
2	300699	光威复材	化学纤维制造业	山东	35.41
3	300375	鹏翎股份	橡胶和塑料制品业	天津	32.89
4	300487	蓝晓科技	化学原料及化学制品制造业	陕西	32.38
5	300644	南京聚隆	橡胶和塑料制品业	江苏	32.37
6	300641	正丹股份	化学原料及化学制品制造业	江苏	32.30
7	300398	飞凯材料	化学原料及化学制品制造业	上海	31.85
8	300721	怡达股份	化学原料及化学制品制造业	江苏	31.59
9	300072	三聚环保	化学原料及化学制品制造业	北京	31.37
10	300769	德方纳米	化学原料及化学制品制造业	广东	31.37
11	300481	濮阳惠成	化学原料及化学制品制造业	河南	31.35
12	300655	晶瑞股份	化学原料及化学制品制造业	江苏	31.09
13	300285	国瓷材料	化学原料及化学制品制造业	山东	31.05
14	300596	利安隆	化学原料及化学制品制造业	天津	31.03

（续表）

行业排名	证券代码	公司名称	所属证监会二级行业	所在地区	质量指数得分
15	300429	强力新材	化学原料及化学制品制造业	江苏	30.89
16	300637	扬帆新材	化学原料及化学制品制造业	浙江	30.85
17	300054	鼎龙股份	化学原料及化学制品制造业	湖北	30.69
18	300725	药石科技	化学原料及化学制品制造业	江苏	30.66
19	300037	新宙邦	化学原料及化学制品制造业	广东	30.60
20	300236	上海新阳	化学原料及化学制品制造业	上海	30.44
21	300535	达威股份	化学原料及化学制品制造业	四川	30.35
22	300437	清水源	化学原料及化学制品制造业	河南	30.32
23	300132	青松股份	化学原料及化学制品制造业	福建	30.21
24	300586	美联新材	橡胶和塑料制品业	广东	30.08
25	300218	安利股份	橡胶和塑料制品业	安徽	30.07
26	300801	泰和科技	化学原料及化学制品制造业	山东	29.97
27	300174	元力股份	化学原料及化学制品制造业	福建	29.95
28	300082	奥克股份	化学原料及化学制品制造业	辽宁	29.94
29	300610	晨化股份	化学原料及化学制品制造业	江苏	29.86
30	300537	广信材料	化学原料及化学制品制造业	江苏	29.78
31	300019	硅宝科技	化学原料及化学制品制造业	四川	29.67
32	300200	高盟新材	化学原料及化学制品制造业	北京	29.65
33	300677	英科医疗	橡胶和塑料制品业	山东	29.61
34	300321	同大股份	橡胶和塑料制品业	山东	29.56
35	300539	横河模具	橡胶和塑料制品业	浙江	29.50
36	300446	乐凯新材	化学原料及化学制品制造业	河北	29.31
37	300740	御家汇	化学原料及化学制品制造业	湖南	29.17
38	300568	星源材质	化学原料及化学制品制造业	广东	29.14
39	300109	新开源	化学原料及化学制品制造业	河南	28.94
40	300716	国立科技	橡胶和塑料制品业	广东	28.93
41	300576	容大感光	化学原料及化学制品制造业	广东	28.86
42	300041	回天新材	化学原料及化学制品制造业	湖北	28.85
43	300587	天铁股份	橡胶和塑料制品业	浙江	28.74
44	300717	华信新材	橡胶和塑料制品业	江苏	28.72
45	300599	雄塑科技	橡胶和塑料制品业	广东	28.64
46	300214	日科化学	化学原料及化学制品制造业	山东	28.64
47	300405	科隆股份	化学原料及化学制品制造业	辽宁	28.55
48	300121	阳谷华泰	化学原料及化学制品制造业	山东	28.49
49	300067	安诺其	化学原料及化学制品制造业	上海	28.43
50	300243	瑞丰高材	化学原料及化学制品制造业	山东	28.40
51	300758	七彩化学	化学原料及化学制品制造业	辽宁	28.32
52	300767	震安科技	橡胶和塑料制品业	云南	28.29
53	300777	中简科技	化学纤维制造业	江苏	28.09
54	300107	建新股份	化学原料及化学制品制造业	河北	28.01
55	300522	世名科技	化学原料及化学制品制造业	江苏	27.90
56	300505	川金诺	化学原料及化学制品制造业	云南	27.83
57	300387	富邦股份	化学原料及化学制品制造业	湖北	27.81
58	300305	裕兴股份	橡胶和塑料制品业	江苏	27.79
59	300169	天晟新材	橡胶和塑料制品业	江苏	27.78

（续表）

行业排名	证券代码	公司名称	所属证监会二级行业	所在地区	质量指数得分
60	300198	纳川股份	橡胶和塑料制品业	福建	27.75
61	300180	华峰超纤	橡胶和塑料制品业	上海	27.66
62	300731	科创新源	橡胶和塑料制品业	广东	27.54
63	300320	海达股份	橡胶和塑料制品业	江苏	27.54
64	300547	川环科技	橡胶和塑料制品业	四川	27.46
65	300230	永利股份	橡胶和塑料制品业	上海	27.36
66	300261	雅本化学	化学原料及化学制品制造业	江苏	27.16
67	300798	锦鸡股份	化学原料及化学制品制造业	江苏	27.15
68	300727	润禾材料	化学原料及化学制品制造业	浙江	27.10
69	300221	银禧科技	橡胶和塑料制品业	广东	27.00
70	300684	中石科技	化学原料及化学制品制造业	北京	26.98
71	300325	德威新材	橡胶和塑料制品业	江苏	26.68
72	300575	中旗股份	化学原料及化学制品制造业	江苏	26.68
73	300225	金力泰	化学原料及化学制品制造业	上海	26.62
74	300021	大禹节水	橡胶和塑料制品业	甘肃	26.59
75	300530	达志科技	化学原料及化学制品制造业	广东	26.44
76	300135	宝利沥青	化学原料及化学制品制造业	江苏	26.01
77	300796	贝斯美	化学原料及化学制品制造业	浙江	25.63
78	300665	飞鹿股份	化学原料及化学制品制造业	湖南	24.89
79	300478	杭州高新	橡胶和塑料制品业	浙江	24.13
80	300806	斯迪克	橡胶和塑料制品业	江苏	23.88
81	300343	联创互联	化学原料及化学制品制造业	山东	22.78

文化传播（7家）

行业排名	证券代码	公司名称	所属证监会二级行业	所在地区	质量指数得分
1	300251	光线传媒	广播、电视、电影和影视录音制作业	北京	44.92
2	300133	华策影视	广播、电视、电影和影视录音制作业	浙江	36.04
3	300291	华录百纳	广播、电视、电影和影视录音制作业	北京	32.39
4	300027	华谊兄弟	广播、电视、电影和影视录音制作业	浙江	27.89
5	300426	唐德影视	广播、电视、电影和影视录音制作业	浙江	25.77
6	300528	幸福蓝海	广播、电视、电影和影视录音制作业	江苏	24.31
7	300182	捷成股份	广播、电视、电影和影视录音制作业	北京	22.51

其他（187家）

行业排名	证券代码	公司名称	所属证监会二级行业	所在地区	质量指数得分
1	300770	新媒股份	电信、广播电视和卫星传输服务	广东	39.69
2	300703	创源文化	文教、工美、体育和娱乐用品制造业	浙江	39.60
3	300511	雪榕生物	农业	上海	39.49
4	300673	佩蒂股份	农副食品加工业	浙江	39.44
5	300464	星徽精密	零售业	广东	38.91
6	300033	同花顺	其他金融业	浙江	38.76
7	300538	同益股份	批发业	广东	38.54
8	300765	新诺威	食品制造业	河北	38.51
9	300749	顶固集创	家具制造业	广东	38.30
10	300635	达安股份	专业技术服务业	广东	38.24
11	300788	中信出版	新闻和出版业	北京	38.09
12	300347	泰格医药	研究和试验发展	浙江	37.35
13	300288	朗玛信息	电信、广播电视和卫星传输服务	贵州	36.84
14	300668	杰恩设计	专业技术服务业	广东	36.83
15	300695	兆丰股份	汽车制造业	浙江	36.22
16	300662	科锐国际	商务服务业	北京	35.94
17	300696	爱乐达	铁路、船舶、航空航天和其他运输设备制造业	四川	35.83
18	300612	宣亚国际	商务服务业	北京	35.82
19	300172	中电环保	生态保护和环境治理业	江苏	35.55
20	300554	三超新材	非金属矿物制品业	江苏	35.35
21	300149	量子高科	研究和试验发展	广东	35.26
22	300756	中山金马	文教、工美、体育和娱乐用品制造业	广东	35.25
23	300680	隆盛科技	汽车制造业	江苏	35.08
24	300070	碧水源	生态保护和环境治理业	北京	35.06
25	300012	华测检测	专业技术服务业	广东	34.91
26	300649	杭州园林	土木工程建筑业	浙江	33.32
27	300215	电科院	专业技术服务业	江苏	33.23
28	300483	沃施股份	石油和天然气开采业	上海	32.99
29	300732	设研院	专业技术服务业	河南	32.98
30	300338	开元股份	教育	湖南	32.72
31	300492	山鼎设计	专业技术服务业	四川	32.69
32	300778	新城市	专业技术服务业	广东	32.61
33	300700	岱勒新材	非金属矿物制品业	湖南	32.16
34	300416	苏试试验	专业技术服务业	江苏	31.97
35	300594	朗进科技	铁路、船舶、航空航天和其他运输设备制造业	山东	31.81
36	300413	芒果超媒	文化艺术业	湖南	31.80
37	300676	华大基因	专业技术服务业	广东	31.63
38	300187	永清环保	生态保护和环境治理业	湖南	31.21
39	300816	艾可蓝	生态保护和环境治理业	安徽	31.18
40	300209	天泽信息	零售业	湖南	31.18
41	300152	燃控科技	生态保护和环境治理业	河北	31.06
42	300384	三联虹普	专业技术服务业	北京	31.02

行业排名	证券代码	公司名称	所属证监会二级行业	所在地区	质量指数得分
43	300059	东方财富	资本市场服务	上海	30.90
44	300190	维尔利	生态保护和环境治理业	江苏	30.86
45	300336	新文化	商务服务业	上海	30.79
46	300706	阿石创	其他制造业	福建	30.77
47	300422	博世科	生态保护和环境治理业	广西	30.73
48	300144	宋城股份	文化艺术业	浙江	30.48
49	300310	宜通世纪	电信、广播电视和卫星传输服务	广东	30.28
50	300388	国祯环保	生态保护和环境治理业	安徽	30.16
51	300755	华致酒行	批发业	云南	30.12
52	300146	汤臣倍健	食品制造业	广东	29.88
53	300284	苏交科	专业技术服务业	江苏	29.63
54	300640	德艺文创	文教、工美、体育和娱乐用品制造业	福建	29.62
55	300746	汉嘉设计	专业技术服务业	浙江	29.62
56	300313	天山生物	畜牧业	新疆	29.59
57	300495	美尚生态	生态保护和环境治理业	江苏	29.57
58	300262	巴安水务	生态保护和环境治理业	上海	29.57
59	300355	蒙草生态	生态保护和环境治理业	内蒙古	29.19
60	300577	开润股份	纺织业	安徽	29.16
61	300401	花园生物	食品制造业	浙江	29.12
62	300675	建科院	专业技术服务业	广东	28.83
63	300592	华凯创意	文化艺术业	湖南	28.79
64	300498	温氏股份	畜牧业	广东	28.77
65	300759	康龙化成	研究和试验发展	北京	28.64
66	300664	鹏鹞环保	生态保护和环境治理业	江苏	28.56
67	300280	紫天科技	商务服务业	江苏	28.55
68	300736	百邦科技	机动车、电子产品和日用产品修理业	北京	28.39
69	300654	世纪天鸿	新闻和出版业	山东	28.25
70	300058	蓝色光标	商务服务业	北京	28.22
71	300244	迪安诊断	卫生	浙江	28.17
72	300783	三只松鼠	零售业	安徽	28.11
73	300011	鼎汉技术	铁路、船舶、航空航天和其他运输设备制造业	北京	28.11
74	300179	四方达	非金属矿物制品业	河南	28.04
75	300692	中环环保	生态保护和环境治理业	安徽	27.82
76	300506	名家汇	建筑装饰和其他建筑业	广东	27.54
77	300580	贝斯特	汽车制造业	江苏	27.51
78	300791	仙乐健康	食品制造业	广东	27.49
79	300748	金力永磁	非金属矿物制品业	江西	27.45
80	300761	立华股份	畜牧业	江苏	27.41
81	300650	太龙照明	批发业	福建	27.34
82	300117	嘉寓股份	建筑装饰和其他建筑业	北京	27.20
83	300489	中飞股份	有色金属冶炼和压延加工业	黑龙江	27.17
84	300500	启迪设计	专业技术服务业	江苏	27.07
85	300589	江龙船艇	铁路、船舶、航空航天和其他运输设备制造业	广东	27.06

（续表）

行业排名	证券代码	公司名称	所属证监会二级行业	所在地区	质量指数得分
86	300268	佳沃股份	农副食品加工业	湖南	27.05
87	300715	凯伦股份	非金属矿物制品业	江苏	27.04
88	300737	科顺股份	非金属矿物制品业	广东	27.03
89	300087	荃银高科	农业	安徽	26.95
90	300488	恒锋工具	金属制品业	浙江	26.90
91	300345	红宇新材	金属制品业	湖南	26.89
92	300266	兴源环境	生态保护和环境治理业	浙江	26.88
93	300197	铁汉生态	生态保护和环境治理业	广东	26.85
94	300621	维业股份	建筑装饰和其他建筑业	广东	26.83
95	300138	晨光生物	农副食品加工业	河北	26.83
96	300600	瑞特股份	铁路、船舶、航空航天和其他运输设备制造业	江苏	26.81
97	300071	华谊嘉信	商务服务业	北京	26.55
98	300192	科斯伍德	教育	江苏	26.52
99	300304	云意电气	汽车制造业	江苏	26.47
100	300775	三角防务	铁路、船舶、航空航天和其他运输设备制造业	陕西	26.46
101	300428	四通新材	汽车制造业	河北	26.42
102	300395	菲利华	非金属矿物制品业	湖北	26.37
103	300034	钢研高纳	有色金属冶炼和压延加工业	北京	26.29
104	300722	新余国科	其他制造业	江西	26.29
105	300089	长城集团	非金属矿物制品业	广东	26.28
106	300005	探路者	纺织服装、服饰业	北京	26.27
107	300015	爱尔眼科	卫生	湖南	26.03
108	300332	天壕环境	燃气生产和供应业	北京	25.85
109	300616	尚品宅配	家具制造业	广东	25.67
110	300143	盈康生命	卫生	山东	25.67
111	300779	惠城环保	废弃资源综合利用业	山东	25.54
112	300622	博士眼镜	零售业	广东	25.49
113	300432	富临精工	汽车制造业	四川	25.47
114	300374	恒通科技	非金属矿物制品业	北京	25.46
115	300008	天海防务	土木工程建筑业	上海	25.42
116	300191	潜能恒信	开采辅助活动	北京	25.40
117	300651	金陵体育	文教、工美、体育和娱乐用品制造业	江苏	25.36
118	300797	钢研纳克	专业技术服务业	北京	25.35
119	300329	海伦钢琴	文教、工美、体育和娱乐用品制造业	浙江	25.27
120	300237	美晨生态	土木工程建筑业	山东	25.26
121	300424	航新科技	铁路、船舶、航空航天和其他运输设备制造业	广东	25.25
122	300163	先锋新材	纺织业	浙江	25.22
123	300061	康耐特	商务服务业	上海	25.22
124	300643	万通智控	汽车制造业	浙江	25.20
125	300517	海波重科	土木工程建筑业	湖北	25.19
126	300805	电声股份	商务服务业	广东	25.16
127	300258	精锻科技	汽车制造业	江苏	24.97

行业排名	证券代码	公司名称	所属证监会二级行业	所在地区	质量指数得分
128	300175	朗源股份	农副食品加工业	山东	24.92
129	300712	永福股份	土木工程建筑业	福建	24.83
130	300719	安达维尔	铁路、船舶、航空航天和其他运输设备制造业	北京	24.77
131	300591	万里马	皮革、毛皮、羽毛及其制品和制鞋业	广东	24.76
132	300803	指南针	其他金融业	北京	24.76
133	300103	达刚控股	生态保护和环境治理业	陕西	24.60
134	300189	神农大丰	农业	海南	24.57
135	300733	西菱动力	汽车制造业	四川	24.56
136	300123	亚光科技	铁路、船舶、航空航天和其他运输设备制造业	湖南	24.48
137	300745	欣锐科技	汽车制造业	广东	24.41
138	300131	英唐智控	批发业	广东	24.40
139	300335	迪森股份	电力、热力生产和供应业	广东	24.40
140	300690	双一科技	非金属矿物制品业	山东	24.38
141	300084	海默科技	开采辅助活动	甘肃	24.35
142	300652	雷迪克	汽车制造业	浙江	24.30
143	300819	聚杰微纤	纺织业	江苏	24.29
144	300081	恒信移动	专业技术服务业	北京	24.20
145	300328	宜安科技	金属制品业	广东	24.13
146	300106	西部牧业	畜牧业	新疆	24.08
147	300697	电工合金	有色金属冶炼和压延加工业	江苏	24.07
148	300224	正海磁材	非金属矿物制品业	山东	23.98
149	300063	天龙集团	商务服务业	广东	23.94
150	300585	奥联电子	汽车制造业	江苏	23.88
151	300606	金太阳	非金属矿物制品业	广东	23.87
152	300781	因赛集团	商务服务业	广东	23.85
153	300536	农尚环境	土木工程建筑业	湖北	23.84
154	300164	通源石油	开采辅助活动	陕西	23.80
155	300507	苏奥传感	汽车制造业	江苏	23.76
156	300184	力源信息	批发业	湖北	23.54
157	300564	筑博设计	专业技术服务业	西藏	23.54
158	300337	银邦股份	有色金属冶炼和压延加工业	江苏	23.43
159	300055	万邦达	土木工程建筑业	北京	23.33
160	300196	长海股份	非金属矿物制品业	江苏	23.30
161	300240	飞力达	仓储业	江苏	23.27
162	300729	乐歌股份	家具制造业	浙江	23.21
163	300688	创业黑马	商务服务业	北京	22.92
164	300080	新大新材	非金属矿物制品业	河南	22.89
165	300404	博济医药	研究和试验发展	广东	22.81
166	300815	玉禾田	公共设施管理业	安徽	22.78
167	300795	米奥会展	商务服务业	浙江	22.72
168	300022	吉峰农机	零售业	四川	22.65
169	300057	万顺股份	有色金属冶炼和压延加工业	广东	22.48
170	300160	秀强股份	非金属矿物制品业	江苏	22.33

行业排名	证券代码	公司名称	所属证监会二级行业	所在地区	质量指数得分
171	300159	新研股份	铁路、船舶、航空航天和其他运输设备制造业	新疆	22.29
172	300364	中文在线	新闻和出版业	北京	22.15
173	300234	开尔新材	非金属矿物制品业	浙江	22.01
174	300658	延江股份	纺织业	福建	21.94
175	300093	金刚玻璃	非金属矿物制品业	广东	21.92
176	300309	吉艾科技	资本市场服务	北京	21.44
177	300618	寒锐钴业	有色金属冶炼和压延加工业	江苏	21.36
178	300100	双林股份	汽车制造业	浙江	21.27
179	300435	中泰股份	燃气生产和供应业	浙江	21.12
180	300013	新宁物流	仓储业	江苏	20.81
181	300176	派生科技	汽车制造业	广东	20.62
182	300094	国联水产	农副食品加工业	广东	20.24
183	300269	联建光电	商务服务业	广东	19.92
184	300178	腾邦国际	商务服务业	广东	19.88
185	300742	越博动力	汽车制造业	江苏	16.90
186	300157	恒泰艾普	开采辅助活动	北京	16.44
187	300064	豫金刚石	非金属矿物制品业	河南	12.64

附表3：创业板上市公司无形资产价值指数得分

（2019—2020年年度，分行业，按得分从高到低排序）

医药制造（54 家）

行业排名	证券代码	公司名称	所属证监会二级行业	所在地区	质量指数得分
1	300357	我武生物	医药制造业	浙江	525.87
2	300601	康泰生物	医药制造业	广东	510.40
3	300630	普利制药	医药制造业	海南	254.87
4	300573	兴齐眼药	医药制造业	辽宁	240.78
5	300122	智飞生物	医药制造业	重庆	235.25
6	300142	沃森生物	医药制造业	云南	221.02
7	300482	万孚生物	医药制造业	广东	219.00
8	300685	艾德生物	医药制造业	福建	215.61
9	300558	贝达药业	医药制造业	浙江	197.68
10	300009	安科生物	医药制造业	安徽	155.05
11	300436	广生堂	医药制造业	福建	137.63
12	300463	迈克生物	医药制造业	四川	127.44
13	300584	海辰药业	医药制造业	江苏	124.77
14	300639	凯普生物	医药制造业	广东	115.80
15	300723	一品红	医药制造业	广东	113.23
16	300204	舒泰神	医药制造业	北京	104.48
17	300406	九强生物	医药制造业	北京	98.69
18	300111	向日葵	医药制造业	浙江	96.95
19	300702	天宇股份	医药制造业	浙江	93.37
20	300363	博腾股份	医药制造业	重庆	92.07
21	300016	北陆药业	医药制造业	北京	85.47
22	300519	新光药业	医药制造业	浙江	82.31
23	300294	博雅生物	医药制造业	江西	79.15
24	300452	山河药辅	医药制造业	安徽	76.98
25	300642	透景生命	医药制造业	上海	76.34
26	300497	富祥股份	医药制造业	江西	73.45
27	300705	九典制药	医药制造业	湖南	71.56
28	300267	尔康制药	医药制造业	湖南	69.19
29	300636	同和药业	医药制造业	江西	61.35
30	300199	翰宇药业	医药制造业	广东	60.34
31	300534	陇神戎发	医药制造业	甘肃	59.23
32	300119	瑞普生物	医药制造业	天津	58.76
33	300039	上海凯宝	医药制造业	上海	54.19
34	300239	东宝生物	医药制造业	内蒙古	52.77
35	300683	海特生物	医药制造业	湖北	52.19
36	300006	莱美药业	医药制造业	重庆	51.93
37	300110	华仁药业	医药制造业	山东	51.31
38	300289	利德曼	医药制造业	北京	51.21
39	300233	金城医药	医药制造业	山东	48.70

（续表）

行业排名	证券代码	公司名称	所属证监会二级行业	所在地区	质量指数得分
40	300439	美康生物	医药制造业	浙江	48.22
41	300255	常山药业	医药制造业	河北	47.48
42	300181	佐力药业	医药制造业	浙江	46.85
43	300086	康芝药业	医药制造业	海南	45.66
44	300194	福安药业	医药制造业	重庆	45.60
45	300501	海顺新材	医药制造业	上海	43.56
46	300254	仟源医药	医药制造业	山西	41.19
47	300026	红日药业	医药制造业	天津	39.02
48	300583	赛托生物	医药制造业	山东	36.86
49	300485	赛升药业	医药制造业	北京	36.30
50	300381	溢多利	医药制造业	广东	35.58
51	300108	双龙股份	医药制造业	吉林	32.66
52	300147	香雪制药	医药制造业	广东	31.66
53	300434	金石东方	医药制造业	四川	28.82
54	300158	振东制药	医药制造业	山西	23.73

互联网和相关服务（21家）

行业排名	证券代码	公司名称	所属证监会二级行业	所在地区	质量指数得分
1	300785	值得买	互联网和相关服务	北京	304.64
2	300792	壹网壹创	互联网和相关服务	浙江	281.91
3	300766	每日互动	互联网和相关服务	浙江	193.67
4	300113	顺网科技	互联网和相关服务	浙江	184.40
5	300773	拉卡拉	互联网和相关服务	北京	132.11
6	300571	平治信息	互联网和相关服务	浙江	112.63
7	300052	中青宝	互联网和相关服务	广东	107.39
8	300315	掌趣科技	互联网和相关服务	北京	104.04
9	300494	盛天网络	互联网和相关服务	湖北	80.03
10	300104	乐视网	互联网和相关服务	北京	72.99
11	300418	昆仑万维	互联网和相关服务	北京	70.90
12	300031	宝通科技	互联网和相关服务	江苏	58.57
13	300392	腾信股份	互联网和相关服务	北京	55.86
14	300226	上海钢联	互联网和相关服务	上海	49.85
15	300459	金科文化	互联网和相关服务	浙江	48.63
16	300295	三六五网	互联网和相关服务	江苏	48.60
17	300043	互动娱乐	互联网和相关服务	广东	47.29
18	300467	迅游科技	互联网和相关服务	四川	45.09
19	300242	佳云科技	互联网和相关服务	广东	40.33
20	300148	天舟文化	互联网和相关服务	湖南	37.24
21	300038	新知科技	互联网和相关服务	北京	32.47

机械设备仪表（210 家）

行业排名	证券代码	公司名称	所属证监会二级行业	所在地区	质量指数得分
1	300595	欧普康视	专用设备制造业	安徽	405.12
2	300529	健帆生物	专用设备制造业	广东	392.45
3	300760	迈瑞医疗	专用设备制造业	广东	299.16
4	300526	中潜股份	专用设备制造业	广东	292.52
5	300812	易天股份	专用设备制造业	广东	258.98
6	300029	天龙光电	专用设备制造业	江苏	244.18
7	300653	正海生物	专用设备制造业	山东	241.01
8	300572	安车检测	仪器仪表制造业	广东	199.33
9	300604	长川科技	专用设备制造业	浙江	177.97
10	300417	南华仪器	仪器仪表制造业	广东	174.92
11	300341	麦克奥迪	电气机械和器材制造业	福建	152.22
12	300776	帝尔激光	专用设备制造业	湖北	151.66
13	300445	康斯特	仪器仪表制造业	北京	141.69
14	300633	开立医疗	专用设备制造业	广东	139.72
15	300753	爱朋医疗	专用设备制造业	江苏	139.71
16	300238	冠昊生物	专用设备制造业	广东	137.96
17	300461	田中精机	专用设备制造业	浙江	135.30
18	300553	集智股份	仪器仪表制造业	浙江	134.33
19	300354	东华测试	仪器仪表制造业	江苏	131.28
20	300003	乐普医疗	专用设备制造业	北京	131.11
21	300124	汇川技术	电气机械和器材制造业	广东	129.03
22	300813	泰林生物	专用设备制造业	浙江	127.95
23	300669	沪宁股份	通用设备制造业	浙江	127.29
24	300480	光力科技	仪器仪表制造业	河南	124.12
25	300567	精测电子	仪器仪表制造业	湖北	120.84
26	300125	易世达	电气机械和器材制造业	辽宁	118.43
27	300151	昌红科技	专用设备制造业	广东	117.57
28	300450	先导智能	专用设备制造业	江苏	116.80
29	300116	坚瑞沃能	电气机械和器材制造业	陕西	114.97
30	300771	智莱科技	专用设备制造业	广东	113.31
31	300551	古鳌科技	专用设备制造业	上海	111.55
32	300400	劲拓股份	专用设备制造业	广东	108.90
33	300800	力合科技	仪器仪表制造业	湖南	107.14
34	300014	亿纬锂能	电气机械和器材制造业	广东	106.19
35	300707	威唐工业	专用设备制造业	江苏	105.40
36	300206	理邦仪器	专用设备制造业	广东	102.08
37	300562	乐心医疗	专用设备制造业	广东	100.74
38	300470	日机密封	通用设备制造业	四川	99.56
39	300069	金利华电	电气机械和器材制造业	山西	96.82
40	300718	长盛轴承	通用设备制造业	浙江	96.19
41	300720	海川智能	仪器仪表制造业	广东	96.07
42	300023	西安宝德	专用设备制造业	陕西	95.22
43	300545	联得装备	专用设备制造业	广东	94.34
44	300780	德恩精工	通用设备制造业	四川	92.93

（续表）

行业排名	证券代码	公司名称	所属证监会二级行业	所在地区	质量指数得分
45	300515	三德科技	仪器仪表制造业	湖南	92.79
46	300173	松德股份	专用设备制造业	广东	92.18
47	300368	汇金股份	专用设备制造业	河北	91.99
48	300607	拓斯达	通用设备制造业	广东	91.35
49	300786	国林科技	专用设备制造业	山东	89.37
50	300667	必创科技	仪器仪表制造业	北京	88.25
51	300750	宁德时代	电气机械和器材制造业	福建	87.55
52	300817	双飞股份	通用设备制造业	浙江	87.18
53	300808	久量股份	电气机械和器材制造业	广东	87.18
54	300316	晶盛机电	专用设备制造业	浙江	86.99
55	300314	戴维医疗	专用设备制造业	浙江	86.86
56	300527	中国应急	专用设备制造业	湖北	86.85
57	300371	汇中股份	仪器仪表制造业	河北	85.07
58	300298	三诺生物	专用设备制造业	湖南	84.67
59	300024	机器人	通用设备制造业	辽宁	84.57
60	300763	锦浪科技	电气机械和器材制造业	浙江	83.32
61	300617	安靠智电	电气机械和器材制造业	江苏	83.30
62	300130	新国都	专用设备制造业	广东	82.00
63	300681	英搏尔	电气机械和器材制造业	广东	81.83
64	300820	英杰电气	电气机械和器材制造业	四川	81.70
65	300246	宝莱特	专用设备制造业	广东	80.91
66	300521	爱司凯	专用设备制造业	广东	80.86
67	300466	赛摩电气	仪器仪表制造业	江苏	80.22
68	300648	星云股份	仪器仪表制造业	福建	80.02
69	300326	凯利泰	专用设备制造业	上海	79.89
70	300382	斯莱克	专用设备制造业	江苏	79.51
71	300202	聚龙股份	通用设备制造业	辽宁	79.04
72	300441	鲍斯股份	通用设备制造业	浙江	78.47
73	300457	赢合科技	专用设备制造业	广东	77.42
74	300342	天银机电	电气机械和器材制造业	江苏	76.98
75	300073	当升科技	电气机械和器材制造业	北京	76.87
76	300818	耐普矿机	专用设备制造业	江西	76.47
77	300809	华辰装备	通用设备制造业	江苏	76.47
78	300549	优德精密	专用设备制造业	江苏	75.27
79	300751	迈为股份	专用设备制造业	江苏	75.14
80	300286	安科瑞	仪器仪表制造业	上海	74.53
81	300453	三鑫医疗	专用设备制造业	江西	74.53
82	300396	迪瑞医疗	专用设备制造业	吉林	73.46
83	300670	大烨智能	电气机械和器材制造业	江苏	72.75
84	300491	通合科技	电气机械和器材制造业	河北	72.40
85	300447	全信股份	电气机械和器材制造业	江苏	72.30
86	300724	捷佳伟创	电气机械和器材制造业	广东	70.26
87	300593	新雷能	电气机械和器材制造业	北京	69.93
88	300475	聚隆科技	电气机械和器材制造业	安徽	69.76
89	300757	罗博特科	专用设备制造业	江苏	69.32

（续表）

行业排名	证券代码	公司名称	所属证监会二级行业	所在地区	质量指数得分
90	300112	万讯自控	仪器仪表制造业	广东	68.29
91	300693	盛弘股份	电气机械和器材制造业	广东	68.07
92	300066	三川股份	仪器仪表制造业	江西	67.11
93	300306	远方信息	仪器仪表制造业	浙江	66.93
94	300403	汉宇集团	电气机械和器材制造业	广东	65.07
95	300471	厚普股份	专用设备制造业	四川	64.99
96	300484	蓝海华腾	电气机械和器材制造业	广东	64.64
97	300462	华铭智能	专用设备制造业	上海	64.32
98	300472	新元科技	专用设备制造业	江西	63.99
99	300540	深冷股份	通用设备制造业	四川	63.76
100	300018	中元股份	电气机械和器材制造业	湖北	63.66
101	300438	鹏辉能源	电气机械和器材制造业	广东	63.12
102	300503	昊志机电	通用设备制造业	广东	62.72
103	300259	新天科技	仪器仪表制造业	河南	62.10
104	300415	伊之密	专用设备制造业	广东	61.85
105	300713	英可瑞	电气机械和器材制造业	广东	61.61
106	300619	金银河	专用设备制造业	广东	61.56
107	300099	尤洛卡	专用设备制造业	山东	60.98
108	300360	炬华科技	仪器仪表制造业	浙江	60.66
109	300486	东杰智能	专用设备制造业	山西	60.00
110	300557	理工光科	仪器仪表制造业	湖北	58.66
111	300035	中科电气	电气机械和器材制造业	湖南	58.27
112	300356	光一科技	电气机械和器材制造业	江苏	57.78
113	300207	欣旺达	电气机械和器材制造业	广东	57.67
114	300694	蠡湖股份	通用设备制造业	江苏	57.41
115	300626	华瑞股份	电气机械和器材制造业	浙江	57.01
116	300030	阳普医疗	专用设备制造业	广东	56.68
117	300281	金明精机	专用设备制造业	广东	56.03
118	300477	合纵科技	电气机械和器材制造业	北京	56.02
119	300092	科新机电	专用设备制造业	四川	55.76
120	300499	高澜股份	电气机械和器材制造业	广东	54.93
121	300411	金盾股份	通用设备制造业	浙江	54.85
122	300512	中亚股份	通用设备制造业	浙江	54.73
123	300272	开能健康	电气机械和器材制造业	上海	54.68
124	300420	五洋科技	通用设备制造业	江苏	54.57
125	300509	新美星	专用设备制造业	江苏	54.16
126	300611	美力科技	通用设备制造业	浙江	53.83
127	300370	安控科技	仪器仪表制造业	四川	53.78
128	300318	博晖创新	专用设备制造业	北京	53.70
129	300625	三雄极光	电气机械和器材制造业	广东	53.15
130	300283	温州宏丰	电气机械和器材制造业	浙江	53.13
131	300631	久吾高科	专用设备制造业	江苏	52.86
132	300001	特锐德	电气机械和器材制造业	山东	51.91
133	300391	康跃科技	电气机械和器材制造业	山东	51.66
134	300161	华中数控	通用设备制造业	湖北	51.49

（续表）

行业排名	证券代码	公司名称	所属证监会二级行业	所在地区	质量指数得分
135	300247	融捷健康	电气机械和器材制造业	安徽	51.17
136	300193	佳士科技	通用设备制造业	广东	50.95
137	300007	汉威电子	仪器仪表制造业	河南	49.59
138	300279	和晶科技	电气机械和器材制造业	江苏	49.42
139	300257	开山股份	通用设备制造业	浙江	48.45
140	300410	正业科技	专用设备制造业	广东	47.93
141	300260	新莱应材	通用设备制造业	江苏	47.76
142	300201	海伦哲	专用设备制造业	江苏	47.62
143	300137	先河环保	仪器仪表制造业	河北	47.56
144	300444	双杰电气	电气机械和器材制造业	北京	47.29
145	300409	道氏技术	电气机械和器材制造业	广东	47.23
146	300056	三维丝	专用设备制造业	福建	46.98
147	300126	锐奇股份	通用设备制造业	上海	46.94
148	300334	津膜科技	专用设备制造业	天津	46.69
149	300402	宝色股份	专用设备制造业	江苏	46.21
150	300032	金龙机电	电气机械和器材制造业	浙江	46.16
151	300510	金冠股份	电气机械和器材制造业	吉林	45.77
152	300442	普丽盛	专用设备制造业	上海	45.69
153	300252	金信诺	电气机械和器材制造业	广东	45.44
154	300412	迦南科技	专用设备制造业	浙江	45.32
155	300660	江苏雷利	电气机械和器材制造业	江苏	45.13
156	300293	蓝英装备	专用设备制造业	辽宁	45.06
157	300097	智云股份	通用设备制造业	辽宁	44.32
158	300425	环能科技	专用设备制造业	四川	43.88
159	300427	红相电力	电气机械和器材制造业	福建	43.77
160	300265	通光线缆	电气机械和器材制造业	江苏	43.60
161	300153	科泰电源	电气机械和器材制造业	上海	43.41
162	300208	青岛中程	电气机械和器材制造业	山东	43.35
163	300141	和顺电气	电气机械和器材制造业	江苏	43.15
164	300274	阳光电源	电气机械和器材制造业	安徽	42.93
165	300222	科大智能	电气机械和器材制造业	上海	42.16
166	300473	德尔股份	通用设备制造业	辽宁	41.57
167	300083	劲胜股份	通用设备制造业	广东	41.37
168	300276	三丰智能	专用设备制造业	湖北	41.27
169	300443	金雷股份	专用设备制造业	山东	41.22
170	300263	隆华科技	通用设备制造业	河南	40.61
171	300004	南风股份	通用设备制造业	广东	40.60
172	300423	鲁亿通	电气机械和器材制造业	山东	40.32
173	300154	瑞凌股份	通用设备制造业	广东	39.41
174	300062	中能电气	电气机械和器材制造业	福建	39.35
175	300049	福瑞股份	专用设备制造业	内蒙古	39.08
176	300407	凯发电气	电气机械和器材制造业	天津	38.94
177	300210	森远股份	专用设备制造业	辽宁	38.60
178	300376	易事特	电气机械和器材制造业	广东	38.49
179	300385	雪浪环境	专用设备制造业	江苏	38.41

行业排名	证券代码	公司名称	所属证监会二级行业	所在地区	质量指数得分
180	300091	金通灵	通用设备制造业	江苏	38.34
181	300216	千山药机	专用设备制造业	湖南	37.93
182	300340	科恒股份	电气机械和器材制造业	广东	37.92
183	300421	力星股份	通用设备制造业	江苏	37.73
184	300203	聚光科技	仪器仪表制造业	浙江	37.43
185	300095	华伍股份	专用设备制造业	江西	37.39
186	300490	华自科技	电气机械和器材制造业	湖南	37.19
187	300358	楚天科技	专用设备制造业	湖南	36.88
188	300129	泰胜风能	电气机械和器材制造业	上海	36.54
189	300569	天能重工	电气机械和器材制造业	山东	36.32
190	300228	富瑞特装	专用设备制造业	江苏	36.04
191	300140	启源装备	专用设备制造业	陕西	35.98
192	300145	南方泵业	通用设备制造业	浙江	35.82
193	300068	南都电源	电气机械和器材制造业	浙江	35.29
194	300317	珈伟新能	电气机械和器材制造业	广东	35.12
195	300217	东方电热	电气机械和器材制造业	江苏	35.10
196	300772	运达股份	通用设备制造业	浙江	35.07
197	300118	东方日升	电气机械和器材制造业	浙江	33.87
198	300430	诚益通	仪器仪表制造业	北京	33.80
199	300165	天瑞仪器	仪器仪表制造业	江苏	33.76
200	300362	天翔环境	专用设备制造业	四川	33.57
201	300278	华昌达	专用设备制造业	湖北	33.18
202	300171	东富龙	专用设备制造业	上海	32.93
203	300105	龙源技术	电气机械和器材制造业	山东	32.32
204	300273	和佳股份	专用设备制造业	广东	31.16
205	300048	合康变频	电气机械和器材制造业	北京	29.71
206	300185	通裕重工	通用设备制造业	山东	28.60
207	300195	长荣股份	专用设备制造业	天津	28.31
208	300307	慈星股份	专用设备制造业	浙江	26.50
209	300040	九洲电气	电气机械和器材制造业	黑龙江	24.99
210	300090	盛运环保	通用设备制造业	安徽	22.77

计算机、通信及电子（121家）

行业排名	证券代码	公司名称	所属证监会二级行业	所在地区	质量指数得分
1	300782	卓胜微	计算机、通信和其他电子设备制造业	江苏	751.98
2	300661	圣邦股份	计算机、通信和其他电子设备制造业	北京	638.15
3	300223	北京君正	计算机、通信和其他电子设备制造业	北京	406.38
4	300220	金运激光	计算机、通信和其他电子设备制造业	湖北	369.29
5	300628	亿联网络	计算机、通信和其他电子设备制造业	福建	293.55

（续表）

行业排名	证券代码	公司名称	所属证监会二级行业	所在地区	质量指数得分
6	300747	锐科激光	计算机、通信和其他电子设备制造业	湖北	256.82
7	300548	博创科技	计算机、通信和其他电子设备制造业	浙江	219.17
8	300666	江丰电子	计算机、通信和其他电子设备制造业	浙江	210.70
9	300474	景嘉微	计算机、通信和其他电子设备制造业	湖南	202.37
10	300701	森霸传感	计算机、通信和其他电子设备制造业	河南	200.31
11	300136	信维通信	计算机、通信和其他电子设备制造业	广东	178.44
12	300615	欣天科技	计算机、通信和其他电子设备制造业	广东	178.20
13	300787	海能实业	计算机、通信和其他电子设备制造业	江西	177.64
14	300726	宏达电子	计算机、通信和其他电子设备制造业	湖南	176.93
15	300502	新易盛	计算机、通信和其他电子设备制造业	四川	176.74
16	300327	中颖电子	计算机、通信和其他电子设备制造业	上海	176.65
17	300394	天孚通信	计算机、通信和其他电子设备制造业	江苏	169.22
18	300638	广和通	计算机、通信和其他电子设备制造业	广东	154.66
19	300590	移为通信	计算机、通信和其他电子设备制造业	上海	147.45
20	300762	上海瀚讯	计算机、通信和其他电子设备制造业	上海	145.37
21	300735	光弘科技	计算机、通信和其他电子设备制造业	广东	142.89
22	300802	矩子科技	计算机、通信和其他电子设备制造业	上海	139.06
23	300408	三环集团	计算机、通信和其他电子设备制造业	广东	137.15
24	300397	天和防务	计算机、通信和其他电子设备制造业	陕西	136.16
25	300322	硕贝德	计算机、通信和其他电子设备制造业	广东	134.02
26	300570	太辰光	计算机、通信和其他电子设备制造业	广东	132.64
27	300807	天迈科技	计算机、通信和其他电子设备制造业	河南	132.10
28	300456	耐威科技	计算机、通信和其他电子设备制造业	北京	129.56

（续表）

行业排名	证券代码	公司名称	所属证监会二级行业	所在地区	质量指数得分
29	300127	银河磁体	计算机、通信和其他电子设备制造业	四川	129.33
30	300620	光库科技	计算机、通信和其他电子设备制造业	广东	128.39
31	300516	久之洋	计算机、通信和其他电子设备制造业	湖北	127.39
32	300458	全志科技	计算机、通信和其他电子设备制造业	广东	126.96
33	300709	精研科技	计算机、通信和其他电子设备制造业	江苏	125.78
34	300211	亿通科技	计算机、通信和其他电子设备制造业	江苏	125.19
35	300672	国科微	计算机、通信和其他电子设备制造业	湖南	122.59
36	300689	澄天伟业	计算机、通信和其他电子设备制造业	广东	121.26
37	300632	光莆股份	计算机、通信和其他电子设备制造业	福建	118.41
38	300793	佳禾智能	计算机、通信和其他电子设备制造业	广东	115.42
39	300602	飞荣达	计算机、通信和其他电子设备制造业	广东	114.53
40	300546	雄帝科技	计算机、通信和其他电子设备制造业	广东	114.51
41	300346	南大光电	计算机、通信和其他电子设备制造业	江苏	113.83
42	300308	中际旭创	计算机、通信和其他电子设备制造业	山东	113.08
43	300627	华测导航	计算机、通信和其他电子设备制造业	上海	112.46
44	300101	振芯科技	计算机、通信和其他电子设备制造业	四川	110.37
45	300563	神宇股份	计算机、通信和其他电子设备制造业	江苏	110.08
46	300460	惠伦晶体	计算机、通信和其他电子设备制造业	广东	109.49
47	300046	台基股份	计算机、通信和其他电子设备制造业	湖北	108.34
48	300414	中光防雷	计算机、通信和其他电子设备制造业	四川	108.21
49	300455	康拓红外	计算机、通信和其他电子设备制造业	北京	105.98
50	300373	扬杰科技	计算机、通信和其他电子设备制造业	江苏	104.84
51	300623	捷捷微电	计算机、通信和其他电子设备制造业	江苏	100.29

（续表）

行业排名	证券代码	公司名称	所属证监会二级行业	所在地区	质量指数得分
52	300739	明阳电路	计算机、通信和其他电子设备制造业	广东	97.66
53	300711	广哈通信	计算机、通信和其他电子设备制造业	广东	96.52
54	300657	弘信电子	计算机、通信和其他电子设备制造业	福建	96.10
55	300566	激智科技	计算机、通信和其他电子设备制造业	浙江	94.08
56	300743	天地数码	计算机、通信和其他电子设备制造业	浙江	93.62
57	300698	万马科技	计算机、通信和其他电子设备制造业	浙江	93.48
58	300647	超频三	计算机、通信和其他电子设备制造业	广东	91.72
59	300390	天华超净	计算机、通信和其他电子设备制造业	江苏	90.86
60	300045	华力创通	计算机、通信和其他电子设备制造业	北京	90.60
61	300656	民德电子	计算机、通信和其他电子设备制造业	广东	90.21
62	300114	中航电测	计算机、通信和其他电子设备制造业	陕西	90.06
63	300042	朗科科技	计算机、通信和其他电子设备制造业	广东	89.94
64	300479	神思电子	计算机、通信和其他电子设备制造业	山东	89.75
65	300686	智动力	计算机、通信和其他电子设备制造业	广东	89.57
66	300088	长信科技	计算机、通信和其他电子设备制造业	安徽	88.15
67	300581	晨曦航空	计算机、通信和其他电子设备制造业	陕西	87.37
68	300790	宇瞳光学	计算机、通信和其他电子设备制造业	广东	86.62
69	300691	联合光电	计算机、通信和其他电子设备制造业	广东	84.02
70	300053	欧比特	计算机、通信和其他电子设备制造业	广东	83.24
71	300319	麦捷科技	计算机、通信和其他电子设备制造业	广东	83.20
72	300543	朗科智能	计算机、通信和其他电子设备制造业	广东	82.99
73	300811	铂科新材	计算机、通信和其他电子设备制造业	广东	81.70
74	300514	友讯达	计算机、通信和其他电子设备制造业	广东	80.66

（续表）

行业排名	证券代码	公司名称	所属证监会二级行业	所在地区	质量指数得分
75	300353	东土科技	计算机、通信和其他电子设备制造业	北京	80.31
76	300565	科信技术	计算机、通信和其他电子设备制造业	广东	79.26
77	300078	中瑞思创	计算机、通信和其他电子设备制造业	浙江	78.59
78	300531	优博讯	计算机、通信和其他电子设备制造业	广东	77.48
79	300504	天邑股份	计算机、通信和其他电子设备制造业	四川	76.69
80	300476	胜宏科技	计算机、通信和其他电子设备制造业	广东	75.56
81	300065	海兰信	计算机、通信和其他电子设备制造业	北京	74.51
82	300077	国民技术	计算机、通信和其他电子设备制造业	广东	73.74
83	300679	电连技术	计算机、通信和其他电子设备制造业	广东	71.60
84	300162	雷曼光电	计算机、通信和其他电子设备制造业	广东	68.72
85	300331	苏大维格	计算机、通信和其他电子设备制造业	江苏	68.30
86	300177	中海达	计算机、通信和其他电子设备制造业	广东	67.96
87	300205	天喻信息	计算机、通信和其他电子设备制造业	湖北	67.73
88	300079	数码视讯	计算机、通信和其他电子设备制造业	北京	67.04
89	300710	万隆光电	计算机、通信和其他电子设备制造业	浙江	66.22
90	300555	路通视信	计算机、通信和其他电子设备制造业	江苏	64.78
91	300303	聚飞光电	计算机、通信和其他电子设备制造业	广东	63.57
92	300134	大富科技	计算机、通信和其他电子设备制造业	安徽	63.33
93	300752	隆利科技	计算机、通信和其他电子设备制造业	广东	63.21
94	300270	中威电子	计算机、通信和其他电子设备制造业	浙江	63.10
95	300227	光韵达	计算机、通信和其他电子设备制造业	广东	63.09
96	300115	长盈精密	计算机、通信和其他电子设备制造业	广东	62.13
97	300076	宁波GQY	计算机、通信和其他电子设备制造业	浙江	61.49

（续表）

行业排名	证券代码	公司名称	所属证监会二级行业	所在地区	质量指数得分
98	300139	福星晓程	计算机、通信和其他电子设备制造业	北京	59.04
99	300128	锦富新材	计算机、通信和其他电子设备制造业	江苏	58.30
100	300433	蓝思科技	计算机、通信和其他电子设备制造业	湖南	58.04
101	300241	瑞丰光电	计算机、通信和其他电子设备制造业	广东	57.57
102	300708	聚灿光电	计算机、通信和其他电子设备制造业	江苏	57.01
103	300232	洲明科技	计算机、通信和其他电子设备制造业	广东	55.56
104	300389	艾比森	计算机、通信和其他电子设备制造业	广东	55.04
105	300296	利亚德	计算机、通信和其他电子设备制造业	北京	54.43
106	300449	汉邦高科	计算机、通信和其他电子设备制造业	北京	53.83
107	300629	新劲刚	计算机、通信和其他电子设备制造业	广东	53.75
108	300582	英飞特	计算机、通信和其他电子设备制造业	浙江	51.66
109	300155	安居宝	计算机、通信和其他电子设备制造业	广东	51.00
110	300213	佳讯飞鸿	计算机、通信和其他电子设备制造业	北京	50.89
111	300219	鸿利智汇	计算机、通信和其他电子设备制造业	广东	44.60
112	300351	永贵电器	计算机、通信和其他电子设备制造业	浙江	44.11
113	300301	长方集团	计算机、通信和其他电子设备制造业	广东	42.45
114	300367	东方网力	计算机、通信和其他电子设备制造业	北京	38.56
115	300323	华灿光电	计算机、通信和其他电子设备制造业	湖北	37.39
116	300393	中来股份	计算机、通信和其他电子设备制造业	江苏	36.02
117	300256	星星科技	计算机、通信和其他电子设备制造业	江西	33.99
118	300282	三盛教育	计算机、通信和其他电子设备制造业	北京	33.24
119	300102	乾照光电	计算机、通信和其他电子设备制造业	福建	31.25
120	300120	经纬辉开	计算机、通信和其他电子设备制造业	天津	31.24
121	300028	金亚科技	计算机、通信和其他电子设备制造业	四川	18.02

软件和信息技术服务（116家）

行业排名	证券代码	公司名称	所属证监会二级行业	所在地区	质量指数得分
1	300598	诚迈科技	软件和信息技术服务业	江苏	457.03
2	300659	中孚信息	软件和信息技术服务业	山东	306.36
3	300768	迪普科技	软件和信息技术服务业	浙江	288.55
4	300799	左江科技	软件和信息技术服务业	北京	275.11
5	300454	深信服	软件和信息技术服务业	广东	223.96
6	300559	佳发教育	软件和信息技术服务业	四川	201.43
7	300496	中科创达	软件和信息技术服务业	北京	201.37
8	300253	卫宁健康	软件和信息技术服务业	上海	193.11
9	300624	万兴科技	软件和信息技术服务业	西藏	189.46
10	300348	长亮科技	软件和信息技术服务业	广东	188.73
11	300579	数字认证	软件和信息技术服务业	北京	174.51
12	300468	四方精创	软件和信息技术服务业	广东	169.22
13	300523	辰安科技	软件和信息技术服务业	北京	163.97
14	300399	京天利	软件和信息技术服务业	江西	161.67
15	300613	富瀚微	软件和信息技术服务业	上海	161.30
16	300311	任子行	软件和信息技术服务业	广东	161.05
17	300333	兆日科技	软件和信息技术服务业	广东	160.94
18	300561	汇金科技	软件和信息技术服务业	广东	157.67
19	300609	汇纳科技	软件和信息技术服务业	上海	154.99
20	300552	万集科技	软件和信息技术服务业	北京	152.92
21	300525	博思软件	软件和信息技术服务业	福建	152.58
22	300379	东方通	软件和信息技术服务业	北京	151.56
23	300085	银之杰	软件和信息技术服务业	广东	150.95
24	300369	绿盟科技	软件和信息技术服务业	北京	150.12
25	300264	佳创视讯	软件和信息技术服务业	广东	149.52
26	300789	唐源电气	软件和信息技术服务业	四川	140.77
27	300663	科蓝软件	软件和信息技术服务业	北京	133.72
28	300188	美亚柏科	软件和信息技术服务业	福建	133.62
29	300277	海联讯	软件和信息技术服务业	广东	130.85
30	300810	中科海讯	软件和信息技术服务业	北京	129.70
31	300386	飞天诚信	软件和信息技术服务业	北京	129.23
32	300451	创业慧康	软件和信息技术服务业	浙江	121.40
33	300678	中科信息	软件和信息技术服务业	四川	120.49
34	300036	超图软件	软件和信息技术服务业	北京	118.21
35	300235	方直科技	软件和信息技术服务业	广东	117.69
36	300352	北信源	软件和信息技术服务业	北京	111.60
37	300634	彩讯股份	软件和信息技术服务业	广东	111.03
38	300271	华宇软件	软件和信息技术服务业	北京	110.16
39	300508	维宏股份	软件和信息技术服务业	上海	110.08
40	300312	邦讯技术	软件和信息技术服务业	北京	105.55
41	300168	万达信息	软件和信息技术服务业	上海	104.74
42	300687	赛意信息	软件和信息技术服务业	广东	104.37
43	300096	易联众	软件和信息技术服务业	福建	102.70
44	300448	浩云科技	软件和信息技术服务业	广东	102.43

（续表）

行业排名	证券代码	公司名称	所属证监会二级行业	所在地区	质量指数得分
45	300578	会畅通讯	软件和信息技术服务业	上海	102.28
46	300493	润欣科技	软件和信息技术服务业	上海	101.42
47	300344	太空智造	软件和信息技术服务业	北京	100.78
48	300166	东方国信	软件和信息技术服务业	北京	99.68
49	300330	华虹计通	软件和信息技术服务业	上海	96.73
50	300605	恒锋信息	软件和信息技术服务业	福建	96.09
51	300682	朗新科技	软件和信息技术服务业	江苏	95.56
52	300671	富满电子	软件和信息技术服务业	广东	95.45
53	300380	安硕信息	软件和信息技术服务业	上海	95.25
54	300275	梅安森	软件和信息技术服务业	重庆	94.80
55	300051	三五互联	软件和信息技术服务业	福建	91.31
56	300365	恒华科技	软件和信息技术服务业	北京	90.90
57	300730	科创信息	软件和信息技术服务业	湖南	90.59
58	300229	拓尔思	软件和信息技术服务业	北京	90.32
59	300302	同有科技	软件和信息技术服务业	北京	87.57
60	300550	和仁科技	软件和信息技术服务业	浙江	86.55
61	300250	初灵信息	软件和信息技术服务业	浙江	86.36
62	300542	新晨科技	软件和信息技术服务业	北京	86.21
63	300299	富春股份	软件和信息技术服务业	福建	84.80
64	300469	信息发展	软件和信息技术服务业	上海	84.73
65	300017	网宿科技	软件和信息技术服务业	上海	84.09
66	300465	高伟达	软件和信息技术服务业	北京	83.62
67	300674	宇信科技	软件和信息技术服务业	北京	82.84
68	300588	熙菱信息	软件和信息技术服务业	新疆	81.46
69	300183	东软载波	软件和信息技术服务业	山东	81.13
70	300541	先进数通	软件和信息技术服务业	北京	81.05
71	300170	汉得信息	软件和信息技术服务业	上海	80.15
72	300738	奥飞数据	软件和信息技术服务业	广东	77.94
73	300300	海峡创新	软件和信息技术服务业	福建	77.67
74	300359	全通教育	软件和信息技术服务业	广东	76.60
75	300292	吴通控股	软件和信息技术服务业	江苏	75.31
76	300533	冰川网络	软件和信息技术服务业	广东	75.08
77	300520	科大国创	软件和信息技术服务业	安徽	72.99
78	300560	中富通	软件和信息技术服务业	福建	72.83
79	300377	赢时胜	软件和信息技术服务业	广东	72.07
80	300212	易华录	软件和信息技术服务业	北京	70.72
81	300556	丝路视觉	软件和信息技术服务业	广东	69.95
82	300383	光环新网	软件和信息技术服务业	北京	69.92
83	300608	思特奇	软件和信息技术服务业	北京	68.25
84	300290	荣科科技	软件和信息技术服务业	辽宁	67.75
85	300248	新开普	软件和信息技术服务业	河南	66.69
86	300010	立思辰	软件和信息技术服务业	北京	66.31
87	300597	吉大通信	软件和信息技术服务业	吉林	66.00
88	300339	润和软件	软件和信息技术服务业	江苏	65.93
89	300245	天玑科技	软件和信息技术服务业	上海	65.38

（续表）

行业排名	证券代码	公司名称	所属证监会二级行业	所在地区	质量指数得分
90	300231	银信科技	软件和信息技术服务业	北京	64.69
91	300002	神州泰岳	软件和信息技术服务业	北京	63.79
92	300440	运达科技	软件和信息技术服务业	四川	62.86
93	300419	浩丰科技	软件和信息技术服务业	北京	62.52
94	300167	迪威视讯	软件和信息技术服务业	广东	62.23
95	300098	高新兴	软件和信息技术服务业	广东	61.78
96	300518	盛讯达	软件和信息技术服务业	广东	59.98
97	300025	华星创业	软件和信息技术服务业	浙江	59.83
98	300532	今天国际	软件和信息技术服务业	广东	57.14
99	300378	鼎捷软件	软件和信息技术服务业	上海	54.85
100	300074	华平股份	软件和信息技术服务业	上海	54.33
101	300044	赛为智能	软件和信息技术服务业	广东	53.25
102	300645	正元智慧	软件和信息技术服务业	浙江	51.67
103	300349	金卡智能	软件和信息技术服务业	浙江	49.10
104	300603	立昂技术	软件和信息技术服务业	新疆	48.46
105	300249	依米康	软件和信息技术服务业	四川	46.60
106	300020	银江股份	软件和信息技术服务业	浙江	46.57
107	300366	创意信息	软件和信息技术服务业	四川	46.38
108	300047	天源迪科	软件和信息技术服务业	广东	44.43
109	300075	数字政通	软件和信息技术服务业	北京	44.06
110	300350	华鹏飞	软件和信息技术服务业	广东	43.11
111	300287	飞利信	软件和信息技术服务业	北京	42.04
112	300297	蓝盾股份	软件和信息技术服务业	四川	38.73
113	300150	世纪瑞尔	软件和信息技术服务业	北京	37.77
114	300324	旋极信息	软件和信息技术服务业	北京	36.33
115	300513	恒实科技	软件和信息技术服务业	北京	35.49
116	300050	世纪鼎利	软件和信息技术服务业	广东	33.94

化学、橡胶、塑料（81家）

行业排名	证券代码	公司名称	所属证监会二级行业	所在地区	质量指数得分
1	300725	药石科技	化学原料及化学制品制造业	江苏	303.37
2	300777	中简科技	化学纤维制造业	江苏	293.34
3	300699	光威复材	化学纤维制造业	山东	212.68
4	300684	中石科技	化学原料及化学制品制造业	北京	176.42
5	300530	达志科技	化学原料及化学制品制造业	广东	174.79
6	300731	科创新源	橡胶和塑料制品业	广东	151.71
7	300481	濮阳惠成	化学原料及化学制品制造业	河南	151.47
8	300285	国瓷材料	化学原料及化学制品制造业	山东	147.74
9	300576	容大感光	化学原料及化学制品制造业	广东	139.85
10	300236	上海新阳	化学原料及化学制品制造业	上海	137.14
11	300655	晶瑞股份	化学原料及化学制品制造业	江苏	132.65
12	300429	强力新材	化学原料及化学制品制造业	江苏	131.52
13	300446	乐凯新材	化学原料及化学制品制造业	河北	128.86
14	300767	震安科技	橡胶和塑料制品业	云南	127.34

行业排名	证券代码	公司名称	所属证监会二级行业	所在地区	质量指数得分
15	300798	锦鸡股份	化学原料及化学制品制造业	江苏	126.69
16	300487	蓝晓科技	化学原料及化学制品制造业	陕西	122.37
17	300769	德方纳米	化学原料及化学制品制造业	广东	102.58
18	300586	美联新材	橡胶和塑料制品业	广东	99.64
19	300174	元力股份	化学原料及化学制品制造业	福建	99.29
20	300037	新宙邦	化学原料及化学制品制造业	广东	95.03
21	300019	硅宝科技	化学原料及化学制品制造业	四川	93.21
22	300637	扬帆新材	化学原料及化学制品制造业	浙江	91.55
23	300522	世名科技	化学原料及化学制品制造业	江苏	89.52
24	300741	华宝股份	化学原料及化学制品制造业	西藏	87.22
25	300596	利安隆	化学原料及化学制品制造业	天津	86.07
26	300758	七彩化学	化学原料及化学制品制造业	辽宁	83.63
27	300727	润禾材料	化学原料及化学制品制造业	浙江	77.16
28	300717	华信新材	橡胶和塑料制品业	江苏	76.04
29	300054	鼎龙股份	化学原料及化学制品制造业	湖北	73.19
30	300801	泰和科技	化学原料及化学制品制造业	山东	72.93
31	300740	御家汇	化学原料及化学制品制造业	湖南	71.67
32	300644	南京聚隆	橡胶和塑料制品业	江苏	70.00
33	300225	金力泰	化学原料及化学制品制造业	上海	67.93
34	300796	贝斯美	化学原料及化学制品制造业	浙江	67.81
35	300398	飞凯材料	化学原料及化学制品制造业	上海	67.31
36	300537	广信材料	化学原料及化学制品制造业	江苏	65.28
37	300107	建新股份	化学原料及化学制品制造业	河北	62.86
38	300547	川环科技	橡胶和塑料制品业	四川	62.42
39	300539	横河模具	橡胶和塑料制品业	浙江	62.28
40	300806	斯迪克	橡胶和塑料制品业	江苏	62.05
41	300387	富邦股份	化学原料及化学制品制造业	湖北	61.13
42	300067	安诺其	化学原料及化学制品制造业	上海	60.54
43	300478	杭州高新	橡胶和塑料制品业	浙江	60.26
44	300180	华峰超纤	橡胶和塑料制品业	上海	59.99
45	300321	同大股份	橡胶和塑料制品业	山东	59.72
46	300610	晨化股份	化学原料及化学制品制造业	江苏	58.53
47	300243	瑞丰高材	化学原料及化学制品制造业	山东	58.32
48	300041	回天新材	化学原料及化学制品制造业	湖北	57.21
49	300200	高盟新材	化学原料及化学制品制造业	北京	56.09
50	300221	银禧科技	橡胶和塑料制品业	广东	56.03
51	300575	中旗股份	化学原料及化学制品制造业	江苏	54.78
52	300505	川金诺	化学原料及化学制品制造业	云南	54.58
53	300198	纳川股份	橡胶和塑料制品业	福建	54.02
54	300568	星源材质	化学原料及化学制品制造业	广东	53.66
55	300214	日科化学	化学原料及化学制品制造业	山东	53.54
56	300535	达威股份	化学原料及化学制品制造业	四川	53.30
57	300641	正丹股份	化学原料及化学制品制造业	江苏	53.29
58	300599	雄塑科技	橡胶和塑料制品业	广东	51.53
59	300587	天铁股份	橡胶和塑料制品业	浙江	49.16

（续表）

行业排名	证券代码	公司名称	所属证监会二级行业	所在地区	质量指数得分
60	300677	英科医疗	橡胶和塑料制品业	山东	47.31
61	300132	青松股份	化学原料及化学制品制造业	福建	46.69
62	300665	飞鹿股份	化学原料及化学制品制造业	湖南	45.55
63	300021	大禹节水	橡胶和塑料制品业	甘肃	44.38
64	300109	新开源	化学原料及化学制品制造业	河南	44.35
65	300325	德威新材	橡胶和塑料制品业	江苏	43.72
66	300721	怡达股份	化学原料及化学制品制造业	江苏	42.94
67	300121	阳谷华泰	化学原料及化学制品制造业	山东	42.79
68	300261	雅本化学	化学原料及化学制品制造业	江苏	42.75
69	300305	裕兴股份	橡胶和塑料制品业	江苏	42.35
70	300169	天晟新材	橡胶和塑料制品业	江苏	42.23
71	300405	科隆股份	化学原料及化学制品制造业	辽宁	40.77
72	300716	国立科技	橡胶和塑料制品业	广东	40.05
73	300320	海达股份	橡胶和塑料制品业	江苏	39.11
74	300218	安利股份	橡胶和塑料制品业	安徽	38.57
75	300375	鹏翎股份	橡胶和塑料制品业	天津	37.29
76	300135	宝利沥青	化学原料及化学制品制造业	江苏	36.61
77	300072	三聚环保	化学原料及化学制品制造业	北京	36.52
78	300343	联创互联	化学原料及化学制品制造业	山东	35.21
79	300082	奥克股份	化学原料及化学制品制造业	辽宁	34.01
80	300437	清水源	化学原料及化学制品制造业	河南	32.73
81	300230	永利股份	橡胶和塑料制品业	上海	27.87

<h2 align="center">文化传播（7 家）</h2>

行业排名	证券代码	公司名称	所属证监会二级行业	所在地区	质量指数得分
1	300251	光线传媒	广播、电视、电影和影视录音制作业	北京	122.77
2	300133	华策影视	广播、电视、电影和影视录音制作业	浙江	64.12
3	300426	唐德影视	广播、电视、电影和影视录音制作业	浙江	53.71
4	300291	华录百纳	广播、电视、电影和影视录音制作业	北京	50.55
5	300027	华谊兄弟	广播、电视、电影和影视录音制作业	浙江	47.87
6	300528	幸福蓝海	广播、电视、电影和影视录音制作业	江苏	35.71
7	300182	捷成股份	广播、电视、电影和影视录音制作业	北京	26.52

其他（187家）

行业排名	证券代码	公司名称	所属证监会二级行业	所在地区	质量指数得分
1	300033	同花顺	其他金融业	浙江	443.49
2	300492	山鼎设计	专业技术服务业	四川	376.89
3	300770	新媒股份	电信、广播电视和卫星传输服务	广东	285.03
4	300015	爱尔眼科	卫生	湖南	278.87
5	300803	指南针	其他金融业	北京	258.98
6	300347	泰格医药	研究和试验发展	浙江	244.68
7	300012	华测检测	专业技术服务业	广东	204.21
8	300775	三角防务	铁路、船舶、航空航天和其他运输设备制造业	陕西	198.98
9	300706	阿石创	其他制造业	福建	178.48
10	300612	宣亚国际	商务服务业	北京	171.40
11	300748	金力永磁	非金属矿物制品业	江西	170.96
12	300783	三只松鼠	零售业	安徽	166.99
13	300345	红宇新材	金属制品业	湖南	161.39
14	300676	华大基因	专业技术服务业	广东	155.23
15	300788	中信出版	新闻和出版业	北京	150.79
16	300618	寒锐钴业	有色金属冶炼和压延加工业	江苏	145.64
17	300797	钢研纳克	专业技术服务业	北京	142.16
18	300640	德艺文创	文教、工美、体育和娱乐用品制造业	福建	138.59
19	300662	科锐国际	商务服务业	北京	136.92
20	300643	万通智控	汽车制造业	浙江	136.61
21	300816	艾可蓝	生态保护和环境治理业	安徽	132.10
22	300538	同益股份	批发业	广东	131.99
23	300413	芒果超媒	文化艺术业	湖南	131.28
24	300819	聚杰微纤	纺织业	江苏	129.70
25	300577	开润股份	纺织业	安徽	129.13
26	300805	电声股份	商务服务业	广东	127.95
27	300673	佩蒂股份	农副食品加工业	浙江	127.32
28	300144	宋城股份	文化艺术业	浙江	127.13
29	300736	百邦科技	机动车、电子产品和日用产品修理业	北京	122.44
30	300722	新余国科	其他制造业	江西	121.47
31	300668	杰恩设计	专业技术服务业	广东	120.19
32	300759	康龙化成	研究和试验发展	北京	119.23
33	300688	创业黑马	商务服务业	北京	111.36
34	300489	中飞股份	有色金属冶炼和压延加工业	黑龙江	108.05
35	300191	潜能恒信	开采辅助活动	北京	107.46
36	300649	杭州园林	土木工程建筑业	浙江	106.74
37	300696	爱乐达	铁路、船舶、航空航天和其他运输设备制造业	四川	106.55
38	300651	金陵体育	文教、工美、体育和娱乐用品制造业	江苏	106.36
39	300765	新诺威	食品制造业	河北	102.29
40	300589	江龙船艇	铁路、船舶、航空航天和其他运输设备制造业	广东	101.65
41	300703	创源文化	文教、工美、体育和娱乐用品制造业	浙江	101.22

（续表）

行业排名	证券代码	公司名称	所属证监会二级行业	所在地区	质量指数得分
42	300778	新城市	专业技术服务业	广东	101.10
43	300146	汤臣倍健	食品制造业	广东	101.08
44	300404	博济医药	研究和试验发展	广东	99.76
45	300795	米奥会展	商务服务业	浙江	99.39
46	300594	朗进科技	铁路、船舶、航空航天和其他运输设备制造业	山东	98.37
47	300749	顶固集创	家具制造业	广东	95.50
48	300781	因赛集团	商务服务业	广东	95.32
49	300779	惠城环保	废弃资源综合利用业	山东	94.73
50	300622	博士眼镜	零售业	广东	94.26
51	300395	菲利华	非金属矿物制品业	湖北	93.50
52	300288	朗玛信息	电信、广播电视和卫星传输服务	贵州	90.51
53	300585	奥联电子	汽车制造业	江苏	90.44
54	300401	花园生物	食品制造业	浙江	88.26
55	300328	宜安科技	金属制品业	广东	87.37
56	300498	温氏股份	畜牧业	广东	86.63
57	300087	荃银高科	农业	安徽	84.84
58	300635	达安股份	专业技术服务业	广东	83.94
59	300189	神农大丰	农业	海南	82.62
60	300761	立华股份	畜牧业	江苏	82.33
61	300416	苏试试验	专业技术服务业	江苏	80.40
62	300755	华致酒行	批发业	云南	80.25
63	300464	星徽精密	零售业	广东	78.76
64	300179	四方达	非金属矿物制品业	河南	78.26
65	300149	量子高科	研究和试验发展	广东	75.73
66	300554	三超新材	非金属矿物制品业	江苏	75.29
67	300143	盈康生命	卫生	山东	75.02
68	300680	隆盛科技	汽车制造业	江苏	73.97
69	300675	建科院	专业技术服务业	广东	73.39
70	300059	东方财富	资本市场服务	上海	73.23
71	300616	尚品宅配	家具制造业	广东	73.04
72	300384	三联虹普	专业技术服务业	北京	72.33
73	300695	兆丰股份	汽车制造业	浙江	70.85
74	300654	世纪天鸿	新闻和出版业	山东	70.78
75	300034	钢研高纳	有色金属冶炼和压延加工业	北京	70.14
76	300313	天山生物	畜牧业	新疆	69.86
77	300650	太龙照明	批发业	福建	68.95
78	300697	电工合金	有色金属冶炼和压延加工业	江苏	68.65
79	300756	中山金马	文教、工美、体育和娱乐用品制造业	广东	65.99
80	300338	开元股份	教育	湖南	65.29
81	300192	科斯伍德	教育	江苏	65.18
82	300488	恒锋工具	金属制品业	浙江	64.64
83	300700	岱勒新材	非金属矿物制品业	湖南	64.02
84	300719	安达维尔	铁路、船舶、航空航天和其他运输设备制造业	北京	63.21

（续表）

行业排名	证券代码	公司名称	所属证监会二级行业	所在地区	质量指数得分
85	300310	宜通世纪	电信、广播电视和卫星传输服务	广东	62.89
86	300507	苏奥传感	汽车制造业	江苏	62.55
87	300791	仙乐健康	食品制造业	广东	62.38
88	300815	玉禾田	公共设施管理业	安徽	62.05
89	300234	开尔新材	非金属矿物制品业	浙江	61.62
90	300163	先锋新材	纺织业	浙江	61.46
91	300564	筑博设计	专业技术服务业	西藏	61.01
92	300606	金太阳	非金属矿物制品业	广东	60.92
93	300715	凯伦股份	非金属矿物制品业	江苏	60.00
94	300432	富临精工	汽车制造业	四川	59.79
95	300215	电科院	专业技术服务业	江苏	59.64
96	300152	燃控科技	生态保护和环境治理业	河北	58.54
97	300224	正海磁材	非金属矿物制品业	山东	58.32
98	300690	双一科技	非金属矿物制品业	山东	57.95
99	300013	新宁物流	仓储业	江苏	55.86
100	300175	朗源股份	农副食品加工业	山东	55.36
101	300008	天海防务	土木工程建筑业	上海	55.18
102	300329	海伦钢琴	文教、工美、体育和娱乐用品制造业	浙江	54.45
103	300424	航新科技	铁路、船舶、航空航天和其他运输设备制造业	广东	53.83
104	300746	汉嘉设计	专业技术服务业	浙江	52.11
105	300071	华谊嘉信	商务服务业	北京	52.08
106	300600	瑞特股份	铁路、船舶、航空航天和其他运输设备制造业	江苏	51.86
107	300093	金刚玻璃	非金属矿物制品业	广东	51.86
108	300592	华凯创意	文化艺术业	湖南	51.81
109	300172	中电环保	生态保护和环境治理业	江苏	51.73
110	300511	雪榕生物	农业	上海	51.73
111	300506	名家汇	建筑装饰和其他建筑业	广东	51.09
112	300244	迪安诊断	卫生	浙江	50.70
113	300536	农尚环境	土木工程建筑业	湖北	50.47
114	300580	贝斯特	汽车制造业	江苏	49.54
115	300745	欣锐科技	汽车制造业	广东	48.47
116	300591	万里马	皮革、毛皮、羽毛及其制品和制鞋业	广东	47.77
117	300187	永清环保	生态保护和环境治理业	湖南	47.29
118	300176	派生科技	汽车制造业	广东	45.77
119	300081	恒信移动	专业技术服务业	北京	45.19
120	300103	达刚控股	生态保护和环境治理业	陕西	45.11
121	300258	精锻科技	汽车制造业	江苏	44.33
122	300737	科顺股份	非金属矿物制品业	广东	43.86
123	300304	云意电气	汽车制造业	江苏	43.82
124	300089	长城集团	非金属矿物制品业	广东	43.70
125	300209	天泽信息	零售业	湖南	43.21
126	300428	四通新材	汽车制造业	河北	42.93
127	300729	乐歌股份	家具制造业	浙江	42.82

行业排名	证券代码	公司名称	所属证监会二级行业	所在地区	质量指数得分
128	300336	新文化	商务服务业	上海	42.69
129	300106	西部牧业	畜牧业	新疆	42.39
130	300658	延江股份	纺织业	福建	42.27
131	300364	中文在线	新闻和出版业	北京	41.45
132	300517	海波重科	土木工程建筑业	湖北	41.18
133	300732	设研院	专业技术服务业	河南	41.12
134	300664	鹏鹞环保	生态保护和环境治理业	江苏	40.66
135	300652	雷迪克	汽车制造业	浙江	40.52
136	300131	英唐智控	批发业	广东	39.81
137	300005	探路者	纺织服装、服饰业	北京	39.80
138	300160	秀强股份	非金属矿物制品业	江苏	39.52
139	300138	晨光生物	农副食品加工业	河北	39.26
140	300500	启迪设计	专业技术服务业	江苏	39.11
141	300495	美尚生态	生态保护和环境治理业	江苏	39.04
142	300692	中环环保	生态保护和环境治理业	安徽	38.71
143	300011	鼎汉技术	铁路、船舶、航空航天和其他运输设备制造业	北京	38.53
144	300196	长海股份	非金属矿物制品业	江苏	38.49
145	300621	维业股份	建筑装饰和其他建筑业	广东	38.46
146	300022	吉峰农机	零售业	四川	37.83
147	300061	康耐特	商务服务业	上海	37.71
148	300184	力源信息	批发业	湖北	37.44
149	300388	国祯环保	生态保护和环境治理业	安徽	37.07
150	300269	联建光电	商务服务业	广东	36.79
151	300712	永福股份	土木工程建筑业	福建	36.57
152	300422	博世科	生态保护和环境治理业	广西	36.50
153	300080	新大新材	非金属矿物制品业	河南	36.21
154	300190	维尔利	生态保护和环境治理业	江苏	36.09
155	300733	西菱动力	汽车制造业	四川	36.03
156	300058	蓝色光标	商务服务业	北京	35.99
157	300284	苏交科	专业技术服务业	江苏	35.82
158	300280	紫天科技	商务服务业	江苏	35.60
159	300070	碧水源	生态保护和环境治理业	北京	35.55
160	300435	中泰股份	燃气生产和供应业	浙江	35.47
161	300063	天龙集团	商务服务业	广东	34.40
162	300262	巴安水务	生态保护和环境治理业	上海	33.91
163	300266	兴源环境	生态保护和环境治理业	浙江	33.65
164	300309	吉艾科技	资本市场服务	北京	33.54
165	300117	嘉寓股份	建筑装饰和其他建筑业	北京	32.96
166	300123	亚光科技	铁路、船舶、航空航天和其他运输设备制造业	湖南	32.75
167	300240	飞力达	仓储业	江苏	32.53
168	300337	银邦股份	有色金属冶炼和压延加工业	江苏	32.35
169	300374	恒通科技	非金属矿物制品业	北京	32.23
170	300483	沃施股份	石油和天然气开采业	上海	31.88

（续表）

行业排名	证券代码	公司名称	所属证监会二级行业	所在地区	质量指数得分
171	300742	越博动力	汽车制造业	江苏	31.69
172	300268	佳沃股份	农副食品加工业	湖南	29.71
173	300355	蒙草生态	生态保护和环境治理业	内蒙古	29.41
174	300164	通源石油	开采辅助活动	陕西	27.62
175	300197	铁汉生态	生态保护和环境治理业	广东	27.10
176	300094	国联水产	农副食品加工业	广东	26.92
177	300335	迪森股份	电力、热力生产和供应业	广东	26.53
178	300159	新研股份	铁路、船舶、航空航天和其他运输设备制造业	新疆	26.24
179	300332	天壕环境	燃气生产和供应业	北京	26.01
180	300237	美晨生态	土木工程建筑业	山东	25.42
181	300178	腾邦国际	商务服务业	广东	25.11
182	300100	双林股份	汽车制造业	浙江	24.81
183	300057	万顺股份	有色金属冶炼和压延加工业	广东	24.51
184	300055	万邦达	土木工程建筑业	北京	23.20
185	300084	海默科技	开采辅助活动	甘肃	22.81
186	300064	豫金刚石	非金属矿物制品业	河南	16.48
187	300157	恒泰艾普	开采辅助活动	北京	15.68